필독

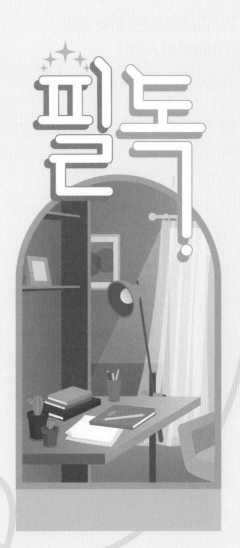

중학 국어 | 문학1

독해 원리로 문학 읽기

이 책의 구성과 특징

아는 만큼 감상의 깊이가 달라지는 문학 공부,
독해의 원리에 대한 이해부터 시작!!

▶ 문학을 감상하는 데 꼭 필요한 갈래별 독해 원리 학습을 통해 문학 공부에 쉽게 접근할 수 있도록 구성하였습니다.

▶ 교과서에 실린 작품은 물론 시험에 자주 출제되는 다양한 작품을 제시하여 폭넓게 작품을 이해하고 감상 능력을 향상할 수 있도록 하였습니다.

01 갈래 짚고 가기

갈래에 대한 이해는 선택이 아닌 필수!
갈래의 특성과 기본 개념을 알아 두는 것은 문학 공부의 기본! 꼭 알아 두어야 할 학습 내용을 쉽게 공부할 수 있도록 정리했습니다.

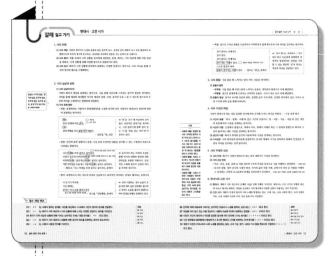

02 독해의 원리 이해하기

문학 독해의 기본을 잡자!
갈래별로 작품을 독해하는 데 적용되는 원리를 제시하였습니다. 원리를 익히면 문학 작품을 보다 깊이 있고 다양하게 감상할 수 있습니다.

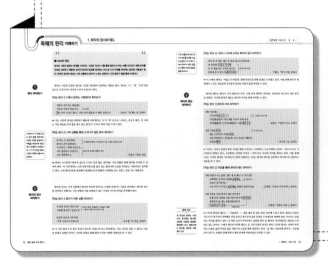

교재 내용 문의
교재 내용 문의는 EBS 중학사이트
(mid.ebs.co.kr)의 교재 Q&A 서비스를
활용하시기 바랍니다.

교재 정오표 공지
발행 이후 발견된 정오 사항을 EBS
중학사이트 정오표 코너에서 알려 드립니다.
교재 검색 ▶ 교재 선택 ▶ 정오표

교재 정정 신청
공지된 정오 내용 외에 발견된 정오 사항이
있다면 EBS 중학사이트를 통해 알려 주세요.
교재 검색 ▶ 교재 선택 ▶ 교재 Q&A

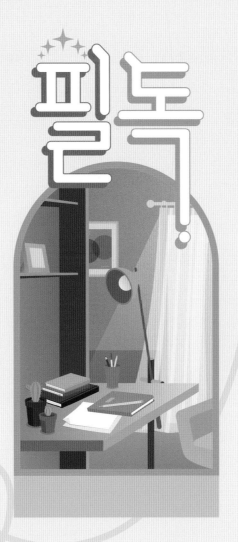

필독

중학 국어 | 문학1

독해 원리로 문학 읽기

🖥 정답과 해설은 EBS 중학사이트(mid.ebs.co.kr)에서 다운로드 받으실 수 있습니다.

필독

중학 국어로 수능 잡기 시리즈

과목 학년	중학 1학년	중학 2학년	중학 3학년
문학	문학 1	문학 2	문학 3
비문학 독해	비문학 독해 1	비문학 독해 2	비문학 독해 3
문법	문법, 문법 완성 2000제		
문학 작품 읽기	교과서 시, 교과서 소설		

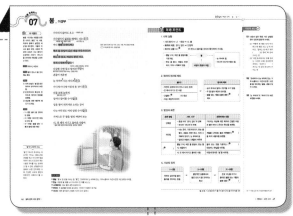

03 작품 독해하기

원리를 적용하면 어려운 작품도 척척!

다양한 작품을 독해 원리를 적용하여 감상할 수 있도록 하였습니다. 독해 포인트를 활용한 상세한 해설은 작품의 감상 능력을 높여 줄 것입니다. 또 덤으로 한자 성어, 낱말 뜻 등을 제시하여 어휘력을 높일 수 있도록 하였습니다.

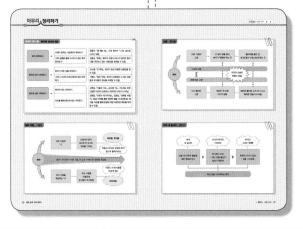

04 실전 연습하기

실전 연습으로 다지고 또 다지기!

〈작품 독해하기〉에서 공부한 내용을 복습하고 시험에 대비할 수 있도록 다양한 유형의 문항들을 실전 문제 형태로 제시하였습니다.

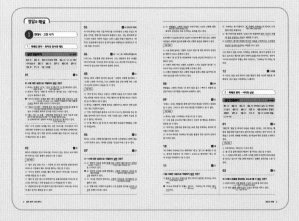

05 마무리 정리하기

한 번 더 정리하면 머릿속에는 두 배로 쏙쏙!

작품의 핵심 내용을 도표와 다양한 형식으로 정리해서 다시 한번 보여 주었습니다. 학습한 내용을 확실하게 자신의 것으로 만들 수 있을 것입니다.

정답과 해설

정답과 오답의 이유를 내 손안에!

상세한 정답 해설과 오답 해설을 통해 확실하게 문제를 파악할 수 있도록 하였습니다.

이 책의 차 례

contents

학습 계획표

언제 할까		무엇을 할까	어떻게 했지
1일차 ☐월☐일		• **갈래 짚고 가기 – 현대시·고전 시가** • 독해의 원리_ 1. 화자의 정서와 태도	• 갈래 • 개념
2일차 ☐월☐일		• 엄마 걱정_기형도 • 고향_정지용	• 정서 • 태도
3일차 ☐월☐일		• 어져 내 일이야_황진이 • **실전 연습하기 및 마무리하기**	• 화자 • 맞힌 문제 • 틀린 문제
4일차 ☐월☐일		• 독해의 원리_ 2. 시어와 심상 • 돌담에 속삭이는 햇발_ 김영랑	• 개념 • 심상
5일차 ☐월☐일		• 풀_김수영 • 제망매가_ 월명사	• 주제 • 시어
6일차 ☐월☐일	현대시 · 고전 시가	• **실전 연습하기 및 마무리하기**	• 맞힌 문제 • 틀린 문제
7일차 ☐월☐일		• 독해의 원리_ 3. 발상과 표현 • 봄_이성부	• 개념 • 표현
8일차 ☐월☐일		• 떨어져도 튀는 공처럼_정현종 • 시집살이 노래_작자 미상	• 발상 • 표현
9일차 ☐월☐일		• **실전 연습하기 및 마무리하기**	• 맞힌 문제 • 틀린 문제
10일차 ☐월☐일		• 독해의 원리_ 4. 시의 주제와 감상 • 서시_윤동주	• 개념 • 주제
11일차 ☐월☐일		• 나룻배와 행인_ 한용운 • 가노라 삼각산아_김상헌	• 주제 • 감상
12일차 ☐월☐일		• **실전 연습하기 및 마무리하기**	• 맞힌 문제 • 틀린 문제
13일차 ☐월☐일		• **갈래 짚고 가기 – 현대 소설·고전 소설** • 독해의 원리_ 1. 인물과 배경	• 갈래 • 개념
14일차 ☐월☐일		• 장마_윤흥길 • 미스터 방_채만식	• 인물 • 배경

언제 할까		무엇을 할까	어떻게 했지
15일차 ☐월☐일	현대 소설 · 고전 소설	● **실전 연습하기 및 마무리하기**	• 맞힌 문제 • 틀린 문제
16일차 ☐월☐일		● 독해의 원리_ 2. 갈등과 사건 ● 고무신_오영수	• 개념 • 갈등
17일차 ☐월☐일		● 조신 설화_작자 미상 ● **실전 연습하기 및 마무리하기**	• 사건 • 맞힌 문제 • 틀린 문제
18일차 ☐월☐일		● 독해의 원리_ 3. 시점과 서술 방식 ● 운수 좋은 날_현진건	• 개념 • 시점
19일차 ☐월☐일		● 허생전_박지원 ● **실전 연습하기 및 마무리하기**	• 시점 • 맞힌 문제 • 틀린 문제
20일차 ☐월☐일		● 독해의 원리_ 4. 주제와 제재 ● 메밀꽃 필 무렵_이효석	• 개념 • 주제
21일차 ☐월☐일		● 독 짓는 늙은이_황순원 ● **실전 연습하기 및 마무리하기**	• 제재 • 맞힌 문제 • 틀린 문제
22일차 ☐월☐일	수필 · 극	● **갈래 짚고 가기 – 수필·극** ● 독해의 원리_ 1. 수필	• 갈래 • 개념
23일차 ☐월☐일		● 나무_이양하 ● 어느 날 자전거가 내 삶 속으로 들어왔다_성석제	• 주제 • 제재
24일차 ☐월☐일		● 내가 사는 집_이학규 ● **실전 연습하기 및 마무리하기**	• 주제 • 맞힌 문제 • 틀린 문제
25일차 ☐월☐일		● 독해의 원리_ 2. 극 ● 내 마음의 풍금_하근찬 원작/이영재 각색	• 개념 • 주제
26일차 ☐월☐일		● 동승_함세덕	• 주제 • 제재
27일차 ☐월☐일		● 봉산 탈춤_작자 미상	• 주제 • 제재
28일차 ☐월☐일		● **실전 연습하기 및 마무리하기**	• 맞힌 문제 • 틀린 문제

I

현대시·고전 시가

갈래 짚고 가기

1. 시의 이해

(1) **시의 개념**: 사람의 생각이나 느낌을 운율과 같은 음악적 요소, 심상과 같은 회화적 요소 등을 활용하여 표현함으로써 독자의 정서에 호소하고, 상상력을 자극하여 감동을 주는 문학의 한 갈래이다.

(2) **시의 화자**: 작품 속에서 시적 상황을 독자에게 전달하는 존재. 화자는 시적 대상에 대해 어떤 입장을 취하고, 시적 상황에 대해 다양한 방식으로 대응하기도 한다.

(3) **시의 정서**: 화자가 시적 상황에 참여하여 표현하는 다양한 감정이나 생각으로, 주로 어조를 통해 자신의 정서와 태도를 구체화한다.

2. 시의 심상과 표현

(1) **시의 심상(이미지)**

> 심상은 시각적 심상, 청각적 심상, 후각적 심상, 미각적 심상, 촉각적 심상, 공감각적 심상 등으로 나타나게 돼!

시에서 화자가 대상을 표현하는 방식으로, 시를 통해 마음속에 그려지는 감각적 영상을 의미한다. 시어를 통해 대상의 의미뿐만 아니라 대상의 상태, 모양, 움직임 등을 느낄 수 있도록 함으로써 추상적 의미를 구체적이고 생생하게 전달한다.

(2) **시의 표현 방법**

- **비유**: 표현하려는 사물이나 관념(원관념)을 그것과 유사한 다른 사물이나 관념(보조 관념)에 빗대어 표현하는 방식이다.

밤은 ○: 원관념 △: 보조 관념   푸른 안개에 싸인 호수 △   나는 ○   잠의 쪽배를 타고 꿈을 낚는 어부다. △   – 김동명, 「밤」 전문

  ➡ '밤'을 '호수'에 비유하여 신비롭고 낭만적인 분위기를 제시하고, 그런 분위기에 흠뻑 젖어 있는 '나'를 '꿈을 낚는 어부'에 비유하고 있다.

- **상징**: 인간의 내적 경험이나 감정, 사상 등의 추상적인 내용을 감각할 수 있는 구체적인 대상으로 나타내는 방법이다.

○: 역사의 변화, 발전, 전진의 의미   나는 바퀴를 보면 굴리고 싶어진다. ○   자전거 유모차 리어카의 바퀴 ○ ─ 정체된 세계를 변화시키고 싶은 마음   마차의 바퀴 / 굴러가는 바퀴도 굴리고 싶어진다. ○   가쁜 언덕길을 오를 때 / 자동차 바퀴도 굴리고 싶어진다. ○   – 황동규, 「나는 바퀴를 보면 굴리고 싶어진다」 중에서

  ➡ 굴러가야 하는 바퀴의 속성을 통해 역사의 변화와 발전에 대한 당위성을 표현한 작품이다. 일상적인 소재에 창조적 상징의 의미를 부여한 경우이다.

- **반어**: 표현하고자 하는 의도와 반대로 진술하거나 표면적인 의미와는 반대로 해석되는 표현이다.

나 보기가 역겨워   가실 때에는   죽어도 아니 눈물 흘리오리다   └ 울고 싶은 마음을 반대로 표현함. – 김소월, 「진달래꽃」 중에서

  ➡ 임과 이별하는 것이 눈물이 흐를 만큼 매우 슬픈 일임에도 불구하고 죽어도 눈물을 흘리지 않겠다고 하여 감정을 반대로 표현하고 있다.

필수 개념 체크

01 (ㅎㅈ)는 시에서 말하는 존재로, 시인을 대신해서 시 속에서 시인의 생각과 정서를 전달한다.

02 (ㅈㅅ)는 화자가 시적 대상이나 시의 상황에 대해 느끼는 다양한 감정이나 생각을 가리킨다.

03 화자가 시적 대상과 상황에 대해 가지는 심리적인 자세나 대응 방식을 (ㅌㄷ)라고 한다.

04 (ㅇㅈ)는 화자가 시의 대상이나 상황에 대한 정서적 태도를 표현하는 화자의 목소리이다.

05 (ㅅㅇ)는 시에서 사용된 언어를 가리킨다.

정답
01 화자
02 정서
03 태도
04 어조
05 시어

• 역설: 겉으로 드러난 표현을 모순되거나 이치에 맞지 않게 함으로써 시의 의미를 강조하는 방식이다.

> 길이 끝나는 곳에서도
> 길이 있다.
> 길이 끝나는 곳에서도
> 길이 되는 사람이 있다. □: 절망적 현실을 극복하려는 존재
> 스스로 봄길이 되어
> 끝없이 걸어가는 사람이 있다. – 정호승, 「봄길」 중에서

➡ '길이 끝나는 곳에서도 / 길이 있다'라고 모순되게 표현하여 절망적인 현실에서도 절망을 극복할 수 있는 희망의 '길'이 있다는 역설적 의미를 전달하고 있다.

3. 시의 운율: 시를 읽을 때 느껴지는 말의 가락, 리듬을 의미한다.

(1) 운율의 종류
   • 내재율: 시를 읽을 때 자연스럽게 느껴지는 운율로, 대부분의 현대시가 이에 해당한다.
   • 외형률: 겉으로 분명하게 드러나는 규칙적인 운율로, 시조나 민요 등이 이에 해당한다.
(2) 운율의 형성: 같거나 유사한 음운의 반복, 일정한 글자 수의 반복, 일정한 위치에서 같은 시어나 문장 구조의 반복 등을 통해 나타난다.

4. 시의 구성과 짜임

시인이 말하고자 하는 것을 일정한 질서에 따라 조직해 나가는 방식을 말한다. → 시상 전개 방식

(1) 시간의 흐름: '과거 – 현재 – 미래'와 같은 시간의 흐름이나 '봄 – 여름 – 가을 – 겨울'과 같은 계절의 흐름에 따라 시상을 전개하는 방식이다.
(2) 시선의 이동: 근경에서 원경으로, 좌에서 우로, 위에서 아래로 혹은 그 반대의 방향으로 화자의 시선이 옮겨지는 대로 시상을 전개하는 방식이다.
(3) 공간의 이동: 화자가 위치한 공간의 이동에 따라 시상을 전개하는 방식이다.
(4) 수미상관: 시의 앞부분과 끝부분에 동일하거나 유사한 형태의 시구를 반복하여 형태의 안정감을 주면서 의미를 강조하는 전개 방식이다.

5. 시의 주제와 감상

(1) 시의 주제: 화자가 시에서 말하고자 하는 중심 내용이나 사상을 의미한다.
(2) 시의 감상 방법
   • 어조, 심상, 운율, 표현 등 작품 내부의 구조적 특징을 중심으로 시를 이해하고 감상한다. → 내재적 접근
   • 독자의 상황, 창작 당시의 시대적 배경, 작가의 삶과 작품 세계, 문학사적 의의 등 작품을 이해하고 감상하는 주변적 요소들과의 관계를 살펴보면서 감상한다. → 외재적 접근: 반영론, 표현론, 효용론에 따른 감상

6. 현대시와 고전 시가

(1) 현대시: 개화기 이후 최근까지 존재한 시(詩) 갈래 전체를 가리킨다. 현대시는 고전 시가의 정형률 대신에 자유시 형식을 취하며, 개성을 강조하고 시의 형식에서 다양한 실험이 허용되는 것이 특징이다.
(2) 고전 시가: 개화기 이전의 한국의 시와 노래를 통칭하는 말로, 고대 가요, 신라 시대의 향가, 고려 시대의 가요, 조선 시대의 시조와 가사, 민요 등을 모두 지칭한다.

시조

• **시조의 개념**: 일정한 형식과 규칙에 맞추어 지은 우리나라 고유의 시. 3·4의 음수율을 가지고 3장 6구, 45자 내외로 이루어져 있다. 종장 첫 음보는 3음절을 반드시 지켜야 한다.
• **시조의 발생**: 시조는 고려 후기, 역사적 전환기에 유교적 이념을 표출하기 위해 창안된 국문 양식이다.
• **시조의 내용**: 시조는 다양한 사람들이 창작하였으므로 내용도 다양한데, 주로 임금에 대한 충성, 자연 속에 묻혀 살아가는 한가로움, 개인의 사랑과 그리움을 담고 있다.

---

06 언어에 의해 마음속에 그려지는 감각적인 모습이나 느낌을 말하며, 심상 또는 (ㅇㅁㅈ)라고 한다.

07 대상을 이미 알고 있는 다른 현상이나 사물의 모습에 빗대어 표현하는 방법을 (ㅂㅇㅂ)이라고 한다.

08 시인이 자신의 생각이나 의도를 일정한 질서에 따라 조직해 나가는 방식을 (ㅅㅅ ㅈㄱ ㅂㅅ)이라고 한다.

09 시의 앞부분과 끝부분에서 동일하거나 유사한 형태의 시구를 반복하는 전개 방식을 (ㅅㅁㅅㄱ)이라고 한다.

10 개화기 이전의 우리나라의 시와 노래를 통칭하는 말로, 고대 가요, 향가, 시조와 가사 등을 현대시와 구분하여 (ㄱㅈ ㅅㄱ) 라고 한다.

정답
06 이미지
07 비유법
08 시상 전개 방식
09 수미상관
10 고전 시가

⊗ 정서와 태도

화자는 시에서 말하는 존재를 가리킨다. 시인은 자신이 시를 통해 말하고자 하는 바를 드러내기 위해 화자를 대리로 내세우기 때문에, 화자의 정서와 태도를 파악하는 것이 곧 시의 주제를 파악하는 중요한 지름길이 된다. 화자의 정서와 태도는 시적 상황에서 화자가 느끼는 감정이나 시의 분위기 등을 통해 드러난다.

1

화자 파악하기

화자는 시인의 감정과 생각을 시인을 대신하여 전달하는 역할을 한다. 화자는 '나', '내', '우리'처럼 겉으로 드러나기도 하지만 드러나지 않기도 한다.

[학습 원리 1] 시에서 말하는 사람(화자) 찾아보기

> 계절이 지나가는 하늘에는
> 가을로 가득차 있습니다.　◯ : 화자
> ◯나는 아무 걱정도 없이 / 가을 속의 별들을 다 헤일 듯합니다.　　　　– 윤동주, 「별 헤는 밤」 중에서

➡ 시는 시인의 정서를 표현하기 때문에 시의 화자는 '나'나 '내' 등으로 드러나는 경우가 많다. 이 시에는 가을 하늘을 보며 별을 세고 있는 화자가 '나'라고 하여 직접 드러나 있다.

> 시 속에 '나'가 직접 드러나 있지 않을 경우에는 시인이 자신의 상상이나 체험을 제삼자의 관점에서 표현하기 때문이야. '나'가 드러날 때와 느낌이 어떻게 다른지 비교해 봐.

[학습 원리 2] 시적 상황을 통해 드러나지 않은 화자 찾아보기

> 물 먹는 소 목덜미에
> 할머니 손이 얹혀졌다.　⎤ 소 목덜미에 할머니가 손을 얹고 있는 모습을 바라보는 화자
> 이 하루도 / 함께 지났다고, ⎤
> 서로 발잔등이 부었다고,　　할머니의 생각을 전달하는 화자
> 서로 적막하다고,
> 　　　　　　　　　　　　　　　– 김종삼, 「묵화」 전문

➡ 화자는 누구일까? 화자가 겉으로 드러나 있지 않은 경우에는 시적 상황을 통해 화자를 추리할 수 있어야 한다. 이 시의 화자는 소의 목덜미에 손을 얹고 있는 할머니의 모습을 바라보는 사람이라고 짐작할 수 있다. 소와 할머니만을 압축해서 표현함으로써 한편의 수묵화를 보는 듯한 느낌을 주는 작품이다.

2

화자의 정서 파악하기

화자의 정서는 시적 상황에서 화자의 마음에 일어나는 다양한 감정이나 기분을 의미한다. 화자의 정서를 파악하기 위해서는 시적 상황과 이를 표현하고 있는 시어와 시구의 의미를 파악해야 한다.

[학습 원리 1] 화자가 처한 상황 파악하기

> 먼 훗날 당신이 찾으시면　⎤ 당신과 헤어진 상황에서 먼 훗날을 가정함.
> 그때에 내 말이 '잊었노라'　⎦ → 현재는 임을 잊지 못하고 있음.
>
> 당신이 속으로 나무라면
> '무척 그리다가 잊었노라'　　　　　　　　　– 김소월, 「먼 후일」 중에서

➡ 이 시의 화자가 먼 훗날 당신이 찾으면 '잊었노라'라고 말하겠다는 것은 당신을 잊을 수 없다는 마음을 반대로 표현한 것이다. 이러한 표현을 통해 화자가 임과 이별한 상황임을 알 수 있다.

[학습 원리 2] 시어나 시구에 드러난 화자의 정서 파악하기

> 시적 상황은 화자의 정서나 태도를 추리할 수 있는 중요한 근거가 돼. 시에서 화자가 처한 상황은 다양한 시어와 심상을 통해 드러나지.

엄마 안 오시네, 배추 잎 같은 발소리 타박타박
안 들리네, 어둡고 무서워
금 간 창틈으로 고요히 빗소리   ┐ 감정의 직접 표현
빈방에 혼자 엎드려 훌쩍거리던   ┘

– 기형도, 「엄마 걱정」 중에서

➡ 이 시에서 화자는 '어둡고 무서워'와 '훌쩍거리던'을 통해 감정을 드러내고 있다. 이를 통해 화자가 빈방에서 느끼는 외로움과 무서움의 정서를 어렵지 않게 파악할 수 있다.

③ 화자의 태도 파악하기

화자의 태도는 화자가 시적 대상이나 독자, 사회 등에 대하여 나타내는 개성적인 목소리나 대응 방식을 말한다. 이러한 화자의 태도는 화자의 어조를 통해 파악할 수 있다.

[학습 원리 1] 화자의 어조 파악하기

(가) 가을에는
기도하게 하소서……   □ : 기도하는 듯한 어조
낙엽(落葉)들이 지는 때를 기다려 내게 주신
겸허(謙虛)한 모국어(母國語)로 나를 채우소서

– 김현승, 「가을의 기도」 중에서

(나) 기침을 하자   ◯ : 단호한 어조
젊은 시인이여 기침을 하자
눈을 바라보며 / 밤새도록 고인 가슴의 가래라도
마음껏 뱉자

– 김수영, 「눈」 중에서

➡ 어조는 시어나 문장의 종결 어미를 통해 드러난다. (가)에서는 누군가에게 간절히 '~하소서'라고 기도하듯이 말하고 있고, (나)에서는 단호한 어조로 '~하자'라고 자신의 의지를 밝히고 있다. 이를 통해 (가)는 시인의 생각을 기도하듯이 간절히 전달하고, (나)는 화자의 생각을 단호하고 의지적으로 전달하고 있음을 알 수 있다.

[학습 원리 2] 어조를 통해 화자의 태도 파악하기

(가) 모란이 지고 말면 그뿐, 내 한 해는 다 가고 말아
삼백예순 날 하냥 섭섭해 우옵내다   △ : 종결 어미
모란이 피기까지는
나는 아직 기다리고 있을 테요 찬란한 슬픔의 봄을

– 김영랑, 「모란이 피기까지는」 중에서

(나) 성북동 산에 번지가 새로 생기면서
본래 살던 성북동 비둘기만이 번지가 없어졌다
새벽부터 돌 깨는 산울림에 떨다가
가슴에 금이 갔다
└ 비판적 어조

– 김광섭, 「성북동 비둘기」 중에서

종결 어미

한 문장을 끝맺는 어말 어미. 동사에는 평서형, 감탄형, 의문형, 명령형, 청유형이 있고, 형용사에는 평서형, 감탄형, 의문형이 있다.

➡ (가)의 화자의 태도는 '~ 우옵내다', '~ 있을 테요'와 같은 종결 어미에 드러나 있다. 화자는 모란이 지고 다시 피기까지 삼백예순 날을 운다고 함으로써 슬픈 감정을 드러내지만 찬란한 봄을 기다리고 있겠다는 의지를 밝히고 있다. 즉 어떤 고난이 닥치더라도 찬란한 봄이 올 때까지 기다리겠다는 태도를 드러내고 있는 것이다. 시에서 화자의 이러한 태도는 곧 시의 주제가 되기도 한다. (나)의 화자는 자연이 파괴되는 모습을 삶의 터전을 잃은 비둘기의 모습을 통해 전달하고 있다. '돌 깨는 산울림에 떨다가 / 가슴에 금이 갔다'는 표현을 통해 화자가 현대 문명에 비판적임을 짐작할 수 있다.

01 엄마 걱정 _기형도

🐚 **이 작품은**

어린 시절을 회상하는 어른이 된 '나'를 화자로 설정하고 있다. 화자는 가난했던 어린 시절에 시장에 간 엄마를 기다리며 느낀 외로움과 서글픔을 그려 내고 있다.

갈래 자유시, 서정시

주제 가난했던 어린 시절의 외롭고 쓸쓸한 기억

특징

① 현재의 시점에서 과거를 회상하고 있음.
② 어린 시절 어머니를 기다리며 느낀 정서를 다양한 심상을 통해 드러내고 있음.
③ 시구의 반복, 비유적 표현 등을 통해 시상을 전개함.

구성

• 1연: 빈방에서 엄마를 기다리며 외롭고, 무섭고 서글펐던 어린 시절의 '나'
• 2연: 어린 시절을 회상하는 어른이 된 '나'

어휘 풀이

❖ **단**: 짚, 땔나무, 채소 따위의 묶음을 세는 단위.
❖ **눈시울**: 눈언저리의 속눈썹이 난 곳.
❖ **윗목**: 온돌방에서 아궁이로부터 먼 쪽의 방바닥. 불길이 잘 닿지 않아 아랫목보다 상대적으로 차가운 쪽.

열무 삼십 단❖을 이고

시장에 간 우리 엄마

안 오시네, 해는 시든 지 오래

<u>나</u>는 찬밥처럼 방에 담겨

아무리 천천히 숙제를 해도
외로움과 무서움을 애써 잊기 위해 숙제를 천천히 하는 모습을 표현함.

엄마 안 오시네, 배추 잎 같은 **발소리** 타박타박　▨ : 청각적 심상

안 들리네, 어둡고 무서워
　　　　화자의 정서가 직접 드러남.

금 간 창틈으로 고요히 **빗소리**
화자 가족의 가난한 처지를 드러내면서, 외롭고 무서운 화자의 내면을 시각화한 것으로 볼 수 있음.

빈방에 혼자 엎드려 **훌쩍거리던**
　　　　　　화자의 정서가 직접 드러남.

아주 먼 옛날

지금도 내 눈시울❖을 뜨겁게 하는
　　　　화자의 정서가 직접 드러남.

그 시절, 내 유년의 윗목❖
　　　은유법

> 화자가 '나'로 직접 드러나 있어.
> '나'가 어떤 상황에 처해 있으며, 그 상황에서 어떤 감정과 태도를 가지는지를 파악하는 것이 핵심이야!!

독해 포인트

1. 시적 상황

- 화자가 겉으로 드러나 있음. ➡ (❶   )
- 화자의 상황 ➡ 어른이 된 화자가 외롭고 쓸쓸했던 유년 시절을 회상하고 있음.

1연	시장에 간 엄마를 기다리는 어린 시절의 '나'	➡	2연	어린 시절을 (❷)하는 어른이 된 '나'

2. 화자의 정서

화자의 정서가 직접 드러나는 시구	• 어둡고 무서워 • (❸)	과거 어린 시절에 어머니를 기다리면서 느낀 정서
	지금도 내 눈시울을 뜨겁게 하는	어른이 된 지금 과거 어린 시절을 생각하며 느끼는 정서
화자의 불안한 내면이 드러나는 시구	• 안 오시네, 엄마 안 오시네 • 안 들리네	늦도록 오지 않는 어머니에 대한 (❹)으로 초조하고 불안한 마음에 어머니의 발소리에 귀를 기울이는 모습
시의 분위기를 형성하는 배경	• 해는 시든 지 오래 • 금 간 창틈으로 고요히 (❺)	늦은 저녁, 비가 오는 날씨라는 배경을 통해 화자의 외롭고 쓸쓸한 정서를 고조시킴.

3. 발상과 표현

표현 방법	시어, 시구	표현하려는 내용
활유법	해는 시든 지 오래	해가 지는 것을 팔리지 않고 남은 시든 열무에 비유하여 표현함. → (❻)과 엄마의 고단함을 드러냄.
직유법	찬밥처럼 방에 담겨	어둡고 찬 빈방에 홀로 남겨진 화자의 상황을 (❼)에 비유하여 표현함. → 빈방에서 혼자 어머니를 기다리는 화자의 외로움을 드러냄.
	배추 잎 같은 발소리 타박타박	피곤한 모습으로 돌아오는 엄마의 발걸음을 (❽)에 비유하여 표현함. → 엄마의 가난하고 고된 삶을 드러냄.
은유법	그 시절, 내 유년의 윗목	외롭고 힘들었던 유년의 기억을 차가운 윗목에 비유하여 표현함. → 외롭고 쓸쓸했던 유년 시절에 대한 안타까움을 드러냄.

4. 시상의 전개

1연	비가 내리는 저녁, 늦도록 오지 않는 엄마를 빈방에서 혼자 기다림.	➡	외로움, 무서움
2연	유년 시절을 떠올리며 눈시울이 뜨거워짐.		안타까움

❶ '나' ❷ 회상 ❸ 훌쩍거리던 ❹ 걱정 ❺ 빗소리 ❻ 시간의 흐름 ❼ 찬밥 ❽ 배추 잎

어휘력 체크 ✔

01 '온돌방에서 아궁이로부터 멀어 불길이 잘 닿지 않아 아랫목보다 상대적으로 차가운 쪽'을 가리키는 말을 시에서 찾아 쓰세요.

02 화자가 시적 대상이나 시의 상황에 대해 느끼는 다양한 감정이나 생각을 가리키는 말은?

03 빈칸에 공통으로 들어갈 말을 시에서 찾아 쓰세요.

- 엄마는 군대에 간 형 생각을 하며 (   )을 적시셨다.
- 외국에서 태극기를 보니 (   )이 뜨거워졌다.

04 다음에서 설명하는 낱말을 빈칸에 알맞게 쓰세요.

'조금 느릿느릿 힘없는 걸음으로 걸어가는 모양'을 의미하는 말

- 동생이 (   ) 걷는 모습이 많이 피곤해 보인다.

01 윗목 02 정서 03 눈시울 04 타박타박

02 고향 _ 정지용

작품 독해하기

이 작품은

고향에 대한 그리움과 고향 상실의 비애를 노래하고 있다. 화자는 외지를 떠돌면서 오랫동안 그리워하던 고향에 돌아왔지만, 자신이 그리워하던 옛날의 고향의 모습이 아니라고 느끼고 있다. 변함없는 자연의 모습과 대비되어 화자의 상실감과 비애가 더욱 부각되어 있다.

갈래 자유시, 서정시

주제 고향에 대한 그리움

특징
① 고향의 모습을 감각적 심상으로 형상화함.
② 수미상관적 구조를 통해 운율을 형성하고 의미를 강조함.
③ 회상적이고 탄식적 어조를 통해 화자의 정서를 드러냄.

구성
• 1연: 그리던 곳과 다른 고향의 모습
• 2연: 변함없는 모습의 고향의 자연
• 3연: 낯설게 느껴지는 고향의 모습
• 4연: 변함없이 맞아주는 고향의 자연
• 5연: 어린 시절의 모습이 사라진 고향
• 6연: 고향에 대한 상실감

어휘 풀이
❖ **제철**: 알맞은 시절.
❖ **뫼**: '산'의 방언.
❖ **풀피리**: 두 입술 사이에 풀잎을 대거나 물고 부는 것.

고향에 고향에 돌아와도

그리던 고향은 아니러뇨.

산 꿩이 알을 품고   ▨: 변함없는 고향의 자연물

뻐꾸기 제철에 울건만,

마음은 제 고향 지니지 않고
　　　　고향이 낯설게 느껴진다는 의미
머언 항구로 떠도는 구름.
방황하고 있는 화자 자신을 구름에 비유함.

오늘도 뫼 끝에 홀로 오르니

흰 점 꽃이 인정스레 웃고,
　　　　의인법

어린 시절에 불던 풀피리 소리 아니 나고

메마른 입술에 쓰디쓰다.
　　　화자의 정서를 직접 드러냄.

고향에 고향에 돌아와도

그리던 하늘만이 높푸르구나.

독해 포인트

1. 시적 상황

- 화자가 겉으로 드러나지 않음.
- 화자의 상황 ➡ 화자가 오랫동안 그리워하던 (❶   )에 돌아옴.
- **화자의 어조**: 아니러뇨, 쓰디쓰다, (❷   ) ➡ 탄식적, 회상적

2. 화자의 정서

연	상황		정서
1연	그리던 고향이 아니러뇨	➡	(❸)
3연	마음은 제 고향 지니지 않고		낯선 느낌
5연	어린 시절에 불던 풀피리 소리 아니 나고		
6연	그리던 하늘만이 높푸르구나		안타까움, 허망함

3. 시어 및 시구

시어, 시구	의미
산 꿩, 뻐꾸기, 흰 점 꽃, 하늘	변함없는 고향의 자연, 고향에 대한 (❹)을 환기하는 소재
떠도는 (❺)	방황하고 있는 화자 자신을 비유함.

4. 발상과 표현

표현 방법	시어, 시구	표현하려는 내용
대구법	산 꿩이 알을 품고 뻐꾸기 제철에 울건만,	변함없는 고향의 자연을 표현함.
(❻)	흰 점 꽃이 인정스레 웃고	변함없는 고향의 자연물을 사람처럼 웃는다고 표현함.
청각적 심상	• 뻐꾸기 제철에 울건만 • 풀피리 소리 아니 나고	변함없는 고향의 자연이지만 과거와 다르게 느끼는 화자의 정서를 표현함.
미각적 심상	메마른 입술에 쓰디쓰다	어린 시절의 모습이 사라진 고향에 대한 안타까움을 드러냄.
(❼) 심상	하늘만이 높푸르구나	변함없는 자연의 모습과 높은 하늘만큼 변해 버린 고향에 대한 거리감을 표현함.

5. 시상의 전개

- **변함없는 자연과 인간의 대비**: 화자의 상실감을 부각하고 있음.
- (❽   )식 구성: 시의 구조적 안정감을 얻고, 화자의 정서를 효과적으로 드러냄.

❶ 고향 ❷ 높푸르구나 ❸ 상실감 ❹ 그리움 ❺ 구름 ❻ 의인법 ❼ 시각적 ❽ 수미상관

어져 내 일이야 _ 황진이

어져 내 일이야[❖] 그릴 줄을 모르더냐[❖]
　　감탄사　　　　　그리워할
이시라 하더면[❖] 가랴마는 ㉺구태여[❖]

보내고 그리는 정(情)은 나도 몰라 하노라
　　　　　　　　　　　　　영탄적 어조

'제'는 누구를 가리킬까? 화자, 또는 임?
종장과 연결해서 상황을 파악해 보면, '제'는 화자로 볼 수도 있고, 떠난 '임'으로도 볼 수 있어. '제 구태여'를 모호하게 배치함으로써 임을 보내고 그리워하는 화자의 미묘한 정서를 더욱 효과적으로 드러내고 있어.

이 작품은

사랑하는 임을 보낸 자신을 한탄하고 있는 시조이다. 초장과 중장에서는 임을 보낸 것에 대한 후회를, 종장에서는 임이 떠난 후에 더욱 간절해지는 임에 대한 그리움을 표현하고 있다. 떠난 임을 잊지 못하고 그리워하는 여인의 정서를 참신한 시어를 통해 그려 내고 있다.

갈래 평시조, 연정가

주제 떠난 임을 그리워하는 마음

특징
① 우리말의 아름다움을 잘 살려 시적 의미를 드러냄.
② 임이 떠난 후의 심리를 표현함.
③ 감탄사와 영탄적 어조를 활용하여 화자의 정서를 표현함.

구성
• 초장: 임을 보낸 자신의 행동을 후회함.
• 중장: 떠난 임을 붙잡지 않음.
• 종장: 떠난 임을 그리워함.

현대어 풀이

아아, 내가 한 일이여, 그리워할 줄을 몰랐던가.
있으라고 하였으면 갔겠는가마는 제가 굳이.
보내고 나서 그리워하는 마음은 나도 모르겠구나.

어휘 풀이

❖ **내 일이야**: 내가 한 일이야. '내'는 화자 자신을 의미함.
❖ **모르더냐**: 몰랐던가. 기본형은 '모르다'.
❖ **이시라 하더면**: (내가 임을) 있으라고 하였으면.
❖ **구태여**: (부정하는 말과 어울려 쓰이거나 반문하는 문장에 쓰여) 일부러 애써.

독해 포인트

1. 시적 상황

- 화자가 겉으로 드러남. ➡ (❶   )
- 화자의 상황 ➡ 화자가 떠난 (❷   )을 그리워함.
- **화자의 어조**: 어져 내 일이야, 나도 몰라 하노라 ➡ 독백적, 영탄적

2. 화자의 정서

연	상황
초장	임을 보낸 자신을 나무람.
중장	임에게 가지 말고 있으라고 했으면 가지 않았을 것인데, 굳이 보냈다는 후회 → 가정법
종장	임을 보내고 나서 그리워하는 자신의 마음을 자신도 알 수 없다고 탄식함.

➡

정서
• 임에 대한 (❸   ) • 임을 떠나보낸 것에 대한 (❹   )

3. 발상과 표현

표현 방법	시어, 시구	표현하려는 내용
영탄법	어져 내 일이야	'어져'라는 (❺)를 통해 자신이 임을 보낸 일을 한탄하고 있음.
도치법, 중의적 표현	가랴마는 제 구태여 / 보내고	• 가랴마는 제 구태여: '제 구태여 가랴마는', 즉 임이 굳이 갔겠는가의 의미. 이때의 '제'는 (❻)으로 해석할 수 있음. → 도치법에 의한 표현 • 제 구태여 / 보내고: '제 구태여 (임을) 보내고'. 즉 자신이 굳이 (임을) 보내고'의 의미, 여기서의 '제'는 (❼)을 의미한다고 볼 수 있음.

4. 시상의 전개

초장		중장		종장
자신의 지난 행동에 대한 후회와 탄식	➡	탄식하는 이유: 떠난 임을 붙잡지 않았기 때문에	➡	현재의 자신의 심정 – 임을 (❽).

---

❶ 나 ❷ 임 ❸ 그리움 ❹ 후회 ❺ 감탄사 ❻ 임 ❼ 화자 자신 ❽ 그리워함

어휘력 체크 ✔

01 '그릴'의 주체와 대상을 쓰세요.

(1) 주체 ………… (   )

(2) 대상 ………… (   )

02 '모르더냐'와 기본형이 같은 시어를 찾아 쓰세요.

03 다음 빈칸에 공통으로 들어갈 말에 ○표 하세요.

- 내가 (   ) 숙제 검사를 해야겠니?
- 전화하면 되지, (   ) 이곳까지 뭐 하러 왔니?

- 구태여 ………… (   )
- 반드시 ………… (   )

04 '이시라 하더면'을 우리말로 풀어 써 보세요.

---

01 (1) 화자 (2) 임 02 몰라 03 구태여
04 있으라고 하였으면

01~04 다음 시를 읽고 물음에 답하시오.

열무 삼십 단을 이고

시장에 간 우리 엄마

안 오시네, 해는 시든 지 오래

나는 ⓐ찬밥처럼 방에 담겨

아무리 천천히 숙제를 해도

엄마 안 오시네, ⓑ배추 잎 같은 발소리 타박타박

안 들리네, 어둡고 무서워

금 간 창틈으로 고요히 빗소리

빈방에 혼자 엎드려 훌쩍거리던

아주 먼 옛날

지금도 내 눈시울을 뜨겁게 하는

그 시절, 내 유년의 윗목

– 기형도, 「엄마 걱정」

수능형

01 위 시에 대한 설명으로 적절하지 <u>않은</u> 것은?

① 화자는 현재의 '나'로, '아주 먼 옛날'의 '나'를 회상하고 있다.

② 화자가 머무는 '빈방'과 어머니가 장사를 하는 '시장'이라는 공간이 대비되고 있다.

③ '아무리 천천히 숙제를 해도'에서 숙제에 대한 부담으로 고통스러운 화자의 내면 심리가 드러나 있다.

④ '어둡고 무서워', '빈방에 혼자 엎드려 훌쩍거리던'을 통해 외롭고 무서웠던 화자의 정서를 직접 드러내고 있다.

⑤ '해는 시든 지 오래', '찬밥처럼 방에 담겨' 등의 비유적 표현을 통해 화자의 상황과 처지를 감각적으로 제시하고 있다.

02 위 시에서 알 수 있는 화자의 상황으로 적절하지 **않은** 것은?

① 화자의 어머니는 시장에서 채소 장사를 하셨다.

② 화자는 빈방에서 어머니를 기다리며 숙제를 했다.

③ 어린 시절의 화자는 어머니와 다른 집에서 살았다.

④ 화자에게 어머니의 발소리는 지쳐서 힘이 없는 것처럼 느껴졌다.

⑤ 화자는 밤이 늦도록 오지 않는 어머니를 기다리며 홀로 울기도 했다.

03 〈보기〉는 위 시를 감상하고 느낀 점을 서술한 것이다. 빈칸에 들어갈 알맞은 시구를 찾아 쓰시오.

> 빈방에서 늦도록 오지 않는 어머니를 기다리던 어린 시절의 기억이 화자에게 어떻게 느껴진다고 했는지 파악해 봐!!

┤ 보기 ├

위 시를 읽으면 장사를 하러 간 어머니를 기다리며 빈방에서 혼자 숙제를 하는 어린 화자의 모습이 그려진다. 어린 화자는 밤이 늦도록 오지 않는 어머니를 기다리며 외로움과 무서움에 떨다가 엎드려 훌쩍거리기도 한다. 어른이 된 화자는 그때의 차갑고 서늘한 기억을 (   )이라고 표현하고 있다.

04 위 시에서 ⓐ와 ⓑ가 비유하는 대상을 쓰시오.

지식 플러스 **시인 기형도와 「엄마 걱정」**

기형도는 주로 유년 시절의 기억이나 도시인의 삶을 통해 비극적인 정조를 드러내면서 독창적이고 개성이 강한 시를 발표해 왔다. 이 작품은 시장에 간 어머니를 기다리는 아이의 애틋한 마음을 감각적으로 그려 낸 작품이다. 화자는 열무 삼십 단을 이고 시장에 간 엄마를 홀로 기다린다. 해가 져서 어두워진 밖에는 비까지 내리고 방에 혼자 남은 '나'는 엄마를 기다리는 동안 천천히 숙제를 해 보지만 엄마의 발소리는 여전히 들리지 않는다. 어두운 방에서 무서워진 '나'는 울음을 터트리게 되는데, 먼 옛날의 기억임에도 불구하고 엄마를 기다리던 그 마음은 여전히 눈시울을 뜨겁게 하는 유년의 기억으로 남아 있다.

05~08 다음 시를 읽고 물음에 답하시오.

🧵 **문제 해결 포인트**

❶ 화자의 상황을 파악해
　보세요.

❷ 화자가 스스로를 비유하
　고 있는 대상은 무엇인
　가요?

❸ 화자가 현재 고향에서
　느끼는 정서는 어떤가
　요?

❹ 화자가 그리워하던 고향
　의 모습과 비교하여 현
　재 고향의 모습에서 변
　한 것과 변하지 않은 것
　은 무엇인가요?

고향에 고향에 돌아와도

ⓐ그리던 고향은 아니러뇨.

산 꿩이 알을 품고

ⓑ뻐꾸기 제철에 울건만,

㉠마음은 제 고향 지니지 않고

머언 항구로 떠도는 구름.

오늘도 뫼 끝에 홀로 오르니

ⓒ흰 점 꽃이 인정스레 웃고,

어린 시절에 불던 풀피리 소리 아니 나고

ⓓ메마른 입술에 쓰디쓰다.

고향에 고향에 돌아와도

ⓔ그리던 하늘만이 높푸르구나.

— 정지용, 「고향」

고향에 돌아온 화자가 현
재의 고향을 보고 느끼는
정서를 파악해 봐!

05 위 시에서 화자에 대한 설명으로 적절한 것은?

① 고향에 돌아왔지만 변해 버린 고향의 모습에 실망하고 있다.

② 화자는 어릴 때부터 먼 항구를 떠도는 구름처럼 살고자 했다.

③ 화자가 뫼 끝에 홀로 오르는 것은 해마다 늘 해 왔던 습관이다.

④ 화자가 어린 시절에 잘 불던 풀피리 부는 방법을 이제는 잊어버렸다.

⑤ '산 꿩, 뻐꾸기, 흰 점 꽃'은 화자가 어릴 때에는 산에서 보지 못했던 것이다.

06 위 시를 감상하고 ㉠에 대하여 두 사람이 이야기를 나눈 것이다. 빈칸에 들어갈 말로 적절한 것은?

┌─ 보기 ├─

민수: 화자는 고향에 돌아와서도 마음이 제 고향을 지니지 않는다고 말하고 있어. 고향의 모습이 변해서 그런 걸까?

유정: 그렇지. 고향의 자연은 그대로지만, 고향의 모습이나 사람들의 삶이 너무 변해서 화자가 마음속에 간직했던 고향의 정을 느낄 수가 없었던 거지. 고향에 대한 화자의 (   )이 느껴져!

① 정겨움   ② 상실감   ③ 식상함
④ 소중함   ⑤ 배신감

수능형

07 ⓐ~ⓔ에 대한 설명으로 적절하지 <u>않은</u> 것은?

① ⓐ: 영탄적 어조를 통해 변해 버린 고향에 대한 화자의 실망감을 드러내고 있다.

② ⓑ: 청각적 심상을 통해 변함없는 고향의 자연물이 사라진 현실을 한탄하고 있다.

③ ⓒ: 자신을 반갑게 맞아주는 고향의 자연물을 의인화하여 표현하고 있다.

④ ⓓ: 변해 버린 고향의 모습에서 느낀 쓸쓸한 정서를 미각적 심상을 통해 드러내고 있다.

⑤ ⓔ: 변함없는 고향의 하늘을 가리키지만 그리던 고향에 대한 화자의 상실감을 더욱 부각하는 효과를 얻고 있다.

유사한 수능 문제 형식

• ⓐ~ⓔ에서 알 수 있는 화자의 정서로 적절하지 <u>않은</u> 것은?

• ⓐ~ⓔ의 표현상 특징을 설명한 것으로 적절하지 <u>않은</u> 것은?

08 위 시에서 대구법이 사용된 연을 찾아 쓰시오.

대구법은 비슷한 어조나 어구를 짝을 지어서 나타냄으로써 표현의 효과를 나타내는 수사법을 말해.

📖 지식 플러스 **시인 정지용의 '고향'**

화자는 변함없는 고향의 모습에도 불구하고 그리던 고향이 아니라며 상실감을 토로하고 있다. 그 이유는 당시의 시대 상황에 비추어 이해할 수 있다. 즉 일제 강점기의 나라 잃은 설움 때문에 고향을 고향으로 느낄 수가 없는 것이다. 시인 정지용이 그려 내는 고향은 변함없이 아름다운 자연임에도 불구하고 화자가 상실감을 느끼는 것은 결국 일제 강점기의 암울한 현실 때문이라고 볼 수 있다.

09~12 다음 시를 읽고 물음에 답하시오.

어져 내 일이야 그릴 줄을 모르더냐

㉠이시라 하더면 가랴마는 제 구태여

보내고 그리는 정(情)은 나도 몰라 하노라

– 황진이

[현대어 풀이]
아아, 내가 한 일이여, 그리워할 줄을 몰랐던가.
있으라고 하였으면 갔겠는가마는 제가 굳이,
보내고 나서 그리워하는 마음은 나도 모르겠구나.

화자는 임이 떠난 현실을 어떻게 받아들이고 있는지 생각해 봐!

09 위 시에 대한 설명으로 적절하지 않은 것은?

① 여성 화자를 내세워 정서를 표현하고 있다.

② 화자는 자신이 한 행동을 후회하며 탄식하고 있다.

③ 감탄사로 시작하여 화자의 심리를 잘 표현하고 있다.

④ 자존심 때문에 임을 붙잡지 못한 심리적 갈등이 잘 드러나 있다.

⑤ 임이 실제로 떠났다는 현실을 애써 부정하는 마음이 드러나 있다.

10 위 시에서 시적 대상인 '임'을 나타낸 것으로 볼 수 있지만, 임을 보낸 '화자 자신'으로도 이해할 수 있는 시어를 찾아 쓰시오.

수능형

11 ㉠을 이해한 내용으로 적절하지 <u>않은</u> 것은?

① 화자가 있으라고 하였으면 임이 떠나지 않았을 것이라는 의미이다.

② '이시라 하더면'의 주체는 임이고, '가랴마는'의 주체는 화자 자신이다.

③ '가랴마는 제 구태여'는 '제 구태여 가랴마는'의 의미로 도치법에 의한 표현이다.

④ '제 구태여'를 종장의 '보내고'와 연결하면 화자 자신이 구태여 임을 보냈다는 의미로 해석할 수 있다.

⑤ 초장에서 제시한 후회와 탄식의 이유를 구체적으로 드러내며 종장의 정서와 연결하는 역할을 하고 있다.

> 유사한 수능 문제 형식
>
> • ㉠에 대한 설명으로 적절하지 <u>않은</u> 것은?
>
> • ㉠에 대한 이해로 적절하지 <u>않은</u> 것은?

12 위 시에 대한 감상문의 일부이다. 〈보기〉의 빈칸에 들어갈 알맞은 낱말을 쓰시오.

┤ 보기 ├

    위 시조는 임을 보낸 화자가 임을 붙잡지 않고 보내 버린 자신의 행동을 자책하며 임에 대한 (   )을/를 노래한 연정가라고 볼 수 있다.

> '연정가'는 임에 대한 애절한 그리움을 담은 노래를 의미해.

📖 지식 플러스   **시조**

(1) **개념**: 고려 후기 신흥 사대부들이 유교적 이념을 표출하기 위해 창작하였다. 조선 시대에 들어와 한글이 창제됨에 따라 폭넓게 창작되어 우리 국문학의 대표적인 문학 양식으로 자리 잡았다.

(2) **종류**: 평시조, 연시조, 엇시조, 사설시조 등이 있다.

(3) **특징**
  • 형식: 3장 6구 45자 내외, 4음보로 이루어지며 종장의 첫 음보는 3음절로 고정되어 있다.
  • 내용: 유교적 충의(忠義) 사상에 바탕을 둔 내용이 주류를 이루며, 이후 자연 속에서 한가롭고 평화로운 자연미를 노래한 한정가(閑情歌), 강호가(江湖歌) 등이 지어졌다.
  • 작가: 발생 초기 신흥 사대부에서 출발했으나 조선 시대에 들어와 시조가 일반에 널리 확산되면서 작자층이 확대되었다.

마무리 정리하기

독해의 원리 ❶ 화자의 정서와 태도

화자 파악하기 →	시에서 말하는 사람(화자) 찾아보기	윤동주, 「별 헤는 밤」: 시의 화자가 '나'로, 겉으로 드러나 있음.
	시적 상황을 통해 드러나지 않은 화자 찾아보기	김종삼, 「묵화」: 화자가 직접 드러나지 않지만 할머니를 바라보고 있는 사람임을 짐작할 수 있음.
화자의 정서 파악하기 →	화자가 처한 상황 파악하기	김소월, 「먼 후일」: 화자가 임과 이별한 상황임을 알 수 있음.
	시어나 시구에 드러난 화자의 정서 파악하기	기형도, 「엄마 걱정」: 화자가 빈방에서 느끼는 외로움과 무서움의 정서를 파악할 수 있음.
화자의 태도 파악하기 →	화자의 어조 파악하기	김현승, 「가을의 기도」, 김수영, 「눈」: 기도하는 듯한 간절한 어조와 단호하고 의지적인 어조가 드러남.
	어조를 통해 화자의 태도 파악하기	김영랑, 「모란이 피기까지는」, 김광섭, 「성북동 비둘기」: 종결 어미를 통해 찬란한 봄을 기다리겠다는 태도를, 어조를 통해 문명에 대한 비판적인 태도를 파악할 수 있음.

엄마 걱정_ 기형도

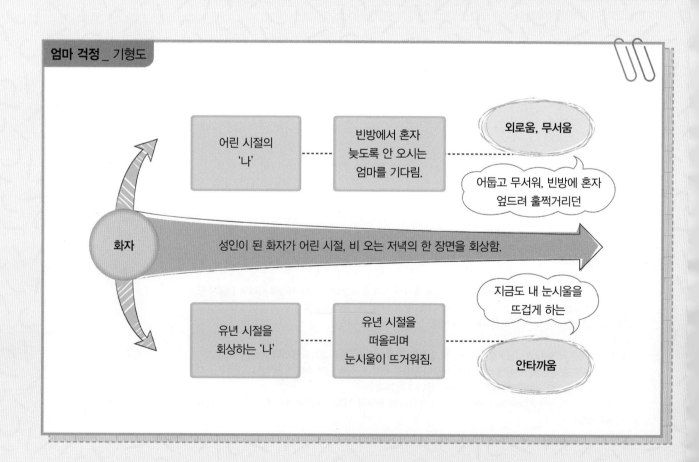

고향_정지용

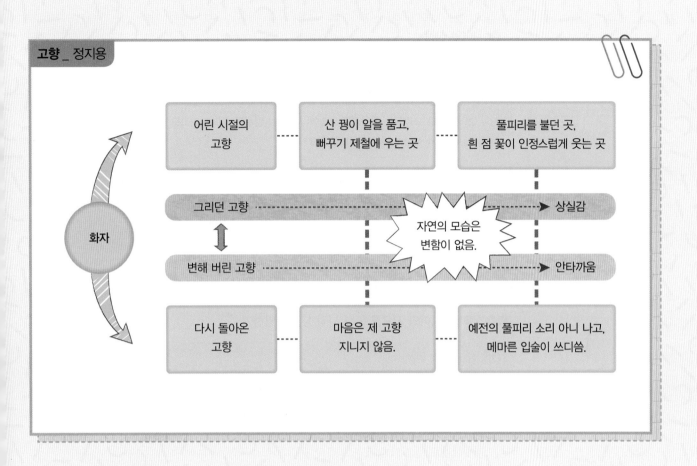

어져 내 일이야_황진이

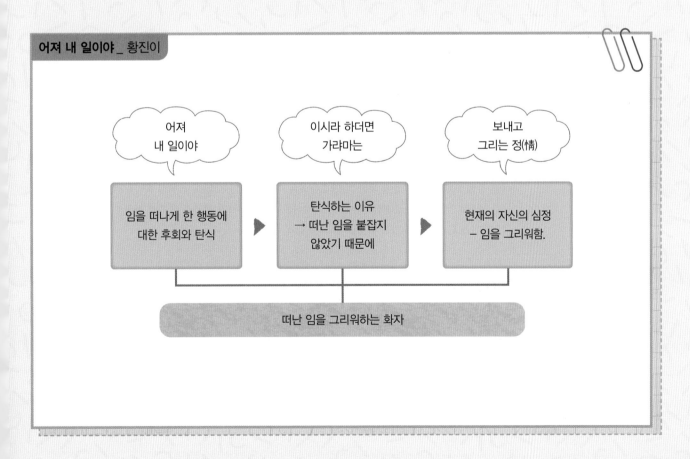

> ### ❖ 시어와 심상
>
> 시어는 시에 사용된 언어를 말한다. 일상적으로 사용하는 언어는 의사소통이 목적이기 때문에 사전적이고 지시적인 의미를 주로 활용한다. 시를 쓸 때는 시인이 말하고자 하는 바를 전달하기 위해 일상어에 새로운 의미를 덧붙이는데, 이를 함축적 의미라고 한다. 시어의 함축적 의미는 주로 심상을 통해 드러난다. 심상은 시의 언어에 의해 그려지는 감각적인 모습이나 느낌을 말하며, 이미지라고도 한다. 시를 이해하기 위해서는 이와 같은 시어와 심상에 대하여 이해할 필요가 있다.

1

**시어의
의미 파악하기**

　시인은 시어를 활용하여 화자의 감정과 정서를 표현하고 시적 의미를 전달한다. 이를 위해 시인은 시어를 여러 가지 방법으로 사용하는데, 특정한 음운이 들어간 시어를 사용하거나 유사한 시어를 반복하여 운율이 느껴지게 하기도 하고, 특정 시어나 시구를 통해 독특한 시적 분위기를 만들어 내기도 한다. 또 감각적이고 다양한 심상을 활용함으로써 표현을 풍부하게 하고 참신한 시적 의미를 드러낸다. 그러므로 시를 감상할 때는 시어와 심상의 특징에 유의하여 시의 의미를 파악해야 한다.

[학습 원리 1] 시어와 시구를 통해 시적 상황 파악하기

(가) 잔디 / 잔디 / 금잔디
　심심산천에 붙는 불은 〔깊고 깊은 산천〕
　가신 임 무덤가에 금잔디
　봄이 왔네, 봄빛이 왔네.　〔시어와 시구의 반복 → 운율 형성〕
　버드나무 끝에도 실가지에
　봄빛이 왔네, 봄날이 왔네.
　심심산천에도 금잔디에.

　　　　　　　　　　　　　　　　　　　　　　　– 김소월, 「금잔디」 전문

(나) 파도야 어쩌란 말이냐
　파도야 어쩌란 말이냐
　임은 물같이 까딱 않는데,　〔무생물인 파도에게 자신의 상황을 하소연하는 화자〕
　파도야 어쩌란 말이냐
　날 어쩌란 말이냐

　　　　　　　　　　　　　　　　　　　　　　　– 유치환, 「그리움」 전문

시어와 일상어	
시어	정서나 이미지 전달이 목적, 함축적 의미가 중심이 됨.
일상어	의사소통과 정보 전달이 목적, 사전적 의미가 중심이 됨.

➡ (가)는 임의 무덤에서 본 잔디와 봄빛이 버드나무 실가지마다 화사하게 밝아지고 있는 모습을 표현하고 있다. 밝고 화사한 분위기를 느끼게 하는 시어와 시구의 반복을 통해 경쾌한 운율을 형성하고 있는데, 이를 통해 오히려 죽은 임에 대한 화자의 슬픔을 더욱 부각하고 있다. (나)의 화자는 파도에게 말을 하는 듯한 태도로 임에 대한 간절한 그리움을 노래하고 있다. 시어와 시구의 반복과 점층적 표현을 통해 임을 그리워하는 화자의 안타까운 심정을 잘 드러내고 있다.

[학습 원리 2] 시적 상황을 통해 시어의 의미 파악하기

〔광복〕　　　　　　　　　　　　　　　　　　　　　　　　　　〔시대 상황 → 일제 강점기〕
(해)야 솟아라. 해야 솟아라. 말갛게 씻은 얼굴 고운 해야 솟아라. 산 너머 산 너머서 (어둠)을 살라 먹고, 산 너머서 밤새도록 어둠을 살라 먹고, 이글이글 앳된 얼굴 고운 해야 솟아라.

　　　　　　　　　　　　　　　　　　　　　　　　　　– 박두진, 「해」 중에서

➡ 이 시는 시어와 시구의 반복, '어둠', '해' 등의 상징적 시어를 활용하여 평화와 광명의 세계가 오기를 바라는 간절한 소망을 노래하고 있다. 일제 강점기라는 시대 상황을 고려할 때, '해'는 '광복'을 의미한다고 볼 수 있다.

②
**시의 심상
파악하기**

심상의 종류

• 인간의 감각을 통해 느낄 수 있는 이미지: 시각, 청각, 후각, 촉각, 미각 등
• 내용이나 분위기에서 형성되는 이미지: 긍정, 부정, 상승, 하강, 생성, 소멸, 정적, 동적 등

[학습 원리 1] 감각적 표현에 담긴 의미 파악하기

> 꽃가루와 같이 부드러운 고양이의 털에
> 고운 봄의 향기가 어리우도다.
>   후각적 심상
>
> 금방울과 같이 호동그란 고양이의 눈에
> 미친 봄의 불길이 흐르도다.   – 이장희, 「봄은 고양이로다」 중에서
>   시각적 심상
>
> ◯ : 시적 대상
> ☐ : 봄의 이미지

➡ 이 시의 화자는 고양이의 모습을 관찰하여 봄의 생명력을 감각적으로 그려 내고 있다. '고양이의 털'에서 '봄의 향기'를 느끼고 있고, '고양이의 눈'에서 '봄의 불길'을 연상하고 있는데, '봄의 향기'에서 후각적 심상을, '봄의 불길'에서 시각적 심상을 사용하고 있다.

[학습 원리 2] 감각적 표현을 통해 시의 분위기 파악하기

>   청각적 심상
> 넓은 벌 동쪽 끝으로 / 옛이야기 지줄대는 실개천이 휘돌아 나가고,   ◯ : 향토적 정서를 드러내는 시어
> 얼룩백이 황소가 / 해설피 금빛 게으른 울음을 우는 곳.
>   청각의 시각화
>
> —그곳이 차마 꿈엔들 잊힐 리야.
>
>   청각의 시각화
> 질화로에 재가 식어지면 / 비인 밭에 밤바람 소리 말을 달리고,
> 엷은 졸음에 겨운 늙으신 아버지가 / 짚 베개를 돋아 고이시는 곳.
>
> —그곳이 차마 꿈엔들 잊힐 리야.   – 정지용, 「향수」 중에서

➡ 이 시의 1연에서는 고향의 자연환경을 중심으로 평화로운 향토적 정경을 그려 내고, 2연에서는 아버지에게로 시선을 이동하여 고향에 대한 그리움을 노래하고 있다. '실개천, 얼룩백이 황소, 금빛 게으른 울음, 밤바람 소리 말을 달리고' 등에서 다양한 감각적 이미지를 활용하여 고향의 모습을 선명하게 제시함으로써 시적 의미를 효과적으로 전달하고 있다.

[학습 원리 3] 시어와 심상을 통해 주제 파악하기

심상의 기능

• 표현을 생생하게 한다.
• 시의 분위기를 형성하여 시의 의미를 강화한다.
• 추상적 의미를 구체화한다.

> 강물 아래로 강물 아래로 / 한 줄기 어두운 이 강물 아래로   ◯ : 부정적 현실
> 검은 밤이 흐른다. / 은하수가 흐른다.   ☐ : 긍정적 대상
>
> 낡은 밤에 숨 막히는 나도 흐르고 / 은하수에 빠진 푸른 별이 흐른다.
>
> 강물 아래로 강물 아래로 / 못 견디게 어두운 이 강물 아래로
> 빛나는 태양이 / 다다를 무렵
>
> 이 강물 어느 지류에 조각처럼 서서
> 나는 다시 푸른 하늘을 우러러보리……   – 신석정, 「어느 지류에 서서」 전문

➡ 화자는 강의 어느 한 지점에서 흐르는 강물을 보고 있다. '한 줄기 어두운 이 강물'은 일제 강점기라는 암울한 현실을 의미한다. 따라서 '검은 밤, 은하수, 낡은 밤'은 모두 '어둠'과 관련된 부정적인 이미지를 나타낸다. 이에 반해 '푸른 별, 빛나는 태양, 푸른 하늘'은 '밝음'의 이미지로 화자가 지향하는 세계를 나타낸다. 시의 화자는 비유적이고 대립적인 시어를 활용하여 암담한 현실에 대한 인식과 밝은 미래에 대한 소망을 노래하고 있다.

04 돌담에 속삭이는 햇발 _ 김영랑

돌담에 속삭이는 햇발같이
　　　　　청각적 심상
풀 아래 웃음 짓는 샘물같이
　　　시각적 심상
내 마음 고요히 고운 봄 길 위에
　화자의 마음
오늘 하루 하늘을 우러르고 싶다
　　　　　동경의 대상

새악시 볼에 떠오는 부끄럼같이
　　　　시각적 심상　　촉각적 심상
시(詩)의 가슴에 살포시 젖는 물결같이
은유법 – 곱고 순수한 마음
보드레한 에메랄드 얇게 흐르는

실비단 하늘을 바라보고 싶다
소망과 동경의 대상　　　　△, ○, □: 같은 위치에서 같은 소리의 반복 → 운율 형성

독해 포인트

1. 시적 상황

- 화자가 겉으로 드러나 있음. ➡ 내 (마음)
- 시의 화자 ➡ 밝고 순수한 세계를 동경하는 사람
- 화자의 상황 ➡ 화자가 봄 길 위에 서서 봄의 (❶   )을 바라보고 있음.
  시간적·공간적 배경

2. 시어와 심상

시어, 시구	심상
속삭이는 햇발	(❷) 심상
웃음 짓는 샘물, 떠오는 부끄럼, 보드레한 에메랄드 얇게 흐르는	시각적 심상
살포시 젖는 물결	촉각적 심상

3. 운율을 형성하는 요소와 그 효과

운율을 형성하는 요소
3음보의 율격 반복
'ㄴ, ㄹ, ㅁ'과 같은 (❸   )의 반복
'~는, ~같이, ~고 싶다'와 같은 형식으로 같은 위치에서 같은 음의 반복, 비슷한 문장 구조의 반복

➡

효과
• 부드럽고, 맑고, 경쾌한 느낌을 줌. • 리듬감을 느낄 수 있게 하여 시의 (❹   )을 드러냄.

4. 발상과 표현

표현 방법	시어, 시구	표현하려는 내용
(❺)	햇발같이, 샘물같이, 부끄럼같이, 물결같이	'화자의 마음'을 화자가 소망하는 순수한 내면세계의 이미지인 '햇발, 샘물, 부끄럼, 물결'에 빗대어 표현함.
은유법	시의 가슴	곱고 아름다운 마음, 시적 정서가 가득한 화자의 마음을 의미함.
	(❻)	하늘에 가득한 푸르른 '봄기운'을 의미함. '하늘'은 화자가 동경하는 밝고 순수한 세계를 의미함.
의인법	속삭이는 햇발, 웃음 짓는 샘물	'햇발'과 '샘물'을 (❼)처럼 속삭이고, 웃는다고 표현함.
대구법	• 각 연의 1, 2행 • 1연과 2연	각 연의 1, 2행은 '~는 ~같이'로, 마지막 행은 '~고 싶다'로, 1연과 2연을 유사한 구조로 구성하여 시적 의미를 강화함.

❶ 하늘 ❷ 청각적 ❸ 울림소리 ❹ 음악성 ❺ 직유법 ❻ 에메랄드 ❼ 사람

05 풀 _ 김수영

이 작품은

'풀'과 '바람'의 대립 관계에서 출발한다. 풀은 끈질긴 생명력을 가진 자연물이다. 풀은 '바람'과 같은 외부 세력에 고통을 겪으면서도 끈질기게 맞서며 끝내 먼저 일어나는 존재이다. 시인은 풀을 통해 시련과 억압의 역사에도 굴하지 않고 그것을 극복하고 이겨낸 민중의 생명력을 표현하고 있다.

갈래 자유시, 서정시

주제 풀의 끈질긴 생명력

특징
① 대립적인 의미의 시어를 통해 주제를 부각함.
② 시구의 반복과 대구를 통해 운율을 형성함.
③ 간결하고 단정적인 어조를 통해 의미를 강조함.

구성
• 1연: 바람에 떠밀려 눕는 풀
• 2연: 바람보다 먼저 일어나는 풀
• 3연: 풀의 강인한 생명력

풀이 눕는다

비를 몰아오는 동풍에 나부껴
　　　　　풀의 생명력을 억압하는 세력

풀은 눕고

드디어 울었다
　　　과거의 시련

날이 흐려서 더 울다가
　　　부정적 현실

다시 누웠다
　　과거의 시련

풀이 눕는다

바람보다도 더 빨리 눕는다
풀의 생명력을 억압하는 세력

바람보다도 더 빨리 울고

바람보다 먼저 일어난다
시련을 극복하는 풀 → 시상의 전환(현재)

날이 흐리고 풀이 눕는다

발목까지
　　　　　더욱 거세진 시련을 겪는 모습
발밑까지 눕는다

바람보다 늦게 누워도

바람보다 먼저 일어나고

바람보다 늦게 울어도

바람보다 먼저 웃는다

날이 흐리고 풀뿌리가 눕는다

어휘 풀이

❖ **동풍**: 동쪽에서 부는 바람. 봄철에 부는 바람.
❖ **나부끼다**: 천, 종이, 머리카락 따위의 가벼운 물체가 바람을 받아서 가볍게 흔들리다.
❖ **풀뿌리**: 풀의 뿌리.

독해 포인트

1. 시적 상황

- 화자가 겉으로 드러나지 않음. ➡ 화자는 (❶   )이 (❷   )에 의해 누웠다가 일 어나는 것을 바라보고 있는 사람임.
- 시적 상황 ➡ 날이 흐리고, 풀이 비를 몰아오는 '동풍'에 고통과 시련을 겪고 있음.

2. 시어 및 시구

시어, 시구		표현하려는 내용
풀	(❸)	부정적 현실에 순응하여 고통을 감수하는 모습
	일어나다	부정적 현실에 저항하여 시련을 극복하는 모습
	울다	부정적 현실에 고통스러워하며 시련을 견디는 모습
	(❹)	시련에 맞서 의연하게 고통을 이겨 내는 모습
비, 바람(동풍)		'풀'을 괴롭히는 고통스러운 현실이나 억압적 세력 등
날이 흐림.		부정적인 현실 상황, 고통스러운 현실

3. 발상과 표현

표현 방법	시어, 시구	표현하려는 내용
의인법	• 눕는다 ⇔ 일어난다 • 운다 ⇔ 웃는다	대립적 의미의 시어와 시각적 심상에 의한 표현 → 풀이 바람에 의해 쓰러지고 일어나는 모습과 풀 이 고통을 겪고 이겨 내는 모습을 (❺) 의 행위에 빗대어 표현함.
반복법, (❻)	풀이 눕는다 → 발목까지 / 발밑까지 눕는다 → 풀뿌리 가 눕는다	풀이 '눕는다'를 반복하고, 마지막에서 '발목 → 발밑 → 풀뿌리가 눕는다'라고 점층적으로 표현하 여 시적 의미를 강화하고 있음.
대구법	• 바람보다도 더 빨리 울고 바람보다 먼저 일어난다 • 바람보다 늦게 누워도 바람보다 먼저 일어나고 • 바람보다 늦게 울어도 바람보다 먼저 웃는다	풀이 바람에 대응하는 모습을 대구 형식으로 표현 하여 (❼)을 형성하고 풀의 강인한 속성 을 강조하여 드러냄.

4. 시상의 전개

1연	바람에 의해 눕고 우는 풀 – 과거의 모습	나약함(❽)
2연	바람보다 빨리 눕고, 빨리 울고, 먼저 일어나는 풀 – 현재 상황	강인함(능동적)
3연	바람보다 늦게 누워도 먼저 일어나고, 늦게 울어도 먼 저 웃는 풀 – 현재 상황	의연함(능동적, 적극적)

❶ 풀 ❷ 바람(동풍) ❸ 눕다 ❹ 웃다 ❺ 사람 ❻ 점층법 ❼ 운율 ❽ 수동적

01 '동쪽에서 불어오는 바람'을 의 미하는 낱말은?

02 빈칸에 들어갈 알맞은 낱말에 ○표 하세요.

> 텅 빈 마당에서 헝겊 조 각들이 바람에 (   ) 펄렁거리고 있었다.

- 쓰러져 ·········· (   )
- 나부껴 ·········· (   )

03 다음 시구에서 밑줄 친 시어의 반대말을 찾아 쓰세요.

(1) 바람보다도 빨리 눕는다.
(2) 바람보다 먼저 웃는다.
(3) 바람보다 빨리 일어난다.

01 동풍 **02** 나부껴 **03** (1) 일어난다 (2) 운 다 (3) 늦게

06 제망매가 _월명사

생사(生死) 길은
_{살고 죽는 것}

예 있으매 머뭇거리고,

나는 간다는 말도
_{죽은 누이}

못다 이르고 어찌 갑니까.

어느 가을 이른 바람에
_{누이의 갑작스러운 죽음}

이에 저에 떨어질 잎처럼,
_{죽은 누이}

한 가지에 나고
_{같은 부모}

가는 곳 모르온저.

아아, 미타찰(彌陀刹)에서 만날 나
_{감탄사, 시상 전환}　　　　　　_{화자}

도(道) 닦아 기다리겠노라.

이 작품은

신라 시대의 승려였던 월명사가 지은 향가로, 일찍 세상을 떠난 누이를 추모하기 위해 제사를 지내면서 부른 노래이다. 화자는 누이의 죽음을 가을에 떨어지는 나뭇잎에 비유하며 인생의 무상함을 드러내면서도 죽은 누이와 죽은 후에 다시 만날 것이라고 하여 누이의 죽음으로 인한 슬픔을 종교적으로 극복하는 모습을 보이고 있다.

갈래 향가(10구체)

주제 죽은 누이를 추모하며, 누이와 다시 만나기를 소망함.

특징
① 누이의 죽음을 자연 현상에 빗대어 표현함.
② 이별의 슬픔을 종교적 신념으로 극복함.
③ 전통 시가인 향가의 형식적 특성이 잘 드러남.

구성
• 1~4행(구): 누이의 죽음에 대한 안타까움
• 5~8행(구): 누이의 죽음에서 느끼는 삶의 무상함
• 9~10행(구): 불교 사상을 통해 슬픔을 극복함.

현대어 풀이

삶과 죽음의 길은
여기(이승)에 있음에 머뭇거리고,
나는 간다는 말도
못다 이르고 어찌 갔는가.
어느 가을 이른 바람에
여기저기 떨어지는 나뭇잎처럼,
같은 가지에 나고서도
가는 곳을 모르겠구나.
아아, 저승에서 만나 볼 나는
불도를 닦으며 기다리겠다.

향가의 구성

• 4구＋4구＋2구의 세 단락을 이루며, 세 번째 단락인 낙구에 시상이 집약되어 있다.
• 낙구 첫머리의 감탄사는 시조의 종장 첫 구에서도 나타난다.

어휘 풀이

❖ **생사**: 삶과 죽음.
❖ **머뭇거리다**: 말이나 행동 따위를 선뜻 결단하여 행하지 못하고 자꾸 망설이다.
❖ **못다**: '다하지 못함.'을 나타내는 말.
❖ **미타찰**: 불교의 아미타불이 사는 곳. 괴로움이 없으며 지극히 안락하고 자유로운 세상.
❖ **도**: 종교적으로 깊이 깨친 이치. 또는 그런 경지.

독해 포인트

1. 시적 상황

- 화자가 겉으로 드러남. ➡ (**❶**   )
- 화자의 상황 ➡ (**❷**   )의 죽음을 슬퍼하며 제사를 지내고 있음.

2. 시어 및 시구

시어, 시구	표현하려는 내용
예 있으매 머뭇거리고	화자가 살아가는 '예'는 (**❸**), '머뭇거리고'는 죽음에 대한 두려움으로 화자가 느끼는 정서를 표현함.
나는 간다는 말도 / 못다 이르고 어찌 갑니까	'나'는 죽은 누이를 가리킴. 누이가 갑자기 죽은 것에 대한 화자의 (**❹**) 심정을 드러냄.
이른 바람에 / 이에 저에 떨어질 잎처럼	누이의 때 이른 죽음을 '바람에 의해 (**❺**)이 여기저기 떨어지는' 모습으로 표현함.
한 가지에 나고 / 가는 곳 모르온저	같은 (**❻**)에게서 태어난 형제였지만 누이의 죽음으로 누이와 갈라지게 되었다는 의미임. → 삶과 죽음에 대한 화자의 허무한 정서를 드러냄.
도 닦아 기다리겠노라	불교적 신앙심으로 슬픔을 극복하고 누이와의 재회를 준비하겠다는 의지를 드러냄.

3. 발상과 표현

표현 방법	시어, 시구	표현하려는 내용	
영탄법	아아	(**❼**)를 통해 화자의 정서를 집약하고 시상을 전환하는 효과가 있음.	
비유법	떨어질 잎	'떨어질'은 '죽음', '잎'은 '형제'를 의미함.	형제간의 죽음을 같은 가지에 난 잎들이 떨어지는 자연 현상에 빗대어 감각적으로 형상화함.
	이른 바람	'바람'은 인간을 죽음에 이르게 하는 (**❽**)의 섭리를 나타냄.	
	한 가지	'같은 부모'를 의미함.	

4. 시상의 전개

1~4행(기)	5~8행(서)	9~10행(결)
현재 – 누이가 죽은 비극적 상황	과거 – 같은 부모에게서 형제간의 인연으로 태어남.	미래 – 죽은 후에 (**❾**)에서 다시 만나겠다는 의지
누이의 죽음에 대한 탄식	누이의 죽음에서 느끼는 삶의 무상함	슬픔을 종교적으로 극복함.

❶ 나 ❷ 누이 ❸ 이승 ❹ 안타까운 ❺ 나뭇잎 ❻ 부모 ❼ 감탄사 ❽ 자연 ❾ 저승(미타찰)

어휘력 체크 ✓

01 '삶과 죽음'을 의미하는 낱말을 찾아 쓰세요.

02 '말이나 행동 따위를 선뜻 결단하여 행하지 못하고 자꾸 망설이다.'를 의미하는 낱말을 쓰세요.

03 '한 가지에 나고'에서 '나다'의 의미를 쓰세요.

04 이 작품의 제목을 풀이한 것이다. 죽은 누이의 제사를 지내면서 부른 노래라는 시적 상황을 고려하여 빈칸에 들어갈 알맞은 의미를 쓰세요.

제 / 망매 / 가
祭 / 亡妹 / 歌
제사를 지냄. ( ) 노래

01 생사 02 머뭇거리다 03 태어나다
04 죽은 누이

01~04 다음 시를 읽고 물음에 답하시오.

문제 해결 포인트

❶ 시를 낭송하면서 시에서 느껴지는 분위기를 파악해 보세요.

❷ 화자의 정서는 어떤가요?

❸ 시에서 리듬감을 느낄 수 있나요? 어떤 요소들이 리듬을 형성하고 있나요?

❹ 시어에 쓰인 다양한 심상을 찾아보세요.

> 돌담에 속삭이는 햇발같이
> 풀 아래 웃음 짓는 샘물같이
> ㉠내 마음 고요히 고운 봄 길 위에
> 오늘 하루 하늘을 우러르고 싶다
>
> 새악시 볼에 떠오는 부끄럼같이
> 시(詩)의 가슴에 살포시 젖는 물결같이
> 보드레한 에메랄드 얇게 흐르는
> 실비단 하늘을 바라보고 싶다
>
> ― 김영랑, 「돌담에 속삭이는 햇발」

유사한 수능 문제 형식

• 위 시에 대한 이해로 적절하지 않은 것은?

수능형

01 위 시에 대한 설명으로 적절하지 <u>않은</u> 것은?

① 시의 화자가 겉으로 드러나 있다.
② 봄이라는 계절적 배경이 드러나 있다.
③ 우리말의 아름다움을 잘 살려서 표현하고 있다.
④ 시를 읽으면 따뜻하고 경쾌한 분위기를 느낄 수 있다.
⑤ 화자의 마음이 햇발과 샘물처럼 밝고 맑아지기를 소망하고 있다.

02 위 시에서 운율을 형성하는 요소로 볼 수 <u>없는</u> 것은?

① 1연과 2연의 시행 배열과 구성이 유사하게 되어 있다.
② 각 연의 1행과 2행이 같은 구조로 대구를 이루고 있다.
③ 'ㄴ, ㄹ, ㅁ'과 같은 울림소리를 빈번하게 사용하고 있다.
④ '~는, ~같이, ~고 싶다'와 같은 형식이 반복되고 있다.
⑤ 각 연을 4행으로 구성하여 주제를 압축하여 제시하고 있다.

03 다음 시어 중 ㉠을 비유한 것으로 보기 어려운 것은?

① 햇발　　　　② 샘물　　　　③ 부끄럼

④ 물결　　　　⑤ 실비단

> '~ 같이'와 같은 직유법을 사용하여 화자의 마음을 비유하고 있는 대상을 찾아봐!

직유법

직유법은 2개의 사물을 직접적으로 비교하여 표현하는 방법으로 비유법 중 가장 간단하고 명쾌한 형식이다. 비유되는 사물과 비유하는 사물은 '마치 ~같이, ~인 양, ~같은, ~처럼, ~듯이'의 형식으로 연결하고 있어 쉽게 파악할 수 있다.

04 〈보기〉는 위 시에서 화자가 하고 싶은 일을 서술한 것이다. ⓐ, ⓑ에 들어갈 알맞은 시구를 쓰시오.

┌ 보기 ┐
　화자는 평화롭고 순수한 세계에 대한 동경을 반복하여 말하고 있는데, 1연에서는 하늘을 (　　ⓐ　　)(으)로, 2연에서는 실비단 하늘을 (　　ⓑ　　)(라)고 말하고 있다.

📖 지식 플러스　**김영랑의 시 세계**

　김영랑은 우리말을 가장 아름답게 구사한 시인 중 하나로 평가되고 있다. 그는 박용철 등과 함께 『시문학』을 주도하여 우리말 언어를 섬세하게 다듬어 쓰는 방식으로 아름답고 순수한 서정의 세계를 표현하며 순수시 운동을 전개하였다. 시인이 참여한 순수시 운동이 지나치게 언어적 기교에만 치중했다는 비판을 받기도 하지만 우리의 시문학에서 시어 구사 능력과 형식적 완성도 면에서 한 단계 성장을 이루었다는 점에서 높이 평가되고 있다.

05~08 다음 시를 읽고 물음에 답하시오.

ⓐ풀이 눕는다
비를 몰아오는 동풍에 나부껴
풀은 눕고
드디어 울었다
날이 흐려서 더 울다가
ⓑ다시 누웠다

풀이 눕는다
ⓒ바람보다도 더 빨리 눕는다
바람보다도 더 빨리 울고
ⓓ바람보다 먼저 일어난다

ⓔ날이 흐리고 풀이 눕는다
발목까지
발밑까지 눕는다
바람보다 늦게 누워도
바람보다 먼저 일어나고 ⎤
　　　　　　　　　　　　　[A]
바람보다 늦게 울어도 ⎦
바람보다 먼저 웃는다
날이 흐리고 풀뿌리가 눕는다

– 김수영, 「풀」

05 위 시에 대한 설명으로 적절하지 <u>않은</u> 것은?

① 자연물을 사람처럼 표현하여 의미를 부여하고 있다.
② '풀', '바람'이라는 자연물을 시적 대상으로 삼고 있다.
③ 일상어를 사용하여 화자의 감정을 직접 드러내고 있다.
④ 자연 현상을 관찰하면서 얻은 깨달음을 형상화하고 있다.
⑤ 유사한 시구와 시어의 반복으로 리듬을 만들어 내고 있다.

06 [A]의 표현상 특징에 대한 설명으로 적절한 것은?

① 대구법을 사용하여 풀의 속성을 강조하고 있다.
② 점층법을 사용하여 바람의 속성을 강조하고 있다.
③ 반어법을 사용하여 풀의 생명력을 예찬하고 있다.
④ 의인법을 사용하여 풀의 나약함을 강조하고 있다.
⑤ 은유법을 사용하여 바람의 융통성을 부각하고 있다.

> 점층법은 문장의 뜻을 점점 강하게 하거나, 크게 하거나, 높게 하여 강조하는 표현 방법이고, 의인법은 사람이 아닌 것을 마치 사람처럼 표현하는 방법이야.

수능형

07 ⓐ~ⓔ에 나타난 '풀'의 속성을 설명한 것으로 적절하지 <u>않은</u> 것은?

① ⓐ: '풀'이 외부의 세력에 고통을 겪는 모습을 드러낸 것이다.
② ⓑ: '풀'이 고통스러운 현실에 굴복할 수밖에 없는 처지임을 드러낸 것이다.
③ ⓒ: '풀'이 어렵고 힘든 외부 상황에 순응하여 살아가는 모습을 드러낸 것이다.
④ ⓓ: '풀'이 고통스러운 상황에서 재빨리 도피하려는 모습을 드러낸 것이다.
⑤ ⓔ: '풀'이 겪을 수밖에 없는 고통이나 시련이 지속되는 현실을 드러낸 것이다.

> **유사한 수능 문제 형식**
> • ⓐ~ⓔ를 이해한 내용으로 가장 적절한 것은?
> • ⓐ~ⓔ에 대한 설명으로 적절하지 <u>않은</u> 것은?

08 〈보기〉는 위 시를 감상하고 느낀 감상을 정리한 것이다. 빈칸에 들어갈 알맞은 말을 3어절로 쓰시오.

┌─ 보기 ┐
　위 시는 화자의 태도 측면에서 1연과 2, 3연이 대조를 이룬다고 볼 수 있다. 1연에서는 풀의 나약한 측면을 주로 제시하다가 2연에서부터 풀의 생명력과 능동적 측면을 드러내고 있다. 나아가 3연에서는 풀의 (　　　　　　　　　)을/를 한층 강화하여 드러내고 있다.
└──────────────────┘

지식 플러스 '풀'의 생명력

　풀은 장소를 가리지 않고 산천에 널리 퍼져 자라기 때문에 가장 흔한 사물이자, 끈질긴 생명력을 가진 존재로 인식되고 있다. 이런 점에서 문학 작품에서 풀은 민중을 상징하는 소재로 사용되었다. 이 시에서도 시인은 풀을 나약하기만 한 존재가 아니라 바람보다 빨리 눕고 빨리 일어나는 존재로 그리고 있다.

문제 해결 포인트

❶ 화자가 겉으로 드러나 있나요?

❷ 화자는 무엇을 하고 있 나요?

❸ 화자의 신분과 화자가 처한 시적 상황을 파악 해 보세요.

❹ 오늘날의 시 작품과 비 교할 때, 어떤 차이가 느 껴지나요?

생사(生死) 길은

예 있으매 ⓐ머뭇거리고,

ⓑ나는 간다는 말도

못다 이르고 어찌 갑니까.

어느 가을 ⓒ이른 바람에

이에 저에 ⓓ떨어질 잎처럼,

ⓔ한 가지에 나고

가는 곳 모르온저.

아아, ⓕ미타찰(彌陀刹)에서 만날 ⓖ나

도(道) 닦아 기다리겠노라.

      – 월명사, 「제망매가」

[현대어 풀이]

삶과 죽음의 길은

여기(이승)에 있음에 머뭇거리고,

나는 간다는 말도

못다 이르고 어찌 갔는가.

어느 가을 이른 바람에

여기저기 떨어지는 나뭇잎처럼,

같은 가지에 나고서도

가는 곳을 모르겠구나.

아아, 저승에서 만나 볼 나는

불도를 닦으며 기다리겠다.

향가

이 작품은 향가로, 신라 시 대에 생겨나 고려 때까지 이어진 노래이다. '향가'라 는 명칭은 중국 노래에 대 한 '우리 노래'라는 뜻에서 유래했다고 한다.

향가는 형식상 '기 - 서 - 결'의 짜임으로 이루어져 있어. 「제망매가」와 같은 10구체 향가는 결 부분에 감탄사가 오는 전통이 있 는데, 감탄사가 나타나는 부분을 낙구 또는 결구라 고 해.

09 위 시에 대한 설명으로 적절하지 않은 것은?

① 내용상 크게 3단계로 나눌 수 있다.

② 9행의 '아아'에서 시상이 전환되고 있다.

③ 동일한 어구를 반복하여 리듬감을 형성하고 있다.

④ 대상과의 재회에 대한 화자의 믿음이 나타나 있다.

⑤ 삶과 죽음의 문제를 자연 현상에 비유하여 표현하고 있다.

10 ⓐ~ⓖ에 대한 설명으로 적절하지 <u>않은</u> 것은?

① ⓐ는 죽음에 대한 두려움 때문이다.

② ⓑ는 화자를, ⓖ는 누이를 의미한다.

③ ⓒ와 ⓓ는 누이의 때 이른 죽음을 의미한다.

④ ⓔ는 같은 부모를 의미한다.

⑤ ⓕ는 화자가 누이와의 재회를 기대하는 곳이다.

수능형

11 위 시를 읽고 나눈 대화이다. 시를 적절하게 이해하지 <u>못한</u> 사람은?

① 영지: '예'는 '미타찰'과는 의미상으로 대립한다고 볼 수 있군.

② 장수: 누이는 자신이 죽기 전에 '나는 간다'고 미리 알릴 것을 약속했었군.

③ 슬기: '바람'은 누이가 죽음에 이르게 된 것과 연관이 있으므로, 삶과 죽음을 다루는 절대자로 볼 수 있겠군.

④ 문호: '한 가지에 나고'로 보아 시적 대상과 화자는 형제 관계라고 볼 수 있군.

⑤ 미정: '가는 곳 모르온저'에서 화자가 느끼는 인생무상의 정서가 드러나는군.

유사한 수능 문제 형식

• 윗글에 대한 감상으로 적절하지 <u>않은</u> 것은?

12 위 시의 시상 전개 과정을 고려하여, 화자의 태도가 어떻게 변화하는지 〈보기〉의 ㉠, ㉡에 들어갈 알맞은 내용을 쓰시오.

┤ 보기 ├

화자는 일찍 세상을 떠난 (㉠)을/를 슬퍼하며 삶의 무상감을 표현하다가 (㉡)행에서는 이러한 슬픔을 종교의 힘으로 극복하려는 의지를 드러내고 있다.

지식 플러스 신라 시대의 노래 '향가'

(1) **개념**: 신라 때부터 고려 초기까지 불리던 노래로, 향찰로 표기된 우리 고유의 서정시를 뜻한다. 현재 25수가 전해지고 있다.

(2) **특징**
• 표기: 한자의 음과 뜻을 이용한 표기법인 향찰로 표기되었다.
• 형식: 향가의 초기 형태인 4구체에서 8구체로 발전하고 10구체로 완성되었다.
• 내용: 임금을 그리워하거나 나라를 다스리는 노래 등으로 매우 다양하지만 불교적 기원과 신앙을 노래한 것이 많다.
• 작가: 주로 승려, 화랑 등 귀족 계층이 중심을 이루었다.
• 전승: 향찰로 표기된 노래의 앞이나 뒤에 그 노래와 관련된 이야기가 서술되어 있는 경우가 많다.

마무리 정리하기

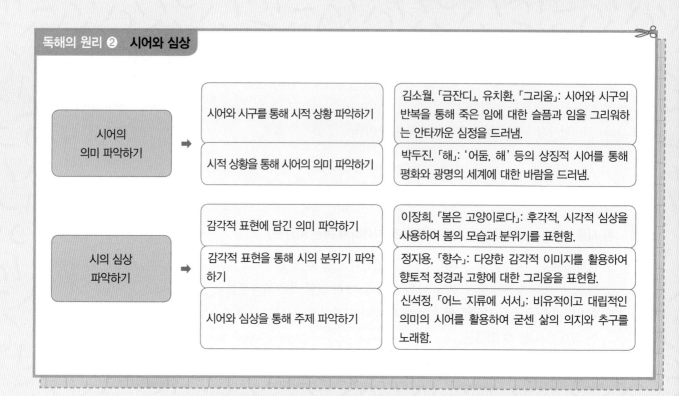

시어의 의미 파악하기	시어와 시구를 통해 시적 상황 파악하기	김소월, 「금잔디」, 유치환, 「그리움」: 시어와 시구의 반복을 통해 죽은 임에 대한 슬픔과 임을 그리워하는 안타까운 심정을 드러냄.
	시적 상황을 통해 시어의 의미 파악하기	박두진, 「해」: '어둠, 해' 등의 상징적 시어를 통해 평화와 광명의 세계에 대한 바람을 드러냄.
시의 심상 파악하기	감각적 표현에 담긴 의미 파악하기	이장희, 「봄은 고양이로다」: 후각적, 시각적 심상을 사용하여 봄의 모습과 분위기를 표현함.
	감각적 표현을 통해 시의 분위기 파악하기	정지용, 「향수」: 다양한 감각적 이미지를 활용하여 향토적 정경과 고향에 대한 그리움을 표현함.
	시어와 심상을 통해 주제 파악하기	신석정, 「어느 지류에 서서」: 비유적이고 대립적인 의미의 시어를 활용하여 굳센 삶의 의지와 추구를 노래함.

돌담에 속삭이는 햇발 _ 김영랑

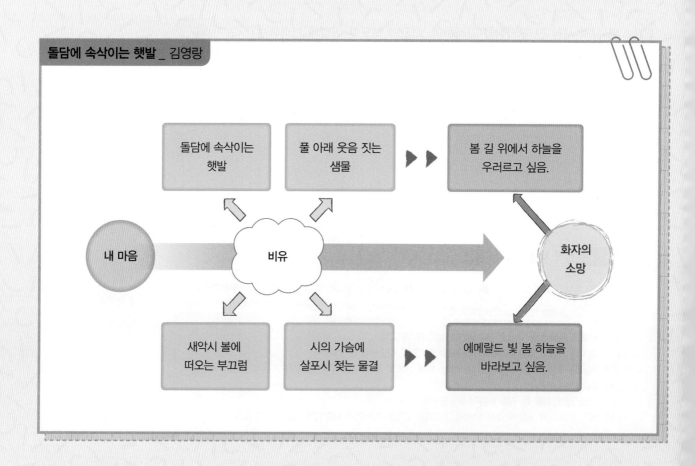

풀 _ 김수영

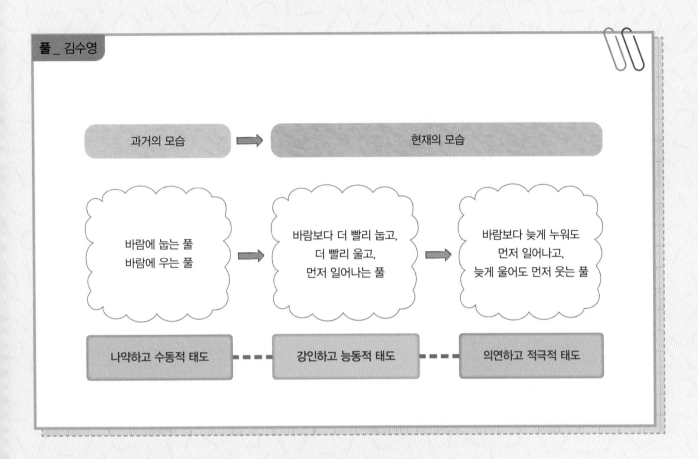

제망매가 _ 월명사

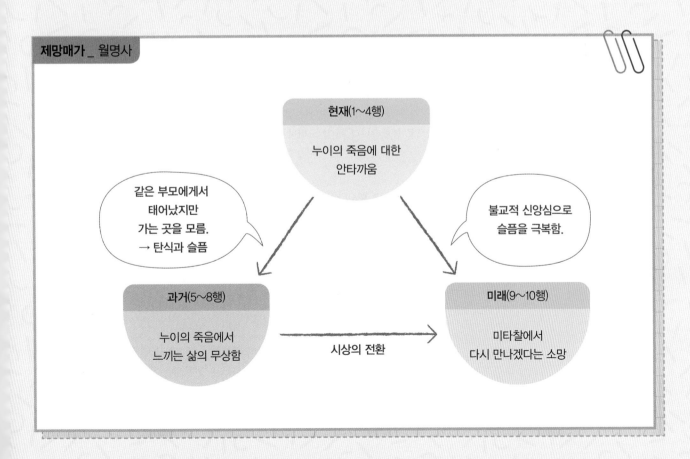

독해의 원리 이해하기

3. 발상과 표현

⊕ 발상과 표현

발상은 시인이 시를 통해 말하고자 하는 바를 효과적으로 드러내기 위해 떠올리는 기발한 생각이나 창의적인 표현 방식이라고 할 수 있다. 발상이 시의 형식으로 구체화되기 위해서는 표현하는 과정을 거쳐야 하므로 시의 발상과 표현은 따로 떼어서 생각하기 어렵다. 시의 대표적인 표현 방식에는 비유와 상징, 역설과 반어, 대구와 대조, 해학과 풍자 등이 있다.

① 발상의 특징 파악하기

시상을 일으키는 발상은 시인의 풍부한 상상력이 바탕이 된다. 발상은 작품 속에서 감정이입, 동일시, 변용, 유추, 역설, 반어 등의 형식으로 구체화된다. 따라서 발상의 특징을 파악하기 위해서는 시의 화자와 청자, 시적 상황을 파악하고 시의 주제를 드러내기 위해 시인이 시어와 심상을 어떤 방식으로 조직하고 대상을 표현하고 있는지를 살펴보아야 한다.

[학습 원리 1] 시적 상황을 통해 발상의 특징 파악하기

감정이입

자연의 풍경이나 예술 작품 따위에 자신의 감정이나 정신을 불어넣거나, 대상으로부터 느낌을 직접 받아들여 대상과 자기가 서로 통한다고 느끼는 일. 시에서 화자가 자연물과 같은 대상이 마치 자신과 같은 감정이나 느낌을 가지는 것처럼 표현하는 것을 의미한다.
⑩ 내 마음 강나루 긴 언덕에 / 서러운 풀빛이 짙어 오것다(이수복, 「봄비」)
→ 화자의 서러운 감정을 '풀빛'에 투영하여 '서러운 풀빛'이라고 표현하고 있다.

잃어버렸습니다. / 무얼 어디다 잃었는지 몰라
두 손이 주머니를 더듬어 /⟨길⟩에 나아갑니다.　　○: 공간적 의미의 길

돌과 돌과 돌이 끝없이 연달아
⟨길⟩은 돌담을 끼고 갑니다.

담은 쇠문을 굳게 닫아
⟨길⟩ 위에 긴 그림자를 드리우고

⟨길⟩은 아침에서 저녁으로
저녁에서 아침으로 통했습니다.┐'길'이 시간적 의미로 확장됨.
　　　　　　　　　　　　　　　　　　　　　　　　　　　　　– 윤동주, 「길」 중에서

➡ 화자가 참된 자아를 찾아가는 과정을 '길'을 걷는 과정으로 표현하고 있는 작품이다. '잃어버렸습니다'라고 첫 행에서 강렬하게 제시한 다음, 그 잃어버린 것을 찾기 위해 길에 나아간다고 표현하고 있다. 화자의 참된 자아 찾기가 끊임없이 이어진다는 설정은 공간을 시간적 표현으로 드러낸 '아침에서 저녁으로 / 저녁에서 아침으로 통했습니다'에 잘 드러나 있다.

[학습 원리 2] 시어와 심상을 통해 발상의 특징 파악하기

⟨눈⟩은 살아 있다 / 떨어진⟨눈⟩은 살아 있다　　○: 순수한 생명력
마당 위에 떨어진⟨눈⟩은 살아 있다.　　□: 순수한 생명력의 회복 의지

[기침]을 하자 / 젊은 시인이여 [기침]을 하자 / 눈 위에 대고 [기침]을 하자
⟨눈⟩더러 보라고 마음 놓고 마음 놓고 / [기침]을 하자　　　　– 김수영, 「눈」 중에서

➡ 화자는 '눈'이 살아 있다고, '눈' 위에 '기침'을 하자고 반복하여 표현하고 있다. 이때 '눈'은 깨끗한 흰색의 이미지에서 연상되는 '순수한 생명력'을, '기침'은 '더러운 것을 뱉는 행위'이므로 순수한 생명력의 회복에 대한 의지를 의미한다. 이와 같이 시인은 평범한 일상어인 '눈'과 '기침'이라는 행위에 의미를 부여하고 이를 반복하여 제시함으로써 부정적 현실에 굴복하지 않으려는 의지를 효과적으로 드러내고 있다.

[학습 원리 3] 발상과 표현을 통해 시의 주제 파악하기

> 가야 할 때가 언제인가를 / 분명히 알고 가는 이의
> 뒷모습은 얼마나 아름다운가. ┐ 자연의 질서에 순응하는 모습의 아름다움
>
> 봄 한철 / 격정을 인내한 / 나의 사랑은 지고 있다.　　　　　　　　– 이형기, 「낙화」 중에서

➡ 유추적 발상이 돋보이는 작품으로, 시인은 떨어지는 꽃을 보며 그 꽃이 피었다가 떨어지는 것을 사람 사이의 만남과 헤어짐으로 파악하고 있다. 그리고 꽃이 떨어지는 것은 곧 자연의 원리에 순응하는 것으로 볼 수 있는데, 사람의 이별이나 죽음도 이러한 꽃의 관점에서 보면 자연 현상의 한 부분이므로 그 참된 의미를 알고 받아들이면 아름다울 수 있다는 깨달음을 형상화한 것이다.

❷ 표현 방식 파악하기

[학습 원리 1] 시에 사용된 표현 방식 파악하기

> **(가)** 둥둥 북소리에 / 만국기가 오르면
> 온 마을엔 인화(人花)가 핀다.
> 사람들의 활기찬 모습을 꽃으로 표현함. → 은유법
>
> 청군 이겨라, / 백군 이겨라.
>
> 연신 터지는 / 출발 신호에 / 땅이 흔들린다.　　　　　　　– 이성교, 「가을 운동회」 중에서
>
> **(나)** 누가 하늘을 보았다 하는가 / 누가 구름 한 송이 없이 맑은
> 하늘을 보았다 하는가.
>
> 네가 본 건, 먹구름 / 그걸 하늘로 알고 / 일생을 살아갔다.　　△ : 부정적 현실
>
> 네가 본 건, 지붕 덮은 / 쇠 항아리.
> 그걸 하늘로 알고 / 일생을 살아갔다.　　　　– 신동엽, 「누가 하늘을 보았다 하는가」 중에서

➡ (가)는 학교 운동장에서 벌어지는 가을 운동회의 모습을 표현하고 있다. '둥둥 북소리', '출발 신호' 등에서 청각적 심상을, '만국기가 오르면', '인화가 핀다' 등에서 시각적 심상을 사용하였으며, 많은 사람들을 '인화'에 비유하여 운동회 장면을 생동감 있게 그려 내고 있다. (나)에는 시인의 역사적 인식이 드러나 있다. '먹구름', '쇠 항아리'는 '맑은 하늘'과 대비되는 부정적 현실을 의미하는 것으로, 한 번도 맑은 하늘 아래서 인간적인 삶을 살아 보지 못했다는 비판적인 인식을 강렬한 어조로 표현하고 있다.

시의 표현 방식

- **비유법**: 표현하고자 하는 대상을 다른 대상에 빗대어 표현하는 방법 ⑩ 직유법, 은유법, 의인법 등
- **강조법**: 대상이나 상황을 강하게 드러내는 방법 ⑩ 과장법, 점층법, 열거법, 반복법 등
- **변화법**: 시구나 시행에 변화를 주어 의미를 강조하는 방법 ⑩ 설의법, 도치법, 대구법, 반어법 등

[학습 원리 2] 표현 방식의 효과 파악하기

> 님은 갔습니다. 아아, 사랑하는 나의 님은 갔습니다. → 영탄법　　○ : 반복법
> 푸른 산빛을 깨치고 단풍나무 숲을 향하여 난 작은 길을 걸어서 차마 떨치고 갔습니다.
> 황금의 꽃같이 굳고 빛나던 옛 맹서는 차디찬 티끌이 되어서 한숨의 미풍에 날아갔습니다.
> 날카로운 첫 키스의 추억은 나의 운명의 지침을 돌려놓고 뒷걸음쳐서 사라졌습니다.
> 　　　　　　　　　　　　　　　　　　　　　　　　　　– 한용운, 「님의 침묵」 중에서

➡ 화자는 반복법과 영탄법을 활용하여 임이 떠나간 현재의 상황을 드러내고 있다. 임이 사라진 '단풍나무 숲'과 '푸른 산빛'에서는 색채 대비를 통해 임이 떠나간 상황을 강조하고 있고, '차디찬 티끌', '한숨의 미풍' 등을 통해 임과의 이별로 인한 화자의 슬픔과 절망을 선명하게 부각하고 있다.

봄 _ 이성부

기다리지 않아도 오고 → 계절의 순환

기다림마저 잃었을 때에도 너는 온다.
　　희망을 잃은 절망적 상황　　　시적 대상, 봄

어디 뻘밭 구석이거나

썩은 물 웅덩이 같은 데를 기웃거리다가

한눈 좀 팔고, 싸움도 한판 하고,

지쳐 나자빠져 있다가
　　　　　　　　　　　　화자의 소망을 전달하는 매개체
다급한 사연 들고 달려간 바람이
빨리 봄이 돌아오기를 바라는 간절한 마음
흔들어 깨우면

눈 부비며 너는 더디게 온다.

더디게 더디게 마침내 올 것이 온다.

너를 보면 눈부셔
　　　봄을 맞는 감격
일어나 맞이할 수가 없다.

입을 열어 외치지만 소리는 굳어

나는 아무것도 미리 알릴 수가 없다.

가까스로 두 팔을 벌려 껴안아 보는

너, 먼 데서 이기고 돌아온 사람아.
　　봄에 대한 예찬적 태도(의인법, 은유법, 영탄법)

■ : 봄이 늦게 오는 이유. 고난, 시련, 역경 등을 의미함.
◯ : 확신에 찬 어조, 운율 형성

어휘 풀이

❖ **뻘밭**: '뻘'로 된 곳을 이르는 말. '뻘'은 '갯바닥이나 늪 바닥에 있는 거무스름하고 미끈미끈한 고운 흙'을 의미함.
❖ **한눈**: 마땅히 볼 데를 보지 아니하고 딴 데를 보는 눈.
❖ **나자빠지다**: 뒤로 물러나면서 넘어지다.
❖ **부비다**: 두 물체를 맞대어 문지르다. '비비다'가 알맞은 표기임
❖ **더디다**: 어떤 움직임이나 일에 시간이 오래 걸리다.

독해 포인트

1. 시적 상황

- 시의 화자 ➡ 나 ·대상 ➡ 너, 봄
- **화자의 어조**: 온다, 없다 ➡ 단정적
- 화자의 상황 ➡ (❶ 　　　　)이 반드시 돌아올 것이라 확신하며 기다림.

- 뻘밭 구석, 썩은 물 웅덩이를 기웃거림.
- 한눈 좀 팔고, 싸움도 한판 하고, 지쳐 나자빠져 있음.

바람이 흔들어 깨움.

봄

- 눈 부비며 옴.
- 더디게 더디게 마침내 옴.

2. 화자의 정서와 태도

봄(너)		정서와 태도
• 자연의 순환에 따라 반드시 오는 존재 • 먼 데서 이기고 온 사람	➡	• 눈이 부셔서 일어나 맞이할 수가 없음. • 두 팔 벌려 껴안아 맞이함. • 봄을 맞는 기쁨과 봄에 대한 (❸ 　　　) 태도
• 간절한 (❷ 　　　) 의 대상 • 이상, 희망적 이미지		

3. 발상과 표현

표현 방법	시어, 시구	표현하려는 내용
반복법	• 종결 어미 '온다, 없다'의 반복 • 부사어 '더디게'의 반복	기다리는 대상에 대한 화자의 간절한 마음과 봄이 반드시 온다는 확신을 표현함.
의인법	• 너는 온다, 기웃거리다가, 한눈 좀 팔고, 싸움도 한판 하고, 지쳐 나자빠져 있다가, 눈 부비며 등 • 달려간 바람이 / 흔들어 깨우면	계절을 나타내는 봄과 자연물인 (❹ 　　　)을 마치 사람처럼 표현함.
(❺ 　　　)	뻘밭 구석, 썩은 물 웅덩이, 한눈 팔기, 싸움하기	봄이 오는 것을 가로막는 (❻ 　　　) 대상이나 현실을 비유함.
	너, 먼 데서 이기고 돌아온 사람	마침내 찾아온 '봄'을 비유함.

4. 시상의 전개

1~2행		3~10행		11~16행
자연의 섭리처럼 봄이 돌아올 것이라는 믿음	➡	절망적인 상황에서도 봄은 반드시 올 것이라는 확신	➡	온갖 고난을 이기고 돌아온 봄을 맞는 기쁨과 봄에 대한 (❼ 　　　)

❶ 봄 ❷ 기다림 ❸ 예찬적 ❹ 바람 ❺ 은유법 ❻ 부정적 ❼ 예찬

어휘력 체크 ✓

01 다음과 같은 뜻을 가진 낱말을 찾아 빈칸에 알맞게 쓰세요.

(1) '마땅히 볼 데를 보지 아니하고 딴 데를 보는 눈'의 의미로, '공부는 안 하고 자꾸 (　　)을 팔다.'와 같이 쓰이는 말

(2) '어떤 움직임이나 일에 걸리는 시간이 오래 걸리게'의 의미로, '시간이 (　　) 흐르는 것 같다.'와 같이 쓰이는 말

02 '갯바닥이나 늪 바닥에 있는 거무스름하고 미끈미끈한 고운 흙'을 의미하는 말을 시에서 찾아 쓰세요.

03 '눈 부비며'의 '부비다'의 바른 표현을 쓰세요.

01 (1) 한눈 (2) 더디게 02 뻘 03 비비다

08 떨어져도 튀는 공처럼 _ 정현종

 이 작품은

떨어져도 튀는 공의 속성을 통해 긍정적인 삶의 자세를 다짐하는 시이다. '탄력의 나라의 왕자'와 같은 동화적인 상상력과 '쓰러지는 법이 없는 둥근 공'과 같은 참신한 표현을 통해 활기차고 역동적으로 살아가겠다는 화자의 삶의 의지를 효과적으로 전달하고 있다.

갈래 자유시, 서정시

주제 쓰러지지 않고 다시 일어나는 삶의 자세

특징
① 떨어지면 튀는 둥근 공의 속성을 삶의 자세에 비유하여 표현함.
② 시구의 반복을 통해 운율을 형성함.
③ 동화적 상상력과 긍정적 삶의 태도가 드러남.

구성
• 1연: 떨어져도 튀는 공
• 2연: 쓰러지는 법이 없는 탄력적인 공
• 3연: 곧 움직일 준비가 되어 있는 공
• 4연: 최선의 꼴을 지닌 공

그래 살아 봐야지
　　　　화자의 의지를 드러냄.

너도 나도 공이 되어

떨어져도 튀는❖ 공이 되어
하강 이미지　상승 이미지

살아 봐야지

쓰러지는 법이 없는 둥근
　　　　하강 이미지

공처럼, 탄력의 나라의
화자가 닮으려는 대상

왕자처럼
공을 비유함.

가볍게 떠올라야지
　　　　상승 이미지

곧 움직일 준비 되어 있는 꼴❖

둥근 공이 되어

옳지 최선의 꼴❖
　　　가장 이상적인 삶의 자세

지금의 네 모습처럼

떨어져도 튀어 오르는 공

쓰러지는 법이 없는 공이 되어

어휘 풀이

❖ **튀다**: 탄력 있는 물체가 솟아오르다.
❖ **탄력**: 용수철처럼 튀거나 팽팽하게 버티는 힘.
❖ **꼴**: 겉으로 보이는 사물의 모양.
❖ **최선의 꼴**: 공과 같은 둥근 모양이 가장 이상적이라는 의미임. 여기서는 '가장 올바른 삶의 태도'를 의미함.

비유의 효과

• 대상의 새로운 모습이나 의미를 발견할 수 있다.
• 추상적 의미를 구체화하거나 선명하게 보여 줄 수 있다.
• 내용과 형식을 긴밀하게 연결하여 작품의 짜임을 탄탄하게 만들 수 있다.
• 대상의 모습이나 움직임을 구체적으로 표현하여 생생한 느낌을 전달할 수 있다.

독해 포인트

1. 시적 상황

- 시의 화자 ➡ 나
- 화자의 상황 ➡ 시적 대상인 (❶   )의 움직임을 보며 삶의 자세를 떠올리고 있음.

2. 화자의 정서와 태도

시어, 시구	화자의 정서와 태도
살아 봐야지	어떤 어려움이 있어도 절망하지 않겠다는 태도 → (❷), 역동적
(❸) 떠올라야지	현실에 안주하지 않고 미래를 준비하는 씩씩하고 적극적인 삶의 자세

3. 시어 및 시구

공의 속성
• 둥글다. • 가볍게 떠오른다. • 떨어져도 튄다. • 쓰러지는 법이 없다. • (❹   ) 준비가 되어 있다.

➡

삶의 모습
• 현실에 융통성 있고 (❺   )으로 대응하는 모습 • 현실의 압력에 굴하지 않고 자신의 뜻을 지켜 나가는 모습 • 현실에서 어려움이 닥쳐도 다시 도전하며 꿋꿋하게 살아가는 모습

4. 발상과 표현

표현 방법		시어, 시구	표현하려는 내용
직유법		공처럼, 탄력의 나라의 / 왕자처럼	화자가 지향하는 삶의 자세를 비유적으로 드러냄.
의인법		지금의 네 모습처럼	공을 '너(네)'라고 사람처럼 표현함.
반복법		살아 봐야지, 공이 되어	반복적 사용을 통해 의미를 강조하고 (❻)을 형성함.
(❼)		1~3연의 '살아 봐야지', '떠올라야지'	'살아 봐야지'와 '떠올라야지'를 연의 맨 앞에 배치하여 화자의 의지적 태도를 강조함.
대립적 이미지	하강	떨어져도, (❽)	살아가면서 겪는 시련, 고통, 어려움 등을 의미함.
	상승	튀는, 튀어 오르는, 떠올라야지	삶의 어려움을 극복하려는 의지, 노력 등을 의미함.

---

❶ 공 **❷** 의지적 **❸** 가볍게 **❹** 움직일 **❺** 긍정적 **❻** 운율 **❼** 도치법 **❽** 쓰러지는

어휘력 체크 ✔

01 시에서 다음과 같은 의미의 낱말을 찾아 쓰세요.

(1) 겉으로 보이는 사물의 모양
(2) 용수철처럼 튀거나 팽팽하게 버티는 힘

02 밑줄 친 시어와 대립적인 의미의 낱말을 찾아 ○표 하세요.

(1) 쓰러지는 법이 없는 공
┌ 떨어지다 ······ (   )
├ 내려가다 ······ (   )
└ 튀다 ········· (   )

(2) 가볍게 떠올라야지
┌ 홀가분하다 ··· (   )
├ 약하다 ········ (   )
└ 무겁다 ········ (   )

03 '온 정성과 힘'이라는 뜻을 가진 말로, 다음 문장의 빈칸에 알맞은 낱말을 쓰세요.

> 무슨 일을 하든지 항상
> (   )을/를 다하는 자
> 세가 중요하다.

---

01 (1) 꼴 (2) 탄력 **02** (1) 튀다 (2) 무겁다
03 최선

시집살이 노래 _ 작자 미상

형님 온다 형님 온다 분고개로 형님 온다. → 4·4조. 4음보의 율격

형님 마중 누가 갈까 형님 동생 내가 가지.

형님 형님 사촌 형님 시집살이 어떱뎁까?

이애 이애 그 말 마라 시집살이 개집살이.
　　　　　　　　시집살이의 어려움을 해학적으로 표현 – 언어유희
앞밭에는 당추 심고 뒷밭에는 고추 심어, → 대구법
　당초. 매운 고추를 이르는 말
고추 당추 맵다 해도 시집살이 더 맵더라.

둥글둥글 수박 식기 밥 담기도 어렵더라.
　　　　수박처럼 둥근 그릇　　식기가 둥글어서 밥을 담기가 어렵다는 뜻
도리도리 도리 소반 수저 놓기 더 어렵더라.
　　　　둥근 모양의 작은 상
오 리(五里) 물을 길어다가 십 리(十里) 방아 찧어다가,
　　　　　　멀리 떨어진 곳에서 물을 길어 오고, 방아를 찧어 왔다는 뜻
아홉 솥에 불을 때고 열두 방에 자리 걷고,
　　식구가 많은 집이라 할 일이 매우 많았음을 알 수 있음.
외나무다리 어렵대야 시아버니같이 어려우랴?
　　　　　　　　　　시아버지
나뭇잎이 푸르대야 시어머니보다 더 푸르랴?

시아버니 호랑새요 시어머니 꾸중새요,

동세 하나 할림새요 시누 하나 뾰족새요,
　　　　　　　　시누이. 남편의 누나나 여동생
시아지비 뾰중새요 남편 하나 미련새요,
시아주버니. 남편의 형
자식 하난 우는 새요 나 하나만 썩는 샐세.

귀먹어서 삼 년이요 눈 어두워 삼 년이요,
　　　　　　　　　대구법
말 못 해서 삼 년이요 석 삼 년을 살고 나니,
　　　　　　　　　　　9년
배꽃 같던 요 내 얼굴 호박꽃이 다 되었네.

삼단 같던 요 내 머리 비사리춤이 다 되었네.

백옥 같던 요 내 손길 오리발이 다 되었네.

열새 무명 반물치마 눈물 씻기 다 젖었네.
　고운 무명으로 짠 남빛 치마
두 폭붙이 행주치마 콧물 받기 다 젖었네.

울었던가 말았던가 베갯머리 소(沼) 이뤘네.
　　　　　　　　　　베개에 눈물이 흘러 연못이 만들어졌다는 뜻 → 과장법
그것도 소이라고 거위 한 쌍 오리 한 쌍
　　　　　　　　　　　　　자식들을 비유함.
쌍쌍이 때 들어오네.
때를 맞추어 들어오네, 때를 지어 들어오네 등

△ : 결혼 전의 외양
○ : 결혼 후의 변한 모습

독해 포인트

1. 시적 상황

• 시의 화자 ➡ (❶　　　)과 (❷　　　)

• 화자의 상황 ➡ 친정에 다니러 온 사촌 형님을 마중 나온 사촌 동생이 사촌 형님에게 시집살이가 어떤지를 묻고, 사촌 형님이 시집에서 겪은 일을 이야기함.

사촌 동생의 물음	대화	사촌 형님의 대답
시집살이 어떱뎁까?	↔	시집살이 개집살이

2. 시어 및 시구

시어, 시구	표현하려는 내용
시집살이 개집살이	발음의 유사성을 활용한 언어유희 – 시집살이의 어려움을 해학적으로 표현함.
고추 당추 맵다 해도 시집살이 더 맵더라	같은 의미인 '당추'와 '고추'를 번갈아 사용하여 음의 변화를 주면서 운율을 살림. 시집살이가 맵다는 것을 강조함.
둥글둥글 수박 식기, 도리도리 도리 소반	발음의 유사성을 바탕으로 한 표현을 통해 (❸　　　)을 형성하고 부엌살림의 어려움을 표현함.
호랑새, 꾸중새, 할림새, 뾰족새, 뾰중새, 미련새, 우는 새, 썩는 새	시댁 식구들의 성격과 자신의 처지를 '새'에 빗대어 시집살이의 고통을 (❹　　　)으로 표현함.
귀먹어서 삼 년, 눈 어두워 삼 년, 말 못 해서 삼 년	전통 사회에서 결혼한 여자들이 들어도 못 들은 듯, 보고도 못 본 척, 할 말이 있어도 하지 말도록 했던 생활 관습을 나타냄.
배꽃 ↔ 호박꽃, 삼단 ↔ 비사리춤, 백옥 ↔ 오리발	직유법에 의한 표현. 시집살이의 고단함으로 얼굴, 머리카락, 손이 거칠어졌음을 대조적인 이미지로 표현함.
울었던가 말았던가 베갯머리 소(沼) 이뤘네.	(❺　　　)에 의한 표현. 눈물이 연못을 이룰 정도로 흥건히 괴었음을 의미함.

3. 시상의 전개 및 화자의 정서와 태도

구분		중심 내용	정서와 태도
기	1~3행	사촌 동생의 물음	동생의 (❻　　　)
서	4~10행	대가족이 모여 사는 시집에서 겪는 가사 노동의 어려움	시집에서 겪는 고통스럽고 힘든 일상과 그로 인해 변해 버린 자신의 상황에 대한 한탄
	11~16행	자신을 힘들게 하는 시집 식구들의 특성	
	17~23행	고된 시집살이로 인해 거칠게 변한 (❼　　　)	
결	24~26행	힘들지만 시집살이를 견디게 하는 (❽　　　)	순응적, 체념적

❶ 사촌 동생 ❷ 사촌 형님 ❸ 운율 ❹ 해학적 ❺ 과장법 ❻ 호기심 ❼ 외양 ❽ 자식들

01 '결혼한 여자가 시집에 들어가서 살림살이를 하는 일'을 뜻하는 낱말을 찾아 쓰세요.

02 '고추'와 같은 의미의 말을 찾아 쓰세요.

03 가족 간의 호칭을 나타내는 말을 찾아 쓰세요.

(1) 남편의 아버지
(2) 남편보다 나이가 많은 형제
(3) 남편의 누나나 여동생

04 다음의 뜻을 지닌 낱말을 찾아 쓰세요.

(1) 호랑이처럼 무서운 새
(2) 어리석고 둔하여 미련스러운 새
(3) 마음에 들지 않아 입을 삐죽이 내민 새

01 시집살이 **02** 당추 **03** (1) 시아버니(시아버지) (2) 시아지비(시아주버니) (3) 시누(시누이) **04** (1) 호랑새 (2) 미련새 (3) 뾰중새

01~04 다음 시를 읽고 물음에 답하시오.

🧵 **문제 해결 포인트**

❶ 화자가 대상을 대하는 태도를 파악해 보세요.

❷ 시의 제목인 '봄'이 의미하는 것이 무엇인가요?

❸ 시에 사용된 표현 방법에는 어떤 것들이 있나요?

❹ 화자가 가장 바라는 것은 무엇인가요?

기다리지 않아도 오고

ⓐ기다림마저 잃었을 때에도 ㉠너는 온다.

어디 뻘밭 구석이거나

ⓑ썩은 물 웅덩이 같은 데를 기웃거리다가

한눈 좀 팔고, 싸움도 한판 하고,

지쳐 나자빠져 있다가

다급한 사연 들고 달려간 바람이

ⓒ흔들어 깨우면

눈 부비며 너는 더디게 온다.

더디게 더디게 마침내 올 것이 온다.

너를 보면 눈부셔

일어나 맞이할 수가 없다.

ⓓ입을 열어 외치지만 소리는 굳어

나는 아무것도 미리 알릴 수가 없다.

가까스로 두 팔을 벌려 껴안아 보는

너, ⓔ먼 데서 이기고 돌아온 사람아.

– 이성부, 「봄」

시에서 대상에 대한 긍정적 측면은 주로 예찬적 태도에서 나타나지. 화자는 '봄'을 기다리다가 마침내 봄이 오자 감격하며 봄을 맞이하고 있어.

01 위 시에 대한 설명으로 적절하지 <u>않은</u> 것은?

① 화자와 청자가 겉으로 드러나 있다.

② 대상에 대한 예찬적 태도가 드러나 있다.

③ 자연의 질서에 순응하는 삶의 태도가 드러나 있다.

④ 대상에 인격을 부여하여 화자의 정서를 반영하고 있다.

⑤ 대상의 긍정적 측면과 부정적 측면을 대조하여 드러내고 있다.

02 위 시에서 화자가 ㉠을 맞는 기쁨을 행동으로 표현한 시구를 찾아 쓰시오.

03 ⓐ~ⓔ를 이해한 것으로 적절하지 않은 것은?

① ⓐ는 화자의 상황으로, 화자가 좌절과 절망을 겪고 있을 때로 볼 수 있다.
② ⓑ의 주체는 봄으로, 봄이 더디게 오는 이유로 볼 수 있다.
③ ⓒ의 주체는 바람으로, 봄이 자연의 섭리에 따르도록 일깨우는 존재로 볼 수 있다.
④ ⓓ의 주체는 화자로, 비로소 봄이 왔을 때의 감격을 표현한 것으로 볼 수 있다.
⑤ ⓔ는 화자로, 비로소 돌아온 봄을 예찬하며 감격하는 모습으로 볼 수 있다.

수능형
04 위 시에 대한 감상으로 적절하지 않은 것은?

① '-고, 온다'의 반복을 통해 의미를 강조하고 있다.
② 단정적인 어조를 사용하여 화자의 태도를 드러내고 있다.
③ '봄'을 청자로 설정하여 청자에게 명령하듯이 말하고 있다.
④ 봄이 오기 전의 기다림과 봄이 돌아왔을 때의 감격이 대비되어 있다.
⑤ 반복법, 열거법, 비유법 등의 다양한 표현 방법을 통해 시상을 전개하고 있다.

유사한 수능 문제 형식

• 위 시를 이해한 내용으로 적절하지 않은 것은?

• 위 시의 표현상 특징을 설명한 것으로 적절하지 않은 것은?

📖 지식 플러스 **이성부의 시 세계**

　이성부의 시에는 부정적 현실과 그로 인해 고통을 겪는 민중들이 등장한다. 시인은 지배 세력에 억압당하고 고통스럽게 살아가는 민중의 삶을 따뜻하게 감싸면서 그들이 현실의 삶을 견딜 수 있게 하는 긍정적인 전망을 제시하고자 하였다.
　「봄」에서도 화자는 겨울이 지나면 반드시 봄이 오는 것처럼 시대의 아픔과 절망이 언젠가는 사라질 것이라는 강한 신념을 노래하고 있다. 시에서 '너'로 표현하고 있는 '봄'은 부정적인 상황을 이겨 낼 수 있는 희망을 상징한다. 시가 창작된 1970년대라는 시대 상황을 고려하여 반영론적 관점에서 이해하면 '봄'은 '자유와 민주주의'를 상징한다고 볼 수 있다. 1970년대는 군사력을 등에 업은 독재 정권이 국민을 통제하던 시기로, 당시 사람들은 민주주의 혹은 자유를 간절하게 소망했기 때문이다.

05~08 다음 시를 읽고 물음에 답하시오.

문제 해결 포인트
❶ 화자는 대상의 속성을 어떻게 표현하고 있나요?
❷ '공'을 무엇에 비유하고 있는지 모두 찾아보세요.
❸ 화자가 '공'의 속성에서 발견한 삶의 태도는 어떤 것인가요?
❹ 화자가 가장 바라는 삶의 모습은 무엇인가요?

㉠그래 살아 봐야지
너도 나도 공이 되어
떨어져도 튀는 공이 되어

살아 봐야지
㉡쓰러지는 법이 없는 둥근
공처럼, ㉢탄력의 나라의
왕자처럼

㉣가볍게 떠올라야지
곧 움직일 준비 되어 있는 꼴
둥근 공이 되어

옳지 최선의 꼴
㉤지금의 네 모습처럼
떨어져도 튀어 오르는 공
쓰러지는 법이 없는 공이 되어

– 정현종, 「떨어져도 튀는 공처럼」

시에서는 유사하거나 동일한 시어나 시구를 반복하는 방식으로 운율을 만들어 내는 경우가 많아.

05 위 시에 대한 설명으로 적절한 것은?

① 화자와 '공'의 속성을 비교하고 있다.
② 반어적 표현을 통해 주제를 강조하고 있다.
③ 시적 대상인 '공'에 대한 화자의 생각이 변하고 있다.
④ 시구를 반복하여 의미를 강조하고 운율을 형성하고 있다.
⑤ 명령형 어조를 사용하여 화자의 강한 의지를 드러내고 있다.

06 시인이 위 시를 창작하면서 떠올렸을 발상으로 보기 어려운 것은?

① 둥근 모양의 '공'을 통해 모나지 않은 원만한 성격을 드러내야겠어.

② 주제를 부각하기 위해서는 도치법과 같은 표현 방법을 써서 변화를 주어야겠어.

③ 끊임없이 움직이는 '공'의 속성을 통해 행복과 불행이 번갈아 찾아온다는 점을 강조해야겠어.

④ 본모습을 쉽게 회복하는 '공'의 특성을 통해 어려움에도 좌절하지 않는 삶의 자세를 드러내야겠어.

⑤ '공'에서 발견한 긍정적인 삶의 자세를 본받으려는 마음을 드러내기 위해 공을 의인화해서 표현해야겠어.

> 도치법은 문장의 순서를 바꾸어 내용을 강조하거나 내용에 변화를 주는 표현 방법이야. 이 시에서는 '너도 나도 공이 되어 / 살아 봐야지'라고 할 것을 '살아 봐야지 / 너도 나도 공이 되어'라고 도치법을 사용하여 화자의 삶에 대한 태도를 강조하고 있어.

수능형

07 ㉠~㉤을 이해한 내용으로 적절하지 않은 것은?

① ㉠: 힘들지만 꿋꿋하게 살아가겠다는 화자 스스로의 다짐을 드러내고 있다.

② ㉡: 공이 사람처럼 쓰러지는 법이 없다고 하여 공에 인격을 부여하고 있다.

③ ㉢: 직유법을 통해 공의 탄력적인 속성을 동화적인 상상력으로 표현하고 있다.

④ ㉣: 환상 세계를 동원하여 현실의 어려움을 극복하겠다는 의지를 드러내고 있다.

⑤ ㉤: 긍정적인 속성을 가진, 화자가 닮고 싶은 대상의 모습으로 볼 수 있다.

> **유사한 수능 문제 형식**
> • ㉠~㉤을 통해 드러내고자 한 의미로 볼 수 없는 것은?
> • ㉠~㉤을 설명한 것으로 적절하지 않은 것은?

08 공의 속성에서 찾아낸 바람직한 삶의 자세로, 최선을 다해 살아가고자 하는 화자의 의지가 집약되어 있는 시구를 찾아 2어절로 쓰시오.

문제 해결 포인트

❶ 이 노래를 낭송하고 민요의 특성을 파악해 보세요.

❷ 이 작품은 무엇에 대하여 이야기하고 있나요?

❸ 이 노래를 즐겨 부른 사람들은 어떤 사람들일까요?

❹ 작품에 사용된 재미있는 표현에는 어떤 것들이 있나요?

형님 온다 형님 온다 분고개로 형님 온다.

형님 마중 누가 갈까 형님 동생 내가 가지.

형님 형님 사촌 형님 시집살이 어떱뎁까?

㉠이애 이애 그 말 마라 시집살이 개집살이.

앞밭에는 당추 심고 뒷밭에는 고추 심어,

고추 당추 맵다 해도 시집살이 더 맵더라.

둥글둥글 수박 식기 밥 담기도 어렵더라.

도리도리 도리 소반 수저 놓기 더 어렵더라.

㉡오 리(五里) 물을 길어다가 십 리(十里) 방아 찧어다가,

아홉 솥에 불을 때고 열두 방에 자리 걷고,

외나무다리 어렵대야 시아버니같이 어려우랴?

나뭇잎이 푸르대야 시어머니보다 더 푸르랴?

㉢시아버니 호랑새요 시어머니 꾸중새요,

동세 하나 할림새요 시누 하나 뾰족새요,

시아지비 뾰중새요 남편 하나 미련새요,

자식 하난 우는 새요 나 하나만 썩는 샐세.

㉣귀먹어서 삼 년이요 눈 어두워 삼 년이요,

말 못 해서 삼 년이요 석 삼 년을 살고 나니,

㉤배꽃 같던 요 내 얼굴 호박꽃이 다 되었네.

삼단 같던 요 내 머리 비사리춤이 다 되었네.

백옥 같던 요 내 손길 오리발이 다 되었네.

열새 무명 반물치마 눈물 씻기 다 젖었네.

두 폭붙이 행주치마 콧물 받기 다 젖었네.

울었던가 말았던가 베갯머리 소(沼) 이뤘네.

그것도 소이라고 거위 한 쌍 오리 한 쌍

쌍쌍이 때 들어오네.

— 작자 미상, 「시집살이 노래」

'시집살이'를 다룬 노래

'시집살이'는 여성들의 다양한 삶의 체험 중에서도 가장 힘들고 어려운 것으로 평가되기 때문에 '시집살이의 어려움과 괴로움'은 여성 문학의 중요한 주제가 되어 왔다. 이에 전해 내려오는 시집살이 노래도 지역별로 다양하게 나타난다. 경상북도 경산 일대에서 채록한 이 노래는, 평범한 일상어로 되어 있으면서도 언어의 묘미를 잘 살리고 있고, 짙은 한(恨)과 함께 해학성이 드러나 높은 문학성을 지닌 것으로 평가받고 있다. 이 노래에는 봉건적 가족 관계 속에서 겪는 여성의 한스러운 삶과 체념이 잘 표현되어 있다.

09 위 시에 대한 설명으로 적절하지 <u>않은</u> 것은?

① 규칙적인 운율로 리듬감을 형성하고 있다.

② 화자가 스스로 묻고 답하는 형식으로 표현하고 있다.

③ 시집살이의 어려움을 상황을 과장하여 드러내고 있다.

④ 비유적인 표현을 사용하여 화자의 정서를 드러내고 있다.

⑤ 여성의 목소리로 화자의 처지를 하소연하듯이 표현하고 있다.

수능형

10 위 시의 시상 전개에 대한 이해로 가장 적절한 것은?

① 비관적인 태도에서 긍정적인 태도로 변화를 보이고 있다.

② 상황을 부정적으로 제시하고 나서 그 예를 구체적으로 들고 있다.

③ 처음과 끝을 동일한 내용으로 구성하여 시상 전개에 안정감을 주고 있다.

④ 시집가기 전과 시집에서의 고통스러운 삶을 교차하여 대조적으로 드러내고 있다.

⑤ 현재의 부정적인 삶의 모습과 대비하여 이상적인 삶의 모습을 그려 내고 있다.

유사한 수능 문제 형식

• 위 시를 이해한 것으로 적절한 것은?

• 위 시에 대한 설명으로 적절하지 <u>않은</u> 것은?

---

11 위 시를 읽은 후의 반응으로 적절하지 <u>않은</u> 것은?

① 사촌 동생은 아직 경험하지 못한 시집살이에 대해 호기심이 많군.

② 사촌 형님은 자신의 문제를 해결하기 위해 적극적으로 노력하고 있군.

③ 시집살이에서 겪는 육체적, 정신적 어려움을 아주 생생하게 느껴지도록 표현했군.

④ 시집 식구들을 '새'에 비유한 대목에서 화자의 재치와 기발한 상상력을 느낄 수 있군.

⑤ 결혼 전에 비해 변모한 모습을 한탄하는 내용은 많은 여성들의 공감을 이끌어 내겠군.

수능형 | 2014학년도 9월 모의평가 A형

12 ㉠~㉢에 대한 이해로 적절하지 <u>않은</u> 것은?

① ㉠: 물음에 대한 답변을 회피하며 사촌 동생의 결혼을 말리고 있다.

② ㉡: 과장된 표현을 통해 며느리가 해야 하는 가사 노동의 상황을 강조하고 있다.

③ ㉢: 시집 식구들을 일일이 지목하여 시집 식구들에 대한 화자의 생각을 드러내고 있다.

④ ㉣: 며느리가 감당해야 하는 제약을 제시해 며느리의 처지를 보여 주고 있다.

⑤ ㉤: 결혼 전후의 용모 변화를 자연물에 빗대어 시집살이의 고충을 드러내고 있다.

유사한 수능 문제 형식

• ㉠~㉢을 분석한 내용으로 적절하지 <u>않은</u> 것은?

• ㉠~㉢을 통해 드러내고자 한 내용으로 보기 <u>어려운</u> 것은?

---

13 위 시에서 자식들을 비유하고 있는 구절을 찾아 쓰시오.

마무리 정리하기

발상의 특징 파악하기 →	시적 상황을 통해 발상의 특징 파악하기
	시어와 심상을 통해 발상의 특징 파악하기
	발상과 표현을 통해 시의 주제 파악하기

윤동주, 「길」: '길'이라는 공간을 시간적 의미로 확장하여 참된 자아를 찾으려는 의지를 드러내고 있음.

김수영, 「눈」: '눈'의 흰색 이미지에서 순수한 생명력을, '기침'이라는 일상적 행위에서 생명력 회복에 대한 의지라는 의미를 부여함.

이형기, 「낙화」: 유추적 발상을 통해 낙화라는 자연 현상을 인간사의 이별에 적용하여 시의 주제를 드러냄.

표현 방식 파악하기 →	시에 사용된 표현 방식 파악하기
	표현 방식의 효과 파악하기

이성교, 「가을 운동회」, 신동엽, 「누가 하늘을 보았다 하는가」: 다양한 감각적 심상과 대조적인 의미의 소재를 사용하여 시적 의미를 형상화함.

한용운, 「님의 침묵」: 반복법과 영탄법 등을 사용하여 화자의 상황과 정서를 강조함.

봄 _ 이성부

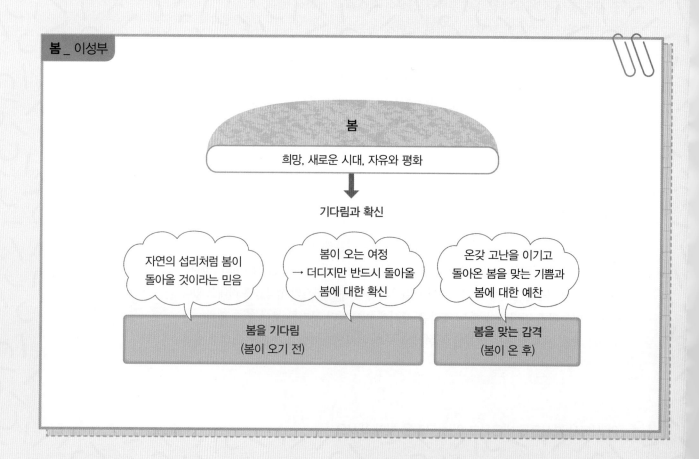

58 필독 중학 국어 문학 1

떨어져도 튀는 공처럼 _ 정현종

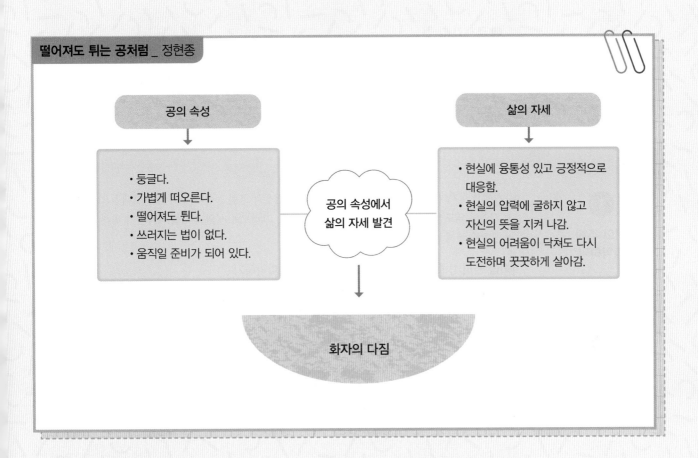

시집살이 노래 _ 작자 미상

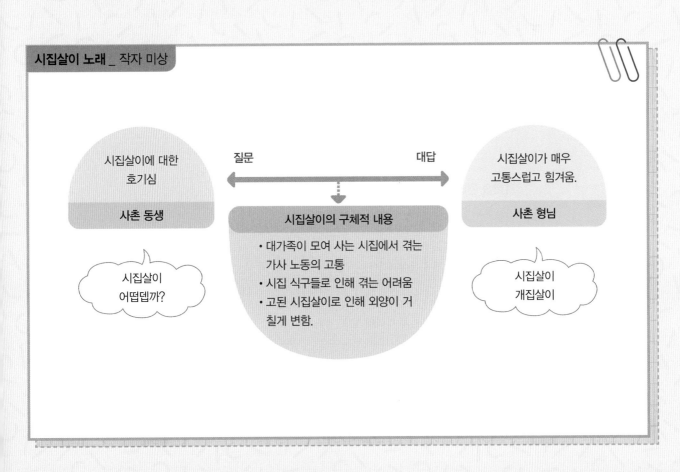

독해의 원리 이해하기

4. 시의 주제와 감상

4. 시의 주제와 감상

> ### ❂ 주제와 감상
>
> 시인은 자신의 개인적 체험이나 사상, 감정 등을 시적 장치에 담아 한 편의 시로 구체화한다. 이때 시를 통해 시인이 말하고자 하는 중심 생각을 시의 주제라고 한다. 그런데 시는 소통의 수단인 언어를 매개로 한다는 점에서 독자의 감상을 전제로 한다. 시인의 사상과 감정이 녹아 있는 작품을 감상함으로써 독자가 시인이 말하고자 한 주제에 정서적으로 공감하거나 감동을 느낄 수 있을 때 비로소 문학 작품으로서 시의 가치가 실현된다고 할 수 있다.

1

시의 주제 파악하기

시에서 화자의 정서와 태도, 시어와 심상, 시적 발상과 표현 등은 모두 주제를 효과적으로 드러내기 위해 시인이 의도적으로 선택하는 장치로 볼 수 있다. 그러므로 시의 주제를 파악하기 위해서는 이러한 시적 장치를 통해 주제에 접근할 수 있어야 한다.

[학습 원리 1] 화자의 정서와 태도를 통해 주제 파악하기

고향은 찾아 무얼 하리 → 반어적 표현
일가 흩어지고 집 무너진 데
저녁 까마귀 가을 풀에 울고   '고향은 찾아 무얼 하리'라고
마을 앞 시내도 옛 자리 바뀌었을라   말하는 이유 → 변해 버린 고향

어린 때 꿈을 엄마 무덤 위에
남겨 두고 떠도는 구름 따라   화자의 상황 → 고향을 떠나 살아옴.
멈추는 듯 불려 온 지 여남은 해
고향은 이제 찾아 무얼 하리 → 주제 제시

— 박용철, 「고향」 중에서

➡ 고향을 생각하며 고향에 대한 그리움을 노래하여 향토적이고 애상적인 정서가 두드러지게 드러난 작품이다. 일제에 의해 참혹하게 변해 버린 고향은 더 이상 편안함과 따뜻함을 전해 주지 않고 허탈하고 쓸쓸함을 느끼게 한다. 이에 화자는 '고향은 찾아 무얼 하리'라고 말하지만 오히려 고향에 대한 연민과 그리움이 더 강조되는 효과를 주고 있다.

[학습 원리 2] 시어와 심상을 통해 주제 파악하기

내 마음은 (호수)요. / 그대 노 저어 오오.   ◯: 화자의 마음을 비유함.
나는 그대의 흰 그림자를 안고, 옥같이
그대의 뱃전에 부서지리다.

내 마음은 (촛불)이오. / 그대 저 문을 닫아 주오.
나는 그대의 비단 옷자락에 떨며, 고요히
최후의 한 방울도 남김없이 타오리다. → 주제 제시(헌신적인 사랑)

— 김동명, 「내 마음」 중에서

➡ 화자는 임에 대한 자신의 마음을 '호수', '촛불'에 비유하며, 감각적인 표현과 부드럽게 호소하는 듯한 독백적인 어조를 사용하여 임에 대한 열정적인 사랑을 표현하고 있다. 호수의 푸른 물결과 임의 흰 그림자에 색채 대비가 나타나고 옥같이 부서지는 물결, 비단 옷자락 등에 선명한 시각적 심상이 드러난다. 촛불은 자신을 불태워 세상을 밝히는 존재로, 그대를 향한 대상에 대한 헌신적인 사랑을 의미한다.

[학습 원리 3] 시의 발상과 표현을 통해 주제 파악하기

> 피아노에 앉은 / 여자의 두 손에서는 / 끊임없이
> 열 마리씩 / 스무 마리씩
> <u>신선한 물고기</u>가 / 뛰는 빛의 꼬리를 물고 / 쏟아진다.
> '피아노 선율'을 비유함.
>
> 나는 바다로 가서 / 가장 신나게 시퍼런
> <u>파도의 칼날</u> 하나를 / 집어 들었다.   – 전봉건, 「피아노」 중에서
>   음악적 감동

➡ 이 시는 피아노를 치는 여자의 모습과 피아노 연주에서 느껴지는 감동을 감각적인 이미지로 구체화하여 드러냄으로써 발상의 참신함을 보여 주는 작품이다. 청각적 이미지인 피아노 소리를 시각적인 이미지인 물고기의 모습으로 형상화하고 있으며, 손가락과 건반, 음악적 선율로 표현되는 물고기는 바다의 이미지로 연결되고 있다. 화자가 바다에서 집어 든 '파도의 칼날'은 피아노의 선율이 화자에게 준 감동을 의미한다고 볼 수 있다.

2

감상의 원리 파악하기

작품을 감상하는 방법에는 작품 자체의 내적 의미를 중심으로 접근하는 방법과 작품의 외적인 요소들을 고려하여 접근하는 방법이 있다. 작품의 내적 의미에 주목한다는 것은 작품을 그 자체로서 완결된 의미를 가진 구조로 보고 작품을 구성하는 시어, 운율, 표현 방법, 문체, 심상, 어조 등을 고려하여 감상하는 방법이다. 작품의 외적 의미에 주목한다는 것은 작품에 영향을 끼치는 여러 외부적 요인인 작가의 생애, 심리, 창작 당시의 사회적 상황, 역사적 배경 등을 고려하여 감상하는 방법이다.

[학습 원리 1] 시의 내적 구조에 주목하여 감상하기

> 아무도 그에게 수심(水深)을 일러 준 / 일이 없기에
> 흰나비는 도무지 바다가 무섭지 않았다.
>
> 청(靑)무우밭인가 해서 내려갔다가는 / 어린 날개가 물결에 절어서
> 공주(公主)처럼 지쳐서 돌아온다.   – 김기림, 「바다와 나비」 중에서

➡ 새로운 세계에 대한 동경과 좌절감을 선명한 색채 이미지를 통해 표현한 작품이다. 시인은 세상살이의 험난함을 '바다·청무우밭' 등의 시리도록 푸른빛과 '흰나비'로 대표되는 연약하고 순수한 흰빛의 대비를 통해 압축적으로 그려 내고 있다. 여기서 '흰나비'는 시인 자신, 또는 당대의 무모한 지식인들을, '바다'는 냉혹한 현실 또는 죽음을 의미하는 것으로 볼 수 있다.

[학습 원리 2] 시에 반영된 사회 문화적 배경에 주목하여 감상하기

> 하늘을 우러러 / 울기는 하여도,
> 하늘이 그리워 울음이 아니다. / 두 발을 못 뻗는 이 땅이 애닯아
> 하늘을 흘기니 / 울음이 터진다. / 해야 웃지 마라.
> 달도 뜨지 마라.   – 이상화, 「통곡」 전문

➡ 화자는 왜 하늘을 우러러 울고 있을까? 왜 땅에 두 발조차 못 뻗는다고 했을까? 그 이유를 이해하기 위해서는 시인이 처한 일제 강점기라는 사회 역사적 상황을 고려해야 한다. 우리 민족의 주권을 빼앗기고 주체적인 삶을 살아갈 수 없었던 비참한 현실에 대한 절망 때문에 화자는 하늘을 흘기고, 해와 달도 뜨지 말라고 통곡하는 것이다.

시의 외적 의미에 주목하는 감상 방법

• **반영론**: 작품 속의 현실과 실제 현실과의 부합 여부, 사실성의 여부 등에 주목하는 방법
• **표현론**: 작품 속에 나타난 시인의 생애, 성장 환경, 교우 관계, 학력, 취미, 성격, 종교, 사상, 의도, 정서, 태도, 심리 등에 주목하는 방법
• **효용론**: 문학 작품 그 자체의 의미보다는 그 작품이 주는 교훈, 독자가 배우거나 얻을 수 있는 것, 또는 그 작품을 읽음으로써 얻게 되는 깨달음이나 정서적 효과에 주목하는 방법

서시＊ _윤동주

이 작품은

시집 『하늘과 바람과 별과 시』를 대표하는 시로, 식민 지 지식인의 고뇌와 현실 극복 의지를 노래하고 있다. 시인은 과거부터 자신의 양심에 따라 부끄럽지 않은 삶을 살기 위해 괴로워했다고 고백하며 앞으로도 그러한 삶을 살아가겠다는 의지를 다지고 있다.

갈래 자유시, 서정시

주제 부끄러움 없는 삶에 대한 간절한 소망

특징
① 대립적 심상을 활용하여 시적 상황을 부각함.
② 고백적, 성찰적 어조를 통해 주제를 강조함.
③ '과거 – 미래 – 현재'의 시간적 흐름에 따라 시상을 전개함.

구성
• 1연(1～8행): 진실한 삶을 위한 성찰과 결의
┌ 1～4행: 부끄러움이 없는 삶에 대한 소망(과거형)
└ 5～8행: 주어진 길을 가고자 하는 결의(미래형)
• 2연(9행): 암울한 현실(현재 상황)

죽는 날까지 하늘을 우러러

한 점 부끄럼이 없기를,

잎새에 이는 바람에도
　　　　　심리적 갈등을 일으키는 대상
나는 괴로워했다.
이상과 현실 사이의 갈등에서 비롯됨.(과거)
별을 노래하는 마음으로

모든 죽어가는 것을 사랑해야지.
현실에서 고통받는 우리 민족
그리고 나한테 주어진 길을

걸어가야겠다.

오늘 밤에도 별이 바람에 스치운다.
　　　　　　　　　현실적 시련

▩ : 긍정적 대상, 희망을 상징함.
▭ : 부정적인 현실 상황

어휘 풀이

❖ **서시(序詩)**: 책의 첫머리에 서문 대신 쓴 시.
❖ **우러르다**: 위를 향하여 고개를 정중히 쳐들다.
❖ **잎새**: 나무의 잎사귀. 주로 문학적 표현에 쓰임.
❖ **스치우다**: 서로 살짝 닿으면서 지나가다.

독해 포인트

1. 시적 상황

- 시의 화자 ➡ 나
- 화자의 상황 ➡ 일제 강점기라는 불행한 현실 상황에서 (❶   )이 바람에 스치우는 모습을 바라보며 자신에게 주어진 길을 가겠다는 (❷   )를 다지고 있음.

2. 시어 및 시구

시어	상징적 의미	
(❸)	삶의 지향점, 화자가 양심을 비추어 보는 거울	긍정적 이미지
별	화자가 추구하는 이상적 가치나 소망의 대상	
바람	화자의 내면적 갈등을 유발하는 존재(1연), 현실적 시련과 고난, 또는 그 대상(2연)	(❺) 이미지
(❹)	어둡고 암울한 상황, 일제 강점기라는 민족의 불행한 현실	

3. 화자의 정서와 태도

시어, 시구	표현하려는 내용
잎새에 이는 바람에도 나는 괴로워했다.	순결하고 도덕적인 삶을 살고자 했던 화자의 고뇌가 드러나 있음. '잎새'는 작고 연약한 존재, '바람'은 심리적 갈등을 일으키게 하는 존재를 의미함.
모든 죽어가는 것을 사랑해야지.	'모든 죽어가는 것'은 살아 있는 모든 생명체로, 일제에 억압받는 (❻)을 상징함.
나한테 주어진 길을 걸어가야겠다.	화자가 해야 할 일, 또는 나라와 민족을 위한 일을 하겠다는 의지. '~겠다'는 (❼)과 의지를 나타내는 종결 어미임.
오늘 밤에도 별이 바람에 스치운다.	부정적 대상인 '밤', '바람'에 의해 화자가 지향하는 '별'이 시련을 겪고 있는 현실. 화자가 처한 암울한 현실 상황을 표현함.

4. 시상의 전개

1연(1~8행)		2연(9행)
1~4행	**과거부터의 삶의 모습** – 하늘을 우러러 부끄럽지 않은 삶을 살고자 잎새에 이는 바람에도 괴로워함. – 고백적 어조	**현재의 상황** – 불행한 민족의 현실에 대한 자각. 일제 강점기라는 역사적 시련으로 고통을 겪고 있음.
5~8행	(❽)의 삶에 대한 다짐 – 불행한 현실에 고통받는 민족을 사랑하며, 이상을 향해 자신에게 주어진 길을 가겠다는 의지적 태도 → 주제 제시	

❶ 별 ❷ 결의(의지) ❸ 하늘 ❹ 밤 ❺ 부정적 ❻ 우리 민족 ❼ 확신 ❽ 미래

I 현대시·고전 시가   63

어휘력 체크 ✓

01 '나무의 잎사귀'를 의미하는 낱말을 찾아 쓰세요.

02 이 시에 쓰인 '부끄럼'의 본말을 쓰세요.

03 이 시에 쓰인 밑줄 친 서술어의 시제를 쓰세요.

(1) 나는 괴로워했다.
(2) 바람에 스치운다.

04 다음 시구의 밑줄 친 '길'과 같이 '삶의 방향이나 지향점'의 의미로 쓰인 것에 ○표 하세요.

> 나한테 주어진 길을 걸어가야겠다.

① 먹고살 길을 찾아봐야지.
················· (   )
② 곧 막다른 길에 다다랐다.
················· (   )
③ 그는 학자의 길을 걷고 있다.
················· (   )

01 잎새 **02** 부끄러움 **03** (1) 과거 (2) 현재
04 ③

나룻배와 행인 _ 한용운

나는 나룻배✿
당신은 행인
　　　　은유법, 대구법에 의한 표현

당신은 흙발✿로 나를 짓밟습니다.
　　　　당신이 나에게 주는 고통과 시련을 의미함.
나는 당신을 안고 물을 건너갑니다.
　　　　당신의 앞길을 가로막는 장애물
나는 당신을 안으면 깊으나 옅으나 급한 여울✿이나 건너갑니다.
　　　　온갖 시련과 역경

만일 당신이 아니 오시면 나는 바람을 쐬고 눈비를 맞으며 밤에서 낮까지 당신을 기다리고 있습니다.

당신은 물만 건너면 나를 돌아보지도 않고 가십니다그려.✿
　　　　나에 대해 무심한 당신의 태도
그러나 당신이 언제든지 오실 줄만은 알아요.
　　　　당신이 다시 돌아올 것이라 믿음.
나는 당신을 기다리면서 날마다 날마다 낡아 갑니다.

나는 나룻배
당신은 행인
　　　　1연의 반복 – 수미상관

이 작품은

화자인 '나'와 '당신'의 관계를 '나룻배'와 '행인'의 관계로 설정하여, 임에 대한 진정한 사랑을 위하여 희생하고 인내하겠다는 의지를 노래하고 있다. 행인을 태워 강을 건너게 해 주고, 다시 행인을 기다리는 나룻배의 특성을 통해 대상에 대한 인내와 희생의 의미를 강조하여 주제를 효과적으로 드러내고 있다.

갈래 자유시, 서정시

주제 임을 향한 인내와 희생

특징
① 부드럽고 섬세한 어조를 사용하여 주제를 부각함.
② 비유적 표현으로 시적 의미를 전달함.
③ 수미상관의 구조로 의미를 강조함.

구성
• 1연: 나와 당신의 관계
• 2연: 무심한 당신과 나의 희생
• 3연: 당신이 돌아올 것을 믿고 기다리는 나
• 4연: 나와 당신의 관계

수미상관

시의 처음과 끝에 같은 구절을 반복하여 배치하는 표현 기법. 형태적 안정감을 주며, 의미를 강조하는 효과가 있다.

어휘 풀이

✿ **나룻배**: 나루와 나루 사이를 오가며 사람이나 짐 따위를 실어 나르는 작은 배.
✿ **행인**: 길을 가는 사람. 불교에서, 도를 닦는 사람.
✿ **흙발**: 흙이 많이 묻어 흙투성이가 된 발.
✿ **여울**: 강이나 바다 따위의 바닥이 얕거나 폭이 좁아 물살이 세게 흐르는 곳.
✿ **그려**: (하게할 자리나 하오할 자리 또는 하십시오할 자리의 일부 종결 어미 뒤에 붙어) 청자에게 문장의 내용을 강조함을 나타내는 보조사.

독해 포인트

1. 시적 상황

• 시의 화자 ➡ 나
• 청자 ➡ 당신
• 화자의 상황 ➡ 나룻배인 '나'는 행인인 '당신'을 언제든지 강 너머로 보내 주기 위해 밤낮으로 당신을 기다리고 있음.

(❶) → 나룻배	당신 → 행인
사랑하는 임을 위해 희생하고 헌신하는 사람	자신의 진심을 몰라주고 떠난 임
불교적 진리를 탐구하는 (❷)	도달하기 어려운 불교적 진리, 절대자
독립운동가로서 조국 광복을 위해 애쓰는 사람	조국, 나라를 잃고 고통받는 (❸)

2. 시어 및 시구

시어, 시구	상징적 의미
깊으나 옅으나 급한 여울이나	나룻배인 화자가 당신을 강 너머로 안전하게 보내 주기 위해 겪게 되는 온갖 (❹)과 역경을 의미함.
• 바람을 쐬고 눈비를 맞으며 • 밤에서 낮까지	'바람과 눈비'는 당신을 기다리는 동안의 시련이나 고난, 역경 등을, '밤에서 낮까지'는 당신을 기다리는 오랜 시간 동안의 (❺)와 희생을 의미함.

3. 화자의 정서와 태도

• 당신을 안고 물을 건너갑니다.
• 당신을 안으면 깊으나 옅으나 급한 여울이나 건너갑니다.
• 바람을 쐬고 눈비를 맞으며 밤에서 낮까지 당신을 기다리고 있습니다.
• 당신이 언제든지 오실 줄만은 알아요.
• 당신을 기다리면서 날마다 날마다 낡아 갑니다.

➡

'당신'에 대한 '나'의 태도

'당신'이 언젠가 오실 거라는 변치 않는 믿음으로 어떠한 고통과 시련도 인내하며 기다리겠다는 (❻   ), 의지적 태도가 드러남.

• 당신은 흙발로 나를 짓밟습니다.
• 당신은 물만 건너면 나를 돌아보지도 않고 가십니다그려.

➡

'나'에 대한 '당신'의 태도

(❼   )하고 성의 없게 대하며 미련 없이 떠나 버림.

4. 시상의 전개

1연		2연		3연		4연
나와 당신의 관계	➡	무심한 당신을 위해 희생하고 인내함.	➡	당신이 돌아올 것이라 믿고 인내하고 기다림.	➡	나와 당신의 관계

(❽   )을 통한 강조

❶ 나 ❷ 구도자 ❸ 민중 ❹ 시련 ❺ 인내 ❻ 희생적 ❼ 무심 ❽ 수미상관

어휘력 체크 ✔

01 다음과 같은 뜻을 가진 낱말을 찾아 쓰세요.

(1) 흙이 많이 묻어 흙투성이가 된 발
(2) 강이나 바다 따위의 바닥이 얕거나 폭이 좁아 물살이 세게 흐르는 곳

02 '나루와 나루 사이를 오가며 사람이나 짐 따위를 실어 나르는 작은 배'를 가리키는 말로, 화자가 자신을 빗대어 표현한 낱말을 찾아 쓰세요.

03 다음 밑줄 친 말과 같이 빈칸에 보조사를 넣어 표현해 보세요.

• 자주 만나자고 청하는 말
→ 이제 자주 만나세그려.

(1) 같이 놀이동산에 가자고 청하는 말 → 이번 주말에 놀이동산에 같이 (   ).
(2) 비가 올 것 같다고 친구에게 하는 말 → 하늘을 보니 비가 곧 (   ).

01 (1) 흙발 (2) 여울 02 나룻배 03 (1) 가세그려 (2) 오겠네그려(올 것 같네그려)

작품 독해하기

12 가노라 삼각산아 _ 김상헌

가노라 <u>삼각산</u>아 다시 보자 <u>한강수</u>야
└ 도치법, 돈호법

고국산천을 떠나고자 하랴마는
떠나고 싶지 않지만 어쩔 수 없이 떠나게 되었음.

시절이 하 수상하니 올 동 말 동 하여라
나라의 형편. 나라가 위태로운 상황

■ : 조국을 가리킴. 대유법

현대어 풀이

(나는) 떠나가노라 삼각산아 다시 보자 한강 물아,
고국산천을 떠나가려고 하지만,
시절이 하도 뒤숭숭하니 다시 돌아올지 어떨지는 모르겠구나.

 이 작품은

고국을 떠나는 슬픔과 나라를 걱정하는 마음을 표현한 시조이다. 병자호란 당시 시인은 청나라에 맞서 끝까지 싸우자고 주장했지만 조선이 끝내 항복을 하자 청나라에 볼모로 끌려가게 되는데, 이 시조는 고국을 떠나면서 지은 것으로 보인다.

갈래 평시조, 단시조, 우국가, 비분가

주제 고국을 떠나는 슬픔과 나라에 대한 걱정

특징
① 직설적인 어조를 사용하여 화자의 정서를 표현함.
② 의인법과 대유법을 통해 조국에 대한 애정을 드러냄.
③ 대구법과 돈호법을 사용하여 운율감을 살림.

구성
• 초장: 고국의 산과 강에 대한 사랑
• 중장: 고국을 떠나고 싶지 않음.
• 종장: 시절로 인해 고국에 돌아올 수 있을지 모름.

어휘 풀이

❖ **삼각산**: 북한산의 옛 이름.
❖ **한강수**: 한강의 물.
❖ **고국산천**: 고국의 산과 물이라는 뜻으로, '고국'을 정겹게 이르는 말.
❖ **하**: 정도가 매우 심하거나 큼을 강조하여 이르는 말. '아주', '몹시'의 뜻.
❖ **수상하다**: 보통과는 달리 이상하여 의심스럽다.
❖ **올 동 말 동 하다**: 올 수 있을지 없을지 모르겠다. '동'은 '둥'의 방언으로 무슨 일을 하는 듯도 하고 하지 않는 듯도 함을 나타내는 말.

독해 포인트

1. 시적 상황

- 시의 화자가 겉으로 드러나지 않음.
- 화자의 상황 ➡ 볼모의 처지로 (❶   )을 떠나는 상황이라 언제 다시 돌아올 수 있을지 알 수 없음.

2. 시어 및 시구

시어, 시구	상징적 의미
삼각산, 한강수	우리 민족이 터를 잡고 사는 '고국'을 상징적으로 표현한 것으로, '고국, 임금이 계신 곳, 한양' 등을 의미함. 중장의 (❷)과 같은 의미로 볼 수 있음.
시절이 하 수상하니	'세상의 형편이 너무나 어수선하니'의 뜻. '시절'은 '시국(현재 당면한 국내 및 국제 정세나 대세)의 의미로, (❸)을 겪은 후의 혼란스러운 나라 상황을 나타냄.
올 동 말 동 하여라	'돌아올지 어떨지 모르겠구나'의 의미. 조선이 청나라에 굴욕적인 항복을 하고, 화자 자신은 세자와 함께 볼모의 처지가 되어 (❹)로 끌려가고 있기 때문에 '못 돌아올 것 같다'는 의미가 담겨 있음.

3. 발상과 표현

표현 방법	시어, 시구	표현하려는 내용
대유법, 의인법, 돈호법	삼각산아, 한강수야	'삼각산'과 '한강수'는 '고국산천' 전체를 나타낸다는 점에서는 대유법이, (❺)에게 하듯이 표현하고 친근한 어조로 부르고 있다는 점에서 의인법, 사물의 이름을 불러 주의를 환기시킨다는 점에서 돈호법에 의한 표현으로 볼 수 있음.
도치법, 대구법	가노라 삼각산아 다시 보자 한강수야	'가노라 삼각산아'와 '다시 보자 한강수야'에서 도치법과 (❻)을 사용하여 운율을 형성하고 있음. 고국을 떠나는 상황을 운율감 있게 드러내면서 고국에 대한 화자의 애정을 드러내고 있음.
영탄법	시절이 하 수상하니 올 동 말 동 하여라	고국을 떠나는 (❼)과 다시 돌아올 수 없을지도 모른다는 불안감을 직설적으로 드러냄.

4. 시상의 전개

초장		중장		종장
고국을 떠나야 함. → 착잡한 심정	➡	고국을 떠나고 싶지 않음. → 화자의 처지 호소	➡	고국에 다시 돌아올 수 있을지 모름. → 귀국에 대한 (❽)

❶ 고국(조국) ❷ 고국산천 ❸ 병자호란 ❹ 청나라 ❺ 사람 ❻ 대구법 ❼ 안타까움 ❽ 불안감

어휘력 체크 ✔

01 다음과 같은 의미의 낱말을 찾아 쓰세요.

> 정도가 매우 심하거나 큼을 강조하여 이르는 말로, '아주', '몹시'의 뜻으로 쓰임.

02 '고국산천'과 같은 의미로 쓰인 낱말을 모두 찾아 쓰세요.

03 '올 동 말 동 하여라'의 '동'은 '무슨 일을 하는 듯도 하고 하지 않는 듯도 함.'을 나타낸다. 밑줄 친 말을 다음과 같이 나타내 보세요.

> 밥을 먹는 시늉만 하고 집을 나갔다.
> → 먹는 둥 마는 둥 하고

(1) 비가 올 듯도 하고 말 듯도 하다.
(2) 형은 겉옷을 다 입지 않은 상태로 뛰어갔다.

01 하 **02** 삼각산, 한강수 **03** (1) 올 동 말 동 하다 (2) 입는 둥 마는 둥 한 상태로

01~04 다음 시를 읽고 물음에 답하시오.

📏 **문제 해결 포인트**

❶ 화자가 살고 있는 현실
상황은 어떠한가요?

❷ 화자가 괴로워하는 이유
는 무엇인가요?

❸ 시에서 긍정적 이미지의
시어와 부정적 이미지의
시어를 찾아보세요.

❹ 화자는 어떤 태도로 살
아가고자 하나요?

죽는 날까지 하늘을 우러러

한 점 부끄럼이 없기를,

잎새에 이는 바람에도

나는 **괴로워했다.**

별을 노래하는 마음으로

모든 죽어가는 것을 사랑해야지.

그리고 나한테 **주어진 길을**

걸어가야겠다.

오늘 밤에도 별이 바람에 스치운다.

– 윤동주, 「서시」

01 위 시에 대한 설명으로 적절하지 <u>않은</u> 것은?

'-야지'와 '-겠-'은 주체
의 의지를 나타내는 어미
야!

① 고백적이고 의지적인 어조로 말하고 있다.

② '과거 – 미래 – 현재'의 구조로 시상을 전개하고 있다.

③ '하늘, 별, 밤'이라는 우주로 상상력을 확대하여 주제를 부각하고 있다.

④ '-야지, –겠다'와 같은 어미를 통해 화자의 의지적 태도를 드러내고 있다.

⑤ 2연은 현재 상황을 드러내며, 1연에서 화자가 삶을 성찰하는 배경이 되고 있다.

02 위의 시에서 화자가 지향하는 정신적 가치를 함축한 시어는?

① 길   ② 잎새   ③ 바람

④ 별   ⑤ 밤

03 위 시에서 화자가 지향하는 삶의 자세를 파악한 것으로 가장 적절한 것은?

① 자신이 맡은 일에 최선을 다하며 살아야 한다.

② 바람과 같은 자연물을 가까이하며 살아야 한다.

③ 모든 생명체가 죽어가도록 내버려 두어서는 안 된다.

④ 스스로 느끼기에도 부끄러운 삶을 살아서는 안 된다.

⑤ 별을 노래하는 마음처럼 순수한 동심을 간직하며 살아야 한다.

수능형 | 2017학년도 9월 고1 학력평가

04 〈보기〉를 참고하여 위 시를 이해할 때, 적절하지 **않은** 것은?

┤ 보기 ├

윤동주는 이상을 지향하는 자아와 이를 실천하지 못하는 현실적 자아의 충돌로 인해 나타나는 고뇌를 담은 작품을 다수 창작하였다. 그는 절대적 가치를 추구하는 윤리적인 삶을 꿈꾸지만 현실에서 이를 완전하게 실현하지 못하는 자신을 성찰하는 과정에서 부끄러움을 드러낸다. 그는 이러한 성찰과 이상 추구의 의지를 지속적으로 시에 반영하면서 시인으로서의 숙명을 보여 주고 있다.

① '죽는 날까지'는 이상을 지향하는 자아의 숙명을 강조하여 표현한 것이다.

② '하늘을 우러러'는 절대적 가치를 지향하는 자아의 모습을 표현한 것이다.

③ '괴로워했다'는 현실에서 이상을 실현하지 못하는 고뇌를 나타낸 것이다.

④ '별을 노래하는 마음'은 윤리적 삶과 현실의 삶 사이의 갈등을 표현한 것이다.

⑤ '주어진 길을 / 걸어가야겠다'는 이상 실현을 위한 의지를 드러낸 것이다.

유사한 수능 문제 형식

• 〈보기〉를 참고하여 위의 시를 감상한 것으로 적절하지 **않은** 것은?

표현론적 관점에서 작품을 감상해 봐. 표현론적 관점은 문학 작품이 작가의 경험, 감정, 의식, 가치관, 사고방식을 표현한 것으로 간주하여 해석하는 관점이야.

📘 지식 플러스   **저항 시인 윤동주**

윤동주는 시집 『하늘과 바람과 별과 시』가 세상에 나옴으로써 비로소 일제 강점기 말의 저항 시인으로 주목을 받는다. 1938~1941년에 창작된 그의 작품에는 불안과 고독, 절망을 극복하고 희망과 용기로 현실을 돌파하려는 강인한 시 정신이 표출되어 있다. 「서시(序詩)」를 비롯하여 「또 다른 고향」, 「별 헤는 밤」, 「십자가」 등이 이 시기의 작품으로, 현실에 대한 울분과 자책, 그리고 봄(광복)을 기다리는 간절한 소망이 담겨 있다.

「서시」는 시집 『하늘과 바람과 별과 시』에 수록된 작품 전체의 내용을 개관하는 역할을 하고 있다. 일제 강점기를 살아간 한 지성인의 고뇌와 섬세하고 예민한 정감을 표출하면서도, 자신에게 주어진 길을 걸어가겠다는 소명 의식을 담고 있다. 일제 암흑기의 그의 시 정신을 대변하는 대표 작품으로 평가되고 있다.

05~09 다음 시를 읽고 물음에 답하시오.

나는 나룻배
㉠당신은 행인

당신은 ⓐ흙발로 나를 짓밟습니다.
나는 ⓑ당신을 안고 물을 건너갑니다.
나는 당신을 안으면 깊으나 옅으나 급한 여울이나 건너갑니다.

만일 당신이 아니 오시면 나는 바람을 쐬고 눈비를 맞으며 밤에서 낮까지 ⓒ당신을 기다리고 있습니다.
당신은 물만 건너면 ⓓ나를 돌아보지도 않고 가십니다그려.
그러나 당신이 언제든지 오실 줄만은 알아요.
나는 당신을 기다리면서 ⓔ날마다 날마다 낡아 갑니다.

나는 나룻배
당신은 행인

– 한용운, 「나룻배와 행인」

05 위 시에 대한 설명으로 적절하지 <u>않은</u> 것은?

① 인내하고 희생하는 것으로 사랑을 표현하고 있다
② 수미상관식 구성으로 형태적 안정감을 주고 있다.
③ 비유법을 사용하여 주제를 선명하게 드러내고 있다.
④ 잔잔한 어조로 기다림의 고통과 원망을 드러내고 있다.
⑤ 경어체를 사용하여 태도의 진실성을 느끼게 하고 있다.

06 위 시에서 화자가 당신을 기다리면서 겪는 시련과 고통을 상징하는 시어를 3연에서 모두 찾아 쓰시오.

07 위 시에서 화자인 '나'에 대한 설명으로 적절한 것은?

① '당신'이 '흙발'로 짓밟는 것을 두려워하고 있다.

② '당신'이 돌아오지 못할 곳으로 떠난 것을 슬퍼하고 있다.

③ '당신'이 '나'를 위해 희생하고 인내해 줄 것을 기대하고 있다.

④ '당신'이 비록 '나'를 떠났지만 반드시 돌아올 것이라 믿고 있다.

⑤ '당신'이 강을 건널 수 있도록 하는 것이 유일한 즐거움이라고 생각하고 있다.

수능형

08 〈보기〉는 한용운의 삶을 간단히 메모한 것이다. 이를 바탕으로 위 시를 감상할 때, ㉠에 대한 이해로 적절한 것은?

┤ 보기 ├

시인은 3·1 운동 당시 민족 대표 33인의 한 사람으로, 독립선언서를 배포하였다는 이유로 일본 경찰에 체포되었다. 감옥에서 온갖 고초를 겪었지만 시인은 저항 정신을 잃지 않고, 우리 민족에게 독립사상을 고취하기 위해 많은 노력을 기울였다.

① 불교적 진리를 탐구하는 사람

② 빼앗긴 조국에서 고통받는 민중

③ 독립운동가의 삶을 공부하는 학생

④ 나를 사랑했지만 내 곁을 떠난 사람

⑤ 예술 작품을 창작하기 위해 노력하는 사람

> 표현론적 관점에서 작품을 감상해 봐. 표현론적 관점은 작가의 삶과 사상이 작품에 반영되어 표현되었다는 관점에서 해석하는 방법이야.

유사한 수능 문제 형식

• 위 시에 대한 감상으로 적절하지 <u>않은</u> 것은?

• 현실에 대한 인식과 대응이 위 작품과 가장 유사한 것은?

09 ⓐ~ⓔ 중 〈보기〉의 밑줄 친 부분에 해당하는 구절의 기호를 쓰시오.

┤ 보기 ├

당신은 강을 건너 떠났지만, '나'는 당신이 언젠가는 다시 돌아올 것이라 믿고 있다. 기다림을 이어 가는 '나'의 안타까운 정서는 <u>시어를 반복하여 표현</u>한 것에서 더욱 잘 드러난다.

📖 지식 플러스 **시의 어조**

시에서의 말투를 어조라고 한다. 같은 의미를 전달하더라도 어조에 따라서 느낌이 달라지기 때문에 어조는 시의 분위기를 형성하는 데에 중요한 역할을 한다. 시의 어조는 상황에 따라서 아주 다양하게 나타난다. 화자의 정서에 따라 영탄적 어조, 격정적 어조, 낙천적 어조 등이 있고, 대상을 바라보는 태도에 따라 냉소적 어조, 풍자적 어조, 비판적 어조, 해학적 어조, 예찬적 어조 등으로 구분하기도 한다. 또한 간절한 기원, 애상적 내용을 전달하는 부드럽고 섬세한 어조와 의지적이고 힘찬 기백을 담은 내용을 주로 전달하는 강인한 어조가 있다.

10~13 다음 시를 읽고 물음에 답하시오.

문제 해결 포인트

❶ 화자의 정서와 어조를 파악해 보세요.

❷ 화자의 어조는 어떠한가요?

❸ 화자는 현재 어떤 상황에 처해 있나요?

❹ 삼각산, 한강수가 비유하는 대상은 무엇인가요?

시조는 우리나라 고유의 정형시로, 규칙적인 운율을 가지고 있어. 대개 4음보를 유지하며, 3장 6구, 45자 안팎으로 이루어져 있지.

가노라 삼각산아 ㉠다시 보자 한강수야

㉡고국산천을 떠나고자 하랴마는

시절이 하 수상하니 올 동 말 동 하여라

– 김상헌

[현대어 풀이]
(나는) 떠나가노라 삼각산아 다시 보자 한강 물아,
고국산천을 떠나가려고 하지만,
시절이 하도 뒤숭숭하니 다시 돌아올지 어떨지 모르겠구나.

10 위 시에 대한 설명으로 적절하지 <u>않은</u> 것은?

① 지사적 어조를 통해 주제를 드러내고 있다.

② 4음보의 규칙적인 배열을 통해 운율을 형성하고 있다.

③ 직설적인 표현으로 자신이 처한 상황을 나타내고 있다.

④ 삼각산과 한강수를 보지 못하게 한 대상을 원망하고 있다.

⑤ 의인법과 돈호법을 사용하여 대상에 대한 정서를 드러내고 있다.

돈호법은 사물이나 사람의 이름을 불러 독자의 주의를 환기시키는 표현법이야. 이 시조에서도 '삼각산아', '한강수야'라고 하여 사람처럼 불러서 친근감을 드러내고 있지.

11 ㉠에 사용된 표현 방법이 사용되지 <u>않은</u> 것은?

① 그래 살아 봐야지 / 너도 나도 공이 되어

② 산 꿩이 알을 품고 / 뻐꾸기 제철에 울건만

③ 이시라 하더면 가랴마는 제 구태여

④ 오늘도 뫼 끝에 홀로 오르니 / 흰 점 꽃이 인정스레 웃고

⑤ 돌담에 속삭이는 햇발같이 / 풀 아래 웃음 짓는 샘물같이

12 ⓛ에 담긴 화자의 심정을 파악한 것으로 적절한 것은?

① 고국산천을 떠나서는 마땅히 갈 곳이 없다.

② 고국산천은 언젠가는 떠나야 하는 곳이다.

③ 고국산천을 떠날 준비가 되어 있다.

④ 고국산천을 떠나고 싶지 않다.

⑤ 고국산천을 떠나기가 두렵다.

수능형

13 〈보기〉는 위 시가 창작된 배경을 알려 주는 자료이다. 이를 바탕으로 작품을 감상한 것으로 적절하지 <u>않은</u> 것은?

┤ 보기 ├

　김상헌은 병자호란 때 청나라와 끝까지 싸울 것을 주장하고, 병자호란이 끝난 후에는 청나라에서 명나라를 치기 위해 요청한 우리나라 군대의 출병을 반대하였다. 이 때문에 청나라에 압송되어 그곳에서 4년을 보내게 된다.

① 민호: 나라를 걱정하는 충신의 마음이 느껴져.

② 영미: 돌아올 기약도 없이 조국을 떠나야 했으니 안타까움이 컸을 거야.

③ 청아: 청나라에 볼모의 처지로 떠난 길이었으니 아주 비통한 심정이었을 거야.

④ 상우: 시절이 수상하다고 한 것은 명나라가 망하고 청나라가 들어섰기 때문인 거 같아.

⑤ 성하: 올 동 말 동 하다고 한 것은 고국에 다시 돌아오지 못하리라고 생각했기 때문일 거야.

> 이 작품은 병자호란 당시의 시대적 현실을 바탕으로 작품을 감상해야 해. 반영론적 관점으로 감상해야 한다는 의미지. 반영론적 관점은 문학 작품은 현실을 거울처럼 반영한다는 전제 아래 현실과 맺는 관계를 중심으로 작품을 해석하는 방법이야.

유사한 수능 문제 형식

• 〈보기〉를 참고하여 위 시를 반영론적 관점으로 감상한 것 중, 적절하지 <u>않</u>은 것은?

📖 지식 플러스 **시조의 창작 배경**

　김상헌은 병자호란 당시 청나라와의 화친을 반대하고 끝까지 청나라와 싸워야 한다고 강하게 주장했던 인물이다. 청나라 군대에 의해 남한산성에 포위되었을 때, 대세가 기울어 항복하는 쪽으로 굳어지자 최명길이 작성한 항복 문서를 찢고 통곡하였다고 전해진다. 1641년에 중국 심양에 끌려가 4년여 동안을 청나라에 묶여 있다가 1645년 소현 세자와 함께 귀국했는데, 이 시조는 소현 세자, 봉림 대군과 함께 청나라에 볼모로 잡혀가면서 읊은 시조로 알려져 있다. 삼각산은 현재의 북한산으로, 세 봉우리인 백운대, 인수봉, 만경대가 삼각을 이루고 서 있다는 데서 유래한 이름이다.

마무리 정리하기

독해의 원리 ❹ 시의 주제와 감상

시의 주제 파악하기 →

- 화자의 정서와 태도를 통해 주제 파악하기
- 시어와 심상을 통해 주제 파악하기
- 시의 발상과 표현을 통해 주제 파악하기

박용철, 「고향」: 변해 버린 고향에서 느끼는 쓸쓸함과 안타까운 정서를 통해 고향에 대한 그리움이라는 주제를 드러냄.

김동명, 「내 마음」: 감각적인 표현과 독백적인 어조를 사용하여 임에 대한 사랑을 표현함.

전봉건, 「피아노」: 피아노 연주에서 느껴지는 감동을 감각적 이미지로 표현하여 발상의 참신함을 보여 줌.

감상의 원리 파악하기 →

- 시의 내적 구조에 주목하여 감상하기
- 시에 반영된 사회 문화적 배경에 주목하여 감상하기

김기림, 「바다와 나비」: 새로운 세계에 대한 동경과 좌절감을 선명한 색채 이미지로 표현함.

이상화, 「통곡」: 일제에 주권을 잃고 고통을 겪는 비참한 현실에서 느끼는 절망을 반영하고 있음.

서시 _ 윤동주

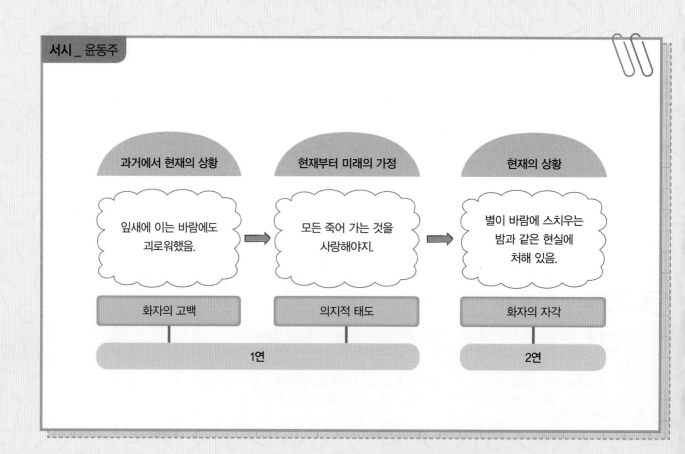

나룻배와 행인 _ 한용운

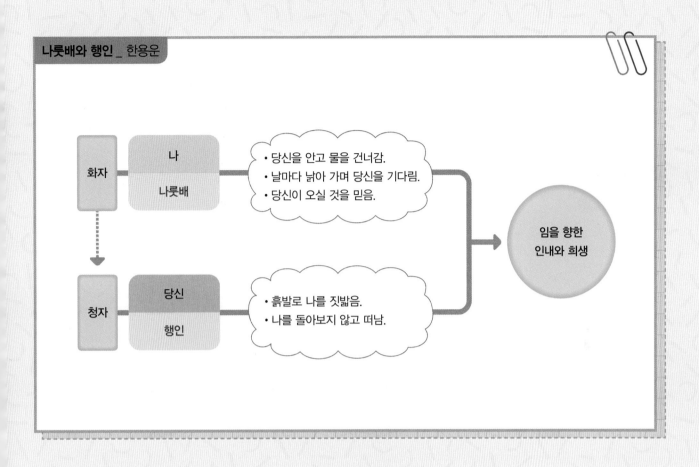

가노라 삼각산아 _ 김상헌

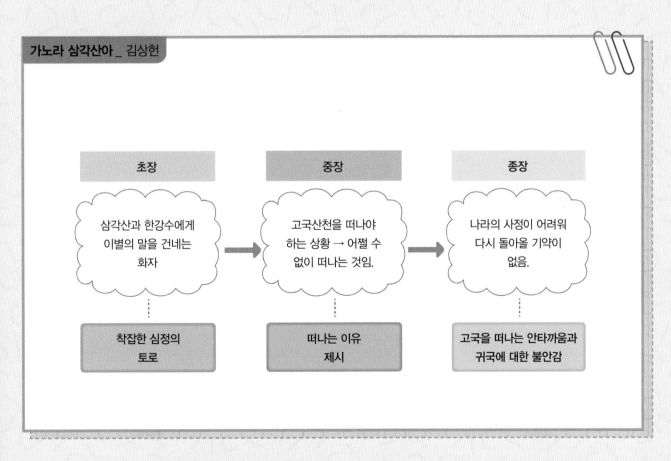

II

현대 소설·고전 소설

갈래 짚고 가기

1. 소설의 개념

현실 세계에서 있을 법한 일을 작가가 상상으로 꾸며 낸 이야기로 산문 문학의 한 갈래이다.

```
    현실        ──예술적 형상화──→    소설(상상력의 세계)
          현실에서 소재를 선택하여 소설의
          인물, 배경, 사건 등으로 구체화함.
```

2. 소설의 특성

- 소설은 인물, 배경, 사건으로 내용을 구성한 줄거리가 있는 이야기이다.
- 소설은 현실에서 있을 법한 일을 다루지만 현실에서 소재를 취해 내용을 재구성한 것이다.
- 소설은 표현과 구성 등에서 예술적 아름다움을 추구한다.

인물의 특성

- 소설의 인물은 뚜렷한 성격을 가진다.
- 소설의 인물은 다른 인물, 주위의 상황과 갈등하면서 사건을 전개시킨다.
- 소설에서의 사건과 주제는 인물의 행위와 갈등을 통해 성립된다.

---

3. 소설의 인물

(1) 개념: 소설에서 사건을 이끌어 가는 행위의 주체로, 주제를 구현하는 존재이다. 작가는 인물의 행위를 통해 사건을 전개하고 갈등을 구체화한다.

(2) 소설 속 인물의 유형

기준	인물의 유형	특징
중요도에 따라	중심인물	작품을 주도하는 중심적 인물
	주변 인물	주인공을 돕거나 보조하는 인물
어떤 역할을 하느냐에 따라	주동 인물	작품의 주인공으로 작가의 의도에 따라 행동하며 주제를 드러내는 인물
	반동 인물	주인공과 대립하여 갈등을 일으키는 인물
인물의 성격에 따라	전형적 인물	특정 계층, 성별, 연령, 직업 등의 보편적 성질을 가지는 인물
	개성적 인물	특정 부류나 계층을 대표하는 특성보다 개인의 고유한 성격을 가지는 인물
성격의 변화 여부에 따라	평면적 인물	성격이 변하지 않고 비교적 단일한 성격을 가지는 인물
	입체적 인물	가치관이나 의식에 변화를 겪는 복합적 성격을 가지는 인물

배경의 역할

- 작품의 분위기를 조성한다.
- 사건에 사실성과 현장감을 부여한다.
- 사건의 진행에 적극적인 계기를 제공한다.
- 인물의 심리나 진행 상황 및 주제 등을 암시한다.

---

4. 소설의 배경

(1) 개념: 배경은 소설에서 사건이 전개되고 인물이 활동하는 시간적, 공간적 환경을 의미한다.

(2) 배경의 종류

- 자연적 배경: 인물의 행동이나 사건이 벌어지는 시간적, 공간적 영역
- 사회적 배경: 인물이 행동하던 사회의 여러 조건 및 상황, 사회적 분위기 등
- 심리적 배경: 인물의 어떤 행동의 계기가 되는 심리적 상태
- 상황적 배경: 인물이 처해 있는 처지나 상황

필수 개념 체크

01 소설은 작가가 상상으로 꾸며 낸 이야기로, 인생을 표현하는 (ㅅㅁ) 문학의 한 갈래이다.

02 (ㅇㅁ)은 소설에서 사건을 이끌어 가는 행위의 주체이자 주제를 구현하는 존재이다.

03 특정 부류나 계층을 대표하는 보편적 특성보다 개인의 고유한 성격을 가진 인물을 (ㄱㅅㅈ) 인물이라고 한다.

04 (ㅈㄷ) 인물은 작품의 주인공으로 작가의 의도에 따라 행동하며 주제를 드러내는 인물이다.

05 (ㅂㄱ)은 소설에서 사건이 전개되고 인물이 활동하는 시간적, 공간적 환경을 의미한다.

정답
01 산문
02 인물
03 개성적
04 주동
05 배경

5. 소설의 갈등

(1) 개념: 갈등은 사건 전개의 핵심 요소가 된다. 인물들 사이에 일어나는 대립과 충돌, 또는 인물과 환경 사이의 대결을 통해 사건이 전개되고, 이 과정에서 인물의 성격과 작품의 주제가 드러난다.

(2) 갈등의 유형
- 내적 갈등: 한 인물의 내면에서 일어나는 심리적 갈등. 서로 모순되는 가치나 신념에서 오는 갈등
- 외적 갈등: 인간과 인간(주인공과 대립적인 인물), 개인과 사회(주인공과 사회적 환경), 인간과 자연(인물과 인물이 속한 자연환경), 인간과 운명(인물과 인물이 처한 운명적인 조건)의 갈등 등

6. 소설의 구성

(1) 개념: 주제를 형상화하기 위해 여러 요소들을 유기적으로 배열하는 일을 의미한다. 작가가 인물, 사건, 배경 등을 적절히 배치하여 이야기의 흐름을 만들어 나가는 방법으로, 작품의 짜임새, '플롯(plot)'이라고도 한다.

(2) 소설의 일반적인 구성 단계

단계	특징
발단	등장인물이 소개되고 사건의 실마리와 배경이 제시된다.
전개	내용의 중심을 이루는 단계. 사건이 복잡해지고 인물 간의 갈등이 구체적으로 드러난다.
위기	갈등이 더욱 고조되는 단계. 사건이 전환되어 절정의 계기를 마련한다.
절정	긴장과 갈등이 최고조에 이르는 단계이다.
결말	갈등이 해결되고 사건이 마무리된다. 주인공의 운명이 분명해지고 긴장감이 해소된다.

> **소설 구성의 3요소**
>
> - **인물**: 개성과 전형성을 지닌다.
> - **사건**: 줄거리가 있는 이야기이다.
> - **배경**: 시간적, 공간적 환경이 된다.

7. 소설의 시점과 서술자

소설에서 이야기를 전달하는 사람을 서술자라고 한다. 시점은 서술자가 이야기를 전달하면서 취하는 위치나 태도를 의미한다.

위치 \ 태도	인물의 내면 서술	관찰한 내용 전달
작품 내부	1인칭 주인공 시점(주인공=서술자)	1인칭 관찰자 시점(주인공 ≠ 서술자)
작품 외부	3인칭 전지적 시점	3인칭 관찰자 시점

> **소설과 다른 문학 양식과의 차이점**
>
> - **시와 소설**: 시는 운문 문학, 소설은 산문 문학에 속한다.
> - **희곡과 소설**: 희곡에는 서술자가 없지만, 소설에는 서술자가 있다.
> - **수필과 소설**: 수필은 사실의 세계를, 소설은 허구의 세계를 다룬다.

8. 고전 소설

(1) 개념: 설화, 한문 소설, 국문 소설을 아울러 이르는 말로, 19세기 이전에 창작된 소설을 말한다.

(2) 고전 소설의 특징
- **주제**: 착한 사람은 복을 받고 나쁜 사람은 벌을 받는다는 '권선징악'을 다룬 작품이 많다.
- **인물**: 성격이 처음부터 끝까지 일관되거나 어느 집단의 모습을 대표하는 인물이 주로 등장한다.
- **사건**: 현실에서 일어나기 어려운 상황이나 신이한 능력으로 사건이 벌어지는 경우가 많다.
- **배경**: 대부분 중국이거나 막연한 장소인 경우가 많다.

---

06 (ㄱㄷ)은 사건 전개의 핵심 요소가 되고, 인물들 사이에 일어나는 대립과 충돌을 의미한다.

07 (ㄱㅅ)은 작가가 인물, 사건, 배경 등을 알맞은 자리에 배치하여 이야기의 전체 흐름을 만들어 나가는 방법이다.

08 소설의 구성 단계는 대체로 '발단 - (ㅈㄱ) - 위기 - 절정 - 결말'로 이루어진다.

09 서술자가 외부에 있으면서 객관적인 태도로 인물의 행동을 이야기하는 시점을 (ㄱㅊㅈ) 시점이라고 한다.

10 고전 소설의 주제는 (ㄱㅅㅈㅇ)을 다룬 경우가 많다.

정답
06 갈등
07 구성
08 전개
09 관찰자
10 권선징악

독해의 원리 이해하기

⊛ 소설의 인물과 배경

소설에서 인물은 사건을 이끌어 가는 행위의 주체이자 작가의 의도에 따라 행동하며 주제를 구현하는 역할을 한다. 배경은 소설에서 사건이 전개되고 인물이 활동하는 자연적, 사회적 환경으로, 작품의 전반적인 분위기를 형성하고, 인물의 생각과 행위에 사실성과 신빙성을 부여한다. 또 배경은 인물의 성격이나 태도, 의식에 영향을 미치기도 하고, 배경을 통해 인물의 심리나 미래에 벌어질 사건을 암시하기도 한다.

인물의 성격 파악하기

[학습 원리 1] 인물의 성격과 유형 파악하기

소설은 인물의 행위를 통해 사건을 전개하고 갈등을 구체화하기 때문에 다양한 성격의 인물이 등장한다. 작품 속에서 인물은 여러 가지 성격을 동시에 지니고 있다.

> "장인님! 인제 저……."
> 내가 이렇게 뒤통수를 긁고, 나이가 찼으니 성례를 시켜 줘야 하지 않겠느냐고 하면, 그 대답이 늘
> "이 자식아! 성례구 뭐구 미처 자라야지!" 혼인 예식을 치르는 일
> 하고 만다.
> 이 자라야 한다는 것은 내가 아니라 내 아내가 될 점순이의 키 말이다. 어리둥절하여 얼빠진 사람처럼 멍하고
> 내가 여기에 와서 돈 한 푼 안 받고 일하기를 삼 년 하고 꼬박이 일곱 달 동안을 했다. 그런데도 미처 못 자랐다니까 이 키는 언제야 자라는 겐지 짱짱 영문 모른다. 일을 좀 더 잘 해야 한다든지, 혹은 과연 정말로 밥을(많이 먹는다고 노상 걱정이니까) 좀 덜 먹어야 한다든지 하면 나도 얼마든지 할 말이 많다. 허지만 점순이가 아직 어리니까 더 자라야 한다는 여기에는 어째 볼 수 없이 고만 벙벙하고 만다.
> 이래서 나는 애초 계약이 잘못된 걸 알았다. 이태면 이태, 삼 년이면 삼 년, 기한을 딱 작정하고 일을 해야 원, 할 것이다. 덮어놓고 딸이 자라는 대로 성례를 시켜 주마 했으니, 누가 늘 지키고 섰는 것도 아니고, 그 키가 언제 자라는지 알 수 있는가. 그리고 난 사람의 키가 무럭무럭 자라는 줄만 알았지 붙배기 키에 모로만 벌어지는 몸도 있는 것을 누가 알았으랴. – 김유정, 「봄·봄」 중에서
> '붙박이'의 방언

➡ 이 작품의 중심인물인 '나'는 점순이와 혼인을 시켜 준다는 말만 믿고 머슴살이를 하는 어리숙한 인물이다. '나'의 장인인 봉필은 혼인을 핑계로 '나'에게 일만 시키는 교활하고 의뭉한 인물로 '나'와 갈등하고 있다. 따라서 '나'는 중심인물이면서 주동 인물이며, '장인'은 반동 인물로 볼 수 있다. 한편 '나'와 장인이 머슴과 마름의 관계에서 성격의 변화가 나타나지 않는다는 측면에서 모두 전형적, 평면적 인물로 볼 수 있다.

직접 제시의 특징

인물의 성격을 직접 전달할 수 있지만 독자의 상상력이 제한되어 폭넓은 감상이 이루어지기 어렵다.

[학습 원리 2] 인물의 성격 제시 방식 파악하기

소설에서 인물의 성격은 서술자에 의해 제시된다. <u>서술자가 인물의 성격을 요약해서 직접 서술하기도</u> 하고, <u>인물의 행동이나 대화를 통해 간접적으로 제시하기도 한다.</u> 직접 제시(말하기)
간접 제시(보여 주기)

> 밤에 잘 때에도 그는 시계를 머리맡에 풀어놓거나 호주머니에 넣은 채로 버려두지 않는다. 반드시 풀어서 등기 서류, 저금통장 등이 들어 있는 비상용 캐비닛 속에 넣고야 잠자리에 드는 것이었다. 거기에는 또 그럴 만한 연유가 있었다. 이 시계는 제국 대학을 졸업할 때 받은 영예로운 수상품이다. 뒤쪽에는 자기 이름이 새겨져 있다.
> 그 후 삼십여 년, 자기 주변의 모든 것이 변하여 갔지만 시계만은 옛 모습 그대로다. 주변뿐만 아니라 자기 자신은 얼마나 변한 것인가. 이십 대 홍안을 자랑하던 젊음은 어디로 사라진 것인지 머리카락도 반백이 넘었고 이마의 주름은 깊어만 간다. 일제 시대, 소련군 점령 하의 감옥 생활, 6·25 사변, 삼팔선, 미군 부대, 그동안 몇 차례의 아슬아슬한 죽음의 고비를 넘긴 것인가. 〈중략〉

인물이 살아온 내력을 작가가 요약해 주는 부분 → 직접 제시

간접 제시의 특징

인물의 특성을 구체적이고 생생하게 전달할 수 있는 반면, 인물의 성격을 종합적으로 판단하기 어렵다.

간접 제시

이인국 박사는 그때나 지금이나 자기의 처세 방법에 대하여 절대적인 자신을 가지고 있다.

"얘, 너 그 노어 공부를 열심히 해라."

"왜요?"

아들은 갑자기 튀어나오는 아버지의 말에 의아를 느끼면서 반문했다.

"야, 원식아, 별수 없다. 왜정 때는 그래도 일본 말이 출세를 하게 했고 이제는 노어가 또 판을 치지 않니. 고기가 물을 떠나서 살 수 없는 바에야 그 물속에서 살 방도를 궁리해야지. 아무튼 그 노서아 말 꾸준히 해라."

아들은 아버지 말에 새삼스러이 자극을 받는 것 같진 않았다.

― 전광용, 「꺼삐딴 리」 중에서

➡ 주인공인 이인국은 일제 강점기에는 자식들을 일본인 학교에 보내고 일본어만 쓰게 하여 철저한 친일주의자로 지내다가, 소련군이 점령하자 러시아어와 자신의 의술로 소련군 장교에게 환심을 사고, 아들을 소련으로 유학 보낸다. 이 소설은 이인국의 이러한 인물됨을 '직접 제시'와 '간접 제시' 방법을 적절히 섞어서 잘 보여 주고 있다.

②

소설의 배경 파악하기

[학습 원리 1] 배경의 기능과 역할 파악하기

비극적 상황 암시

빠른 장단과 꽹과리 소리, 느린 장단의 둔중한 여음으로 울려 퍼지는 징 소리는 타작마당과 거리가 먼 최 참판 댁 사랑에서는 흐느낌같이 슬프게 들려온다. 농부들은 지금 꽃 달린 고깔을 흔들면서 신명을 내고, 괴롭고 한스러운 일상을 잊으며 굿놀이에 열중하고 있을 것이다. 최 참판 댁에서 섭섭잖게 전곡이 나갔고, 풍년에는 미치지 못했으나 실한 평작임엔 틀림이 없을 것인즉, 모처럼 허리끈을 풀어 놓고 쌀밥에 식구들은 배를 두드렸을 테니 하루의 근심은 잊을 만했을 것이다.

돈과 곡식　　보통 이상의 수확을 거둔 농사　푸성귀만 너무 먹어서 고기가 먹고 싶은 증세

이날은 수수개비를 꺾어도 아이들은 매를 맞지 않는다. 여러 달 만에 소증 풀었다고 느긋하던 늙은이들은 뒷간 출입이 잦아진다. 힘 좋은 젊은이들은 벌써 읍내에 가고 없었다. 황소 한 마리 끌고 돌아오는 꿈을 꾸며 읍내 씨름판에 몰려간 것이다.

오랜만에 기름진 음식을 먹고 탈이 났음을 짐작할 수 있음.

최 참판 댁 사랑은 무인지경(無人之境)처럼 적막하다. 햇빛은 맑게 뜰을 비춰 주는데 사람들은 모두 어디로 가 버렸을까? 새로 바른 방문 장지가 낯설다.

사람이 살지 않는 외진 곳　　　― 박경리, 「토지」 중에서

➡ 한가위를 맞이하는 평사리 마을의 풍경을 제시한 작품의 서두 부분이다. 풍성한 한가위의 모습과 대비되는 최 참판 댁의 음산한 분위기를 묘사하고 있다. 배경 묘사를 통해 최 참판 댁에서 불행한 일이 벌어지리라는 것을 암시하고 있다.

[학습 원리 2] 배경의 상징적 의미 파악하기

우울한 분위기 형성. 작품의 비극성 고조

이렇게 비 내리는 날이면 원구의 마음은 감당할 수 없도록 무거워지는 것이었다. 그것은 동욱 남매의 음산한 생활 풍경이 그의 뇌리를 영사막처럼 흘러가기 때문이었다. 빗소리를 들을 때마다 원구는 으레 동욱과 그의 여동생 동옥이 생각나는 것이었다. 그들의 어두운 방과 쓰러져 가는 목조 건물이 비의 장막 저편에 우울하게 떠오르는 것이었다. 비록 맑은 날일지라도 동욱이 오누이의 생활을 생각하면, 원구의 귀에는 빗소리가 설레이고 그 마음 구석에는 빗물이 스며 흐르는 것 같았다. 원구의 머릿속에 떠오르는 동욱과 동옥은 그 모양으로 언제나 비에 젖어 있는 인생들이었다.

비참하고 절망적인 공간

전쟁으로 인해 무기력해진 동욱 남매의 삶을 비유함.　― 손창섭, 「비 오는 날」 중에서

➡ 이 작품은 6·25 전쟁 중에 고향을 떠나 남으로 내려온 사람들이 모여 살던 부산을 배경으로 동욱 남매의 불행을 그리고 있다. 전쟁의 극한 상황이 가져다준 인간의 무기력한 삶을 주제로 하는 이 작품에서 '비 오는 날'이란 상황 설정은 폐가나 다름없는 동욱의 집과 함께 주제를 더욱 선명히 부각시켜 준다는 점에서 매우 상징적인 의미가 있다.

01 장마 _ 윤흥길

이 작품은

6·25 전쟁을 배경으로 서술자인 '나'의 눈을 통해 한 집안에서 발생한 이데올로기의 대립과 화해의 과정을 그리고 있다. '나'의 친할머니와 외할머니의 갈등은 빨치산 활동을 한 삼촌과 국군인 외삼촌으로 인해 빚어지며, 그 둘의 화해는 전통적이며 토속적인 무속 신앙을 바탕으로 이루어지고 있다. 작가는 어린 '나'를 서술자로 하여 사건을 관찰하게 함으로써 이데올로기의 문제를 객관적으로 볼 수 있게 하는 효과를 거두고 있다.

갈래 중편 소설, 성장 소설, 전후 소설

시점 1인칭 관찰자 시점

주제 전쟁으로 빚어진 한 가정의 비극과 그 극복

구성

• 발단: 두 할머니의 아들이 각각 국군과 인민군으로 전쟁에 나감.
• 전개: 외삼촌이 전사하면서 두 할머니 사이에 갈등이 생김.
• 위기: 삼촌을 맞을 준비를 하는데 구렁이가 나타남.
• 절정: 외할머니가 구렁이를 돌려보냄.
• 결말: 할머니와 외할머니가 화해하고 지루한 장마가 끝남.

구렁이에 대한 반응

• 친할머니: 구렁이를 죽은 삼촌의 현신으로 생각하고 그 충격으로 졸도한다.
• 외할머니: 구렁이를 한을 품고 죽은 삼촌의 현신으로 생각하고 잘 달래어 한을 풀어 주려고 한다.

[앞부분의 줄거리] 지루한 장마가 계속되던 어느 날 밤, 외할머니는 국군으로 전쟁터에 간 아들이 전사했다는 통지를 받는다. 아들을 잃은 외할머니는 빨치산을 향해 저주를 퍼붓는다. 같은 집에 살고 있는 친할머니가 이 소리를 듣고 노발대발한다. 그것은 곧 빨치산에 나가 있는 자기 아들더러 죽으라는 저주와 같았기 때문이다. 어느 날 '나'는 삼촌이 집에 다녀간 사실을 말하게 되어 아버지가 큰 고초를 겪고, 친할머니의 분노를 산다. 빨치산이 소탕되고 있는 때라서 가족들은 빨치산에 간 삼촌이 죽었을 것이라고 믿지만, 친할머니는 점쟁이의 예언대로 아들의 생환을 굳게 믿고 아들을 맞을 준비를 한다. 그러나 예언의 날이 되어도 아들은 돌아오지 않고 구렁이 한 마리가 집 안으로 들어오자 친할머니가 졸도한다.

고모가 인사불성이 된 할머니의 머리를 참빗으로 빗기는 덴 더 많은 시간이 걸렸다. 빗질을 여러 차례 거듭해서 얻어진 한 줌의 흰 머리카락이 내 손에 쥐어졌다. 언제 그렇게 준비를 해 왔는지 외할머니는 도래소반 위에다 간단한 음식 몇 가지를 차리는 중이었다. 호박전과 고사리나물이 보이고, 대접에 그득 담긴 냉수도 있었다. 내가 건네주는 머리카락을 받아 땅에 내려놓은 다음 외할머니는 천천히 고개를 들어 늙은 감나무를 올려다보았다.

"자네 오면 줄라고 노친께서 여러 날 들여 장만헌 것일세. 먹지는 못헐망정 눈요구라도 허고 가소. 다아 자네 노친 정성 아닌가? 내가 자네를 쫓을라고 이러는 건 아니네. 그것만은 자네도 알아야 되네. 남새가 나드라도 너무 섭섭타 생각 말고, 집안일일랑 아모 걱정 말고 머언 걸음 부데 펜안히 가소."

이야기를 다 마치고 외할머니는 불씨가 담긴 그릇을 헤집었다. 그 위에 할머니의 흰 머리를 올려놓자, 지글지글 끓는 소리를 내면서 타오르기 시작했다. 단백질을 태우는 노린내가 멀리까지 진동했다. 그러자 눈앞에서 벌어지는, 그야말로 희한한 광경에 놀라 사람들은 저마다 탄성을 올렸다. 외할머니가 아무리 타일러도 그때까지 움쩍도 하지 않고 그토록 오랜 시간을 버티던 그것이 서서히 움직이기 시작한 것이다. 감나무 가지를 친친 감았던 몸뚱이가 스르르 풀리면서 구렁이는 땅바닥으로 툭 떨어졌다. 떨어진 자리에서 잠시 머뭇거린 다음, 구렁이는 꿈틀꿈틀 기어 외할머니 앞으로 다가왔다. 외할머니가 한쪽으로 비켜서면서 길을 터 주었다. 이리저리 움직이는 대로 뒤를 따라가며 외할머니는 연신 소리를 질렀다. 새막에서 참새 떼를 쫓을 때처럼 / "쉬이! 쉬이!"

하고 소리를 지르면서 손뼉까지 쳤다. 누런 비늘 가죽을 번들번들 뒤틀면서 그것은 소리 없이 땅바닥을 기었다. 안방에 있던 식구들도 마루로 몰려나와 마당 한복판을 가로질러 오는 기다란 그것을 모두 질린 표정으로 내려다보고 있었다. 꼬리를 잔뜩 사려 가랑이 사이에 감춘 워리란 놈이 그래도 꼴값을 하느라고 마루 밑에서 다 죽어가는 소리로 짖어 대고 있었다. 몸뚱이의 움직임과는 여전히 따로 노는 꼬리 부분을 왼쪽으로 삐딱하게 흔들거리면서 그것은 방향을 바꾸어 헛간과 부엌 사이 공지를 천천히 지나갔다.

"쉬이! 쉬어이!"

외할머니의 쉰 목청을 뒤로 받으며 그것은 우물겉을 거쳐 넓은 뒤란을 어느덧 완전히

통과했다. 다음은 숲이 우거진 대밭이었다.

"고맙네, 이 사람! 집안일은 죄다 성님한티 맽기고 자네 혼자 몸띵이나 지발 성혀서 먼
_{구렁이를 삼촌으로 대접하여 부르는 말}　　　　_{삼촌의 형인 '나'의 아버지를 가리킴.}
걸음 펜안히 가소. 뒷일은 아모 염려 말고 그저 펜안히 가소. 증말 고맙네, 이 사람아."

장마철에 무성히 돋아난 죽순과 대나무 사이로 모습을 완전히 감추기까지 외할머니
는 우물곁에 서서 마지막 당부의 말로 구렁이를 배웅하고 있었다.

이웃 마을 용상리까지 가서 진구네 아버지가 의원을 모시고 왔다. 졸도한 지 서너 시
간 만에야 겨우 할머니는 의식을 회복할 수 있었다. 그 서너 시간이 무의식의 세계에서
는 서너 달에 해당되는 먼 여행이었던 듯 할머니는 방 안을 휘이 둘러보면서 정말 오래
간만에 집에 돌아온 사람 같은 표정을 지었다. / "갔냐?"
　　　　　　　　　　　　_{구렁이를 삼촌의 환생으로 생각함.}

이것이 맑은 정신을 되찾고 나서 맨 처음 할머니가 꺼낸 말이었다. 고모가 말뜻을 재
빨리 알아듣고 고개를 끄덕였다. 인제는 안심했다는 듯이 할머니는 눈을 지그시 내리깔
았다. 할머니가 까무러친 후에 일어났던 일들을 고모가 조용히 설명해 주었다. *외할머
니가 사람들을 내쫓고 감나무 밑에 가서 타이른 이야기, 할머니의 머리카락을 태워 감
나무에서 내려오게 한 이야기, 대밭 속으로 사라질 때까지 시종일관 행동을 같이하면서
바래다준 이야기……, 간혹가다 한 대목씩 빠지거나 약간 모자란다 싶은 이야기는 어머
니가 옆에서 상세히 설명을 보충해 놓았다. 할머니는 소리 없이 울고 있었다. <u>두 눈에서
하염없이 솟는 눈물방울이 훌쭉한 볼 고랑을 타고 베갯잇으로 줄줄 흘러내렸다.</u> 이야기
　　　　　　_{아들에 대한 그리움과 안타까움, 외할머니에 대한 고마운 감정 등이 담겨 있음.}
를 다 듣고 나서 할머니는 <u>사돈</u>을 큰방으로 모셔 오도록 아버지한테 분부했다. 사랑채
　　　　　　　　　_{외할머니}
에서 쉬고 있던 외할머니가 아버지 뒤를 따라 큰방으로 건너왔다. 외할머니로서는 벌써
오래전에 할머니하고 한 다래끼 단단히 벌인 이후로 처음 있는 큰방 출입이었다.
　　　　　　　　　　　_{큰싸움}

"고맙소." / 정기가 꺼진 우묵한 눈을 치켜 간신히 외할머니를 올려다보면서 할머니
는 목이 꽉 메었다.

"사분도 별시런 말씀을 다……." / 외할머니도 말끝을 마무르지 못했다.

"야한티서 이얘기는 다 들었소. 내가 당혀야 헐 일을 사분이 대신 맡었구랴. 그 험헌
　_{얘한테서}
일을 다 치르노라고 얼매나 수고시렀으꼬?" / "인자는 다 지나간 일이닝게 그런 말씀
고만두시고 어서어서 몸이나 잘 추시리기라우." / "고맙소, 참말로 고맙구랴."
　　　　　　　　　　　　_{추스르다}
할머니가 손을 내밀었다. 외할머니가 그 손을 잡았다. 손을 맞잡은 채 두 할머니는 한
동안 말을 잇지 못했다. 그러다가 할머니 쪽에서 먼저 입을 열어 아직도 남아 있는 근심
을 털어놓았다. / "탈없이 잘 가기나 혔는지 몰라라우."
　　　　　　　　_{아들에 대한 걱정}
"염려 마시랑게요. 지금쯤 어디 가서 펜안히 거처험시나 사분 댁 터주 노릇을 <u>톡톡이</u>
　　　　　　　　　　　　　　　　　　　　　　　　　_{'톡톡히'의 방언. 구실이나 역할 따위가 제대로 되어 충분하게}
허고 있을 것이오." / 그만한 이야기를 나누는 데도 대번에 기운이 까라져 할머니는 가
　　　　　　　　　　　　　　　　　　　　　　　　_{기운이 빠져 축 늘어져}
쁜 숨을 몰아쉬었다. 가까스로 할머니가 잠들기를 기다려 구완을 맡은 고모만을 남기고
모두들 큰방을 물러 나왔다.

내용 구조도

┌─────────────────┐
│ 삼촌 대신 구렁이가 │
│ 들어옴.   │
├─────────────────┤
│ 외할머니가 구렁이를 │
│ 극진히 대접하고 달래어 │
│ 돌려보냄.   │
└─────────────────┘
　　　　↓
┌─────────────────┐
│ 친할머니와 외할머니가 │
│ 화해하는 계기가 됨. │
│ – 민족의 동질성을 │
│ 확인하고 비극을 극복함. │
└─────────────────┘
　　　　↑
┌─────────────────┐
│ 상처 입은 구렁이   │
├─────────────────┤
│ 삼촌의 환생이자 상처 │
│ 입은 우리 민족을 의미함. │
└─────────────────┘

어휘 풀이

❖ **인사불성**: 제 몸에 벌어지
는 일을 모를 만큼 정신
을 잃은 상태.
❖ **참빗**: 빗살이 아주 가늘고
촘촘한 빗.
❖ **뒤란**: 집 뒤 울타리의 안.
❖ **졸도**: 갑자기 정신을 잃
고 쓰러짐. 또는 그런 일.
❖ **사분**: 사부인(査夫人). '안
사돈'의 높임말.
❖ **터주**: 집터를 지킨다고
믿는 귀신.
❖ **구완**: 아픈 사람이나 아
이를 낳은 사람을 보살피
고 돌봄.

구절 풀이

＊ **외할머니가 사람들을 ~
보충해 놓았다.**: 친할머니
가 졸도한 후 긴 시간에
걸쳐 일어난 사건(외할머
니가 구렁이를 극진히 대
접하고 달래서 돌려보낸
일)을 짧게 요약하여 제시
한 부분임.

──────────────
사건의 요약적 제시

사건의 전개 속도가 빨라
속도감이 있으며, 주로 사
건과 사건의 관계, 사건의
원인과 결과를 제시하는 데
에 사용된다.

구렁이 출현의 의미

• 사건이 전환되어 두 할머니의 갈등이 해소되는 계기가 된다.
• 사건을 주도하는 인물이 외할머니로 바뀌며 문제 해결의 실마리가 마련된다.

그날 저녁에 할머니는 또 까무러쳤다. 의식이 없는 중에도 댓 숟갈 흘려 넣은 미음과 탕약을 입 밖으로 죄다 토해 버렸다. 그리고 이튿날부터는 마치 ◯육체의 ◯운동장에서 ◯정신이란 이름의 ▢장난꾸러기가 들어왔다 나갔다 숨바꼭질하기를 수없이 되풀이하는 것 같은 고통의 시간의 연속이었다. 대소변을 일일이 받아 내는 고역을 치러 가면서 할머니
_{몹시 힘들고 고되어 견디기 어려운 일}
는 꼬박 한 주일을 더 버티었다. 안에 있는 아들보다 밖에 있는 아들을 언제나 더 생각
_{'나'의 아버지　　　　　'나'의 삼촌}
했던 할머니는 마지막 날 밤에 다 타 버린 촛불이 스러지듯 그렇게 눈을 감았다. 할머니
_{돌아가셨다는 의미}
의 긴 일생 가운데서, 어떻게 생각하면, 잠도 안 자고 먹지도 않고 그리고도 놀라운 기력으로 며칠 동안이나 식구들을 들볶아 대면서 삼촌을 기다리던 그 짤막한 기간이 사실은 꺼지기 직전에 마지막 한순간을 확 타오르는 촛불의 찬란함과 맞먹는, 할머니에겐 가장 자랑스럽고 행복에 넘치던 시간이었었나 보다. 임종의 자리에서 할머니는 내 손을 잡고 내 지난날을 모두 용서해 주었다. 나도 마음속으로 할머니의 모든 걸 용서했다.
_{경찰의 꾐에 빠져 삼촌이 집에 왔다가 간 사실을 말한 일}

　　　정말 지루한 장마였다.
_{민족의 비극이 종결됨}

∞ 전체 줄거리 엿보기

발단

'나'의 친할머니와 외할머니가 한 집에 산다. 6·25 전쟁이 일어나면서 외할머니의 아들은 국군으로, 친할머니의 아들은 인민군으로 전쟁에 나간 상태이다.

↓

전개

외할머니는 국군인 아들이 전사하였다는 통지를 받자 아들을 잃은 슬픔에 빨치산을 향해 저주를 퍼붓는다. 빨치산 아들을 둔 친할머니가 이 소리를 듣고 노발대발하며 갈등이 표면화된다.

↓

위기

빨치산이 소탕되고 있어 가족들은 삼촌이 죽었을 것이라고 믿지만, 친할머니는 점쟁이의 예언을 근거로 아들의 생환을 굳게 믿고 아들을 맞을 준비를 한다.

결말 본문 수록 부분

그 후 친할머니는 외할머니와 화해하고 일주일 후 숨을 거둔다. 장마가 그친다.

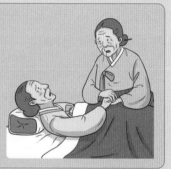

↑

절정 본문 수록 부분

예언의 날이 되어도 아들은 돌아오지 않고, 난데없이 구렁이 한 마리가 집 안으로 들어온다. 친할머니는 졸도하고 외할머니가 친할머니의 머리카락을 태워 구렁이를 돌려보낸다.

→

독해 포인트

1. 인물

나(동만)	(❶　　　　　)이자 서술자. 초등학교 3학년 때의 소년 시절을 회상하며 당시에 벌어진 일을 서술함.
친할머니	아들('나'의 삼촌)이 인민군 빨치산으로 가 있음. 아들에 대한 강한 (❷　　　　　)를 지니고 있으며, 무속 신앙을 믿는 인물
외할머니	국군 소위로 있던 아들이 전사하자 (❸　　　　　)을 증오하게 됨. 무속적 세계관에 따라 (❹　　　　　)를 달래어 보내면서 친할머니와 화해하게 됨.

2. 배경과 소재

- **시간적 배경**: 6·25 전쟁 당시, 장마가 지속되는 여름
- **공간적 배경**: '나'의 집

구렁이	인물들이 가지고 있는 토속적, 무속적 세계관이 반영된 소재. 상처 입은 민족의 한을 상징하며, 갈등 해소의 매개체가 됨.
할머니의 (❺　　　)	아들에 대한 모성애, 혈육의 정을 상징함.

3. 갈등과 사건

- **나 ⟷ (❻　　　　　)**: '나'가 삼촌을 밀고했다고 오해하여 갈등이 생김.
- **친할머니 ⟷ 외할머니**: 갈등의 관계이면서도 서로에 대해 (❼　　　　　)을 느끼는 관계, 외삼촌이 죽은 후에 외할머니가 빨치산에 대하여 저주를 하면서 갈등 관계가 됨.
- **두 할머니의 공통점**: 강한 모성애의 소유자. 모두 자식을 잃은 민족적 비극의 희생자이며 무속 신앙에 대한 믿음이 강함.

4. 시점과 서술 방식

1인칭 관찰자 시점	어른이 된 서술자가 어린 시절에 겪은 사건을 회상하는 방식 → 어른들의 갈등을 순수한 어린아이의 시각으로 관찰함. 비극적 사건을 객관화하여 이념 문제를 균형감 있게 전달함.
서술상 특징	(❽　　　　　) 사용 → 토속적 분위기를 형성하고 사실감을 조성함. 인물에 대해 생동감과 친근감을 느끼게 함.

5. 주제

- **장마**: (❾　　　　　)를 암시함. 6·25 전쟁으로 인한 지루하고 음울한 분위기 조성, 한 가족에게 닥친 불행, 또는 우리 민족에게 닥친 피할 수 없는 운명을 상징함.
- **장마가 끝남**: 민족의 비극인 전쟁이 종결되고 이념 갈등이 해소됨.

---

❶ 관찰자 ❷ 모성애 ❸ 공산당 ❹ 구렁이 ❺ 머리카락 ❻ 친할머니 ❼ 동병상련 ❽ 사투리 ❾ 주제

01 '제 몸에 벌어지는 일을 모를 만큼 정신을 잃은 상태'를 의미하는 낱말을 찾아 쓰세요.

02 이 작품에 사용된 사투리를 표준말로 바꿔 쓰세요.

(1) 눈요구 → (　　　　)
(2) 남새 → (　　　　)
(3) 펜안히 → (　　　　)
(4) 퇵퇵이 → (　　　　)

03 모양이나 소리를 흉내 낸 말을 〈보기〉에서 찾아 문장을 완성하세요.

┤ 보기 ├
지글지글　　꿈틀꿈틀
스르르　　　번들번들

(1) 고기가 (　　　　) 소리를 내며 맛있게 익고 있었다.
(2) 나뭇잎이 햇빛에 반사되어 (　　　　) 윤이 났다.
(3) 애벌레가 (　　　　) 나무에 오르고 있다.

04 '졸도'는 '갑자기 정신을 잃고 쓰러짐.'의 의미이다. 이와 유사한 의미의 낱말을 본문에서 찾아 기본형으로 쓰세요.

---

01 인사불성 **02** (1) 눈요기 (2) 냄새 (3) 편안히 (4) 톡톡히 **03** (1) 지글지글 (2) 번들번들 (3) 꿈틀꿈틀 **04** 까무러치다

미스터 방 _ 채만식

🐚 **이 작품은**

신기료 장수 '방삼복'이 미군 장교의 통역으로 일하며 '미스터 방'이 되는 과정을 그리고 있다. 이를 통해 광복 전후의 국가적 위기와 혼란 속에서 외세의 권력에 빌붙어 자신만의 안위와 부귀를 추구하며 살아가는 기회주의적인 인간을 풍자하고 당시의 부정적 현실을 비판하고 있다.

갈래 단편 소설, 풍자 소설

시점 3인칭 전지적 시점

주제 광복 직후 외세에 기대어 출세를 지향하는 세태 비판

구성

• 발단: 방삼복이 백 주사와 술을 마시며 출세한 자신의 처지를 과시함.
• 전개: 광복 직후 미군 장교의 통역이 되면서 출세를 하게 된 방삼복
• 위기: 몰락한 백 주사가 미스터 방에게 복수를 부탁함.
• 절정, 결말: 백 주사의 청탁을 들어주겠다고 큰소리를 친 방삼복이 양칫물을 뱉는 바람에 S 소위에게 주먹질을 당함.

어휘 풀이

❖ **지카다비**: (일본 버선 모양의) 노동자용 작업화.
❖ **타(打)**: 물건 열두 개를 한 단위로 세는 말.
❖ **도지**: 곡식이나 돈 따위로 대가를 치르고 빌려 쓰는 논밭이나 집터.

[앞부분의 줄거리] 짚신 장수의 아들 방삼복은 농사를 짓다 돈벌이를 하러 일본으로 떠났다가 상해를 거쳐 십여 년 만에 더 초라해져서 돌아온다. 그 후 서울에서 신기료장수를 하면서 해방을 맞았지만 감격할 줄도 기뻐할 줄도 모른다. 그러던 중 영어를 할 줄 아는 덕택에 미군 장교의 통역 일을 하게 된다. 방삼복은 S 소위의 주선으로 호화 주택을 얻어 살게 되면서 그에게 청탁하기 위해 찾아오는 사람들의 뇌물로 치부를 한다. 한편, 방삼복과 같은 고향의 백 주사는 일제 강점기에 지주이자 고리대금업자로 치부를 하였는데, 해방이 된 후 군중들의 습격을 받아 봉변을 당하고서는 서울로 피신을 한다. 그러던 어느 날, 거리에서 방삼복을 만나 방삼복의 집에서 술을 마시는데, 내색은 안 하나 과거 자신의 신분을 생각하며 의기양양한 방삼복을 괘씸해한다.

새로이 안주가 오고, 따끈한 정종으로 술이 몇 잔 더 오락가락하고 나서였다.

백 주사는 마침내, 진작부터 벼르던 이야기를 꺼내었다.
　　　　　　　　　　　　　　　　청탁

백 주사의 아들 백선봉은, 순사 임명장을 받아 쥐면서부터 시작하여 8·15 그 전날까
　　　　　　　　　　　　　　　　　　　　　　　　　　　일제 강점기
지 칠 년 동안, 세 곳 주재소와 두 곳 경찰서를 전근하여 다니면서, 이백 석 추수의 토지
　　　　　　　시대적 배경을 드러내는 말　　　　근무하는 곳을 옮김.
와, 만 원짜리 저금통장과, 만 원어치가 넘는 옷이며 비단과, 역시 만 원어치가 넘는 여
편네의 패물과를 장만하였다.

남들은 주린 창자를 졸라맬 때 그의 광에는 옥 같은 정백미가 몇 가마니씩 쌓였고, 반년
　　　　　　조선인들의 고통스러운 삶의 모습
일 년을 남들은 구경도 못 하는 고기와 생선이 끼니마다 상에 오르지 않는 날이 없었다.

×× 경찰서의 경제계 주임으로 있던 마지막 이 년 동안은 더욱더 호화판이었다.
8·15 그날 밤, 군중이 그의 집을 습격하였을 때에 쏟아져 나온 물건이 쌀 말고도,

광목 여섯 통 / 고무신 스물세 켤레 / 지카다비❖ 여덟 켤레

빨랫비누 세 궤짝 / 양말 오십 타❖ / 정종 열세 병 / 설탕 한 부대

이렇게 있었더란다. 만 원어치 여편네의 패물과, 만 원어치의 옷감이며 비단과 만 원
　　　　　　　　판소리적 문체
짜리 저금통장은 그만두고 말이었다.

물건 하나 없이 죄다 빼앗기고, 집과 세간은 조각도 못 쓰게 산산 다 부서지고, 백선
　　　　　　　　　　　　　　집안 살림에 쓰는 온갖 물건
봉은 팔이 부러지고, 첩은 머리가 절반이나 뽑히고, 겨우겨우 목숨만 살아 본집으로 도
망해 왔다.

일변 고을에서는 백 주사가 자식이 그런 짓을 해서 산 토지를 가지고 동네 사람한테
　　　　　　　　　　　　　　　백선봉
거만히 굴고, 작인들한테 팔 할 가까운 도지❖를 받고, 고리대금을 하고 하였대서, 백선봉
이 도망해 와 눕는 그날 밤, 그의 본집인 백 주사의 집을 습격하였다.

집과 세간 죄다 부수고, 백선봉이 보낸 통제 배급 물자 숱한 것 죄다 빼앗기고, 가족
들은 죽을 매를 맞고, 백선봉은 처가로, 백 주사는 서울로 각기 피신하여 목숨만 우선
보전하였다.

백 주사는 비싼 여관밥을 사먹으면서, 울적히 거리를 오락가락, 어떻게 하면 이 분풀
이를 할까, 어떻게 하면 빼앗긴 돈과 물건을 도로 다 찾을까 하고 궁리를 하던 것이나,
아무런 묘책도 없었다.

그러자 오늘은 우연히 이 미스터 방을 만났다. 종로를 지향 없이 거니는데, 지나가던 자동차가 스르르 멈추면서, 서양 사람과 같이 탔던 <u>신사 양반</u> 하나가 내려서더니, 어쩌다 눈이 마주치자,
<small>방삼복의 현재 모습</small>

"아, 백 주사 아니신가요?" / 하고 반기는 것이었었다.

자세히 보니, 무어 길바닥에서 신기료장수❖를 하던 <u>코삐뚤이 삼복이</u>가 분명하였다.
<small>방삼복에 대한 백 주사의 인식이 드러남.</small>
"자네가, 저, 저, 방, 방……." / "네, 삼복입니다."
<small>방삼복이 예전과 다른 모습에 놀라는 모습</small>
"아, 건데, 자네가……." / "<u>허, 살 때가 됐답니다.</u>"
<small>전성기, 살 만한 처지</small>
그러고는 내 집으루 갑시다, 하고 잡아끄는 대로 끌리어 온 것이었었다.

<u>의표</u>❖하며, 집하며, 식모에 침모에 계집 하인까지 부리면서 사는 것하며, <u>신수</u>가 훤히 트여 가지고 말도 제법 의젓하여진 것 같은 것이며, <u>진소위</u> 개천에서 용이 났다고 할 것인지.
<small>그야말로</small>

옛날의 영화가 꿈이 되고, 일보에 몰락하여 가뜩이나 <u>초상집 개</u>처럼 초라한 자기가
<small>백 주사가 몰락한 현재의 자신을 비유한 표현</small>
또 한번 어깨가 옴츠러듦을 느끼지 아니치 못하였다. 그런데다 이 녀석이, 언제 적 저라고 <u>무엄스럽게</u> 굴어 심히 불쾌하였고, 그래서 <u>엔간히</u> 자리를 털고 일어설 생각이 몇 번
<small>무례하게</small>   <small>보통에 가깝거나 그보다 약간 더하게</small>
이나 나지 아니한 것도 아니었었다. <u>그러나 참았다.</u>
<small>방삼복의 권세를 이용하려는 백 주사의 기회주의적 태도</small>
보아하니 큰 세도를 부리는 것이 분명하였다. 잘만 하면 그 힘을 빌려, 분풀이와 빼앗긴 재물을 도로 찾을 <u>여망</u>❖이 있을 듯싶었다. *분풀이를 하고, 더구나 재물을 도로 찾고 하는 것이라면야 코삐뚤이 삼복이는 말고, 그보다 더한 놈한테라도 머리 숙이는 것쯤
<small>목적을 위해 수단과 방법을 가리지 않는 백 주사의 태도</small>
상관할 바 아니었었다.

"그러니, 여보게 미씨다 방……."

있는 말 없는 말 보태 가며 일장 <u>경과</u> 설명을 한 후에, 백 주사는 끝을 맺기를,
<small>일제 강점기 때의 호화로운 삶에서 현재와 같이 몰락하게 된 과정</small>
"어쨌든지 그놈들을 말이네, 그놈들을 한 놈 냉기지 말구섬 죄다 붙잡아다가 말이네, 괴수놈들일랑 목을 썰어 죽이구, 다른 놈들일랑 <u>뼉다구</u>가 부러지두룩 두들겨 주구, 꿇어앉히구 항복 받구, 그리구 빼앗긴 것 일일이 도루 다 찾구, 집허구 세간 쳐부신 것 말끔 다 물리구…… 그렇게만 해 준다면, 내, 내, 재산 절반 <u>노나</u> 주문세, 절반.
<small>나누어</small>
응, 여보게 미씨다 방."

"염려 마슈." / 미스터 방은 선뜻 <u>쾌한</u> 대답이었다.
<small>시원스러운</small>
"진정인가?"

"머, 지끔 당장이래두, 내 입 한 번만 떨어진다 치면, 기관총 들멘 <u>엠피</u>가 백 명이구
<small>헌병</small>
천 명이구 들끓어 내려가서, 들이 <u>쑥밭</u>을 만들어 놓습니다, 쑥밭을."
<small>매우 어지럽거나 못 쓰게 된 모양을 비유적으로 이르는 말</small>
"고마우이!"

백 주사는 복수하여지는 광경을 <u>서언히</u> 연상하면서, 미스터 방의 손목을 <u>덤쑥</u> 잡는다.
<small>선히 → 눈앞에 생생하게 보이는 듯이</small>   <small>덥석</small>
"백골난망이겠네." / "놈들을 깡그리 죽여 놀 테니, 보슈."

"자네라면야 어련하겠나." → 목적을 위해 속으로는 무시하는 방삼복에게 아부함.

"흰말이 아니라 참 이승만 박사두 내 말 한마디면 고만 다 제바리유."

미스터 방은 그러고는 냉수 그릇을 집어 한 모금 물고 꿀쩍꿀쩍 양치를 한다. 웬 버릇인지, 하여간 그는 미스터 방이 된 뒤로, 술을 먹으면서 양치하는 버릇이 생겼었다.

양치한 물을 처치하려고 휘휘 둘러보다, 일어서서 노대로 성큼성큼 나간다. 노대는 이 층 이상의 양옥에서, 건물 벽면 바깥으로 돌출되어 난간이나 낮은 벽으로 둘러싸인 뜬 바닥이나 마루 현관 정통 위였었다.

미스터 방이 그 걸쭉한 양칫물을 노대 아래로 아낌없이 좍 배앝는 바로 그 순간이었다. 그 순간이 공교롭게도, 마침 그를 찾으러 온 S 소위가 현관으로 일단 들어서려다 말고(미스터 방이 노대로 나오는 기척이 들렸기 때문에) 뒤로 서너 걸음 도로 물러나,

"헬로." / 부르면서 웃는 얼굴을 쳐드는 순간과 그만 일치가 되었었다.

"에구머니!" / 놀라 질겁을 하였으나 이미 배앝아진 양칫물은 퀴퀴한 냄새와 더불어 백절 폭포로 내려 쏟혀, 웃으면서 쳐드는 S 소위의 얼굴 정통에 가 좍르르.

과장법
"유 데블!"

이 기급할 자식이라고, S 소위는 주먹질을 하면서 고함을 질렀고. 그 주먹이 쳐든 채 그대로 있다가, *일변 허둥지둥 버선발로 뛰쳐나와 손바닥을 싹싹 비비는 미스터 방의 턱을, / "상놈의 자식!"

하면서 철컥, 어퍼컷으로 한 대 갈겼더라고.

∞ 전체 줄거리 엿보기

발단

방삼복이 백 주사와 술잔을 기울이며 거들먹거린다. 그는 머슴살이를 하다 일본, 중국을 거쳐 서울에서 신기료장수를 하며 간신히 생계를 유지해 온 인물이다.

절정 **결말** 본문 수록 부분

방삼복이 백 주사의 청탁을 들어 주겠노라 장담하고 나서 양치질을 하고는 그 물을 노대 바깥으로 내뱉는다. 그때 마침 방삼복을 찾아오던 미군 장교가 그 양칫물을 뒤집어쓰고는 방삼복에게 욕을 하고 주먹질을 한다.

전개

방삼복은 영어를 할 줄 아는 덕에 S 소위의 통역을 맡으면서 그에게 청탁하기 위해 찾아오는 사람들의 뇌물로 치부를 한다. 그러던 중 우연히 길에서 고향 사람인 백 주사를 만나게 된다.

위기

백 주사는 일제 강점기에 순사인 아들과 함께 부와 권세를 누리며 살다가 해방 후 지역민들의 습격을 받고 서울로 피신한 인물이다. 그는 방삼복을 통해 빼앗긴 고향 집과 재산을 되찾고자 한다.

독해 포인트

1. 인물

방삼복	짚신 장수의 아들로 태어나 머슴살이를 하다가 신기료장수가 됨. 광복 직후 미군 장교의 (❶)을 맡으면서 부와 권력을 소유하는 기회주의적인 인물. 허세가 심함.
백 주사	전형적인 친일파. 순사인 아들과 함께 부를 축적하고 권세를 누리다가 해방 후 전 재산을 빼앗기고 서울로 피신함. (❷)을 무시하면서도 겉으로는 내색하지 않는 표리부동한 모습을 보임.
S 소위	광복 직후 우리나라에서 실질적인 영향력을 행사해 온 미군 장교. 방삼복을 출세로 이끈 인물

2. 배경

- **시간적 배경**: 광복 직후의 혼란한 시대   • **공간적 배경**: 서울
- **시대적 현실**: 일본 지배 권력에 빌붙었던 조선인이 몰락하고 새로운 권력자로 등장한 미국에 추종하는 인물들이 생겨남.

3. 갈등과 사건

- (❸   ) **구성**: '과거 – 현재 – 미래'로 흐르는 순행적 시간 구성과 달리, '현재 – 과거 – 현재'로 이야기가 전개됨. 인물의 품격에 맞지 않는 부와 권세로 허세를 부리다가 일순간에 그것이 허물어지고 허위적인 것이었음이 드러나는 구조

현재		과거		(❹)
방삼복이 출세를 하여 호화스럽게 살아가는 자신의 위상을 과시하며 백 주사와 술을 마심.(발단)	➡	머슴살이와 떠돌이 생활을 하며 겨우 끼니를 이어 가던 방삼복이 해방 후 출세하여 현재와 같은 부와 권세를 누리며 살게 된 내력을 제시함.(전개)	➡	허세를 부리며 백 주사의 청탁을 흔쾌히 들어준다고 함.(위기). 무심코 뱉은 양칫물이 S 소위의 얼굴에 떨어져 권력을 잃게 될 상황이 됨.(절정, 결말)

4. 시점과 서술 방식

시점	서술상의 특징
3인칭 (❺) 시점	• 사투리와 (❻)를 사용하여 작품의 현장성을 높임. • 풍자와 비판의 대상이 되는 인물의 행적을 사실적으로 드러냄. • 당시의 부조리한 현실에 대하여 (❼)인 시선을 드러냄. • 판소리 사설체를 통해 서술자의 직접적 개입이 드러남. • 해학적인 문체를 통해 인물을 우스꽝스럽게 표현함.

5. 주제

- 권력을 좇아 자신의 이익을 추구하는 당시의 세태와 인간형 비판
- **제목의 의미**: 제목을 '미스터 방'이라고 한 것은 미국(외세)에 대한 맹목적 선망과 권력에 기생하여 부와 권력을 얻고자 하는 (❽   ) 인간에 대한 풍자의 의미를 담고 있음.

❶ 통역 ❷ 방삼복(미스터 방) ❸ 역순행적 ❹ 현재 ❺ 전지적 ❻ 비속어 ❼ 비판적 ❽ 기회주의적

---

01 일제 강점기에 경찰관의 가장 낮은 계급을 가리키는 '순사'의 오늘날 명칭을 쓰세요.

02 이 글에서 물건을 세는 단위를 나타내는 말을 찾아 쓰세요.

   (1) 양말 따위의 물건 열두 개를 한 단위로 세는 말
   (2) 쌀이나 돈 따위의 물건을 담아 그 분량을 세는 단위
   (3) 광목이나 옥양목, 당목 따위를 일정한 길이로 두루마리처럼 말아 놓은 것

03 방삼복의 과거 직업으로, 헌 신을 꿰매어 고치는 일을 직업으로 하는 사람을 뜻하는 낱말은?

04 '미천한 집안이나 변변하지 못한 부모에게서 훌륭한 인물이 나는 경우'를 이르는 관용어를 찾아 쓰세요.

01 순경 **02** (1) 타 (2) 궤(짝) (3) 통 **03** 신기료장수 **04** 개천에서 용 난다.

01~05 다음 글을 읽고 물음에 답하시오.

문제 해결 포인트
❶ 등장인물의 성격을 파악
해 보세요.
❷ 이 장면에서 어떤 사건
이 벌어지고 있나요?
❸ 인물들이 갈등하고 있는
이유는 무엇인가요?
❹ 작품에 등장하는 '구렁
이'의 상징적 의미를 생
각해 보세요.
❺ 길고 지루한 '장마'의 의
미를 파악해 보세요.

[앞부분의 줄거리] 지루한 장마가 계속되던 어느 날 밤, 외할머니는 국군으로 전쟁터에 간 아들이 전사했다는 통지를 받는다. 아들을 잃은 외할머니는 빨치산을 향해 저주를 퍼붓는다. 같은 집에 살고 있는 친할머니가 이 소리를 듣고 노발대발한다. 그것은 곧 빨치산에 나가 있는 자기 아들더러 죽으라는 저주와 같았기 때문이다. 어느 날 '나'는 삼촌이 집에 다녀간 사실을 말하게 되어 아버지가 큰 고초를 겪고, 친할머니의 분노를 산다. 빨치산이 소탕되고 있는 때라서 가족들은 빨치산에 간 삼촌이 죽었을 것이라고 믿지만, 친할머니는 점쟁이의 예언대로 아들의 생환을 굳게 믿고 아들을 맞을 준비를 한다. 그러나 예언의 날이 되어도 아들은 돌아오지 않고 구렁이 한 마리가 집 안으로 들어오자 친할머니가 졸도한다.

고모가 인사불성이 된 할머니의 머리를 참빗으로 빗기는 덴 더 많은 시간이 걸렸다. 빗질을 여러 차례 거듭해서 얻어진 한 줌의 흰 머리카락이 내 손에 쥐어졌다. 언제 그렇게 준비를 해 왔는지 외할머니는 도래소반 위에다 간단한 음식 몇 가지를 차리는 중이었다. 호박전과 고사리나물이 보이고, 대접에 그득 담긴 냉수도 있었다. 내가 건네주는 머리카락을 받아 땅에 내려놓은 다음, 외할머니는 천천히 고개를 들어 늙은 감나무를 올려다보았다.

"자네 오면 줄라고 노친께서 여러 날 들여 장만헌 것일세. 먹지는 못헐망정 눈요구라도 허고 가소. 다아 자네 노친 정성 아닌가? 내가 자네를 쫓을라고 이러는 건 아니네. 그것만은 자네도 알어야 되네. 남새가 나드라도 너무 섭섭타 생각 말고, 집안일일랑 아모 걱정 말고 머언 걸음 부데 펜안히 가소."

이야기를 다 마치고 외할머니는 불씨가 담긴 그릇을 헤집었다. 그 위에 할머니의 흰머리를 올려놓자, 지글지글 끓는 소리를 내면서 타오르기 시작했다. 단백질을 태우는 노린내가 멀리까지 진동했다. 그러자 눈앞에서 벌어지는, 그야말로 희한한 광경에 놀라 사람들은 저마다 탄성을 올렸다. 외할머니가 아무리 타일러도 그때까지 움쩍도 하지 않고 그토록 오랜 시간을 버티던 그것이 서서히 움직이기 시작한 것이다. 감나무 가지를 친친 감았던 몸뚱이가 스르르 풀리면서 구렁이는 땅바닥으로 툭 떨어졌다. 떨어진 자리에서 잠시 미뭇거린 다음, 구렁이는 꿈틀꿈틀 기어 외할미니 앞으로 다가왔다. 외할머니가 한쪽으로 비켜서면서 길을 터 주었다. 이리저리 움직이는 대로 뒤를 따라가며 외할머니는 연신 소리를 질렀다. 새막에서 참새 떼를 쫓을 때처럼

"쉬이! 쉬이!"

하고 소리를 지르면서 손뼉까지 쳤다. 누런 비늘 가죽을 번들번들 뒤틀면서 그것은 소리 없이 땅바닥을 기었다. 안방에 있던 식구들도 마루로 몰려나와 마당 한복판을 가로질러 오는 기다란 그것을 모두 질린 표정으로 내려다보고 있었다. 꼬리를 잔뜩 사려 가랑이 사이에 감춘 워리란 놈이 그래도 꼴값을 하느라고 마루 밑에서 다 죽어 가는 소리로 짖어 대고 있었다. 몸뚱이의 움직임과는 여전히 따로 노는 꼬리 부분을 왼쪽으로 삐딱하게 흔들거리면서 그것은 방향을 바꾸어 헛간과 부엌 사이 공지를 천

배경의 기능
• 작품의 분위기 형성
• 인물의 행동, 사건의 사
  실성 부여
• 주제 부각
• 인물의 심리 강화
• 사건의 전개 암시

천히 지나갔다.

"쉬이! 쉬어이!"

외할머니의 쉰 목청을 뒤로 받으며 그것은 우물곁을 거쳐 넓은 뒤란을 어느덧 완전히 통과했다. 다음은 숲이 우거진 대밭이었다.

"고맙네, 이 사람! 집안일은 죄다 성님한티 맽기고 자네 혼자 몸띵이나 지발 성혀서 먼 걸음 펜안히 가소. 뒷일은 아모 염려 말고 그저 펜안히 가소. 증말 고맙네, 이 사람아."

장마철에 무성히 돋아난 죽순과 대나무 사이로 모습을 완전히 감추기까지 외할머니는 우물곁에 서서 마지막 당부의 말로 구렁이를 배웅하고 있었다.

이웃 마을 용상리까지 가서 진구네 아버지가 의원을 모시고 왔다. 졸도한 지 서너 시간 만에야 겨우 할머니는 의식을 회복할 수 있었다. 그 서너 시간이 무의식의 세계에서는 서너 달에 해당되는 먼 여행이었던 듯 할머니는 방 안을 휘이 둘러보면서 정말 오래간만에 집에 돌아온 사람 같은 표정을 지었다.

"갔냐?"

이것이 맑은 정신을 되찾고 나서 맨 처음 할머니가 꺼낸 말이었다. 고모가 말뜻을 재빨리 알아듣고 고개를 끄덕였다. 인제는 안심했다는 듯이 할머니는 눈을 지그시 내리깔았다. 할머니가 까무러친 후에 일어났던 일들을 고모가 조용히 설명해 주었다. 외할머니가 사람들을 내쫓고 감나무 밑에 가서 타이른 이야기, 할머니의 머리카락을 태워 감나무에서 내려오게 한 이야기, 대밭 속으로 사라질 때까지 시종일관 행동을 같이하면서 바래다준 이야기……, 간혹가다 한 대목씩 빠지거나 약간 모자란다 싶은 이야기는 어머니가 옆에서 상세히 설명을 보충해 놓았다. 할머니는 소리 없이 울고 있었다. 두 눈에서 하염없이 솟는 눈물방울이 훌쭉한 볼 고랑을 타고 베갯잇으로 줄줄 흘러내렸다. 이야기를 다 듣고 나서 할머니는 사돈을 큰방으로 모셔 오도록 아버지한테 분부했다. 사랑채에서 쉬고 있던 외할머니가 아버지 뒤를 따라 큰방으로 건너왔다. 외할머니로서는 벌써 오래전에 할머니하고 한 다래끼 단단히 벌인 이후로 처음 있는 큰방 출입이었다.

"고맙소."

정기가 꺼진 우묵한 눈을 치켜 간신히 외할머니를 올려다보면서 할머니는 목이 꽉 메었다.

"사분도 별시런 말씀을 다……." / 할머니도 말끝을 마무르지 못했다.

"야한티서 이얘기는 다 들었소. 내가 당혀야 헐 일을 사분이 대신 맡었구랴. 그 험헌 일을 다 치르노라고 얼매나 수고시렀으꼬?"

"인자는 다 지나간 일이닝게 그런 말씀 고만두시고 어서어서 몸이나 잘 추시리기라우." / "고맙소, 참말로 고맙구랴."

할머니가 손을 내밀었다. 외할머니가 그 손을 잡았다. 손을 맞잡은 채 두 할머니는 한동안 말을 잇지 못했다. 그러다가 할머니 쪽에서 먼저 입을 열어 아직도 남아 있는 근심을 털어놓았다.

"탈없이 잘 가기나 혔는지 몰라라우."

"염려 마시랑게요. 지금쯤 어디 가서 펜안히 거처험시나 사분 댁 터주 노릇을 뙤뙤이 하고 있을 것이오."

그만한 이야기를 나누는 데도 대번에 기운이 까라져 할머니는 가쁜 숨을 몰아쉬었다. 가까스로 할머니가 잠들기를 기다려 구완을 맡은 고모만을 남기고 모두들 큰방을 물러 나왔다.

그날 저녁에 할머니는 또 까무러쳤다. 의식이 없는 중에도 댓 숟갈 흘려 넣은 미음과 탕약을 입 밖으로 죄다 토해 버렸다. 그리고 이튿날부터는 마치 육체의 운동장에서 정신이란 이름의 장난꾸러기가 들어왔다 나갔다 숨바꼭질하기를 수없이 되풀이하는 것 같은 고통의 시간의 연속이었다. 대소변을 일일이 받아 내는 고역을 치러 가면서 할머니는 꼬박 한 주일을 더 버티었다. 안에 있는 아들보다 밖에 있는 아들을 언제나 더 생각했던 할머니는 마지막 날 밤에 다 타 버린 촛불이 스러지듯 그렇게 눈을 감았다. 할머니의 긴 일생 가운데서, 어떻게 생각하면, 잠도 안 자고 먹지도 않고 그러고도 놀라운 기력으로 며칠 동안이나 식구들을 들볶아 대면서 삼촌을 기다리던 그 짤막한 기간이 사실은 꺼지기 직전에 마지막 한순간을 확 타오르는 촛불의 찬란함과 맞먹는, 할머니에겐 가장 자랑스럽고 행복에 넘치던 시간이었었나 보다. 임종의 자리에서 할머니는 내 손을 잡고 내 지난날을 모두 용서해 주었다. 나도 마음속으로 할머니의 모든 걸 용서했다.

㉠정말 지루한 장마였다.

– 윤흥길, 「장마」

길고 지루한 장마

• 동족 간의 전쟁과 분단 상황을 상징한다.
• 작품에서 음울한 분위기를 조성한다.

01 윗글에 대한 설명으로 적절하지 <u>않은</u> 것은?

① 사투리의 사용으로 상황을 실감 나게 제시하고 있다.
② 현재와 과거의 사건을 교차하여 이야기를 전개하고 있다.
③ 대화와 서술의 적절한 사용으로 사건을 효과적으로 전개하고 있다.
④ 작품 속 서술자가 다른 인물들의 행동을 관찰하여 내용을 전달하고 있다.
⑤ 유년기의 시점으로 사건을 서술하고 있지만 어른의 시각이 반영되어 있다.

수능형

02 윗글에서 인물 간의 대화에 대한 설명으로 가장 적절한 것은?

유사한 수능 문제 형식

• 윗글의 인물에 대하여 이해한 내용으로 적절하지 <u>않은</u> 것은?

• 윗글에서 인물의 말하기 방식에 대한 설명으로 적절한 것은?

① 내면의 생각을 솔직하게 드러내고 있다.
② 풍자와 반어를 통해 상대방을 비난하고 있다.
③ 의견 차이를 좁히지 못해 갈등이 심화되고 있다.
④ 가정에서 일어나는 일상적인 화제를 주고받고 있다.
⑤ 여러 사건에 대하여 각기 다른 의견을 제시하고 있다.

03 시대적 상황을 고려하여 작품을 이해한 것으로 적절하지 <u>않은</u> 것은?

① 장마 – 민족의 비극인 전쟁과 분단

② 삼촌과 외삼촌 – 이데올로기의 대립

③ 상처 난 구렁이 – 상처 입은 우리 민족

④ 외할머니와 친할머니의 갈등 – 집안의 가풍 차이로 인한 갈등

⑤ 외할머니와 친할머니의 화해 – 화해와 용서, 민족의 동질성 회복

04 ㉠에 대한 설명으로 적절하지 <u>않은</u> 것은?

① 서술자의 심리적 태도를 내포하고 있다.

② 간결하게 마무리하여 여운을 주고 있다.

③ 상징적 소재를 통해 주제를 드러내고 있다.

④ 사건이 벌어진 시간적 배경을 제시하고 있다.

⑤ 갈등이 해소되지 않은 상태임을 암시하고 있다.

수능형 2001학년도 수능

05 윗글의 내용을 〈보기〉와 같이 정리하였을 때, (가)에 해당하는 장면은?

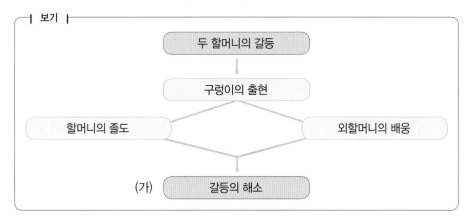

① 할머니가 돌아가셨다.

② 할머니가 삼촌을 기다렸다.

③ 할머니가 의식을 회복하였다.

④ 외할머니가 큰방으로 건너왔다.

⑤ 고모가 할머니에게 경과를 이야기하였다.

소설은 사건과 인물들의 행동으로 이루어져 있어. 이때 사건들을 어떻게 구하는가에 따라 작품의 전개양상이 달라지게 되는데 이런 사건의 짜임을 잘 파악해야 풀 수 있는 문제야.

유사한 수능 문제 형식

• 윗글의 서사 구조에 대한 설명으로 가장 적절한 것은?

문제 해결 포인트

❶ 인물들의 대화를 통해 등장인물의 성격을 파악해 보세요.

❷ 인물들은 어떻게 묘사되고 있나요?

❸ 시대적 배경이 드러나는 사물들을 통해 시대 상황을 파악해 보세요.

❹ 인물의 이름을 '미스터 방'이라고 한 이유는 무엇인가요?

[앞부분의 줄거리] 짚신 장수의 아들 방삼복은 농사를 짓다 돈벌이를 하러 일본으로 떠났다가 상해를 거쳐 십여 년 만에 더 초라해져서 돌아온다. 그 후 서울에서 신기료장수를 하면서 해방을 맞았지만 감격할 줄도 기뻐할 줄도 모른다. 그러던 중 영어를 할 줄 아는 덕택에 미군 장교의 통역 일을 하게 된다. 방삼복은 S 소위의 주선으로 호화 주택을 얻어 살게 되면서 그에게 청탁하기 위해 찾아오는 사람들의 뇌물로 치부를 한다. 한편, 방삼복과 같은 고향의 백 주사는 일제 강점기에 지주이자 고리대금업자로 치부를 하였는데, 해방이 된 후 군중들의 습격을 받아 봉변을 당하고서는 서울로 피신을 한다. 그러던 어느 날, 거리에서 방삼복을 만나 방삼복의 집에서 술을 마시는데, 내색은 안 하나 과거 자신의 신분을 생각하며 의기양양한 방삼복을 괘씸해한다.

새로이 안주가 오고, 따끈한 정종으로 술이 몇 잔 더 오락가락하고 나서였다.

백 주사는 마침내, 진작부터 벼르던 이야기를 꺼내었다.

백 주사의 아들 백선봉은, 순사 임명장을 받아 쥐면서부터 시작하여 8·15 그 전날까지 칠 년 동안, 세 곳 주재소와 두 곳 경찰서를 전근하여 다니면서, 이백 석 추수의 토지와, 만 원짜리 저금통장과, 만 원어치가 넘는 옷이며 비단과, 역시 만 원어치가 넘는 여편네의 패물과를 장만하였다.

남들은 주린 창자를 졸라맬 때 그의 광에는 옥 같은 정백미가 몇 가마니씩 쌓였고, 반년 일년을 남들은 구경도 못 하는 고기와 생선이 끼니마다 상에 오르지 않는 날이 없었다.

×× 경찰서의 경제계 주임으로 있던 마지막 이 년 동안은 더욱더 호화판이었다. 8·15 그날 밤, 군중이 그의 집을 습격하였을 때에 쏟아져 나온 물건이 쌀 말고도,

광목 여섯 통 ┐
고무신 스물세 켤레
지카다비 여덟 켤레
빨랫비누 세 궤짝   [A]
양말 오십 타
정종 열세 병
설탕 한 부대. ┘

이렇게 있었더란다. 만 원어치 여편네의 패물과, 만 원어치의 옷감이며 비단과 만 원짜리 저금통장은 그만두고 말이었다.

물건 하나 없이 죄다 빼앗기고, 집과 세간은 조각도 못 쓰게 산산 다 부서지고, 백선봉은 팔이 부러지고, 첩은 머리가 절반이나 뽑히고, 겨우겨우 목숨만 살아 본집으로 도망해 왔다.

일변 고을에서는 백 주사가 자식이 그런 짓을 해서 산 토지를 가지고 동네 사람한테 거만히 굴고, 작인들한테 팔 할 가까운 도지를 받고, 고리대금을 하고 하였대서, 백선봉이 도망해 와 눕는 그날 밤, 그의 본집인 백 주사의 집을 습격하였다.

집과 세간 죄다 부수고, 백선봉이 보낸 통제 배급 물자 숱한 것 죄다 빼앗기고, 가

족들은 죽을 매를 맞고, 백선봉은 처가로, 백 주사는 서울로 각기 피신하여 목숨만 우선 보전하였다.

백 주사는 비싼 여관밥을 사먹으면서, 울적히 거리를 오락가락, 어떻게 하면 이 분풀이를 할까, 어떻게 하면 **빼앗긴** 돈과 물건을 도로 다 찾을까 하고 궁리를 하던 것이나, 아무런 묘책도 없었다.

그러자 오늘은 우연히 이 미스터 방을 만났다. 종로를 지향 없이 거니는데, 지나가던 자동차가 스르르 멈추면서, 서양 사람과 같이 탔던 신사 양반 하나가 내려서더니, 어쩌다 눈이 마주치자,

"아, 백 주사 아니신가요?"

하고 반기는 것이었었다.

자세히 보니, 무어 길바닥에서 신기료장수를 한다던 코찔뚤이 삼복이가 분명하였다.

"자네가, 저, 저, 방, 방······."

"네, 삼복입니다."

"아, 건데, 자네가······."

"허, 살 때가 됐답니다."

그러고는 내 집으루 갑시다, 하고 잡아끄는 대로 끌리어 온 것이었었다.

의표하며, 집하며, 식모에 침모에 계집 하인까지 부리면서 사는 것하며, 신수가 훤히 트여 가지고 말도 제법 의젓하여진 것 같은 것이며, 진소위 개천에서 용이 났다고 할 것인지.

옛날의 영화가 꿈이 되고, 일보에 몰락하여 가뜩이나 초상집 개처럼 초라한 자기가 또 한번 어깨가 옴츠러듦을 느끼지 아니치 못하였다. 그런데다 이 녀석이, 언제 적 저라고 무엄스럽게 굴어 심히 불쾌하였고, 그래서 엔간히 자리를 털고 일어설 생각이 몇 번이나 나지 아니한 것도 아니었었다. 그러나 참았다.

보아하니 큰 세도를 부리는 것이 분명하였다. 잘만 하면 그 힘을 빌려, 분풀이와 **빼앗긴** 재물을 도로 찾을 여망이 있을 듯싶었다. 분풀이를 하고, 더구나 재물을 도로 찾고 하는 것이라면야 코찔뚤이 삼복이는 말고, 그보다 더한 놈한테라도 머리 숙이는 것쯤 상관할 바 아니었다.

"그러니, 여보게 미씨다 방······."

있는 말 없는 말 보태 가며 일장 경과 설명을 한 후에, 백 주사는 끝을 맺기를,

"어쨌든지 그놈들을 말이네, 그놈들을 한 놈 냉기지 말구섬 죄다 붙잡아다가 말이네, 괴수놈들일랑 목을 썰어 죽이구, 다른 놈들일랑 **뼉다구**가 부러지두룩 두들겨 주구, 꿇어앉히구 항복 받구, 그리구 **빼앗긴** 것 일일이 도루 다 찾구, 집허구 세간 쳐부신 것 말끔 다 물리구······. 그렇게만 해 준다면, 내, 내, 재산 절반 노나 주문세, 절반. 응, 여보게 미씨다 방."

"염려 마슈."

미스터 방은 선뜻 쾌한 대답이었다.

"진정인가?"

"머, 지끔 당장이래두, 내 입 한 번만 떨어진다 치면, 기관총 들멘 엠피가 백

명이구 천 명이구 들끓어 내려가서, 들이 쑥밭을 만들어 놉니다, 쑥밭을."

"고마우이!"

백 주사는 복수하여지는 광경을 서언히 연상하면서, 미스터 방의 손목을 덤쑥 잡는다.

"백골난망이겠네."

"놈들을 깡그리 죽여 놀 테니, 보슈."

"자네라면야 어련하겠나."

"흰말이 아니라 참 이승만 박사두 내 말 한마디면 고만 다 제바리유." [B]

미스터 방은 그러고는 냉수 그릇을 집어 한 모금 물고 꿀쩍꿀쩍 양치를 한다. 웬 버릇인지, 하여간 그는 미스터 방이 된 뒤로, 술을 먹으면서 양치하는 버릇이 생겼었다.

양치한 물을 처치하려고 휘휘 둘러보다, 일어서서 노대로 성큼성큼 나간다. 노대는 현관 정통 위였었다.

미스터 방이 그 걸쭉한 양칫물을 노대 아래로 아낌없이 좍 배앝는 바로 그 순간이었다. 그 순간이 공교롭게도, 마침 그를 찾으러 온 S 소위가 현관으로 일단 들어서려다 말고(미스터 방이 노대로 나오는 기척이 들렸기 때문에) 뒤로 서너 걸음 도로 물러나,

"헬로."

부르면서 웃는 얼굴을 쳐드는 순간과 그만 일치가 되었었다.

"에구머니!"

놀라 질겁을 하였으나 이미 배앝아진 양칫물은 퀴퀴한 냄새와 더불어 백절 폭포로 내려 쏟혀, 웃으면서 쳐드는 S 소위의 얼굴 정통에 가 좌르르.

"유 데블!"

이 기급할 자식이라고, S 소위는 주먹질을 하면서 고함을 질렀고. 그 주먹이 쳐든 채 그대로 있다가, 일변 허둥지둥 버선발로 뛰쳐나와 손바닥을 싹싹 비비는 미스터 방의 턱을,

"상놈의 자식!"

하면서 철컥, 어퍼컷으로 한 대 갈겼더라고.

– 채만식, 「미스터 방」

'묘사'는 정지된 상태의 대상을 그 겉모양이나 특징을 눈에 보이듯이 그려 내는 방법이야. 주로 인상적인 장면이나 분위기를 나타낼 때 사용하지. 이에 반해 '서술'은 무슨 일이 일어났는지를 시간적 순서나 사건의 인과 관계에 따라 설명하듯이 제시하는 방법이야.

06 윗글에 대한 설명으로 적절하지 않은 것은?

① 묘사보다는 서술을 주로 하고 있다.
② 인물의 심리를 세밀하게 분석하고 있다.
③ 해방 이후의 혼탁한 사회를 배경으로 하고 있다.
④ 세태에 재빨리 적응하여 변신하는 인간형을 그리고 있다.
⑤ 인물의 부정적 측면을 부각하여 역설적으로 바람직한 인간형을 제시하고 있다.

수능형 2014학년도 6월 모의평가 A형

07 윗글의 서술상 특징으로 가장 적절한 것은?

① 서술자가 자신의 이야기를 중심으로 사건을 전개하고 있다.

② 서술자를 작중 인물로 설정하여 사건의 현장감을 높이고 있다.

③ 서술자가 작중 상황과 사건을 전지적 시점에서 전달하고 있다.

④ 서술자가 회상을 통해 외부 이야기에서 내부 이야기로 이동하고 있다.

⑤ 서술자는 과거와 현재를 반복적으로 교차시켜 사건에 입체감을 부여하고 있다.

> 서술자는 작가가 아니라 작가가 만들어 낸 허구적 대리인이야. 이 작품의 서술자는 작품의 밖에서 인물들의 상황과 심리까지 파악해서 전달해 주고 있어.

유사한 수능 문제 형식

• 윗글에 대한 설명으로 적절한 것은?

08 '방삼복'에 대한 서술자의 태도를 평가한 것으로 적절한 것은?

① 사건의 전개에 따라 변하고 있다.

② 적대감을 아주 강하게 드러내고 있다.

③ 속으로는 은근히 호감을 가지고 있다.

④ 겉으로는 냉정하지만, 실제로는 동정한다.

⑤ 중립적인 것처럼 보이지만, 사실은 비판적이다.

09 [A]에서 작가가 백선봉의 집에서 나온 물건의 목록을 세로로 배열하고, 그 수량을 구체적으로 제시한 의도가 무엇인지 서술하시오.

수능형

10 [B]에서 드러나는 '미스터 방'의 인물됨을 평가한 것으로 적절한 것은?

① 주변을 배려하는 다정다감한 모습을 보인다.

② 자신의 능력에 대한 과장과 허세가 드러난다.

③ 상대방의 요구를 세심히 검토하는 치밀한 면모를 보인다.

④ 오랜만에 만난 고향 사람을 배려하는 따뜻한 면모를 보인다.

⑤ 상대방의 요구에 대한 대가를 계산하는 이해타산적인 모습을 보인다.

유사한 수능 문제 형식

• 윗글에 등장하는 인물에 대한 설명으로 적절한 것은?

마무리 정리하기

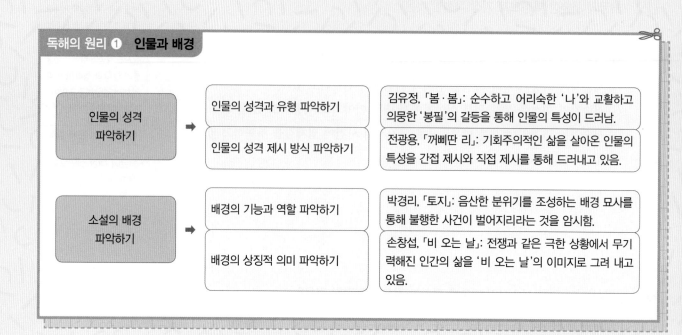

독해의 원리 ❶ 인물과 배경

인물의 성격 파악하기	→	인물의 성격과 유형 파악하기	김유정, 「봄·봄」: 순수하고 어리숙한 '나'와 교활하고 의뭉한 '봉필'의 갈등을 통해 인물의 특성이 드러남.
		인물의 성격 제시 방식 파악하기	전광용, 「꺼삐딴 리」: 기회주의적인 삶을 살아온 인물의 특성을 간접 제시와 직접 제시를 통해 드러내고 있음.
소설의 배경 파악하기	→	배경의 기능과 역할 파악하기	박경리, 「토지」: 음산한 분위기를 조성하는 배경 묘사를 통해 불행한 사건이 벌어지리라는 것을 암시함.
		배경의 상징적 의미 파악하기	손창섭, 「비 오는 날」: 전쟁과 같은 극한 상황에서 무기력해진 인간의 삶을 '비 오는 날'의 이미지로 그려 내고 있음.

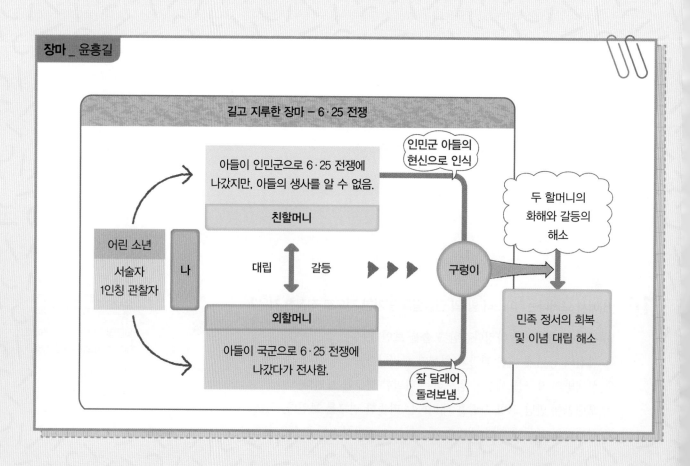

장마 _ 윤흥길

길고 지루한 장마 – 6·25 전쟁

어린 소년 / 서술자 1인칭 관찰자 — 나

아들이 인민군으로 6·25 전쟁에 나갔지만, 아들의 생사를 알 수 없음.
친할머니

대립 ↕ 갈등 ▶▶▶

외할머니
아들이 국군으로 6·25 전쟁에 나갔다가 전사함.

인민군 아들의 현신으로 인식

구렁이

잘 달래어 돌려보냄.

두 할머니의 화해와 갈등의 해소

민족 정서의 회복 및 이념 대립 해소

미스터 방 _ 채만식

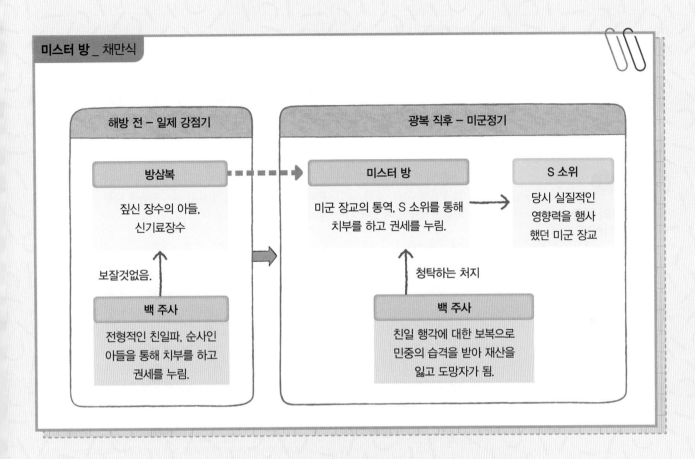

📖 지식 플러스

윤흥길과 「장마」

윤흥길은 1968년에 데뷔하여 1973년에 「장마」를 발표하면서 문단의 주목을 받기 시작했다. 이 작품은 좌우의 이데올로기적 갈등이 토착적인 무속 신앙을 통해 극복되는 과정을 어린아이의 눈으로 그리고 있다. 그의 작품은 왜곡된 역사 현실과 삶의 부조리, 그리고 그것을 극복하려는 인간의 노력을 절도 있는 문체로 묘사하고 있다는 평가를 받고 있다. 작가는 「장마」가 그의 친구인 시인 정양의 아버지 이야기를 바탕으로 했음을 밝히고 있는데, 정양 시인의 아버지는 6·25 직전 비극적인 혼란의 와중에 좌우익의 사상싸움에 쫓기다가 끝내 실종되고 말았는데, 행방불명된 그가 살아서 돌아올 거라고 점쟁이가 예언한 날 그의 시골집 마당으로 커다란 구렁이 한 마리가 들어왔었다는 이야기이다.

채만식과 「미스터 방」

채만식은 1924년 단편 「새길로」를 발표하며 문단에 데뷔한 뒤 290여 편에 이르는 소설과 희곡·평론·수필을 썼다. 그의 작품 세계는 당시의 현실 반영과 비판에 집중되었다. 일제 강점기 농민의 궁핍, 지식인의 고뇌, 도시 하층민의 몰락, 광복 후의 혼란상 등을 실감 나게 그리면서 그 바탕이 되는 역사적·사회적 상황을 신랄하게 비판했다. 작품 기법에서도 매우 다양한 시도를 했는데, 특히 풍자적 수법에서 큰 성과를 거두었다. 「미스터 방」도 그중의 하나인데, 채만식은 이 소설에서 단지 영어를 조금 할 줄 안다는 이유로 부와 권세를 누리다가 사소한 실수로 권세를 잃게 되는 방삼복이라는 보잘것없는 인물을 희화화하고 있다. 이를 통해 광복 직후 혼란한 서울을 배경으로 방삼복과 백 주사 등의 기회주의자들이 득세하는 사회를 비판하고 있다.

⊗ 소설의 갈등과 사건

소설에서 사건을 이끌어 가는 주체가 인물이라면 사건이 전개되는 데 필수적인 요소가 갈등이다. 소설의 구성 단계에서도 사건은 갈등으로부터 빚어지는데, 사건의 전개, 위기 단계에서는 점점 복잡해지고 심각해지다가 결말에서 갈등이 해소된다. 갈등을 통해 인물의 성격과 소설의 주제가 드러난다. 작품 속에서 갈등은 인물의 심리적인 내적 갈등에서부터 인간과 인간, 인간과 사회, 인간과 운명에 이르기까지 다양하게 나타난다.

❶

인물의 갈등 파악하기

인물의 갈등은 내적 갈등과 외적 갈등으로 구분할 수 있다. 내적 갈등은 한 인물의 마음속에서 일어나는 것으로, 한 인물의 고민, 걱정, 불안, 분노 등으로 표현된다. 인물의 외적 갈등은 다른 인물이나 사회적 제도 등 외부 요인에 의해 일어나는 것이다.

[학습 원리 1] 인물이 갈등하는 이유 파악하기

> 어느 칠월 보름날, 길동은 밝은 달을 쳐다보며 뜰을 배회하고 있었다. 쓸쓸한 가을 바람 사이로 들려오는 기러기 울음소리가 마음에 외로움을 더했다. 길동의 가슴에는 절로 탄식이 일어났다.
> "대장부가 세상에 태어나서 공자, 맹자의 학문을 익힌 뒤에, 나가서는 장수가 되고 들어와서는 재상이 되며, 대장인을 허리춤에 차고 단(壇) 위에 높이 앉아 수많은 군사를 마음대로 지휘하며, 남쪽으로 초(楚)나라를 치고, 북쪽으로 중원(中原)을 평정하며, 서쪽으로 촉(蜀)나라를 쳐 업적을 쌓은 후에, 얼굴을 기린각에 그려 빛내고 이름을 후세에 전함이 장부의 떳떳한 일일 것이다. 옛사람이 이르기를 '왕후장상의 씨가 따로 없다.' 하였는데 이는 나를 두고 말함인가? 아무리 하찮은 사람도 아버지를 아버지라 부르고 형을 형이라 부르는데, 나만 홀로 그리하지 못하는구나. 내 인생은 어찌하여 이리도 기박한가?"
> 길동이 가슴에 차오르는 답답함을 걷잡을 수가 없었다. 달빛 아래서 칼을 잡고 한바탕 춤을 추듯 몸을 날래게 움직이며 장한 기운을 다스리고 있었다.
>
> — 허균, 「홍길동전」 중에서

대장임을 나타내기 위해 차고 다니던 쇠나 돌로 만든 조각틀

「사기(史記)」에 나오는 말. 계급이나 신분을 뛰어넘어 누구나 능력에 따라 높은 지위에 오를 수 있다는 뜻. 여기서는 홍 대감의 아들이면서도 자식 행세를 할 수 없는 자신의 처지를 말하는 것임.

중국의 전한 시대에 무제가 기린을 잡았을 때 세운 누각. 얼굴을 기린각에 그려 빛낸다는 것은 국가에 큰 공을 세워 그 영광을 널리 알린다는 의미임.

➡ 이 장면은 홍길동이 자신의 처지로 인해 갈등을 겪고 있는 부분이다. 노비의 신분인 어머니를 둔 탓에 신분이 달라 양반인 아버지와 형을 부르지 못하고, 과거를 보지 못해 벼슬길에도 나아가지 못하는 자신의 상황을 한탄하며 울분을 달래고 있다. 당시의 사회에서는 노비나 첩의 자식에게는 벼슬길을 제한하고 있었기 때문이다. 이 장면을 통해 당시의 신분제 사회 제도의 모순을 비판하고자 하는 작가의 의도를 파악할 수 있다.

갈등의 역할

• 이야기의 긴장감을 조성하여 독자의 흥미와 관심을 불러일으킨다.
• 갈등의 고조와 해결 과정에서 주제가 자연스럽게 드러나기도 한다.
• 인물 사이의 갈등을 통해 인물의 성격이 드러난다.

[학습 원리 2] 인물 간의 갈등의 원인 파악하기

> *노력한 만큼의 성과나 보답*
> "땅을 밟구 다니니까 땅을 우섭게들 여기지? 땅처럼 응과(應果)가 분명헌 게 무어냐? 하눌은 차라리 못 믿을 때두 많다. 그러나 힘들이는 사람에겐 힘들이는 만큼 땅은 반드시 후헌 보답을 주시는 거다. 세상에 흔해 빠진 지주들, 땅은 작인들헌테나 맡겨 버리구, 떡 도회지에 가 앉어 소출은 팔어다 모다 도회지에 낭비해 버리구, 땅 가꾸는 덴 단돈 일 원을 벌벌 떨구, 땅으루 살며 땅에 야박한 놈은 자식으로 치면 후레자식인 셈이야. 땅이 말을 할 줄 알어봐라? 배가 고푸단 땅이 얼마나 많을 테냐? 해마다 걷어만 가구, 땅은 자갈밭이 되니 아나? 둑이 떠나가니 아나? 거름 한번을 제대로 넣나? 정 급허게 돼 작인이 우는 소리나 해야 요즘 너이 신의들 주사침 놓듯, 애꿎인 금비만 갖다 털어넣지. 그렇게 땅을 홀대를 허군 인제 죽어서 땅이 무서워서 어디루들 갈 텐구!"
> *논밭에서 나는 곡식*   *화학 비료*
> 창섭은 입이 얼어 버렸다. 손만 부비었다. 자기의 생각은 너무나 자기 본위였던 것을 대뜸 깨달았다. 땅에는 이해를 초월한 일종 종교적 신념을 가진 아버지에게 아들의 이단적(異端的)인 계획이 용납될 리 만무였다.
> *전통이나 권위에 반하는 것*   — 이태준, 「돌다리」 중에서

➡ 인물 간의 가치관과 삶의 태도가 달라 빚어지는 갈등을 보여 주는 작품이다. 아버지에게 땅은 모든 것의 근원이며 조상님들의 땀방울과 발자취가 남아 있는 곳이므로 사고팔 수 있는 대상이 아니다. 그러나 창섭은 '시골에 땅을 둔대야 일 년에 고작 삼천 원의 실리가 떨어질지 말지 하지만 땅을 팔아다 병원만 확장해 놓으면, 적어도 일 년에 만 원 하나씩은 이익을 뽑을 자신이 있는 것, 돈만 있으면 땅은 이 담에라도, 서울 가까이라도 얼마든지 좋은 것으로 살 수 있는 것'이라고 생각하고 있다. 창섭에게 땅은 금전적 가치로 환산할 수 있는 재산이기 때문에 사고팔 수 있는 대상이라는 입장이다. 두 사람의 갈등은 이처럼 땅에 대한 관점의 차이에서 생겨나고 있다.

2

사건의 내용 파악하기

소설에서 사건은 인물 간의 갈등을 일으키는 매개체가 되기도 하고 인물 간의 갈등으로 인해 사건이 발생하기도 하면서 이야기가 전개된다.

[학습 원리 1] 갈등의 원인이 되는 중심 사건 파악하기

> 오늘도 또 우리 수탉이 막 쫓기었다. 내가 점심을 먹고 나무를 하러 갈 양으로 나올 때이었다. 산으로 올라서려니까 등 뒤에서 푸드득푸드득, 하고 닭의 횃소리가 야단이다. 깜짝 놀라서 고개를 돌려보니 아니나 다르랴, 두 놈이 또 얼리었다. ┌ 어울렸다
> 점순네 수탉(은 대강이가 크고 똑 오소리같이 실팍하게 생긴 놈)이 덩저리 작은 우리 수탉을 함부로 해내는 것이다. 그것도 그냥 해내는 것이 아니라 푸드득 하고 면두를 쪼고 물러섰다가 좀 사이를 두고 또 푸드득 하고 모가지를 쪼았다. 이렇게 멋을 부려 가며 여지없이 닦아 놓는다. 그러면 이 못생긴 것은 쪼일 적마다 주둥이로 땅을 받으며 그 비명이 킥, 킥, 할 뿐이다. 물론 미처 아물지도 않은 면두를 또 쪼이어 붉은 선혈은 뚝뚝 떨어진다. / 이걸 가만히 내려다보자니 내 대강이가 터져서 피가 흐르는 ┌ 몸에서 막 흘러나온 피 것같이 두 눈에 불이 번쩍 난다. 대뜸 지게막대기를 메고 달려들어 점순네 닭을 후려칠까 하다가 생각을 고쳐먹고 헛매질로 떼어만 놓았다. ┌ 마치 때릴 것 같은 시능을 하여 남을 위협하는 일
> 이번에도 점순이가 쌈을 붙여 놨을 것이다. 바짝바짝 내 기를 올리느라고 그랬음에 틀림없을 것이다. 고놈의 계집애가 요새로 들어서서 왜 나를 못 먹겠다고 고렇게 아르렁거리는지 모른다.
>
> ‒ 김유정, 「동백꽃」 중에서

➡ 이 작품의 첫 장면에 제시되는 '닭싸움' 장면이다. 이 장면은 소설에서 점순이와 '나'가 갈등하는 원인이 되는데, 이를 통해 앞으로 전개될 사건에 필연성을 부여하는 역할을 한다. 따라서 이 소설에서 닭싸움이란 사건은 인물 간의 갈등과 애정을 드러내는 중요한 요소가 되고 있다.

요약적 제시

- **개념**: 긴 시간에 걸쳐 벌어진 사건을 일일이 서술하지 않고 핵심적인 내용을 요약해서 전달하는 것을 의미한다.
- **효과**: 시간의 흐름을 압축하여 서술할 수 있기 때문에 사건 전개 속도가 빠르다.

[학습 원리 2] 사건의 제시 방식 파악하기

> ┌ 개인 소유의 집   ┌ 이익
> 그의 고향은 대구에서 멀지 않은 K군 H란 외딴 동리였다. 한 백 호 남짓한 그곳 주민은 전부가 역둔토를 파먹고 살았는데 역둔토로 말하면 사삿집 땅을 부치는 것보다 떨어지는 것이 후하였다. 그러므로 넉넉지는 못할망정 평화로운 농촌으로 남부럽지 않게 지낼 수 있었다. 그러나 세상이 뒤바뀌자 ┐ 일제에 의한 그 땅은 전부 동양 척식 회사의 소유에 들어가고 말았다. 직접으로 회사에 소작료를 바치게나 되었으 국권 침탈 면 그래도 나으련만 소위 중간 소작인이란 것이 생겨나서 저는 손에 흙 한번 만져 보지도 않고 동척엔 소작인 노릇을 하며 실작인에게는 지주 행세를 하게 되었다. 동척에 소작료를 물고 나서 또 중간 소작 ┌ 실제의 경작자 인에게 긁히고 보니 실작인의 손에는 소출의 삼 할도 떨어지지 않았다. 그 후로 '죽겠다', '못살겠다' 하는 소리는 중이 염불하듯 그들의 입길에서 오르내리게 되었다. 남부여대하고 타처로 유리하는 사람만 늘고 동리는 점점 쇠진해 갔다. 남자는 지고 여자는 인다는 뜻으로, 가난한 사람들이 살 ‒ 현진건, 「고향」 중에서 곳을 찾아 이리저리 돌아다님을 비유적으로 이르는 말

➡ 주인공이 고향을 떠나오게 된 내력을 서술자가 요약적으로 제시하고 있는 부분이다. 그의 집안은 넉넉지는 못해도 평화로운 농촌에서 남부럽지 않게 살아갈 수 있었다. 그러나 일제 강점으로 인해 대대로 물려받은 농토를 빼앗기고 살아가기가 막막해지면서 고향을 떠나게 되었다는 것을 서술자가 자세히 설명하듯 제시하고 있다.

03 고무신 _ 오영수

이 작품은

남녀의 순수한 사랑을 고무신을 제재로 사용하여 서정적으로 표현한 단편 소설이다. 작품의 제목이기도 한 고무신은 단순히 남이와 엿장수를 만나게 해 준 매개체일 뿐만 아니라 남녀의 순수한 사랑을 상징한다. 마지막 부분에서 엿장수가 새로 사 준 것으로 보이는 옥색 고무신을 남이가 신고 가는 장면은 두 사람의 안타까운 이별로 인해 깊은 울림을 주고 있다.

갈래 단편 소설, 순수 소설

시점 3인칭 전지적 시점

주제 젊은 남녀의 순수하고 애틋한 사랑

구성

• 발단: 산기슭 마을에 찾아오는 엿장수는 아이들에게 즐거움을 줌.
• 전개: 영이와 윤이가 남이의 고무신을 엿과 바꿔 먹은 사건을 계기로 엿장수가 남이에게 관심을 가지고 마을에 자주 드나듦.
• 위기: 남이와 엿장수의 사랑이 무르익을 무렵 남이 아버지가 남이를 시집보내겠다고 찾아옴.
• 절정: 남이가 떠나기 직전 엿장수에게서 엿을 사서 아이들에게 줌.
• 결말: 엿장수가 사 준 고무신을 신고 떠나는 남이의 모습을 엿장수가 바라봄.

[앞부분의 줄거리] 가난한 사람들이 모여 사는 산기슭 마을에 날마다 찾아오는 엿장수는 아이들에게 즐거움을 주는 존재였다. 남이가 식모로 있는 집의 여섯 살 영이와 네 살 윤이는 어느 날 엿을 사 먹고 싶은 마음에 그만 남이의 고무신을 엿과 바꿔 먹고 만다. 남이가 집주인 철수에게 추석 선물로 받아 애지중지하던 고무신이라 신을 다시 찾기 위해 남이는 엿장수를 만난다. 그때 난데없이 나타난 벌이 남이의 저고리 앞섶에 붙자 이를 잡으려다 엿장수가 벌에 쏘인다. 이를 보며 웃던 남이의 송곳니가 예뻐 보인다고 생각한 엿장수는 남이에게 관심을 가지고 더욱 자주 동네를 찾아온다.

> 매우 사랑하고 소중히 여기는 모양

날씨는 한결같이 좋았다. 산기슭 잔디 언덕에는 쑥 싹을 캐는 소녀들의 색 낡은 분홍 치마가 애틋하게 정다워 보이고 개울가에는 냉이랑 독새랑 여뀌랑 미나리랑 싹이 뽀족뽀족 돋아났다.

> 가난하게 살고 있음을 드러냄.

엿장수는 한결같이 왔고 와서는 갈 줄을 몰랐다. 어떤 날은 벙글벙글 웃었고, 웃는 날은 애들에게 엿을 나눠 주었으나 벙어리처럼 덤덤히 앉았다가 가는 날은 엿 맛을 못 보았다. 그렇기에 아이들은 엿장수가 오면 엿판보다 먼저 엿장수 눈치부터 보는 버릇이 생겼다.

> 남이를 만나기 위한 의도
> 남이를 만나지 못하고 가는 날

요즘은 그 텁수룩한 머리에다 기름 칠갑을 해 가지고는 억지로 빗어 넘기고 또 옥색 인조견 조끼도 입었다. 낯익은 동네 아낙네들이, / "엿장수 요새 장가갔는가 베?"

> 남이의 관심을 끌기 위해 외모에 신경을 쓰는 모습
> 머리와 옷차림이 달라진 엿장수를 놀리는 말

라고 할라치면 엿장수는 수줍게도 씩 웃으며 그 펑퍼짐한 얼굴을 모로 돌리곤 했다.

> 부끄러워하는 모습. 엿장수의 순박한 성격이 드러난 행동

하루는 철수가 저녁을 딴 데서 치르고 늦게 돌아오는데, 어떤 젊은 사내가 대문 틈으로 정신없이 집 안을 들여다보고 있었다. 철수는 이놈이 바로 좀도둑이거니 하고 손가방으로 궁둥짝을 후려치며, / "웬 놈이야?"

> 엿장수
> 엿장수를 좀도둑으로 오해함.

하고 고함을 질렀다. 사나이는 그야말로 뱀이나 밟은 것처럼 기겁을 하고는 철수를 보자 이내 한 손을 머리로 올리고 꾸뻑꾸뻑 절만 했다. / "뭘을 훔치려고 노리는 거야?"

> 엿장수

"아, 아니올시더. 예, 예, 저 댁의 강아지가 예, 헤헤……."

"강아지가 어쨌단 거야?" / "예, 저 아니올시더. 헤헤."

연신 허리를 꾸뻑거리고는 비슬비슬 달아나 버렸다.

"그놈 미친놈이군!" / 했을 뿐, 그 사나이가 엿장순 줄을 철수는 몰랐다.

밤이면 개 짖는 소리가 요란했고, 그런 밤이면 마을 사람들은 안팎 문을 꼭꼭 걸어 닫았다.

> ▆ : 엿장수가 나타난 장소

어떤 사람은 철수네 집 담 밑에서 도둑놈을 보았다고 했고 또 어떤 사람은 길목에서도 보았다고들 했다. 개울 빨래터에서도 보았고 동네 우물가에서도 보았다고들 했다.

> 남이가 사는 곳

그러나 막상 도둑을 맞은 사람은 한 사람도 없건만 마을에서는 도둑 소문이 자자한 채 달도 바뀌고 제비 올 무렵 어느 날 저녁녘에 우연히도 남이 아버지가 찾아왔다.

> 새로운 인물 등장

[중간 부분의 줄거리] 남이의 아버지는 자신의 동네에 사는 스무 살 먹은 신랑감에게 남이를 시집보내기 위해 남이를 다음날 바로 데리고 떠나겠다고 한다. 남이는 떠나기 싫어 눈시울이 부었지만 아버지의 재촉에 떠날 준비를 한다.

분홍 치마에 흰 반회장저고리˟를 입고 맑은 때가 묻을락 말락한 버선을 신은 남이는
<u>외출복으로 갖춰 입고 떠날 준비를 마친 모습</u>
딴사람같이 이뻐 보였다. 어디다 내세우더라도 얌전한 색싯감이었다. 남이 아버지가 대
문짝에 담뱃대를 딱딱 두드리면서 헛기침을 하는 것은 빨리 나오라는 재촉일 게다. 철
수 아내는 이모저모 남이 옷맵시를 보아주고,
         <u>차려입은 옷 어울리는 모양새</u>
"어서 가거라. 너 잔치할 때는 너 아저씨가 가든지 내가 가든지 꼭 할 테니."
        <u>'결혼식'을 비유적으로 이르는 말</u>
그러나 남이는 한마디 인사말도 없이 영이와 윤이를 찾는다. 골목에 나가 놀고 있던
                          <u>떠나기 싫어하는 모습</u>
영이와 윤이는 남이의 달라진 모양을 보고 눈이 뚱그레져서,

"아지마, 어데 가노?" / 하고 묻는다.

남이는 대답도 않고 두 아이를 데리고 건넌방으로 들어가, 영이와 윤이를 세운 채 두
팔로 가둬 안고,

"윤아, 아지마 가면 니 빠빠 누가 줄꼬?"
      <u>자신이 돌봐 준 아이들과 이별하는 안타까움</u>
하자, 영이가 또,

"아지마, 어데 가노?" / 하고 묻는다. 남이는 목멘 낮은 소리로,

"우리 집에 간다." / 그러나 영이는,

"거짓말이다. 이거 너거 집 앙이고 머고?"
     <u>남이를 가족처럼 여기는 아이들의 순수한 모습</u>
하고 발까지 구르며 짜증을 낸다. 갑자기 윤이가 그 넓적한 입을 삐죽거리면서 억실억
실한˟ 눈에 눈물을 함빡 가둔다. 남이는 지그시 팔에 힘을 준다. 윤이 눈에서 눈물 한 방
울이 떨어져 남이의 자줏빛 옷고름에 얼룩이 진다.
                                          <u>엿장수에게 마지막 인사를 하기 위해</u>
바로 이때다. 골목에서 엿장수 가위 소리가 들려왔다. 남이는 재빨리 윤이를 업고, 영
이의 손목을 잡은 채 밖으로 나갔다. 남이 아버지는 벌써 저만치 철수와 하직을 하면서
내려가고, 엿장수는 마악 철수네 집 앞에서 대문을 나서는 남이와 마주쳤다. 엿장수는
얼빠진 사람처럼 남이를 바라보는데 남이의 눈에는 순간 어두운 그림자가 지나갔다.
      <u>남이의 평소 같지 않은 모습에 놀람.</u>
남이는 윤이를 업은 채 허리를 굽히고, 몸을 약간 돌려 치맛자락을 걷고 빨간 콩주머
니에서 십 원짜리 두 장을 꺼내 엿장수를 주었다. 엿장수는 그제서야 눈을 돌려 남이와
돈을 번갈아 보다 말고, 신문지 조각에 엿을 네댓 가락 싸서 아무 말도 없이 돈과 함께
                                            <u>엿으로 자신의 사랑을 전하는 모습</u>
내민다.

남이는 약간 망설이다가 역시 암말도 없이 한 손으로 받아 가지고는 영이를 앞세우고
        <u>떠난다는 말을 하려다가</u>   <u>'아무 말'의 준말</u>
안으로 돌아왔다. 엿장수는 멍하니 대문만 쳐다보고 있다가 침을 한 번 꿀꺽 삼키고 나
                        <u>남이의 행동을 의아하게 생각하지만 좋은 쪽으로 받아들이는 모습</u>
서 엿판을 둘러메고는 혼잣말로,

"꽃놀이를 가면 자천 골짜기지. 그럼 한 걸음 앞서 울음 고개로 질러감 되겠지!"
        <u>남이의 평소와 다른 모습을 꽃놀이를 가는 것으로 생각함.</u>
이렇게 중얼대면서 엿장수는 빠른 걸음으로 담 모퉁이를 돌아 울음 고개로 향해 갔
다. (자천 골짜기는 이 근방 사람들이 단골로 가는 봄가을의 놀이터다.)
        <u>가까운 곳</u>
남이는 그 엿장수에게서 받은 엿을 영이에게 둘, 윤이에게 둘 각각 손에 쥐여 주고서

내용 구조도

철수가 선물한 남이의 고무신
영이와 윤이가 엿과 바꿔 먹음.

↓

남이와 엿장수의 애틋한 사랑이 시작되는 계기가 됨.

↓

남이가 신고 떠나는 고무신
엿장수가 남이에게 새 고무신을 사 줌. → 이별의 징표

어휘 풀이

❖ **칠갑**: 물건의 겉면에 다른 물질을 흠뻑 칠하여 바름.

❖ **인조견**: 사람이 만든 명주실로 짠 비단.

❖ **기겁**: 숨이 막힐 듯이 갑작스럽게 겁을 내며 놀람.

❖ **반회장저고리**: 깃, 고름, 끝동에 다른 색의 천을 대어 지은 여자의 저고리.

❖ **억실억실하다**: 모양이나 생김새가 선이 굵고 시원시원하다.

❖ **하직**: 먼 길을 떠날 때 웃어른께 작별을 고하는 것.

❖ **단골**: 늘 정하여 놓고 거래를 하는 곳.

구절 풀이

＊ **어떤 날은 ~ 엿 맛을 못 보았다.**: 남이를 만난 날과 만나지 못한 날의 엿장수의 기분을 표현한 것. 남이에 대한 엿장수의 마음을 엿볼 수 있음.

＊ **밤이면 개 짖는 ~ 보았다고들 했다.**: 엿장수가 남이를 보기 위해 마을에 자주 왔음을 서술자가 요약적으로 제시하고 있음. 엿장수를 보았다고 하는 장소는 평소에 남이가 자주 다니거나 남이와 엿장수가 만났거나 만나기로 한 곳임을 알 수 있음.

도 한 동강이 잘라 입에 넣고는 손수건으로 윤이 눈물 자국과 영이 코밑을 닦아 주고서야 보퉁이를 들고 일어섰다.

<u>영이와 윤이는 엿 먹기에 여념이 없었다.</u>
엿에 정신이 팔려 남이와의 이별을 잊은 아이들의 천진난만한 모습

철수 아내는 보퉁이 한 개를 들고 따라 나오면서 남이에게 귓속말로 뭣을 일러 주고……. 이래서 남이는 떠나간다. 다만 한 가지 ＊철수 내외에게 수수께끼는 마을 중턱에서 남이를 보내고 서서 그의 뒷모양을 바라보는데, 남이가 어이한 옥색 고무신을 신고 가는 것이다. 더구나 한 번도 신지 않은 새것을…….
철수 내외가 알 수 없는

철수 내외는 서로 얼굴만 쳐다볼 뿐 도로 물어본달 수도 없고 해서 그만두었다.

보리밭 사이 조그만 언덕길로 옥색 고무신을 신은 남이는 갔다. 자천 골짜기로 꽃놀이를 가는 줄만 알았던 남이가 난데없는 영감 하나를 따라가고 있는 광경을 엿장수는
만남과 사랑의 매개체이자 이별의 상징   남이가 마을을 떠나는 것임을 비로소 알게 됨.
<u>울음 고개</u> 위에서 멀거니 바라보고 있는 것을 남이 자신이야 알 리도 없었다.
엿장수와 남이의 원치 않는 이별을 상징함.

∞ 전체 줄거리 엿보기

발단

가난한 월급쟁이나 날품팔이들이 모여 사는 산기슭 마을에 철수 내외가 살았다. 이 마을에 날마다 단골로 찾아오는 엿장수는 아이들의 환영을 받았다.

전개

철수네 집에 식모로 있는 남이는 아끼던 고무신을 영이와 윤이가 엿과 바꿔 먹은 일로 엿장수를 만난다. 그때 벌이 남이에게 달려들고, 이를 엿장수가 잡으려다 벌에 쏘인다. 이후에 엿장수는 남이의 관심을 끌기 위해 외모에 신경을 쓰며 마을에 드나들며 남이를 만나기 위해 애쓴다.

위기 본문 수록 부분

남이에 대한 엿장수의 사랑이 무르익을 무렵 남이의 아버지가 찾아온다. 남이 아버지는 철수 내외에게 남이의 신랑감을 정했으니 남이를 데리고 가겠다고 한다.

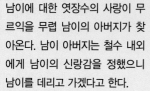 

결말 본문 수록 부분

꽃놀이를 가는 줄로만 알았던 남이가 옥색 고무신을 신고 마을을 떠나는 모습을 울음 고개로 질러간 엿장수가 바라본다.

절정 본문 수록 부분

떠나는 날 아침, 재촉하는 아버지의 성화에 떠날 채비를 마친 남이는 떠나기 직전 나타난 엿장수에게 엿을 사서 아이들에게 나눠 준다.

독해 포인트

1. 인물

남이	철수네 집 식모. 철수에게 받은 (❶)을 무척 아낌. 엿장수에게 호감을 가지지만 적극적으로 표현하지 못하고 아버지를 따라 마을을 떠남.
엿장수	엿을 팔기 위해 정기적으로 마을을 찾아옴. 아이들과 친하게 지내며 남이에게 관심을 보이는 (❷)한 인물
영이, 윤이	남이의 (❸)을 엿과 바꿔 먹은 천진난만한 인물들. 남이와 엿장수가 만나게 되는 계기를 제공함.

2. 배경과 소재

- **시간적 배경**: 1940년대 후반, 봄
- (❹   ) **배경**: 산기슭 마을
- **고무신**: 소중하고 귀한 것, 추억의 대상, 이별의 상징

철수가 남이에게 준 선물		남이가 떠날 때 신고 감.
아이들이 엿과 바꿔 먹음. 엿장수와 남이를 만나게 해 준 매개체	➡	엿장수가 남이에게 선물로 준 것, 남이와 엿장수의 애틋한 사랑의 징표

- (❺   ): 남이와 엿장수가 이별하는 장소. 뜻하지 않은 이별로 인한 두 사람의 서글픈 심정을 상징적으로 드러내는 지명

3. 갈등과 사건

남이 ⟷ 엿장수	(❻)가 영이와 윤이를 꾀어 남이의 고무신을 엿과 바꿔 먹게 했다고 엿장수를 오해하면서 갈등이 빚어짐.
남이 ⟷ (❼)	남이의 의사와 상관없이 신랑감을 정해서 남이를 시집보내려고 함.

4. 시점과 서술 방식

3인칭 전지적 시점	작품 밖의 3인칭 서술자가 인물의 생각과 행동을 서술함.
서술상 특징	• 두 젊은 남녀의 순수한 사랑을 서정적으로 그려 냄. • (❽) 표현을 사용하여 인물의 외양이나 행동 등을 생생하게 묘사함. • 사투리의 사용으로 토속적인 분위기를 형성하고, 인물에게 생동감을 부여하며, 독자로 하여금 친근감을 느끼게 함.

5. 주제 ➡ 순박한 남녀의 애틋한 사랑

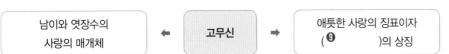

남이와 엿장수의 사랑의 매개체 ← 고무신 → 애틋한 사랑의 징표이자 (❾   )의 상징

❶ 옥색 고무신 ❷ 순박한 ❸ 고무신 ❹ 공간적 ❺ 울음 고개 ❻ 엿장수 ❼ 아버지 ❽ 비유적 ❾ 이별

어휘력 체크 ✔

01 얼굴 모습이 '둥그스름하고 편편하게 옆으로 퍼져 있다.'는 의미의 말은?

02 '자질구레한 물건을 훔치는 도둑'을 가리키는 낱말을 찾아 쓰세요.

03 빈칸에 알맞은 낱말을 〈보기〉에서 찾아 문장을 완성하세요.

> **┤ 보기 ├**
> 벙글벙글   꾸뻑꾸뻑
> 비슬비슬   억실억실

(1) 지독한 냄새가 풍기자 사람들이 (   ) 물러나며 고개를 돌렸다.
(2) 어른 앞이라 그런지 아이는 연방 (   ) 절을 한다.
(3) 소원이 이루어진다고 생각하니 저절로 (   ) 입이 벌어진다.

04 빈칸에 들어갈 알맞은 낱말을 쓰세요.

> 남이 아버지가 대문짝에 담뱃대를 딱딱 두드리면서 헛기침을 하는 것은 빨리 나오라는 (   )일 게다.

01 펑퍼짐하다 02 좀도둑 03 (1) 비슬비슬 (2) 꾸뻑꾸뻑 (3) 벙글벙글 04 재촉

조신 설화 _ 작자 미상

 이 작품은

『삼국유사』에 수록되어 전하는 신라 시대의 설화로, '현실 – 꿈 – 현실'의 구조로 꿈속 이야기가 현실의 이야기 속에 들어 있는 액자식 구성을 취하고 있다. 조신이라는 인물이 태수 김흔의 딸을 좋아하여 그녀와의 인연을 소원하다가 꿈을 꾸게 되는데, 꿈속에서 소원을 이루게 된다. 그러나 소원이 이루어진 꿈속 세상에서 가난하고 고통스러운 삶을 살면서 세속적 욕망이 덧없다는 것을 깨닫는다는 내용이다.

갈래 설화

시점 3인칭 전지적 시점

주제 세속적 욕망의 덧없음, 인생무상에 대한 깨달음

구성
• 현실: 김흔의 딸과 혼인하기를 소원함.
• 꿈속: 소원을 이루지만 가난과 고통 속에서 살다가 헤어짐.
• 현실: 세속적 욕망이 덧없는 것임을 깨닫고 불도에 정진함.

내용 구조도

꿈꾸기 전의 현실
김흔의 딸과 혼인하기를 소원함.

↓

꿈속의 삶
소원을 성취하지만 가난하고 고통스러운 삶을 살게 됨.

↓

꿈에서 깬 후의 현실
세속적 욕망의 덧없음을 깨달음.

「옛날 서라벌이 서울이 되어 있었을 때 세달사(世達寺) — 지금의 흥교사(興教寺)다. — 의 장원(莊園)이 명주 내리군(捺李郡) —『지리지』에 의하면 명주에 내리군은 없고, 다만 내성군(捺城郡)이 있는데, 본디는 내생군(捺生郡)이요, 지금의 영월(寧越)이다. 또 우수주(牛首州) 영현(領縣)에 내령군(捺靈郡)이 있는데, 본디는 내기군(捺己郡)이요 지금의 강주(剛州)다. 우수주는 지금의 춘주(春州)니 여기에 말한 내리군은 어느 것인지 알 수 없다. — 에 있었다.」「 」: 작품의 배경이 되는 구체적인 시간과 공간 제시

본사(本寺)에서 중 조신(調信)을 보내어 장원 관리인으로 삼았다. 조신이 장원에 와서 태수(太守) 김흔 공(金昕公)의 딸을 좋아하여 그녀에게 깊이 빠졌다. 여러 번 낙산사 관음보살 앞에 나아가서 그 여자와 인연을 맺기를 몰래 빌었다. 바로 수년 사이에 그 여자에게 이미 배필이 생겼다. 또 불당 앞에 가서 관음보살이 자기의 소원을 이루어 주지 않음을 원망하여 날이 저물도록 슬피 울다가 그리운 정사(情思)에 지쳐서 옷을 입은 채 그 자리에서 잠이 들었다.

문득 꿈에 김 씨 낭자가 기쁜 낯빛으로 문으로 들어와서 반가이 웃으며 말했다.

"저는 일찍이 스님을 잠깐 보고 알게 되어 속으로 사랑하여 잠시라도 잊지 못하고 있는데 부모의 명령에 못 이겨 억지로 다른 사람에게 시집갔습니다. 그러나 이제 부부가 되고 싶어 왔습니다."

조신은 매우 기뻐하여 함께 향리(鄕里)로 돌아갔다. 40여 년을 같이 살며 자녀 다섯을 두었으나 집은 다만 벽뿐이요, 조식(粗食)조차 대지 못했다. 마침내 지독한 가난이 들어서 서로 이끌고 사방으로 다니며 입에 풀칠하기조차 바빴다.

이렇게 10년이나 초야(草野)를 두루 돌아다니다 보니 갈가리 찢어진 옷은 몸뚱이를 가릴 수도 없었다.

때마침 명주 해령(蟹嶺)을 지나는데 열다섯 살 된 큰아이가 갑자기 굶어 죽어 통곡하며 길가에 묻어 주었다.

그리고 나머지 네 자녀를 데리고 우곡현(羽曲懸) — 지금의 우현(羽懸) — 에 이르러 길가에 띠집을 짓고 살았다. 그들 부부는 늙고 병들었으며, 또 굶주려서 일어나지도 못했다. 열 살 난 계집아이가 밥 얻으러 다니다가 마을 개에게 물려 아프다고 부르짖으면서 앞에 와서 눕자 부모도 흐느껴 목이 메어 눈물이 끊임없이 흘렀다. 부인은 눈물을 훔치면서 갑자기 말했다.

"내가 처음 당신을 만났을 때는 얼굴도 아름답고 나이도 젊었으며 의복도 많고 깨끗했습니다. 한 가지 음식이라도 당신과 나누어 먹었고 얼마 안 되는 의복도 당신과 나누어 입으면서 함께 산 지 50년에 정이 맺어져 매우 친밀해졌으며, 은애(恩愛)도 굳게 얽혔으니 두터운 인연이라고 할 수 있었습니다.

그러나 근년에 와서는 쇠약해져 생긴 병이 해마다 더욱 심해지고 굶주림과 추위가 날로 더욱 닥쳐오니, 곁방살이와 보잘것없는 음식도 남에게 빌릴 수 없게 되었습니다. 천문만호(千門萬戶)에 걸식하는 그 부끄러움은 산더미를 진 것보다 더 무겁습니다. 아이들이 추위에 떨고 굶주려도 이조차 미처 돌보지 못하는데, 어느 틈에 부부의 애정을 즐길 수 있겠습니까? 혈색 좋던 얼굴과 어여쁜 웃음도 풀 위의 이슬처럼 사라져 버렸고 지란(芝蘭) 같은 백년가약도 버들개지가 바람에 날리듯 없어져 버렸습니다. 당신은 나 때문에 괴로움을 받고, 나는 당신 때문에 근심이 되니 옛날의 기쁨을 곰곰이 생각해 보니, 그것이 바로 우환(憂患)의 터전이었습니다.

당신과 내가 어찌해서 이 지경에 이르렀는지, 뭇 새가 함께 굶어 죽는 것보다는, 차라리 짝 잃은 난새가 거울을 향하여 짝을 부르는 것만 못할 것입니다.

역경을 당하면 버리고 순경(順境)에 있으면 친하고 하는 것은 인정상 차마 못할 짓이지만, 행하고 그치고 하는 것은 인력으로 되는 것이 아니며, 헤어지고 만나고 하는 것도 운수가 있는 것이니, 제발 지금부터 헤어집시다."

조신은 이 말을 듣고 크게 기뻐하여 각기 아이 둘씩을 맡아 바야흐로 떠나려 하니 여인은 말했다.

"저는 고향으로 가겠습니다. 당신은 남쪽으로 가십시오."

막 헤어져 길을 떠나려 할 때 그만 꿈을 깨었다. 이때 등잔불은 깜박거리고 밤이 바야흐로 새려 했다.

아침이 되니 수염과 머리털은 모두 희어지고 망연(茫然)하여, 세상에 뜻이 없어져 사는 것도 벌써 싫어지고, 한평생 괴로움을 겪은 것 같았다. 탐염(貪染)의 마음도 깨끗이 얼음 녹듯 없어져 버렸다. 이에 관음보살의 상을 대하기가 부끄러워져서 잘못을 뉘우쳐 마지않았다.

돌아와 해현(蟹峴)에 묻은 아이를 파 보니 그것은 바로 돌부처였다. 이것을 물로 씻어 부근의 절에 모셨다. 서울로 돌아가 장원의 소임을 그만두고 사재(私財)를 들여 정토사(淨土寺)를 세우고 착한 일을 근실히 닦았다.

그 후에 세상을 어디서 마쳤는지 알 수 없다.

평해서 말한다. → 이 이야기를 옮겨 적은 서술자의 평가

"이 전기를 읽고서 책을 덮고 지나간 일을 생각해 보니 하필 조신사(調信師)의 꿈만이 그렇겠느냐? 지금 모든 사람들이 속세의 즐거움만 알고서 기뻐 날뛰고 애쓰고 있으나 이것은 다만 깨닫지 못했기 때문이다."

어휘 풀이

❖ **관음보살**: 아미타불의 왼편에서 교화를 돕는 보살. 세상의 소리를 들어 알 수 있는 보살이므로 중생이 고통 가운데 열심히 이 이름을 외면 도움을 받게 됨.

❖ **조식**: 검소한 음식을 먹음. 또는 그 음식.

❖ **초야**: 풀이 난 들이라는 뜻으로, 매우 후미지고 으슥한 시골을 이르는 말.

❖ **지란**: 높고 맑은 재주와 기질을 비유적으로 이르는 말.

❖ **백년가약(百年佳約)**: 젊은 남녀가 부부가 되어 평생을 같이 지낼 것을 굳게 다짐하는 아름다운 언약.

❖ **난새**: 중국 전설에 나오는 상상의 새. 모양은 닭과 비슷하나 깃은 붉은빛에 다섯 가지 색채가 섞여 있으며, 소리는 오음(五音)과 같다고 함.

❖ **순경**: 일이 마음먹은 대로 잘되어 가는 경우. 또는 모든 일이 순조로운 환경.

구절 풀이

＊ **뭇 새가 ~ 못할 것입니다.**: 부부의 연을 더 이상 이어 가기 어렵다는 것을 말하기 위해 부인이 한 말. '뭇 새가 다 함께 굶어 죽는 것'은 '온 가족이 다 함께 굶어 죽는 것'을 '짝 잃은 난새가 거울을 향하여 짝을 부르는 것'은 '부부가 헤어져 제각기 살 방도를 찾으면서 서로를 그리워하는 것'을 의미함.

＊ **돌아와 해현에 ~ 돌부처였다.**: 꿈속의 일이 현실로 이어지고 있는 부분. 꿈이 부처의 가르침을 전하기 위한 장치임을 알 수 있음.

이에 가사를 지어 경계한다.

잠시 즐거울 땐 한가롭더니
　　조신이 꿈속에서 소원을 이룬 일
어느덧 근심 속에 늙어 버렸구나.
　　조신이 어렵게 살다가 아내와 헤어진 사건
좁쌀밥이 다 되기 전에
　　비교적 짧은 시간을 의미함.
인생이란 한 꿈인 줄을 깨달았구나.
인생의 덧없음 → 인생무상(人生無常), 일장춘몽(一場春夢)
수신(修身)의 잘잘못은 먼저 성의에 있는데

홀아비는 미인을, 도적은 창고를 꿈꾼다.
　　　　끝없이 욕망을 충족하려는 인간의 욕심
어찌 가을의 청야몽(淸夜夢)만으로
　　　　　　　하룻밤의 꿈
때때로 눈만 감아 청량(淸凉)에 이르랴.
　　　　욕망을 초월한 이상 세계

∞ 전체 줄거리 엿보기

꿈을 꾸기 전의 현실 – 외부 이야기

조신이 김흔의 딸을 사모하여 인연을 맺기를 소원하지만, 여자에게 다른 배필이 생기자 조신이 관음보살을 원망하며 법당에서 잠이 든다.

꿈속의 삶 – 내부 이야기

[처음] 꿈에서 김흔의 딸과 결혼하여 현실에서 바라던 소원을 이룬다.

[중간] 부부의 인연을 맺은 두 사람은 고향으로 돌아가 사십여 년을 살면서 자식 다섯을 두었으나 변변한 끼니조차 댈 수 없어 자식이 굶어 죽는 등의 비참한 생활을 한다.

[끝] 늙고 병이 든 후, 더 이상 부부간의 사랑을 지켜 나가기 어렵게 되자 헤어지기로 한다.

꿈에서 깬 후의 현실 – 외부 이야기

조신이 꿈에서 깨어나 보니 그동안 겪은 일이 하룻밤의 꿈에 불과했다. 이에 조신은 세속적 욕망이 덧없음을 깨닫고 승려의 삶으로 돌아가 정토사를 짓고 수행에 정진하였다.

독해 포인트

1. 인물

조신	세달사의 (❶)이며 장원의 관리인. 김 씨 낭자와 꿈속에서 결혼하지만 비참한 생활을 경험한 후 인간의 욕망이 허망하다는 깨우침을 얻음.
김 씨 낭자	현실에서는 다른 사람과 결혼을 했지만 꿈속에서 조신의 아내가 되어 50여 년을 함께 살게 됨.
(❷)	조신의 꿈을 통해 욕망의 덧없음을 깨우치도록 하는 존재

2. 배경과 소재

- **시간적 배경**: 통일 신라 시대
- **공간적 배경**: 경주의 세달사(世達寺) – 지금의 흥교사(興敎寺)에 속했던 장원
- (❸   ): 꿈속에서 큰아이를 묻었던 장소에서 나온 것으로, 조신이 꾼 꿈이 관음보살 (부처)의 의도에 의해 일어난 것임을 보여 줌.
- (❹   ): 조신이 꿈을 통해 깨달음을 얻은 뒤에 자신의 재산을 들여 세운 절

3. 갈등과 사건

- 환몽 구조와 (❺   ) 구성
- **꿈의 기능**: 조신이 욕망하던 삶을 하룻밤 사이에 경험하게 하는 장치. 조신이 삶의 고달픔과 인생의 무상함을 깨닫고 불교에 정진하게 해 주는 역할을 함.

현실(외부 이야기)	꿈(내부 이야기)	현실(외부 이야기)
현실적, 세속적 욕망을 추구하여 관음보살에게 소원 성취를 기원함.	부부의 연을 맺고 자식 다섯을 두어 세속적 욕망을 성취함. – 지독한 가난으로 현실의 비참한 삶을 경험하고 김 씨 낭자와 헤어짐.	(❻)에서 깬 후 세속적 욕망이 헛된 것임을 깨닫고 승려의 삶으로 돌아감.
소망의 기원	현실 체험	깨달음

4. 시점과 서술 방식

3인칭 전지적 시점	작품 밖의 (❼)가 인물의 심리와 상황을 직접 설명함.
서술상 특징	• '풀 위의 이슬', '버들개지' 등의 자연물에 비유하여 인물의 생각을 드러냄. • '돌부처' 등 비현실적 소재를 동원하여 꿈과 현실을 연결하고 있음. • (❽) 깨달음을 통해 주제를 드러냄.

5. 주제

김흔의 딸과 결혼하고자 함.		(❾)를 짓고 수행에 정진함.
승려의 신분으로 세속적 욕망을 품음.	꿈	세속적 욕망이 덧없는 것임을 깨달음. → 주제

❶ 승려 ❷ 관음보살 ❸ 돌부처 ❹ 정토사 ❺ 액자식 ❻ 꿈 ❼ 서술자 ❽ 불교적 ❾ 정토사

어휘력 체크 ✔

01 빈칸에 들어갈 알맞은 말을 본 문에서 찾아 쓰세요.

(1) '부부로서의 짝'을 의미함.
  → (   )로 삼다.
(2) '어떤 일이 이루어지기를 바 람. 또는 그런 일'을 의미함.
  → 어머니의 (   )대로 원하는 학교에 진학했다.
(3) '풀이 난 들'이라는 뜻으로, 매우 후미지고 으슥한 시골 을 이르는 말
  → 선생은 뜻한 바대로 벼슬 길을 버리고 (   )에 묻 혀 살았다.

02 '젊은 남녀가 부부가 되어 평생 을 같이 지낼 것을 굳게 다짐하 는 아름다운 언약'을 의미하는 사자성어를 본문에서 찾아 쓰세 요.

03 '부지런하고 진실하게'를 의미 하는 말은?

04 작품의 마지막에 제시된 일연의 글에서 조신이 꾼 꿈을 비유적 으로 표현한 낱말을 찾아 쓰세 요.

01 (1) 배필 (2) 소원 (3) 초야 **02** 백년가약
03 근실히 **04** 청야몽

01~05 다음 글을 읽고 물음에 답하시오.

[앞부분의 줄거리] 가난한 사람들이 모여 사는 산기슭 마을에 날마다 찾아오는 엿장수는 아이들에게 즐거움을 주는 존재였다. 남이가 식모로 있는 집의 여섯 살 영이와 네 살 윤이는 어느 날 엿을 사 먹고 싶은 마음에 그만 남이의 고무신을 엿과 바꿔 먹고 만다. 남이가 집주인 철수에게 추석 선물로 받아 애지중지하던 고무신이라 신을 다시 찾기 위해 남이는 엿장수를 만난다. 그때 난데없이 나타난 벌이 남이의 저고리 앞섶에 붙자 이를 잡으려 엿장수가 벌에 쏘인다. 이를 보며 웃던 남이의 송곳니가 예뻐 보인다고 생각한 엿장수는 남이에게 관심을 가지고 더욱 자주 동네를 찾아온다.

날씨는 한결같이 좋았다. 산기슭 잔디 언덕에는 쑥 싹을 캐는 소녀들의 색 낡은 분홍 치마가 애틋하게 정다워 보이고 개울가에는 냉이랑 독새랑 여뀌랑 미나리랑 싹이 뾰족뾰족 돋아났다.

엿장수는 한결같이 왔고 와서는 갈 줄을 몰랐다. 어떤 날은 벙글벙글 웃었고, 웃는 날은 애들에게 엿을 나눠 주었으나 벙어리처럼 덤덤히 앉았다가 가는 날은 엿 맛을 못 보았다. 그렇기에 아이들은 엿장수가 오면 엿판보다 먼저 엿장수 눈치부터 보는 버릇이 생겼다.

ⓐ요즘은 그 텁수룩한 머리에다 기름 칠갑을 해 가지고는 억지로 빗어 넘기고 또 옥색 인조견 조끼도 입었다. 낯익은 동네 아낙네들이,

"엿장수 요새 장가갔는가 베?"

라고 할라치면 엿장수는 수줍게도 씩 웃으며 그 펑퍼짐한 얼굴을 모로 돌리곤 했다.

하루는 철수가 저녁을 딴 데서 치르고 늦게 돌아오는데, 어떤 젊은 사내가 대문 틈으로 정신없이 집 안을 들여다보고 있었다. 철수는 이놈이 바로 좀도둑이거니 하고 손가방으로 궁둥짝을 후려치며,

"웬 놈이야?"

하고 고함을 질렀다. ⓑ사나이는 그야말로 뱀이나 밟은 것처럼 기겁을 하고는 철수를 보자 이내 한 손을 머리로 올리고 꾸뻑꾸뻑 절만 했다.

"뭣을 훔치려고 노리는 거야?"

"아, 아니올시더. 예, 예, 저 댁의 강아지가 예, 헤헤……."

"강아지가 어쨌단 거야?"

"예, 저 아니올시더. 헤헤."

연신 허리를 꾸뻑거리고는 비슬비슬 달아나 버렸다.

"그놈 미친놈이군!"

했을 뿐, 그 사나이가 엿장순 줄을 철수는 몰랐다.

밤이면 개 짖는 소리가 요란했고, 그런 밤이면 마을 사람들은 안팎 문을 꼭꼭 걸어 닫았다.

어떤 사람은 철수네 집 담 밑에서 도둑놈을 보았다고 했고 또 어떤 사람은 길목에서도 보았다고들 했다. 개울 빨래터에서도 보았고 동네 우물가에서도 보았다고들 했다. 그러나 막상 도둑을 맞은 사람은 한 사람도 없건만 마을에서는 도둑 소문이

자자한 채 달도 바뀌고 제비 올 무렵 ⓐ어느 날 저녁녘에 우연히도 남이 아버지가 찾아왔다.

[중간 부분의 줄거리] 남이의 아버지는 자신의 동네에 사는 스무 살 먹은 신랑감에게 남이를 시집보내기 위해 남이를 다음날 바로 데리고 떠나겠다고 한다. 남이는 떠나기 싫어 눈시울이 부었지만 아버지의 재촉에 떠날 준비를 한다.

분홍 치마에 흰 반회장저고리를 입고 맑은 때가 묻을락 말락한 버선을 신은 남이는 딴사람같이 이뻐 보였다. 어디다 내세우더라도 얌전한 색싯감이었다. 남이 아버지가 대문짝에 담뱃대를 딱딱 두드리면서 헛기침을 하는 것은 빨리 나오라는 재촉일 게다. 철수 아내는 이모저모 남이 옷맵시를 보아주고,

"어서 가거라. 너, 잔치할 때는 너 아저씨가 가든지 내가 가든지 꼭 할 테니."

그러나 남이는 한마디 인사말도 없이 영이와 윤이를 찾는다. 골목에 나가 놀고 있던 영이와 윤이는 남이의 달라진 모양을 보고 눈이 뚱그레져서,

"아지마, 어데 가노?"

하고 묻는다.

남이는 대답도 않고 두 아이를 데리고 건넌방으로 들어가, 영이와 윤이를 세운 채 두 팔로 가둬 안고,

"윤아, 아지마 가먼 니 빠빠 누가 줄꼬?"

하자, 영이가 또,

"아지마, 어데 가노?"

하고 묻는다. 남이는 목멘 낮은 소리로,

"우리 집에 간다."

그러나 영이는,

"거짓말이다. 이거 너거 집 앙이고 머고?"

하고 발까지 구르며 짜증을 낸다. 갑자기 윤이가 그 넓적한 입을 삐죽거리면서 억실억실한 눈에 눈물을 함빡 가둔다. 남이는 지그시 팔에 힘을 준다. 윤이 눈에서 눈물 한 방울이 떨어져 남이의 자줏빛 옷고름에 얼룩이 진다.

바로 이때다. 골목에서 엿장수 가위 소리가 들려왔다. 남이는 재빨리 윤이를 업고, 영이의 손목을 잡은 채 밖으로 나갔다. 남이 아버지는 벌써 저만치 철수와 하직을 하면서 내려가고, 엿장수는 마악 철수네 집 앞에서 대문을 나서는 남이와 마주쳤다. ⓒ엿장수는 얼빠진 사람처럼 남이를 바라보는데 남이의 눈에는 순간 어두운 그림자가 지나갔다.

남이는 윤이를 업은 채 허리를 굽히고, 몸을 약간 돌려 치맛자락을 걷고 빨간 콩주머니에서 십 원짜리 두 장을 꺼내 엿장수를 주었다. ⓓ엿장수는 그제서야 눈을 돌려 남이와 돈을 번갈아 보다 말고, 신문지 조각에 엿을 네댓 가락 싸서 아무 말도 없이 돈과 함께 내민다.

남이는 약간 망설이다가 역시 암말도 없이 한 손으로 받아 가지고는 영이를 앞세

남이 아버지의 등장

제비가 올 무렵은 봄이 한창인 때로 볼 수 있다. 이때는 남이와 엿장수의 사랑이 깊어 갈 때이다. 따라서 새로운 인물의 등장으로 새로운 사건이 전개될 것임을 계절의 변화와 함께 제시하고 있다고 할 수 있다.

우고 안으로 돌아왔다. 엿장수는 멍하니 대문만 쳐다보고 있다가 침을 한 번 꿀꺽 삼키고 나서 엿판을 둘러메고는 혼자말로,

ⓔ"꽃놀이를 가면 자천 골짜기지. 그럼 한 걸음 앞서 울음 고개로 질러감 되겠지!"

이렇게 중얼대면서 엿장수는 빠른 걸음으로 담 모퉁이를 돌아 울음 고개로 향해 갔다. (자천 골짜기는 이 근방 사람들이 단골로 가는 봄가을의 놀이터다.)

남이는 그 엿장수에게서 받은 엿을 영이에게 둘, 윤이에게 둘 각각 손에 쥐여 주고서도 한 동강이 잘라 입에 넣고는 손수건으로 윤이 눈물 자국과 영이 코밑을 닦아주고서야 보퉁이를 들고 일어섰다.

영이와 윤이는 엿 먹기에 여념이 없었다.

철수 아내는 보퉁이 한 개를 들고 따라 나오면서 남이에게 귓속말로 뭣을 일러 주고……. 이래서 남이는 떠나간다. 다만 한 가지 철수 내외에게 수수께끼는 마을 중턱에서 남이를 보내고 서서 그의 뒷모양을 바라보는데, 남이가 어이한 옥색 고무신을 신고 가는 것이다. 더구나 한 번도 신지 않은 새것을…….

철수 내외는 서로 얼굴만 쳐다볼 뿐 도로 물어본달 수도 없고 해서 그만두었다.

보리밭 사이 조그만 언덕길로 ⓛ옥색 고무신을 신은 남이는 갔다. 자천 골짜기로 꽃놀이를 가는 줄만 알았던 남이가 난데없는 영감 하나를 따라가고 있는 광경을 엿장수는 울음 고개 위에서 멀거니 바라보고 있는 것을 남이 자신이야 알 리도 없었다.

– 오영수, 「고무신」

이 작품의 서술자는 작품의 밖에서 인물의 생각과 행동을 전달하고 있어. 서술자가 작품 속에 있는 경우에는 주인공이 자신의 이야기를 하는 1인칭 주인공 시점과 서술자가 주인공을 관찰하여 이야기를 전달하는 1인칭 관찰자 시점이 있어.

01 윗글에 대한 설명으로 적절하지 <u>않은</u> 것은?

① 남이와 엿장수의 순수한 사랑을 느낄 수 있다.

② 사투리의 사용으로 인물들에게 친근감을 느끼게 하고 있다.

③ 작품 속의 서술자가 과거의 추억을 회상하여 전달하고 있다.

④ 인물들의 대화와 행동을 통해 인물들의 성격을 드러내고 있다.

⑤ 상징적인 소재를 활용하여 인물의 내면 심리를 드러내고 있다.

02 ㉠에 대한 설명으로 적절한 것은?

① 사건이 곧 마무리될 것임을 암시한다.

② 새로운 사건이 일어날 것임을 암시한다.

③ 새로운 인물이 중심인물로 바뀌게 될 것임을 암시한다.

④ 우연한 사건이 발생하여 사건이 반전될 것임을 암시한다.

⑤ 인물의 심리적 갈등이 인물 간의 갈등으로 전개될 것임을 암시한다.

> '반전'은 사건이나 상황이 좋은 쪽에서 나쁜 쪽으로, 또는 나쁜 쪽에서 좋은 쪽으로 바뀌어 변하는 것을 의미해. 이 용어는 희극에서 주인공의 불행한 운명이 행복한 방향으로 전환되는 것을 가리키기도 하지!

03 ㉡에 대한 설명으로 적절한 것은?

① 남이 아버지가 남이에게 선물한 신발이다.

② 영이와 윤이가 엿으로 바꿔 먹은 신발이다.

③ 엿장수가 남이에게 선물한 것으로 추측되는 신발이다.

④ 남이가 결혼할 남자에게서 받은 것으로 추측되는 신발이다.

⑤ 엿장수에 대한 결별의 의미로 남이가 미리 사서 준비해 둔 신발이다.

수능형

04 ⓐ～ⓔ에서 알 수 있는 사실로 적절하지 않은 것은?

① ⓐ: 남이에게 잘 보이고 싶어 외모에 신경을 쓰고 있다.

② ⓑ: 철수를 보고 당황하는 인물의 순박한 모습이 드러난다.

③ ⓒ: 곱게 차려입고 떠나는 남이를 원망하는 마음이 담겨 있다.

④ ⓓ: 돈을 받지 않고 엿을 주는 것으로 남이에 대한 마음을 드러내고 있다.

⑤ ⓔ: 엿장수는 남이가 자천 골짜기로 꽃놀이를 갔다고 생각하고 있다.

> **유사한 수능 문제 형식**
>
> • ⓐ～ⓔ를 이해한 것으로 적절하지 <u>않은</u> 것은?
>
> • ⓐ～ⓔ에 드러난 인물의 심리를 설명한 것으로 적절하지 <u>않은</u> 것은?

05 윗글에서 뜻하지 않은 이별로 인한 두 사람의 서글픈 심정을 상징적으로 드러내는 지명을 찾아 쓰시오.

　옛날 서라벌이 서울이 되어 있었을 때 세달사(世達寺) ― 지금의 흥교사(興敎寺)다. ― 의 장원(莊園)이 명주 내리군(捺李郡) ―『지리지』에 의하면 명주에 내리군은 없고, 다만 내성군(捺城郡)이 있는데, 본디는 내생군(捺生郡)이요, 지금의 영월(寧越)이다. 또 우수주(牛首州) 영현(領縣)에 내령군(捺靈郡)이 있는데, 본디는 내기군(捺己郡)이요 지금의 강주(剛州)다. 우수주는 지금의 춘주(春州)니 여기에 말한 내리군은 어느 것인지 알 수 없다. ― 에 있었다.

　본사(本寺)에서 중 조신(調信)을 보내어 장원 관리인으로 삼았다. 조신이 장원에 와서 태수(太守) 김흔 공(金昕公)의 딸을 좋아하여 그녀에게 깊이 빠졌다. 여러 번 낙산사 관음보살 앞에 나아가서 그 여자와 인연을 맺기를 몰래 빌었다. 바로 수년 사이에 그 여자에게 이미 배필이 생겼다. 또 불당 앞에 가서 관음보살이 자기의 소원을 이루어 주지 않음을 원망하여 날이 저물도록 슬피 울다가 그리운 ⓐ정사(情思)에 지쳐서 옷을 입은 채 그 자리에서 잠이 들었다.

　문득 꿈에 김 씨 낭자가 기쁜 낯빛으로 문으로 들어와서 반가이 웃으며 말했다.

　"저는 일찍이 스님을 잠깐 보고 알게 되어 속으로 사랑하여 잠시라도 잊지 못하고 있는데 부모의 명령에 못 이겨 억지로 다른 사람에게 시집갔습니다. 그러나 이제 부부가 되고 싶어 왔습니다."

　조신은 매우 기뻐하여 함께 ⓑ향리(鄕里)로 돌아갔다. 40여 년을 같이 살며 자녀 다섯을 두었으나 집은 다만 벽뿐이요, ⓒ조식(粗食)조차 대지 못했다. 마침내 지독한 가난이 들어서 서로 이끌고 사방으로 다니며 입에 풀칠하기조차 바빴다.

　이렇게 10년이나 초야(草野)를 두루 돌아다니다 보니 갈가리 찢어진 옷은 몸뚱이를 가릴 수도 없었다.

　때마침 명주 해령(蟹嶺)을 지나는데 열다섯 살 된 큰아이가 갑자기 굶어 죽어 통곡하며 길가에 묻어 주었다.

　그리고 나머지 네 자녀를 데리고 우곡현(羽曲縣) ― 지금의 우현(羽縣) ― 에 이르러 길가에 띠집을 짓고 살았다. 그들 부부는 늙고 병들었으며, 또 굶주려서 일어나지도 못했다. 열 살 난 계집아이가 밥 얻으러 다니다가 마을 개에게 물려 아프다고 부르짖으면서 앞에 와서 눕자 부모도 흐느껴 목이 메어 눈물이 끊임없이 흘렀다. 부인은 눈물을 훔치면서 갑자기 말했다.

　"내가 처음 당신을 만났을 때는 얼굴도 아름답고 나이도 젊었으며 의복도 많고 깨끗했습니다. 한 가지 음식이라도 당신과 나누어 먹었고 얼마 안 되는 의복도 당신과 나누어 입으면서 함께 산 지 50년에 정이 맺어져 매우 친밀해졌으며, ⓓ은애(恩愛)도 굳게 얽혔으니 두터운 인연이라고 할 수 있었습니다.

　그러나 근년에 와서는 쇠약해져 생긴 병이 해마다 더욱 심해지고 굶주림과 추위가 날로 더욱 닥쳐오니, 곁방살이와 보잘것없는 음식도 남에게 빌릴 수 없게 되었습니다. ⓔ천문만호(千門萬戶)에 걸식하는 그 부끄러움은 산더미를 진 것보다 더

무겁습니다. 아이들이 추위에 떨고 굶주려도 이조차 미처 돌보지 못하는데, 어느 틈에 부부의 애정을 즐길 수 있겠습니까? 혈색 좋던 얼굴과 어여쁜 웃음도 풀 위의 이슬처럼 사라져 버렸고 지란(芝蘭) 같은 백년가약도 버들개지가 바람에 날리듯 없어져 버렸습니다. 당신은 나 때문에 괴로움을 받고, 나는 당신 때문에 근심이 되니 옛날의 기쁨을 곰곰이 생각해 보니, 그것이 바로 우환(憂患)의 터전이었습니다.

당신과 내가 어찌해서 이 지경에 이르렀는지, 뭇 새가 함께 굶어 죽는 것보다는, 차라리 짝 잃은 난새가 거울을 향하여 짝을 부르는 것만 못할 것입니다.

역경을 당하면 버리고 순경(順境)에 있으면 친하고 하는 것은 인정상 차마 못할 짓이지만, 행하고 그치고 하는 것은 인력으로 되는 것이 아니며, 헤어지고 만나고 하는 것도 운수가 있는 것이니, 제발 지금부터 헤어집시다."

조신은 이 말을 듣고 크게 기뻐하여 각기 아이 둘씩을 맡아 바야흐로 떠나려 하니 여인은 말했다.

"저는 고향으로 가겠습니다. 당신은 남쪽으로 가십시오."

막 헤어져 길을 떠나려 할 때 그만 꿈을 깨었다. 이때 등잔불은 깜박거리고 밤이 바야흐로 새려 했다.

아침이 되니 수염과 머리털은 모두 희어지고 망연(茫然)하여, 세상에 뜻이 없어져 사는 것도 벌써 싫어지고, 한평생 괴로움을 겪은 것 같았다. 탐염(貪染)의 마음도 깨끗이 얼음 녹듯 없어져 버렸다. 이에 관음보살의 상을 대하기가 부끄러워져서 잘못을 뉘우쳐 마지않았다.

돌아와 해현(蟹峴)에 묻은 아이를 파 보니 그것은 바로 돌부처였다. 이것을 물로 씻어 부근의 절에 모셨다. 서울로 돌아가 장원의 소임을 그만두고 사재(私財)를 들여 정토사(淨土寺)를 세우고 착한 일을 근실히 닦았다.

그 후에 세상을 어디서 마쳤는지 알 수 없다.

평해서 말한다.

"이 전기를 읽고서 책을 덮고 지나간 일을 생각해 보니 하필 조신사(調信師)의 꿈만이 그렇겠느냐? 지금 모든 사람들이 속세의 즐거움만 알고서 기뻐 날뛰고 애쓰고 있으나 이것은 다만 깨닫지 못했기 때문이다."

이에 가사를 지어 경계한다.

잠시 즐거울 땐 한가롭더니
어느덧 근심 속에 늙어 버렸구나.
좁쌀밥이 다 되기 전에
인생이란 한 꿈인 줄을 깨달았구나.
수신(修身)의 잘잘못은 먼저 성의에 있는데
홀아비는 미인을, 도적은 창고를 꿈꾼다.
어찌 가을의 청야몽(淸夜夢)만으로
때때로 눈만 감아 청량(淸凉)에 이르랴.

― 작자 미상, 「조신 설화」

06 윗글에 대한 설명으로 적절하지 <u>않은</u> 것은?

① 세속적 욕망은 이루기 어려움을 강조하고 있다.

② 불교적 가치에 기반을 두는 주제 의식이 드러나 있다.

③ 서술자가 인물의 내면까지 구체적으로 제시하고 있다.

④ 작품 속에 사실성을 뒷받침하는 증거물을 제시하고 있다.

⑤ 내부와 외부 이야기가 구분되는 액자식 구성을 취하고 있다.

유사한 수능 문제 형식

• 윗글의 내용을 파악한 것으로 적절하지 <u>않은</u> 것은?

수능형

07 윗글을 읽고 〈보기〉와 같이 내용을 정리하려고 한다. ㉑에 들어갈 내용으로 적절하지 <u>않은</u> 것은?

┤ 보기 ├

현실		꿈속		현실
소망의 기원	→	㉑	→	깨달음

① 김 씨 낭자는 자신에게 어울리는 배필을 찾아 시집을 갔다.

② 조신은 김 씨 낭자와 40여 년을 같이 살며 자녀 다섯을 두었다.

③ 지독한 가난으로 곁방살이와 보잘것없는 음식조차 얻기 어려웠다.

④ 부부의 인연을 더 이상 이어 갈 수 없다고 여겨 헤어지기로 합의하였다.

⑤ 열다섯 살 된 큰아이가 굶어 죽어 명주에 있는 해령 길가에 묻어 주었다.

내적 갈등이란 한 인물의 마음속에서 일어나는 갈등을 의미해. 인물이 겪는 고민, 근심, 불안, 망설임, 초조, 분노, 방황 등이 모두 내적 갈등에 해당되지.

08 윗글의 내용에 대한 설명으로 적절하지 <u>않은</u> 것은?

① 꿈속에 나타난 관음보살과의 갈등은 조신의 내적 갈등으로 발전한다.

② 돌부처는 꿈의 공간과 현실이 단절되지 않고 긴밀하게 연결되게 한다.

③ 조신은 자신이 바라던 바가 이루어지지 않은 상황에서 꿈을 꾸게 된다.

④ 관음보살 앞에 가서 빌었던 조신의 소망이 꿈속에서 일시적으로 실현된다.

⑤ 꿈속에서의 삶을 통해 조신은 꿈을 꾸기 전과 다른 삶의 태도를 가지게 된다.

09 윗글의 작가가 궁극적으로 말하고자 하는 바로 가장 적절한 것은?

① 인생이 늘 즐거운 것은 아니다.

② 세속적 욕망은 덧없고 무상하다.

③ 자신의 처지에 맞게 살아야 한다.

④ 성공하여 세상에 이름을 떨쳐야 한다.

⑤ 꿈을 통해 인생의 깨달음을 얻을 수 있다.

10 ⓐ~ⓔ의 뜻풀이로 적절하지 않은 것은?

① ⓐ: 남녀가 서로 그리워하는 생각

② ⓑ: 자신이 태어나서 자란 고향

③ ⓒ: 아침 끼니로 먹는 밥

④ ⓓ: 부모 자식 사이나 부부간의 애정

⑤ ⓔ: 수많은 백성들의 집

수능형

11 위의 이야기를 영상물로 제작하기 위해 제안한 내용으로 적절하지 않은 것은?

① 조신이 법당 안에서 관음보살을 원망하며 밤늦도록 울다가 잠이 든 모습을 부각하는 게 좋겠어.

② 김 씨 낭자와 함께 고향으로 향하는 장면은 경쾌하고 화사한 봄 분위기로 꾸미는 게 좋겠지.

③ 아이들을 데리고 밥을 구걸하고, 다 쓰러져 가는 집에서 초라하게 살아가는 장면도 필요하겠어.

④ 부인이 헤어지자고 말하는 장면에서는 조신이 부인과의 이별을 슬퍼하며 우는 모습을 부각하고, 쓸쓸한 음악이 흐르도록 해야겠어.

⑤ 꿈을 깬 후의 장면에서는 조신의 머리가 하얗게 센 모습으로 분장하고, 세상일에 초연하게 대하는 태도를 보이도록 해야 해.

유사한 수능 문제 형식

• 작품을 시나리오로 각색하기 위해 내용을 분석한 것으로 적절하지 않은 것은?

마무리 정리하기

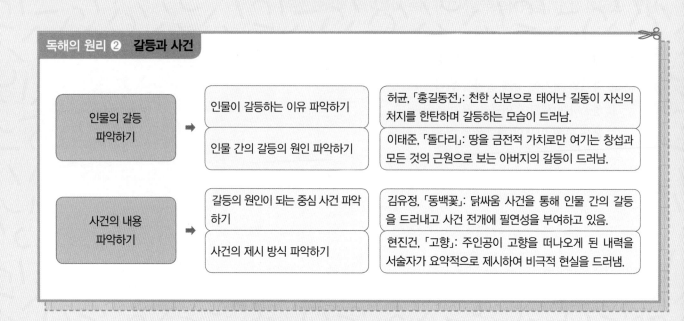

독해의 원리 ❷ 갈등과 사건

인물의 갈등 파악하기	→	인물이 갈등하는 이유 파악하기	허균, 「홍길동전」: 천한 신분으로 태어난 길동이 자신의 처지를 한탄하며 갈등하는 모습이 드러남.
		인물 간의 갈등의 원인 파악하기	이태준, 「돌다리」: 땅을 금전적 가치로만 여기는 창섭과 모든 것의 근원으로 보는 아버지의 갈등이 드러남.
사건의 내용 파악하기	→	갈등의 원인이 되는 중심 사건 파악하기	김유정, 「동백꽃」: 닭싸움 사건을 통해 인물 간의 갈등을 드러내고 사건 전개에 필연성을 부여하고 있음.
		사건의 제시 방식 파악하기	현진건, 「고향」: 주인공이 고향을 떠나오게 된 내력을 서술자가 요약적으로 제시하여 비극적 현실을 드러냄.

고무신 _ 오영수

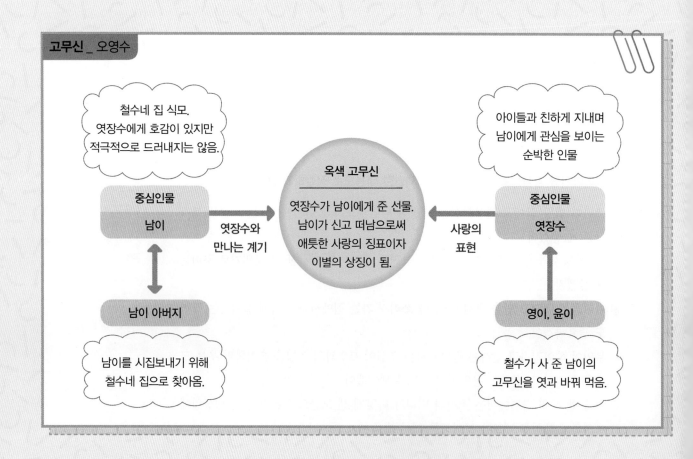

철수네 집 식모. 엿장수에게 호감이 있지만 적극적으로 드러내지는 않음.

아이들과 친하게 지내며 남이에게 관심을 보이는 순박한 인물

중심인물 남이

엿장수와 만나는 계기

옥색 고무신
엿장수가 남이에게 준 선물. 남이가 신고 떠남으로써 애틋한 사랑의 징표이자 이별의 상징이 됨.

사랑의 표현

중심인물 엿장수

남이 아버지

영이, 윤이

남이를 시집보내기 위해 철수네 집으로 찾아옴.

철수가 사 준 남이의 고무신을 엿과 바꿔 먹음.

조신 설화 _ 작자 미상

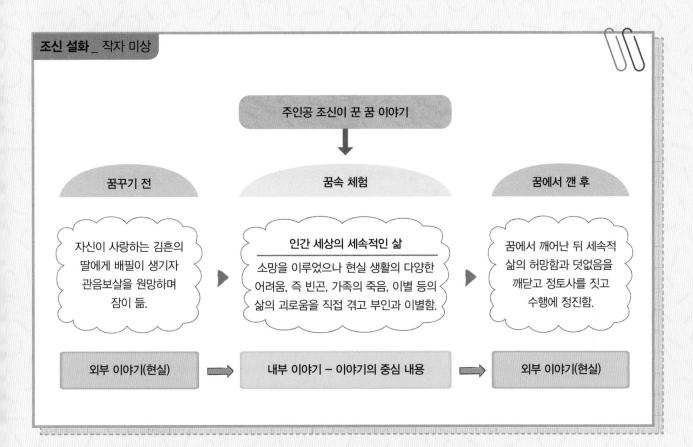

주인공 조신이 꾼 꿈 이야기

꿈꾸기 전	꿈속 체험	꿈에서 깬 후
자신이 사랑하는 김흔의 딸에게 배필이 생기자 관음보살을 원망하며 잠이 듦.	**인간 세상의 세속적인 삶** 소망을 이루었으나 현실 생활의 다양한 어려움, 즉 빈곤, 가족의 죽음, 이별 등의 삶의 괴로움을 직접 겪고 부인과 이별함.	꿈에서 깨어난 뒤 세속적 삶의 허망함과 덧없음을 깨닫고 정토사를 짓고 수행에 정진함.
외부 이야기(현실)	내부 이야기 – 이야기의 중심 내용	외부 이야기(현실)

📚 지식 플러스

오영수와 「고무신」

　오영수는 1949년 「남이와 엿장수」를 발표하고, 이듬해 신춘문예에 「머루」가 입선되면서 정식으로 등단하였다. 그의 작품은 근대적 도시 문명으로부터 떨어져 있는 농촌, 산골, 어촌 등의 시골 마을을 배경으로 서민들의 애환을 담아낸 것이 특징이다. 따라서 소설 속에 등장하는 인물들은 대부분 가난한 자, 서민, 변두리 인생이며, 도시인보다는 시골 사람이 많다. 이들은 대체로 촌스러우며, 어리숙하다. 그들은 또 의리로 살며, 선의로 세상을 보고, 온정을 베푸는 쪽이며, 서술자 역시 이들을 따뜻한 눈으로 바라보고 있다. 「고무신」은 「남이와 엿장수」를 제목을 바꾸어 쓴 작품으로, 산기슭 외딴 마을에서 펼쳐지는 청춘 남녀의 애틋한 사랑과 갑작스러운 이별의 아픔을 그려 낸 소설이다.

일연과 「조신 설화」

　이 설화는 신라 시대부터 전승되어 오던 이야기를 고려 때 일연이 수집하여 수록한 것으로, 『삼국유사』 3권 3. 탑상 제4, 조신조에 실려 전한다. 인생의 허무를 주제로 한 '꿈의 문학'으로, 우리나라에서는 그 원조가 되는 설화로 볼 수 있다. 조신의 꿈 설화는 정토사를 세우게 된 인연에 대해 설명하고 있다는 측면에서 보면 사찰의 기원과 관련된 설화이지만, 구성적인 측면에서는 조신이 하룻밤 동안 꾼 꿈을 통해 깨달음을 얻는 구조이므로 환몽 설화로 볼 수 있다. 조신의 꿈 설화는 이후 김만중의 「구운몽」이나 이광수의 「꿈」과 같은 여러 문학 작품에 영향을 미쳤다고 평가된다.

독해의 원리 이해하기

> 시점은 서술자의 위치와 태도에 따라 1인칭 주인공 시점, 1인칭 관찰자 시점, 3인칭 관찰자 시점, 3인칭 전지적 시점으로 구분할 수 있어!

소설의 시점과 서술 방식

소설에서 이야기를 전달하는 사람을 서술자라고 한다. 소설 속의 인물이 서술자가 되어 자신의 이야기를 전달하기도 하지만 작품 밖에서 인물들의 행동을 관찰하거나 인물들의 속마음을 자세히 들여다보듯이 이야기하기도 한다. 이처럼 서술자가 어떤 위치에서 어떤 태도로 이야기를 전달하는지를 가리켜 시점이라고 한다. 시점을 통해 전달하고자 하는 주제나 작가의 의도 등이 보다 효과적으로 드러나며, 독자에게 일정한 반응을 유도할 수 있다. 한편, 서술 방식은 서술자가 이야기를 전달하는 방식을 일컫는다. 서술자가 인물의 성격이나 심리 및 사건 진행 과정을 요약하여 서술하기도 하고, 작중 상황이나 배경 등을 객관적인 묘사를 통해 보여 주거나 인물들의 말과 행동을 통해 간접적으로 제시하기도 한다. 이러한 서술 방식은 내용의 전달 효과를 높이는 효과가 있다.

1

소설의 시점 파악하기

[학습 원리 1] 소설의 시점 파악하기

> 심청이 돌아와서 저의 부친에게 하직할 새 심 봉사 붙들고 뛰놀며 고통하여,
> "네, 날 죽이고 가지 그저는 못 가리라. 날 데리고 가거라. 너 혼자는 못 가리라."
> 심청이 부친을 위로하되,
> "부자간 천륜을 끊고 싶어 끊사오며 죽고 싶어 죽사오리까마는 액운이 막히었삽고, 생사가 때가 있어 하느님이 하신 바오니 한탄한들 어찌하오리까. 인정으로 할 양이면 떠날 날이 없사오리다."
> 하고 저의 부친을 동네 사람에게 붙들고 선인들을 따라갈 제 방성통곡하며 치마끈을 졸라매고 치마폭 거듬거듬 안고 흐트러진 머리털은 두 귀 밑에 느리우고 비같이 흐르는 눈물은 왼 옷에 사뭇 진다. 엎어지며 자빠지며 붙들려 나갈 제 건넌집 바라보며,
> [음력 칠월 칠석날 저녁에, 부녀자들이 견우와 직녀 두 별에게 바느질과 길쌈을 잘하게 하여 달라고 비는 일]
> "아무개네 집 큰아가, 상침질 수놓기를 뉘와 함께 하려느냐? 작년 오월 단오일에 그네 타며 놀던 일을 네가 행여 생각하느냐? 아무개네 집 작은아가, 금년 칠월 칠석 밤에 함께 걸교(乞巧)하자더니 이제는 허사로다. 언제나 다시 보랴. 너희는 팔자 좋아 양친 모시고 잘 있거라."
> 동네 남녀노소 없이 눈이 붓도록 서로 붙들고 울다가 성 위에서 서로 이별하더라.
> — 작자 미상, 「심청전」 중에서

➡ 외부의 서술자가 작품 속의 상황과 인물의 행동과 마음속 생각까지 적극적으로 전달하고 있다. 서술자가 인물의 행동과 생각, 감정을 설명하는 데에서 나아가 작품의 내용이나 인물에 대하여 직접 평가하는 것을 '서술자의 개입', 또는 '편집자적 논평'이라고 하는데, 3인칭 전지적 시점을 주로 취하는 고전 소설에서 자주 나타나는 특징이다.

[학습 원리 2] 시점에 따른 서술 효과 파악하기

> [전쟁 상황을 드러내는 풍경]
> 학교 뒤 야산 중턱, 철조망이 쳐진 곳은 고아원이었다. 철조망 안에는 창고처럼 높직이 유리창이 달린 판잣집과 두어 개의 군용 천막이 세워져 있었다. 공사를 하려는지 각목과 벽돌도 군데군데 쌓여 있었다. 햇빛이 쨍쨍 하고 그늘이 없어 계집애들은 각목을 엇갈려 세운 틈의 좁은 그늘에서 머리를 맞대고 이를 잡고 웃통을 벗은 사내애들은 물지게로 물을 길어 날랐다.
> 작은오빠는 늘 그 애들을 부러워했다. 못으로 날선 칼을 만들고 상처의 피쯤이야 쓱 혀로 핥고 밤마다 서너 명씩 패를 지어 달아나면 또 그만한 숫자의 다른 아이들이 어딘가 잡혀 온다고 했다. 언니는 그런 얘기를 들으면 진저리를 쳤다. [전쟁으로 방치된 아이들의 피폐된 삶]
> — 오정희, 「유년의 뜰」 중에서

➡ 1인칭 주인공 시점의 소설로 '나'에 의해 관찰된 한 가족의 일 년간의 삶을 다루고 있다. 서술자가 어린 소녀이기 때문에 전쟁의 상처를 명료하게 서술하지 않고 이미지를 통해 장면화하여 전달하고 있다. 이로 인해 전쟁의 참상을 명확하게 서술하지 못하고 전쟁의 이미지만을 전달하는 효과가 있다.

소설의 서술 방식 파악하기

소설의 서술 방식은 크게 직접 제시와 간접 제시로 구분할 수 있다. 직접 제시는 화자가 등장인물의 성격을 직접 설명, 평가하여 제시하는 것이고, 간접 제시는 등장인물의 외양, 행동, 주변 환경, 배경 등을 묘사하거나 인물 간의 대화를 제시하여 인물의 성격과 갈등 상황이 구체적으로 드러나게 하는 것이다.

[학습 원리 1] 소설의 장면 제시 방식 파악하기

> 벌써 며칠째 소녀는 학교에서 돌아오는 길에 물장난이었다. 그런데 어제까지는 개울 기슭에서 하더니 오늘은 징검다리 한가운데 앉아서 하고 있다. / 소년은 개울둑에 앉아 버렸다. 소녀가 비키기를 기다리자는 것이다. / 요행 지나가는 사람이 있어 소녀가 길을 비켜 주었다.
>
> 다음 날은 좀 늦게 개울가로 나왔다. / 이날은 소녀가 징검다리 한가운데 앉아 세수를 하고 있었다. 분홍 스웨터 소매를 걷어올린 팔과 목덜미가 마냥 희었다.
>
> 한참 세수를 하고 나더니 이번에는 물속을 빤히 들여다본다. 얼굴이라도 비추어 보는 것이리라. 갑자기 물을 움켜 낸다. 고기 새끼라도 지나가는 듯.
>
> 소녀는 소년이 개울둑에 앉아 있는 걸 아는지 모르는지 그냥 날쌔게 물만 움켜 낸다. 그러나 번번이 허탕이다. 그대로 재미있는 양, 자꾸 물만 움킨다. 어제처럼 개울을 건너는 사람이 있어야 길을 비킬 모양이다. / 그러다가 소녀가 물속에서 무엇을 하나 집어낸다. 하얀 조약돌이었다. 그러고는 벌떡 일어나 팔짝팔짝 징검다리를 뛰어 건너간다. / 다 건너가더니 홱 이리로 돌아서며,
>
> "이 바보." → 자신의 마음을 몰라주는 소년에 대한 소녀의 마음을 드러냄.
>
> 조약돌이 날아왔다.
>
> — 황순원, 「소나기」 중에서

➡ 시골에서 자란 순박한 시골 소년이 서울에서 온 윤 초시네 증손녀를 개울에서 처음 만나는 장면이다. 소년은 비켜 달라는 소리도 못하고 소녀가 징검다리에서 비키기만을 마냥 기다린다. 마침내 소녀는 소년에게 조약돌을 던지며 관심을 표현한다. 서술자는 작품 속 주인공인 소년과 소녀의 모습을 작품 밖에서 관찰하며 작중 상황을 객관적으로 묘사하고 있다. 그런데 작품을 읽는 독자는 마치 그 장면을 현장에서 실제로 보고 있는 것처럼 생생한 느낌을 가질 수 있다.

[학습 원리 2] 소설의 서술 방식에 따른 효과 파악하기

> "……오죽이나 좋은 세상이여? 오죽이나……."
>
> 윤 직원 영감은 팔을 부르걷은 주먹으로 방바닥을 땅 — 치면서 성난 황소가 영각을 하듯 고함을 지릅니다.
> 소가 길게 우는 소리
>
> "화적패가 있너냐? 부랑당 같은 수령(守令)들이 있너냐? …… 재산이 있대야 도적놈의 것이오, 목숨은 파리 목숨 같던 말세(末世)년 다 — 지내가고오…… 자 — 부아라, 거리거리 순사요 골골마다 공명헌 정사(政事), 오죽이나 좋은 세상이여…… 남은 수십만 명 동병(動兵)을 히여서, 우리 조선놈 보호히여 주니, 오죽이나 고마운 세상이여? …… 으응? …… 제것 지니고 앉어서 편안하게 살 세상, 이걸 태평천하라구 하는 것이여, 태평천하! …… 그런데 이런 태평천하에 태어난 부잣집 놈의 자식이 더군다나 왜 지가 땅땅거리구 편안허게 살 것이지, 어찌서 지가 세상 망쳐 놀 부랑당 패에 참섭을 헌담 말이여, 으응?"
>
> 땅 — 방바닥을 치면서 벌떡 일어섭니다. ┌ 가족들 그 몸짓이 어떻게도 요란스럽고 괄괄한지, 방금 발광이 되는가 싶습니다. 아닌게아니라 모여 선 가권들은 방바닥 치는 소리에도 놀랐지만, 이 어른이 혹시 상성이 되지나 않는가 하는 의구의 빛이 눈에 나타남을 가리지 못합니다. 본래의 성질을 잃어버리고 다른 사람처럼 됨.
>
> — 채만식, 「태평천하」 중에서

➡ 이 소설은 일제 강점하의 현실을 '태평천하'라 믿는 윤 직원을 풍자하고 있는데, 윤 직원은 민족의 불행은 외면한 채 자신의 이익만 추구하는 이기적이고 반민족적인 인물이다. 작가는 이러한 부정적인 인물의 언행을 드러내어 그 인물을 웃음거리가 되게 만들면서 비판하고 있다. 즉 부정적 인물의 행위를 인정하는 듯하나 결국은 부정하는 반어적인 방법을 사용하여 풍자하고 있는 것이다.

소설의 장면 제시 방식

• **서술**: 독자에게 어떤 상황을 말해 주는 것으로, 서술을 통해 사건이 전개되고, 인물의 성격이 드러난다.

• **대화**: 보여 주기 방식으로, 인물의 대화를 통해 사건이나 인물의 갈등이 구체화된다.

• **묘사**: 서술자가 대상에 대하여 표현하는 것으로, 인물의 외양, 배경 묘사 등이 있다.

운수 좋은 날 _ 현진건

이 작품은

1920년대를 배경으로 일제 강점기에 어렵게 살아가는 우리 민족의 삶을 김 첨지라는 인력거꾼을 통해 사실적으로 그려 낸 소설이다. 일제에 토지를 빼앗기고 농촌을 떠나 도시의 하층민이 된 농민들은 할 줄 아는 게 없어 인력거꾼 같은 힘든 일을 하며 살게 된다. 김 첨지는 전형적인 도시 하층민으로, 김 첨지의 불행한 하루를 통해 식민지를 살아가는 도시 하층민의 궁핍한 삶과 비참한 현실을 잘 드러내고 있다.

갈래 단편 소설, 사실주의 소설

시점 3인칭 전지적 시점

주제 일제 강점기 도시 하층민의 비참한 생활상

구성
• 발단: 인력거꾼 김 첨지에게 오랜만에 찾아온 행운
• 전개: 거듭되는 행운에도 아픈 아내에 대한 불안감을 느끼는 김 첨지
• 위기: 선술집에서 치삼이와 술을 마시면서 불안감을 떨치려는 김 첨지
• 절정: 아내에게 줄 설렁탕을 사서 집으로 돌아오는 김 첨지
• 결말: 아내의 죽음을 확인하고 통곡하는 김 첨지

내용 구조도

오랜만에 찾아온 행운
연이은 인력거 손님으로 돈을 많이 번 날

↓

운수 좋은 날
운수 나쁜 날

↑

갑작스럽게 맞이한 불행
아내의 죽음

비나 진눈깨비가 자꾸 축축하게 내리는 모양

*새침하게 흐린 품이 눈이 올 듯하더니 눈은 아니 오고 얼다가 만 비가 추적추적 내리는 날이었다. 이날이야말로 동소문 안에서 인력거꾼 노릇을 하는 *김 첨지에게는 오래간만에도 닥친 운수 좋은 날이었다. 문안에(거기도 문밖은 아니지만) 들어간답시는 앞집 마나님을 전찻길까지 모셔다드린 것을 비롯으로 행여나 손님이 있을까 하고 정류장에서 어정어정하며 내리는 사람 하나하나에게 거의 비는 듯한 눈결을 보내고 있다가 마침내 교원인 듯한 양복쟁이를 동광학교(東光學校)까지 태워다 주기로 되었다.

(헤화문)

(마음이 눈에 드러난 상태)

첫 번에 삼십 전, 둘째 번에 오십 전. 아침 댓바람에 그리 흉치 않은 일이었다. 그야말로 재수가 옴 붙어서 근 열흘 동안 돈 구경도 못한 김 첨지는 십 전짜리 백동화 서 푼, 또는 다섯 푼이 찰깍하고 손바닥에 떨어질 제 거의 눈물을 흘릴 만큼 기뻤다. 더구나 이날 이때에 이 팔십 전이란 돈이 그에게 얼마나 유용한지 몰랐다. 컬컬한 목에 모주 한 잔도 적실 수 있거니와 그보다도 앓는 아내에게 설렁탕 한 그릇도 사다 줄 수 있음이다.

(아주 이른 시간)

(빈곤한 생활상)

(김 첨지가 팔십 전이라는 돈에서 얻을 수 있는 효용)

그의 아내가 기침으로 쿨룩거리기는 벌써 달포가 넘었다. 조밥도 굶기를 먹다시피 하는 형편이니 물론 약 한 첩 써 본 일이 없다. 구태여 쓰려면 못 쓸 바도 아니로되 그는 병이란 놈에게 약을 주어 보내면 재미를 붙여서 자꾸 온다는 자기의 신조(信條)에 어디까지 충실하였다. 따라서 의사에게 보인 적이 없으니 무슨 병인지는 알 수 없으되 반듯이 누워 가지고 일어나기는새로에 모로도 못 눕는 걸 보면 중증은 중증인 듯. 병이 이토록 심해지기는 열흘 전에 조밥을 먹고 체한 때문이다. 그때도 김 첨지가 오래간만에 돈을 얻어서 좁쌀 한 되와 십 전짜리 나무 한 단을 사다 주었더니, 김 첨지의 말에 의지하면 그 오라질 년이 천방지축으로 냄비에 대고 끓였다. 마음은 급하고 불길은 달지 않아 채 익지도 않은 것을 그 오라질 년이 숟가락은 고만두고 손으로 움켜서 두 뺨에 주먹 덩이 같은 혹이 불거지도록 누가 빼앗을 듯이 처박질 하더니만 그날 저녁부터 가슴이 땡긴다, 배가 켕긴다고 눈을 홉뜨고 지랄병을 하였다. 그때 김 첨지는 열화와 같이 성을 내며,

(한 달이 조금 넘는 기간)

(굳게 믿어 지키고 있는 생각)

('신조'의 내용)

(매우 급하게 치밀어 오르는 화증)

"에이, 오라질 년, 조랑복은 할 수가 없어, 못 먹어 병, 먹어서 병! 어쩌란 말이야. 왜 눈을 바루 뜨지 못해!"

하고 앓는 이의 뺨을 한 번 후려갈겼다. 홉뜬 눈은 조금 바루어졌건만 이슬이 맺히었다. 김 첨지의 눈시울도 뜨끈뜨끈하였다.

('바로'의 잘못)

이 환자가 그러고도 먹는 데는 물리지 않았다. 사흘 전부터 설렁탕 국물이 마시고 싶다고 남편을 졸랐다.

(핵심 소재)

"이런 오라질 년! 조밥도 못 먹는 년이 설렁탕은. 또 처먹고 지랄병을 하게."

라고 야단을 쳐 보았건만, 못 사 주는 마음이 시원치는 않았다.

인제 설렁탕을 사 줄 수도 있다. 앓는 어미 곁에서 배고파 보채는 개똥이(세 살배기)에게 죽을 사 줄 수도 있다. 팔십 전을 손에 쥔 김 첨지의 마음은 푼푼하였다.

[중간 부분의 줄거리] 김 첨지의 행운은 계속되어 비를 맞으면서 학생을 남대문 정거장까지 태워다 주는 등 손님이 잇따르며 겁이 날 만큼 운이 좋았다. 아침에 아내가 오늘은 제발 나가지 말아 달라고 당부했다는 생각을 하고 불길한 예감이 든 김 첨지가 집에 가는 것이 두려워질 무렵, 선술집에서 나오는 치삼이를 만나 술을 마시고 집으로 향한다.

<u>김 첨지는 취중에도 설렁탕을 사 가지고 집에 다다랐다.</u> 집이라 해도 물론 셋집이요
_{김 첨지의 아내에 대한 사랑을 보여 줌.}
또 집 전체를 세든 게 아니라 안과 뚝 떨어진 행랑방 한 칸을 빌려 든 것인데, 물을 길어 대고 한 달에 일 원씩 내는 터이다. 만일 김 첨지가 <u>주기</u>를 띠지 않았던들 한 발을 대문
_{술기운}
에 들여놓았을 제 <u>그곳을 지배하는 무시무시한 정적(靜寂),</u> 폭풍우가 지나간 뒤의 바다
_{아내의 죽음이라는 이후의 사태를 예비하는 의도적 암시의 표현}
같은 정적에 다리가 떨렸으리라. 쿨룩거리는 기침 소리도 들을 수 없다. 그르렁거리는 숨소리조차 들을 수 없다. 다만 이 무덤 같은 침묵을 깨뜨리는, 깨뜨린다느니보다 한층 더 침묵을 깊게 하고 불길하게 하는 <u>빡빡 하는 그윽한 소리, 어린애의 젖 빠는 소리가</u>
_{청각적 묘사}
날 뿐이다. 만일 청각(聽覺)이 예민한 이 같으면 그 빡빡 소리는 빨 따름이요, 꿀떡꿀떡 하고 젖 넘어가는 소리가 없으니 빈 젖을 빤다는 것도 짐작하는지 모르리라.

혹은 김 첨지도 이 불길한 침묵을 짐작했는지도 모른다. 그렇지 않으면 대문에 들어서자마자 전에 없이,

"이 난장맞을 년, 남편이 들어오는데 나와 보지도 않아, 이 오라질 년."

이라고 고함을 친 게 수상하다. 이 고함이야말로 제 몸을 엄습해 오는 무시무시한 증을 쫓아 버리려는 허장성세인 까닭이다.

하여간 김 첨지는 방문을 왈칵 열었다. 구역을 나게 하는 추기, 떨어진 삿자리 밑에서 나온 먼지내, 빨지 않은 기저귀에서 나는 똥내와 오줌내, 가지각색 때가 켜켜이 앉은 옷내, 병인의 땀 썩은 내가 섞인 추기가 무딘 김 첨지의 코를 찔렀다.

방 안에 들어서며 설렁탕을 한구석에 놓을 사이도 없이 <u>주정꾼은 목청을 있는 대로</u>
<u>다 내어 호통을 쳤다.</u>
_{불길한 예감을 떨쳐 버리려는 의도로 볼 수 있음.}

"이런 오라질 년, 주야장천 누워만 있으면 제일이야. 남편이 와도 일어나지를 못해."

라는 소리와 함께 발길로 누운 이의 다리를 몹시 찼다. 그러나 발길에 채이는 건 사람의 살이 아니고 나뭇등걸과 같은 느낌이 있었다. 이때에 빡빡 소리가 응아 소리로 변하였다. 개똥이가 물었던 젖을 빼어 놓고 운다. 운대도 온 얼굴을 찡그려 붙여서 운다는 표정을 할 뿐이다. 응아 소리도 입에서 나는 게 아니고 마치 뱃속에서 나는 듯하였다. 울다가 목도 잠겼고 또 울 기운조차 시진한 것 같다.

발로 차도 그 보람이 없는 걸 보자 남편은 아내의 머리맡으로 달려들어 그야말로 까치집 같은 환자의 머리를 꺼들어 흔들며,

"이년아, 말을 해, 말을! 입이 붙었어, 이 오라질 년!"

"……."

"으응, 이것 봐, 아무 말이 없네."

✽ **"설렁탕을 사다 ~ 운수가, 좋더니만……."**: 아내의 죽음에 대한 김 첨지의 슬픔과 작품의 비극성이 부각되고 있음. 이 작품의 핵심 구조인 '거듭되는 행운'과 '아내의 죽음'이라는 대립 상황을 압축하여 보여 주는 대사임.

"……."

"이년아, 죽었단 말이냐, 왜 말이 없어?"

"……."

"으응, 또 대답이 없네. 정말 죽었나 버이."

이러다가 <u>누운 이의 흰창이 검은창을 덮은, 위로 치뜬 눈</u>을 알아보자마자,
　　　　　　　　　　_{아내가 죽었음을 드러냄.}
"이 눈깔! 이 눈깔! 왜 나를 바라보지 못하고 천장만 바라보느냐, 응?"

하는 말끝엔 목이 메였다. 그러자 <u>산 사람의 눈에서 떨어진 닭의 똥 같은 눈물</u>이 죽은
　　　　　　　　　　　　　　　　　　　_{아내의 죽음으로 인한 김 첨지의 슬픔}
이의 뻣뻣한 얼굴을 어룽어룽 적시었다. 문득 김 첨지는 미친 듯이 제 얼굴을 죽은 이의
얼굴에 한데 비비대며 중얼거렸다.

✽"설렁탕을 사다 놓았는데 왜 먹지를 못하니, 왜 먹지를 못하니……. 괴상하게도 <u>오늘
은! 운수가, 좋더니만…….</u>"
_{김 첨지에게 오늘은 운수 좋은 날이 아니라 가장 불행한 날이었음을 압축적으로 드러냄.}

∞ 전체 줄거리 엿보기

발단 본문 수록 부분

김 첨지에게 오래간만에 운수 좋은 날이 닥쳐 팔십 전을 번다. 김 첨지는 집에서 앓고 있는 아내가 먹고 싶어하는 설렁탕을 사 줄 수 있게 되어 기뻐한다.

↓

전개

김 첨지의 행운은 계속되어, 학생을 남대문 정거장까지 태워 주고, 전차에서 내린 손님을 태우는 등 꽤 큰돈을 벌게 된다. 그러나 잇따른 행운에도 집이 가까워질수록 집에서 앓고 있는 아내를 생각하며 불안해한다.

↓

위기

그때 길가 선술집에서 우연히 치삼이를 만난다. 불안감을 떨치려는 듯, 김 첨지는 운수가 좋아 돈을 많이 벌었다며 돈 자랑을 한다. 또 치삼이에게 선심을 베풀고 주정꾼처럼 횡설수설하며 많은 술을 마신다.

결말 본문 수록 부분

김 첨지는 아내를 건드려 보지만 아내는 이미 차고 딱딱하게 변해 버린 후다. 설렁탕을 사 왔는데도 먹지 못하고 죽은 아내 앞에서 김 첨지는 울음을 터뜨린다.

↑

절정 본문 수록 부분

김 첨지는 취중에도 설렁탕을 사 가지고 집으로 돌아가지만, 아내의 숨소리가 들리지 않고 집은 조용하기만 하다. 세 살배기 개똥이가 빈 젖을 빠는 소리만 들린다.

→

독해 포인트

1. 인물

김 첨지	가난한 (❶). 1920년대의 도시 하층민을 대표하는 전형적 인물. 거친 말을 하고 아내에게 몰인정하게 대하지만 속으로는 아내를 걱정하는 (❷) 인물
아내	가난으로 인해 결국 죽음을 맞이하는 비극적 인물. 앓던 와중에도 그토록 먹고 싶어 했던 설렁탕을 먹지 못하고 죽어 그 비극성을 심화시키는 인물

2. 배경과 소재

• **시간적 배경**: 1920년대(일제 강점기)   • **공간적 배경**: 서울의 빈민가
• (❸   )가 내리는 날씨 ➡ 손님이 끊임없이 이어지는 행운을 가져다주는 원인이 됨. 음산하고 우울한 분위기를 형성하고, 비극적 결말을 암시하며, 주인공의 비참한 삶과 불안한 심정을 부각함.

설렁탕	아내에 대한 김 첨지의 애정을 나타냄. 아내가 먹고 싶어 했지만 먹지 못하고 죽는다는 점에서 작품의 (❹)을 강화하는 소재임.
돈	김 첨지에게 일시적인 행운을 가져다주지만, 가난한 생활과 그로 인한 아내의 죽음 등 모든 불행의 원인이 됨.

3. 갈등과 사건

• **김 첨지의 내적 갈등**: 김 첨지에게 따르는 (❺   )과 아픈 아내에 대한 불길한 예감 사이에서 발생하는 갈등

인력거 손님이 이어지는 행운이 찾아옴.		계속되는 행운에 겁이 남.
오래간만에 돈을 많이 벌어서 아픈 아내에게 (❻)을 사 줄 수 있어 눈물이 날 만큼 기쁨.		병이 깊어도 가난한 형편 때문에 약도 못 쓰고 누워 있는 아내에 대한 걱정으로 (❼).

4. 시점과 서술 방식

3인칭 전지적 시점	작품 밖에서 주인공의 행운과 불행, 그에 따른 그의 심리 상태를 극적으로 제시하고 있음. → 부분적으로 3인칭 관찰자 시점으로 서술함.
서술상 특징	• (❽)를 구사하여 작품의 현실감을 높여 줌. • (❾) 상황을 제시하여 작품의 비극성을 강화함. • 일제 강점기에 고통받는 하층민의 삶을 사실적으로 드러냄. • 날씨를 배경으로 작품 전체의 분위기를 조성하고 사건의 비극적 결말을 암시함.

5. 제목과 주제

운수 좋은 날		운수 나쁜 날
손님을 연달아 태워 많은 돈을 벌게 되는 행운을 얻음.	⇒	아내가 먹고 싶어 한 설렁탕조차 먹지 못하고 죽은 불행한 날

❶ 인력거꾼 ❷ 선량한(순박한) ❸ 비 ❹ 비극성 ❺ 행운 ❻ 설렁탕 ❼ 불안함 ❽ 비속어 ❾ 반어적

어휘력 체크 ✓

01 작품 속에서 다음과 같은 의미의 낱말을 찾아 쓰세요.

(1) '비나 진눈깨비가 자꾸 축축하게 내리는 모양'을 나타내는 말
(2) '실속은 없이 큰소리를 치거나 허세를 부림.'을 뜻하는 말
(3) '아주 이른 시간'을 나타내는 말

02 빈칸에 알맞은 말을 〈보기〉에서 찾아 문장을 완성하세요.

보기
푼푼하다   천방지축 어정어정   꿀떡꿀떡

(1) 어미가 사라지자 강아지가 (   ) 뛰기 시작했다.
(2) 기부금이 많이 모이니 마음이 저절로 (   ).
(3) 아버지께서는 뒷짐을 지고 (   ) 거닐며 깊은 생각에 잠겼다.

03 '조밥도 굶기를 먹다시피 하다.'의 의미를 쓰세요.

01 (1) 추적추적 (2) 허장성세 (3) 댓바람
02 (1) 천방지축 (2) 푼푼하다 (3) 어정어정 **03** 조밥조차 제대로 먹을 수 없다는 뜻으로 매우 가난한 형편을 나타냄.

06 허생전 _ 박지원

 이 작품은

『열하일기』의 「옥갑야화」에 실려 있는 소설로 당시 사대부의 허례허식과 나약한 경제 체제를 실학적 입장에서 비판하고 있다. 작품의 전반부에서는 허생이 매점 매석으로 큰돈을 벌어들이는 과정을 통해 우리나라의 취약한 경제 현실을 비판하고 있으며, 후반부에서는 지배 계층을 대표하는 이완을 등장시켜 사대부 계층의 무능과 허위의식을 비판하는 동시에 사대부들이 현실 상황을 깨닫고 개혁에 나설 것을 촉구하고 있다.

갈래 한문 단편 소설, 풍자 소설

시점 3인칭 전지적 시점

주제 경제 구조의 취약성, 지배층의 무능 등 당시 사회의 모순 비판

구성
· 발단: 허생의 아내가 공부만 하는 허생에게 경제적 어려움을 호소하자 허생이 집을 나감.
· 전개: 변 씨로부터 만 냥을 빌려 매점매석과 무역으로 큰돈을 번 허생이 빈 섬에 도둑들을 모아 살게 한 후에 빌린 돈을 변 씨에게 갚고 집으로 돌아옴.
· 위기: 허생이 자신을 찾아온 이완에게 계책을 제안하지만 수용되지 못함.
· 절정: 허생이 대의명분만을 따르려는 사대부를 비판함.
· 결말: 허생이 종적을 감춤.

[앞부분의 줄거리] 허생의 아내가 공부만 하는 허생에게 경제적 어려움을 호소하자 허생이 집을 나간다. 허생은 곧장 한양에서 제일가는 부자인 변 씨를 찾아가 만 냥을 빌린다.

허생은 만 냥을 입수하자, 다시 자기 집에 들르지도 않고 바로 안성(安城)으로 내려갔다. 안성은 경기도, 충청도 사람들이 마주치는 곳이요, 삼남(三南)의 길목이기 때문이다.
_{충청도, 전라도, 경상도 세 지방을 통틀어 이르는 말}
거기서 대추, 밤, 감, 배며 석류, 귤, 유자 등속의 과일을 모조리 두 배의 값으로 사들였다. 허생이 과일을 몽땅 쓸었기 때문에 온 나라가 잔치나 제사를 못 지낼 형편에 이
_{잔치나 제사에 쓰이는 음식}
르렀다. 얼마 안 가서, 허생에게 두 배의 값으로 과일을 팔았던 상인들이 도리어 열 배의 값을 주고 사 가게 되었다. 허생은 길게 한숨을 내쉬었다.

"만 냥으로 온갖 과일의 값을 좌우했으니, 우리나라의 형편을 알 만하구나."

그는 다시 칼, 호미, 포목 따위를 가지고 제주도에 건너가서 말총을 죄다 사들이면서
_{양반들이 머리에 썼던 망건의 재료}
말했다.

"몇 해 지나면 나라 안의 사람들이 머리를 싸매지 못할 것이다."

허생이 이렇게 말하고 얼마 안 가서 과연 망건값이 열 배로 뛰어올랐다.

허생은 늙은 사공을 만나 말을 물었다.

"바다 밖에 혹시 사람이 살 만한 빈 섬이 없던가?"

"있습지요. 언젠가 풍파를 만나 서쪽으로 줄곧 사흘 동안을 흘러가서 어떤 빈 섬에 닿았습지요. 아마 사문(沙門)과 장기(長崎)의 중간쯤 될 겁니다. 꽃과 나무는 제멋대로 무성하여 과일 열매가 절로 익어 있고, 짐승들이 떼 지어 놀며, 물고기들이 사람을 보고도 놀라지 않습디다."

그는 대단히 기뻐하며,

"자네가 만약 나를 그곳에 데려다준다면 함께 부귀를 누릴 걸세."

라고 말하니, 사공이 그러기로 승낙을 했다.

드디어 바람을 타고 동남쪽으로 가서 그 섬에 이르렀다. 허생은 높은 곳에 올라가서 사방을 둘러보고 실망하여 말했다.

"땅이 천 리도 못 되니 무엇을 해 보겠는가? 토지가 비옥하고 물이 좋으니 단지 부가
_{땅이 걸고 기름짐.}
옹(富家翁)은 될 수 있겠구나."
_{부잣집의 늙은 주인}

"텅 빈 섬에 사람이라곤 하나도 없는데, 대체 누구와 더불어 사신단 말씀이오?"

사공의 말이었다.

"덕(德)이 있으면 사람이 절로 모인다네. 덕이 없을까 두렵지, 사람이 없는 것이야 근
_{유교적인 덕치주의를 중시하는 가치관이 드러남.}
심할 것이 있겠나?"

이때, 변산(邊山)에 수천의 군도(群盜)들이 우글거리고 있었다. 각 지방에서 군사를
_{떼를 지어 도둑질을 하는 무리}
징발하여 수색을 벌였으나 좀처럼 잡히지 않았고, 군도들도 감히 나가 활동을 못 해서
_{국가에서 특별한 일에 필요한 사람이나 물자를 강제로 모으거나 거두어}
배고프고 곤란한 판이었다. 허생이 군도의 산채를 찾아가서 우두머리를 달래었다.
_{산적들의 소굴}

"천 명이 천 냥을 빼앗아 와서 나누면 하나 앞에 얼마씩 돌아가지요?"

"일 인당 한 냥이지요." / "모두 아내가 있소?" / "없소." / "논밭은 있소?"

군도들이 어이없어 웃었다.

*땅이 있고 처자식이 있는 놈이 무엇 때문에 괴롭게 도둑이 된단 말이오?"

"정말 그렇다면, 왜 아내를 얻고, 집을 짓고, 소를 사서 논밭을 갈고 지내려 하지 않는가? 그럼 도둑놈 소리도 안 듣고 살면서, 집에는 부부의 낙(樂)이 있을 것이요, 돌아다녀도 잡힐까 걱정을 않고 길이 의식의 요족(饒足)을 누릴 텐데."
살림이 넉넉함.

"아니, 왜 바라지 않겠소? 다만 돈이 없어 못 할 뿐이지요."

허생은 웃으며 말했다.

"도둑질을 하면서 어찌 돈을 걱정할까? 내가 능히 당신들을 위해서 마련할 수 있소. 내일 바다에 나와 보오. 붉은 깃발을 단 것이 모두 돈을 실은 배이니, 마음대로 가져가구려."

허생이 군도와 언약하고 내려가자, 군도들은 모두 그를 미친놈이라고 비웃었다.

이튿날, 군도들이 바닷가에 나가 보았더니, 과연 허생이 삼십만 냥의 돈을 싣고 온 것이었다. 모두들 대경(大驚)해서 허생 앞에 줄지어 절했다.
크게 놀라서

"오직 장군의 명령을 따르겠소이다."

"너희들, 힘껏 짊어지고 가거라."

이에, 군도들이 다투어 돈을 짊어졌으나, 한 사람이 백 냥 이상을 지지 못했다.

"너희들, 힘이 한껏 백 냥도 못 지면서 무슨 도둑질을 하겠느냐? 인제 너희들이 양민(良民)이 되려고 해도, 이름이 도둑의 장부에 올랐으니, 갈 곳이 없다. 내가 여기서 너희들을 기다릴 것이니, 한 사람이 백 냥씩 가지고 가서 여자 하나, 소 한 필을 거느리고 오너라."

허생의 말에 군도들은 모두 좋다고 흩어져 갔다.

허생은 몸소 이천 명이 1년 먹을 양식을 준비하고 기다렸다. 군도들이 빠짐없이 모두 돌아왔다. 드디어 다들 배에 싣고 그 빈 섬으로 들어갔다. 허생이 도둑을 몽땅 쓸어 가서 나라 안에 시끄러운 일이 없었다.
허생의 영웅적 면모 제시, 위정자들의 무능 비판

그들은 나무를 베어 집을 짓고, 대〔竹〕를 엮어 울을 만들었다. 땅기운이 온전하기 때문에 백곡이 잘 자라서, 한 해나 세 해만큼 걸러 짓지 않아도 한 줄기에 아홉 이삭이 달렸다. 3년 동안의 양식을 비축해 두고, 나머지를 모두 배에 싣고 장기도(長崎島)로 가져가서 팔았다. 장기라는 곳은 삼십만여 호나 되는 일본(日本)의 속주(屬州)이다. 그 지방이 한참 흉년이 들어서 구휼하고 은 백만 냥을 얻게 되었다.
온갖 곡식

허생이 탄식하면서, / "인제 나의 조그만 시험이 끝났구나."

하고, 이에 남녀 이천 명을 모아 놓고 말했다.

내용 구조도

매점매석을 통한 경제 활동

경제 구조의 취약성 및 허례허식을 중시하는 양반 사회 제시

↓

당시 사회의 모순 비판 → 주제 제시

↑

빈 섬에서 이상 사회 건설
도둑이 된 양민들(군도)을 데리고 빈 섬으로 감.

어휘 풀이

❖ **포목**: 베와 무명을 아울러 이르는 말.
❖ **사문**: 동남아시아의 어느 곳을 가리키는 듯하나 정확하게는 알 수 없음.
❖ **장기**: 일본 나가사키.
❖ **양민**: 선량한 백성. 조선 시대에, 양반과 천민의 중간 신분.
❖ **비축**: 만약의 경우를 대비하여 미리 갖추어 모아 두거나 저축함.
❖ **속주**: 어느 나라에 속하여 있는 주(州).
❖ **구휼(救恤)**: 사회적 또는 국가적 차원에서 재난을 당한 사람이나 빈민에게 금품을 주어 구제함.

구절 풀이

* **"땅이 있고 ~ 된단 말이오?"**: 도둑이 생기는 이유가 국가에서 백성들이 먹고 사는 문제를 해결해 주지 못했기 때문이라는 작가 의식이 드러남.
* **3년 동안의 ~ 가져가서 팔았다.**: 장기도는 매우 번성했던 국제 교역지로 허생이 장기도에 가서 쌀을 판 것은, 국제 무역의 목적 이외에도 외국과의 문물 교류가 이루어져야 한다는 것을 보여 준 것임.

───────────

빈섬에 들어간 이유

허생이 도적의 무리를 이끌
고 빈 섬에 들어감으로써
백성을 구제하고 나라를 안
정시킨다. 그리고 그들에게
최소한의 예의만을 가르치
고, 글 아는 자들은 모두 섬
에서 데리고 나온다. 이것
은 허생이 빈 섬에서 이상
국가 건설의 가능성을 시험
한 것으로 볼 수 있다.

*"내가 처음에 너희들과 이 섬에 들어올 때엔 먼저 부(富)하게 한 연후에 따로 문자를
만들고 의관(衣冠)을 새로 제정하려 하였더니라. 그런데 땅이 좁고 덕이 엷으니, 나는
옷과 갓. 여기서는 '문물이 열리고 예의가 바른 풍속'의 뜻으로 쓰임.
이제 여기를 떠나련다. 다만, 아이들을 낳거들랑 오른손에 숟가락을 쥐고, 하루라도
먼저 난 사람이 먼저 먹도록 양보케 하여라."
　　　　　장유유서의 유교적 가치관 제시
다른 배들을 모조리 불사르면서, / "가지 않으면 오는 이도 없으렷다."

하고 돈 오십만 냥을 바다 가운데 던지며,

"바다가 마르면 주워 갈 사람이 있겠지. 백만 냥은 우리나라에도 용납할 곳이 없거
늘, 하물며 이런 작은 섬에서랴!"

했다. 그리고 글을 아는 자들을 골라 모조리 함께 배에 태우면서,

"이 섬에 화근을 없애야 되지." / 했다.

[끝부분의 줄거리] 허생은 변 씨에게 빌린 돈을 갚고 그와 친교를 쌓는다. 허생의 재주를 아까워하던 변
씨가 허생을 이완에게 천거하여 이완이 찾아오자 허생이 세 가지 시책을 제안하지만 이완이 대의명분을
내세워 받아들이지 않는다. 허생이 양반 사대부를 비판하고 다음 날 종적을 감춘다.

∞ 전체 줄거리 엿보기

발단

허생이 글만 읽고 가정을
돌보지 않았기 때문에,
가난과 허기에 지친 아내
가 장인바치 일이나 장사
라도 해야 하지 않느냐고
허생을 비판하자 허생이
책을 덮고 집을 나간다.

↓

전개 본문 수록 부분

허생은 변 씨에게 만 냥
을 빌려 온갖 과일과 말총
등을 매점매석하여 큰돈
을 번다. 그리고 빈 섬에
도둑들을 모아 살게 한다.
온 나라 안을 두루 돌아다
니면서 가난하고 의지할
곳 없는 사람들을 구제한
후, 남은 돈 십만 냥을 변
씨에게 돌려주고, 집으로 돌아간다.

결말

이튿날 다시 찾아갔더니 허생의
집이 텅 비어 있고 허생이 간 곳
을 알 수 없게 된다.

↑

절정

허생이 명분만 중시하는 집권층의
행태에 격분하여 이완을 크게 꾸
짖는다. 이완은 놀라 달아난다.

↑

위기

허생의 재주를 아까워하던 변 씨
가 어영 대장 이완에게 허생을 추
천하자, 이완이 허생을 찾아온다.
허생은 이완에게 세 가지 시책을
제시하지만 받아들이지 않는다.

→

독해 포인트

1. 인물

허생	가족의 생계를 돌보는 것보다는 글 읽기를 중시함. 재물에 대한 욕심이 적으며, 돈을 수단적 가치로만 여김. 조선 후기 (❶)을 대표함.
허생의 처	가족의 생계를 위한 (❷) 능력을 중시함. 허생이 글 읽기를 그만두고 장사를 하러 나서게 함.
변 씨	허생의 비범함을 알아보는 뛰어난 안목을 지닌 인물. 허생과 이완 대장을 연결해 주는 역할을 함. 조선 후기에 새롭게 등장한 (❸) 계층
이완 대장	비판의 대상이 되는 무능한 지배층을 대표하는 인물. 현실의 문제를 인식하지만 실리보다는 (❹)을 중시함.

2. 배경

- **시간적 배경**: 조선 효종 때(17세기 중반)
- **공간적 배경**: 국내(서울, 안성, 제주, 변산 등)와 국외(장기도, 빈 섬 등)

3. 갈등과 사건

허생 ⟷ 허생의 처	집안 살림을 돌보지 않고 글만 읽어 경제적으로는 무능력한 허생과 경제적 능력을 중시하며 (❺) 사고를 가진 허생의 처 사이의 갈등. 허생을 통해 사대부의 허위적인 삶을 비판함.
허생 ⟷ 이완	실용적이고 실리를 중시하며 과감한 개혁을 주장하는 허생과 (❻)과 예법 등을 중시하여 허생의 제안을 받아들이지 않는 이완 사이의 갈등

4. 시점과 서술 방식

3인칭 전지적 시점	작품 밖의 서술자가 주인공인 허생을 비롯한 작중 인물들의 행동과 심리, 사건의 정황 등을 직접 서술함.
서술상 특징	• 실학사상을 바탕으로 당대 사회의 모순을 풍자함. • 빈 섬을 통해 이상향의 구체적 모습을 제시함. • 허생이라는 영웅적 인물의 행적을 중심으로 사건을 전개함.

5. 주제

- **과일과 말총 따위의 (❼   )**: 당시의 취약한 경제 구조 및 허례허식에 치우친 양반들을 풍자함.
- **허생이 군도를 빈 섬에서 살게 함.**: 지배층의 무능으로 (❽   )이 도둑이 될 수밖에 없는 사회 현실을 드러내어 비판함.

❶ 양반 계층 ❷ 경제적 ❸ 상인 ❹ 명분 ❺ 실용적 ❻ 명분 ❼ 매점매석 ❽ 양민

어휘력 체크 ✓

01 다음 낱말의 뜻을 〈보기〉에서 찾아 기호를 쓰세요.

┤ 보기 ├
ⓐ 살림이 넉넉함.
ⓑ 부잣집의 늙은 주인
ⓒ 떼를 지어 도둑질을 하는 무리
ⓓ 선량한 백성

(1) 부가옹 ········· (   )
(2) 군도 ·········· (   )
(3) 양민 ·········· (   )
(4) 요족 ·········· (   )

02 다음 문장의 뜻에 어울리는 낱말을 〈보기〉에서 찾아 쓰세요.

┤ 보기 ├
좌우하다   비옥하다
징발하다   구휼하다

(1) 재난을 당한 사람이나 빈민에게 금품을 주어 구제하다.
(2) 땅이 걸고 기름지다.
(3) 국가에서 특별한 일에 필요한 사람이나 물자를 모으거나 거두다.
(4) 어떤 일에 영향을 주어 지배하다.

03 유교적 덕목의 하나로 '하루라도 먼저 난 사람이 먼저 먹도록 양보케 하다.'와 관계있는 한자 성어는?

01 (1) ⓑ (2) ⓒ (3) ⓓ (4) ⓐ **02** (1) 구휼하다 (2) 비옥하다 (3) 징발하다 (4) 좌우하다 **03** 장유유서

01~06 다음 글을 읽고 물음에 답하시오.

문제 해결 포인트
❶ 작품의 시작 부분에 제시된 날씨에 대한 묘사에서 무엇을 느낄 수 있나요?
❷ 주인공인 김 첨지는 무슨 일을 하며, 어떻게 살아가고 있나요?
❸ 서술자는 주인공의 말과 행동, 심리 등을 어떻게 표현하고 있나요?
❹ 김 첨지에게 '운수 좋은 날'이란 구체적으로 어떤 날을 의미하나요?

새침하게 흐린 품이 눈이 올 듯하더니 눈은 아니 오고 얼다가 만 비가 추적추적 내리는 날이었다. 이날이야말로 동소문 안에서 인력거꾼 노릇을 하는 김 첨지에게는 오래간만에도 닥친 운수 좋은 날이었다. 문안에(거기도 문밖은 아니지만) 들어간답시는 앞집 마나님을 전찻길까지 모셔다 드린 것을 비롯으로 행여나 손님이 있을까 하고 정류장에서 어정어정하며 내리는 사람 하나하나에게 거의 비는 듯한 눈결을 보내고 있다가 마침내 교원인 듯한 양복쟁이를 동광학교(東光學校)까지 태워다 주기로 되었다.

첫 번에 삼십 전, 둘째 번에 오십 전, 아침 댓바람에 그리 흉치 않은 일이었다. 그야말로 재수가 옴 붙어서 근 열흘 동안 돈 구경도 못한 김 첨지는 십 전짜리 백동화 서 푼, 또는 다섯 푼이 찰깍하고 손바닥에 떨어질 제 거의 눈물을 흘릴 만큼 기뻤었다. 더구나 이날 이때에 이 팔십 전이라는 돈이 그에게 얼마나 유용한지 몰랐다. 컬컬한 목에 모주 한 잔도 적실 수 있거니와 그보다도 앓는 아내에게 설렁탕 한 그릇도 사다 줄 수 있음이다.

그의 아내가 기침으로 쿨룩거리기는 벌써 달포가 넘었다. 조밥도 굶기를 먹다시피 하는 형편이니 물론 약 한 첩 써 본 일이 없다. 구태여 쓰려면 못 쓸 바도 아니로되 그는 병이란 놈에게 약을 주어 보내면 재미를 붙여서 자꾸 온다는 자기의 신조(信條)에 어디까지 충실하였다. 따라서 의사에게 보인 적이 없으니 무슨 병인지는 알 수 없으되 반듯이 누워 가지고 일어나기는새로에 모로도 못 눕는 걸 보면 중증은 중증인 듯. 병이 이토록 심해지기는 열흘 전에 조밥을 먹고 체한 때문이다. 그때도 김 첨지가 오래간만에 돈을 얻어서 좁쌀 한 되와 십 전짜리 나무 한 단을 사다 주었더니, 김 첨지의 말에 의지하면 그 오라질 년이 천방지축으로 냄비에 대고 끓였다. 마음은 급하고 불길은 달지 않아 채 익지도 않은 것을 그 오라질 년이 숟가락은 고만두고 손으로 움켜서 두 뺨에 주먹 덩이 같은 혹이 불거지도록 누가 빼앗을 듯이 처박질 하더니만 그날 저녁부터 가슴이 땡긴다, 배가 켕긴다고 눈을 홉뜨고 지랄병을 하였다. 그때 김 첨지는 열화와 같이 성을 내며, [A]

"에이, 오라질 년, 조랑복은 할 수가 없어, 못 먹어 병, 먹어서 병! 어쩌란 말이야! 왜 눈을 바루 뜨지 못해!"

하고 앓는 이의 뺨을 한 번 후려갈겼다. 홉뜬 눈은 조금 바루어졌건만 이슬이 맺히었다. 김 첨지의 눈시울도 뜨끈뜨끈하였다.

이 환자가 그러고도 먹는 데는 물리지 않았다. 사흘 전부터 설렁탕 국물이 마시고 싶다고 남편을 졸랐다.

"이런 오라질 년! 조밥도 못 먹는 년이 설렁탕은. 또 처먹고 지랄병을 하게."

라고 야단을 쳐 보았건만, 못 사 주는 마음이 시원치는 않았다.

인제 설렁탕을 사 줄 수도 있다. 앓는 어미 곁에서 배고파 보채는 개똥이(세 살배기)에게 죽을 사 줄 수도 있다. 팔십 전을 손에 쥔 김 첨지의 마음은 푼푼하였다.

[중간 부분의 줄거리] 김 첨지의 행운은 계속되어 비를 맞으면서 학생을 남대문 정거장까지 태워다 주는 등 손님이 잇따르며 겁이 날 만큼 운이 좋았다. 아침에 아내가 오늘은 제발 나가지 말아 달라고 당부했다는 생각을 하고 불길한 예감이 든 김 첨지가 집에 가는 것이 두려워질 무렵, 선술집에서 나오는 치삼이를 만나 술을 마시고 집으로 향한다.

　김 첨지는 취중에도 설렁탕을 사 가지고 집에 다다랐다. 집이라 해도 물론 셋집이요 또 집 전체를 세든 게 아니라 안과 뚝 떨어진 행랑방 한 칸을 빌려 든 것인데, 물을 길어 대고 한 달에 일 원씩 내는 터이다. 만일 김 첨지가 주기를 띠지 않았던들 한 발을 대문에 들여놓았을 제 그곳을 지배하는 무시무시한 정적(靜寂), 폭풍우가 지나간 뒤의 바다 같은 정적에 다리가 떨렸으리라. 쿨룩거리는 기침 소리도 들을 수 없다. 그르렁거리는 숨소리조차 들을 수 없다. 다만 이 무덤 같은 침묵을 깨뜨리는, 깨뜨린다느니보다 한층 더 침묵을 깊게 하고 불길하게 하는 빡빡 하는 그윽한 소리, 어린애의 젖 빠는 소리가 날 뿐이다. 만일 청각(聽覺)이 예민한 이 같으면 그 빡빡 소리는 빨 따름이요, 꿀떡꿀떡 하고 젖 넘어가는 소리가 없으니 빈 젖을 빤다는 것도 짐작할는지 모르리라.

　혹은 김 첨지도 이 불길한 침묵을 짐작했는지도 모른다. 그렇지 않으면 대문에 들어서자마자 전에 없이,

　"이 난장맞을 년, 남편이 들어오는데 나와 보지도 않아, 이 오라질 년."

이라고 고함을 친 게 수상하다. 이 고함이야말로 제 몸을 엄습해 오는 무시무시한 증을 쫓아 버리려는 허장성세인 까닭이다.

　하여간 김 첨지는 방문을 왈칵 열었다. 구역을 나게 하는 추기, 떨어진 삿자리 밑에서 나온 먼지내, 빨지 않은 기저귀에서 나는 똥내와 오줌내, 가지각색 때가 켜켜이 앉은 옷내, 병인의 땀 썩은 내가 섞인 추기가 무딘 김 첨지의 코를 찔렀다.

　방 안에 들어서며 설렁탕을 한구석에 놓을 사이도 없이 주정꾼은 목청을 있는 대로 다 내어 호통을 쳤다.

　"이런 오라질 년, 주야장천 누워만 있으면 제일이야. 남편이 와도 일어나지를 못해."

라는 소리와 함께 발길로 누운 이의 다리를 몹시 찼다. 그러나 발길에 채이는 건 사람의 살이 아니고 나뭇등걸과 같은 느낌이 있었다. 이때에 빡빡 소리가 응아 소리로 변하였다. 개똥이가 물었던 젖을 빼어 놓고 운다. 운대도 온 얼굴을 찡그려 붙여서 운다는 표정을 할 뿐이다. 응아 소리도 입에서 나는 게 아니고 마치 뱃속에서 나는 듯하였다. 울다가 목도 잠겼고 또 울 기운조차 시진한 것 같다.

　발로 차도 그 보람이 없는 걸 보자 남편은 아내의 머리맡으로 달려들어 그야말로 까치집 같은 환자의 머리를 꺼들어 흔들며,

　"이년아, 말을 해, 말을! 입이 붙었어, 이 오라질 년!"

　"⋯⋯."

　"으응, 이것 봐, 아무 말이 없네."

　"⋯⋯."

"이년아, 죽었단 말이냐, 왜 말이 없어?"

"……."

"으응, 또 대답이 없네. 정말 죽었나 버이."

이러다가 누운 이의 흰창이 검은창을 덮은, 위로 치뜬 눈을 알아보자마자,

"이 눈깔! 이 눈깔! 왜 나를 바라보지 못하고 천장만 바라보느냐, 응?"

하는 말끝엔 목이 메었다. 그러자 산 사람의 눈에서 떨어진 닭의 똥 같은 눈물이 죽은 이의 뻣뻣한 얼굴을 어룽어룽 적시었다. 문득 김 첨지는 미친 듯이 제 얼굴을 죽은 이의 얼굴에 한데 비비대며 중얼거렸다.

⊙"설렁탕을 사다 놓았는데 왜 먹지를 못하니, 왜 먹지를 못하니……. 괴상하게도 오늘은! 운수가, 좋더니만……."

– 현진건, 「운수 좋은 날」

01 윗글에 대한 설명으로 적절한 것은?

① 하층민의 삶을 사실적으로 그리고 있다.

② 서로 무관한 단편적인 사건들이 나열되고 있다.

③ 서술자가 이야기 속에서 사건을 이끌어 가고 있다.

④ 시간의 흐름에 따라 사건이 순차적으로 진행되고 있다.

⑤ 비속어를 사용하여 비극적 상황을 해학적으로 그리고 있다.

02 윗글에서 '아내를 위하는 김 첨지의 마음'이 담겨 있는 소재를 찾아 쓰시오.

> '설렁탕'은 아내에 대한 김 첨지의 사랑을 상징하며, 아내가 먹고 싶어 했지만 결국에는 먹지 못하고 죽는다는 점에서 작품의 비극성을 강화하는 소재로 볼 수 있어.

03 윗글에 나타난 '김 첨지'의 심리를 표현한 것으로 적절하지 않은 것은?

① "아내가 아프니 일이 잘되어도 걱정이 많구나."

② "비가 와서 손님이 많네. 돈이 생기니 기분이 좋군."

③ "돈이 생겨 아내에게 설렁탕을 사 줄 수 있어서 기쁘군."

④ "병든 아내만 생각하면 짜증스러워. 아예 생각을 말아야겠어."

⑤ "아내가 조밥을 급하게 먹더니 병이 더 심해졌어. 화는 냈지만 걱정이야."

04 윗글을 영상물로 제작할 때 고려해야 할 사항이 <u>아닌</u> 것은?

① '개똥이'의 울음소리를 효과음으로 넣어 비극성을 극대화한다.

② 김 첨지를 맡은 배우는 아픈 아내를 원망하며 거칠게 연기한다.

③ 가난한 삶이 드러나도록 지저분하고 초라한 방 안을 배경으로 한다.

④ 아내가 먹고 싶어 했던 설렁탕을 준비하여 작품의 비극성을 드러낸다.

⑤ 아내의 얼굴에 자신의 얼굴을 비비는 김 첨지의 표정에 미안함과 자책감이 담겨 있
도록 연기한다.

05 〈보기〉는 [A]를 고쳐 쓴 것이다. 윗글과 비교하여 얻을 수 있는 효과를 설명한 것으로
적절하지 <u>않은</u> 것은?

┤ 보기 ├

　아내가 기침으로 쿨럭대기는 달포가 넘었다. 조밥도 굶기를 먹다시피 하는 형편이기는 해도 약을 쓸 수는 있었다. 그러나 그러지 않았다. 병이란 놈은 약을 쓰기로 들면 재미를 붙여서 자꾸 들붙는 것 같아서다. 의사에게 보인 적도 없어 정확히 병명은 알 수 없지만 일어나지도 못하는 걸 보면 중증은 중증인가 보다. 혹시 아내가 잘못되지나 않을지 덜컥 겁이 난다. 아내가 조밥을 먹고 체했을 때에도 왜 그렇게 모질게 대했는지······.

① 작가의 개입이 최소화된다.

② 인물의 내면세계가 잘 드러난다.

③ 주인공의 입장에서 사건이 제시된다.

④ 갈등의 원인을 더욱 분명하게 드러낼 수 있다.

⑤ 진술 내용에 대하여 독자의 신뢰감을 얻을 수 있다.

06 ㉠에 대한 설명으로 적절한 것은?

① 해학적으로 표현하여 웃음을 유발하고 있다.

② 인물의 독백을 통해 비극성을 심화하고 있다.

③ 묘사를 통해 상황을 감각적으로 표현하고 있다.

④ 비극으로 몰고 간 부정적 현실을 풍자하고 있다.

⑤ 비유적 표현을 통해 주제를 간접적으로 제시하고 있다.

07~11 다음 글을 읽고 물음에 답하시오.

문제 해결 포인트

❶ 주인공은 어떤 인물로 그려지고 있나요?

❷ 당시의 사회적 현실이 작품에 어떻게 반영되어 있나요?

❸ 허생이 도둑들을 모아서 살게 한 '빈 섬'의 상징적 의미는 무엇인가요?

❹ 이 작품을 통해 작가가 말하고자 하는 것은 무엇인가요?

[앞부분의 줄거리] 허생의 아내가 공부만 하는 허생에게 경제적 어려움을 호소하자 허생이 집을 나간다. 허생은 곧장 한양에서 제일가는 부자인 변 씨를 찾아가 만 냥을 빌린다.

허생은 만 냥을 입수하자, 다시 자기 집에 들르지도 않고 바로 안성(安城)으로 내려갔다. 안성은 경기도, 충청도 사람들이 마주치는 곳이요, 삼남(三南)의 길목이기 때문이다. 거기서 대추, 밤, 감, 배며 석류, 귤, 유자 등속의 과일을 모조리 두 배의 값으로 사들였다. 허생이 과일을 몽땅 쓸었기 때문에 온 나라가 [A] 잔치나 제사를 못 지낼 형편에 이르렀다. 얼마 안 가서, 허생에게 두 배의 값으로 과일을 팔았던 상인들이 도리어 열 배의 값을 주고 사 가게 되었다. 허생은 길게 한숨을 내쉬었다.

"만 냥으로 온갖 과일의 값을 좌우했으니, 우리나라의 형편을 알 만하구나."

그는 다시 칼, 호미, 포목 따위를 가지고 제주도에 건너가서 말총을 죄다 사들이면서 말했다.

"몇 해 지나면 나라 안의 사람들이 머리를 싸매지 못할 것이다."

허생이 이렇게 말하고 얼마 안 가서 과연 망건값이 열 배로 뛰어올랐다.

허생은 늙은 사공을 만나 말을 물었다.

"바다 밖에 혹시 사람이 살 만한 ㉠빈 섬이 없던가?"

"있습지요. 언젠가 풍파를 만나 서쪽으로 줄곧 사흘 동안을 흘러가서 어떤 빈 섬에 닿았습지요. 아마 사문(沙門)과 장기(長崎)의 중간쯤 될 겁니다. 꽃과 나무는 제멋대로 무성하여 과일 열매가 절로 익어 있고, 짐승들이 떼지어 놀며, 물고기들이 사람을 보고도 놀라지 않습디다."

그는 대단히 기뻐하며,

"자네가 만약 나를 그곳에 데려다준다면 함께 부귀를 누릴 걸세."

라고 말하니, 사공이 그러기로 승낙을 했다.

드디어 바람을 타고 동남쪽으로 가서 그 섬에 이르렀다. 허생은 높은 곳에 올라가서 사방을 둘러보고 실망하여 말했다.

"땅이 천 리도 못 되니 무엇을 해 보겠는가? 토지가 비옥하고 물이 좋으니 단지 부가옹(富家翁)은 될 수 있겠구나."

"텅 빈 섬에 사람이라곤 하나도 없는데, 대체 누구와 더불어 사신단 말씀이오?"

사공의 말이었다.

"덕(德)이 있으면 사람이 절로 모인다네. 덕이 없을까 두렵지, 사람이 없는 것이야 근심할 것이 있겠나?"

이때, 변산(邊山)에 수천의 군도(群盜)들이 우글거리고 있었다. 각 지방에서 군사를 징발하여 수색을 벌였으나 좀처럼 잡히지 않았고, 군도들도 감히 나가 활동을 못해서 배고프고 곤란한 판이었다. 허생이 군도의 산채를 찾아가서 우두머리를 달래었다.

"천 명이 천 냥을 빼앗아 와서 나누면 하나 앞에 얼마씩 돌아가지요?"

"일 인당 한 냥이지요."

"모두 아내가 있소?"

"없소."

"논밭은 있소?"

군도들이 어이없어 웃었다.

"땅이 있고 처자식이 있는 놈이 무엇 때문에 괴롭게 도둑이 된단 말이오?"

"정말 그렇다면, 왜 아내를 얻고, 집을 짓고, 소를 사서 논밭을 갈고 지내려 하지 않는가? 그럼 도둑놈 소리도 안 듣고 살면서, 집에는 부부의 낙(樂)이 있을 것이요, 돌아다녀도 잡힐까 걱정을 않고 길이 의식의 요족(饒足)을 누릴 텐데."

"아니, 왜 바라지 않겠소? 다만 돈이 없어 못 할 뿐이지요."

허생은 웃으며 말했다.

"도둑질을 하면서 어찌 돈을 걱정할까? 내가 능히 당신들을 위해서 마련할 수 있소. 내일 바다에 나와 보오. 붉은 깃발을 단 것이 모두 돈을 실은 배이니, 마음대로 가져가구려."

허생이 군도와 언약하고 내려가자, 군도들은 모두 그를 미친놈이라고 비웃었다.

이튿날, 군도들이 바닷가에 나가 보았더니, 과연 허생이 삼십만 냥의 돈을 싣고 온 것이었다. 모두들 대경(大驚)해서 허생 앞에 줄지어 절했다.

"오직 장군의 명령을 따르겠소이다."

"너희들, 힘껏 짊어지고 가거라."

이에, 군도들이 다투어 돈을 짊어졌으나, 한 사람이 백 냥 이상을 지지 못했다.

"너희들, 힘이 한껏 백 냥도 못 지면서 무슨 도둑질을 하겠느냐? 인제 너희들이 양민(良民)이 되려고 해도, 이름이 도둑의 장부에 올랐으니, 갈 곳이 없다. 내가 여기서 너희들을 기다릴 것이니, 한 사람이 백 냥씩 가지고 가서 여자 하나, 소 한 필을 거느리고 오너라."

허생의 말에 군도들은 모두 좋다고 흩어져 갔다.

허생은 몸소 이천 명이 1년 먹을 양식을 준비하고 기다렸다. 군도들이 빠짐없이 모두 돌아왔다. 드디어 다들 배에 싣고 그 빈 섬으로 들어갔다. 허생이 도둑을 몽땅 쓸어 가서 나라 안에 시끄러운 일이 없었다.

그들은 나무를 베어 집을 짓고, 대(竹)를 엮어 울을 만들었다. 땅기운이 온전하기 때문에 백곡이 잘 자라서, 한 해나 세 해만큼 걸러 짓지 않아도 한 줄기에 아홉 이삭이 달렸다. 3년 동안의 양식을 비축해 두고, 나머지를 모두 배에 싣고 장기도(長崎島)로 가져가서 팔았다. 장기라는 곳은 삼십만여 호나 되는 일본(日本)의 속주(屬州)이다. 그 지방이 한참 흉년이 들어서 구휼하고 은 백만 냥을 얻게 되었다.

허생이 탄식하면서,

"인제 ⓒ나의 조그만 시험이 끝났구나."

하고, 이에 남녀 이천 명을 모아 놓고 말했다.

"내가 처음에 너희들과 이 섬에 들어올 때엔 먼저 부(富)하게 한 연후에 따로 문자를 만들고 의관(衣冠)을 새로 제정하려 하였더니라. 그런데 땅이 좁고 덕이 엷으니, 나는 이제 여기를 떠나련다. 다만, 아이들을 낳거들랑 오른손에 숟가락을 쥐고, 하루라도 먼저 난 사람이 먼저 먹도록 양보케 하여라."

다른 배들을 모조리 불사르면서,

"가지 않으면 오는 이도 없으렷다."/ 하고 돈 오십만 냥을 바다 가운데 던지며,

"바다가 마르면 주워 갈 사람이 있겠지. 백만 냥은 우리나라에도 용납할 곳이 없거늘, 하물며 이런 작은 섬에서랴!"

했다. 그리고 글을 아는 자들을 골라 모조리 함께 배에 태우면서,

"이 섬에 화근을 없애야 되지." / 했다.

[끝부분의 줄거리] 허생은 변 씨에게 빌린 돈을 갚고 그와 친교를 쌓는다. 허생의 재주를 아까워하던 변 씨가 허생을 이완하게 천거하여 이완이 찾아오자 허생이 세 가지 시책을 제안하지만 이완이 대의명분을 내세워 받아들이지 않는다. 허생이 양반 사대부를 비판하고 다음 날 종적을 감춘다.

– 박지원, 「허생전」

'이용후생'은 실학사상에서 중요시한 것으로, 기구를 편리하게 쓰고 먹을 것과 입을 것을 넉넉하게 하여, 백성의 생활을 나아지게 한다는 의미야!

07 윗글에 대한 설명으로 적절하지 <u>않은</u> 것은?

① 당시의 사회 현실을 비판, 풍자하고 있다.
② 이용후생의 실학사상을 배경으로 하고 있다.
③ 인물의 행동과 대화를 위주로 서술하고 있다.
④ 도둑질이 사회의 가장 큰 문제임을 주장하고 있다.
⑤ 작품 밖의 서술자가 인물의 심리를 서술하고 있다.

08 윗글을 통해 궁극적으로 말하고자 하는 바로 적절한 것은?

① 자본주의 정책을 실현하기 어려운 상황
② 매점매석이 가능한 경제 구조의 취약성
③ 쉽게 따르기 어려운 유교적 절차와 예법
④ 경제 활동을 소홀히 하는 사회 분위기
⑤ 신분 상승이 단절된 평민층의 실상

09 [A]의 서술상 특징으로 적절한 것은?

① 지난 일을 요약하여 제시하고 있다.

② 인물을 우스꽝스럽게 묘사하고 있다.

③ 사건에 대한 서술자의 주관적 판단이 드러나 있다.

④ 주로 인물의 행동과 대화를 중심으로 묘사하고 있다.

⑤ 공간의 이동에 따른 인물의 심리 변화를 서술하고 있다.

> '요약적 제시'는 서술자가 지난 사건을 압축하여 서술하는 것을 말해. 사건을 빠르게 전개하고, 과거 상황을 독자들이 자연스럽게 파악할 수 있게 하기 위해서야.

10 ㉠에 대한 설명으로 적절하지 <u>않은</u> 것은?

① 현실에 적응하지 못한 사람들이 도피하는 공간이다.

② 처자식을 거느리고 살며, 어른이 공경받는 사회이다.

③ 허생이 자신의 경륜을 시험하기 위한 장소이다.

④ 허생이 실현하려고 하는 이상 세계이다.

⑤ 외국과의 무역이 실현되는 공간이다.

> '경륜'은 '세상을 다스림. 또는 그런 능력'을 의미해.

11 ㉡에 대한 설명으로 적절하지 <u>않은</u> 것은?

① 이상적인 국가를 건설하고자 하였다.

② 해외 무역을 통해 자본을 축적하였다.

③ 물자를 공동으로 소유하고 분배하였다.

④ 농업을 통해 자급자족하는 사회를 실현하였다.

⑤ 도둑들이 죄를 짓지 않고 양민으로 살 수 있게 하였다.

마무리 정리하기

독해의 원리 ❸ 시점과 서술 방식

소설의 시점 파악하기	→	소설의 시점 파악하기	작자 미상, 「심청전」: 외부에 있는 서술자가 인물의 행동과 생각, 감정을 직접 서술하고, 내용에 개입하여 평가를 함.
		시점에 따른 서술 효과 파악하기	오정희, 「유년의 뜰」: 1인칭 서술자인 어린 소녀의 눈에 비친 장면을 중심으로 사건을 이미지화하여 전달함.
소설의 서술 방식 파악하기	→	소설의 장면 제시 방식 파악하기	황순원, 「소나기」: 작품 속 주인공인 소년과 소녀의 모습을 작품 밖에서 관찰하며 작중 상황을 객관적으로 묘사하여 전달함.
		소설의 서술 방식에 따른 효과 파악하기	채만식, 「태평천하」: 부정적 인물의 언행을 구체적으로 제시하여 그 인물을 인정하는 듯하나 결국은 부정하고 마는 반어적인 방식으로 인물을 풍자함.

운수 좋은 날_ 현진건

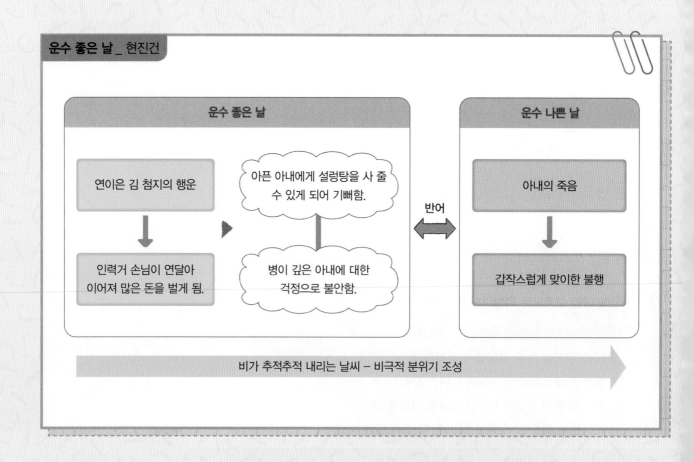

허생전 _ 박지원

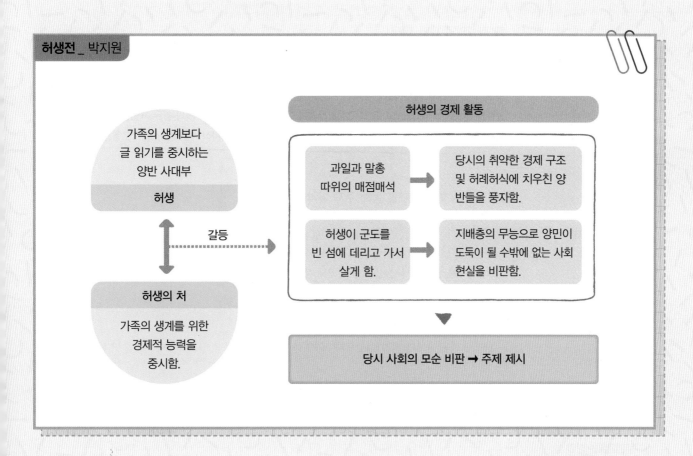

지식 플러스

현진건과 「운수 좋은 날」

현진건은 1921년 「빈처」를 발표하여 소설가로 인정을 받기 시작했다. 그는 근대 문학 초기에 김동인, 염상섭과 더불어 단편 소설 양식을 개척하고 사실주의 문학의 기틀을 마련한 작가로 평가된다. 그의 「빈처」, 「술 권하는 사회」 등의 전기 작품들은 대부분 지식인의 관점에서 시대의 어려움과 절망을 그리고 있는데, 후기로 갈수록 하층민의 관점에서 암울한 현실과 고통받는 그들의 삶을 사실주의적 기법으로 보여 주었다. 1924년에 발표한 「운수 좋은 날」이 대표적인 후기 작품이다. 이 작품은 일제 강점기 시절, 인력거꾼의 생활을 그려 낸 것으로, 운수 좋은 날에 아내의 죽음을 맞이하는 아이러니를 통해 우리 민족의 비참한 현실을 고발하고 있다.

박지원과 「허생전」

박지원은 조선 후기의 실학자이자 소설가이다. 이용후생의 실학을 강조하고, 청나라 문물을 받아들일 것을 주장하여 북학파로 분류된다. 기행문인 『열하일기』를 비롯하여 「양반전」, 「허생전」, 「호질」 등 여러 편의 한문 소설을 발표하였는데, 내용 면에서 현실 생활이 반영된 사실주의적 경향을 보여 주고 있다. 그의 작품 속에 등장하는 인물들 또한 개성적이고 독창적인 인물들로서 근대적 개인의 한 단면을 엿볼 수 있다. 「허생전」은 『열하일기』 중 「옥갑야화」에 수록되어 있다. 「옥갑야화」는 박지원이 중국에 갔다가 돌아오는 길에 옥갑에 들러 여러 비장들과 나눈 이야기를 적은 것인데, 이 이야기는 윤영에게서 들은 변승업 할아버지의 치부 유래를 이야기하는 형식으로 삽입되어 있다.

독해의 원리 이해하기

4. 주제와 제재

> **⊗ 소설의 주제와 제재**
>
> 주제는 작가가 작품에서 나타내려고 한 중심 생각이자 소설의 내용에서 가장 핵심이 되는 의미이다. 따라서 주제에는 작가의 인생에 대한 태도나 관점 등이 반영되어 있다. 주제는 직접 노출되기도 하지만 인물의 대화나 사건 등을 통해 암시적으로 제시되는 경우가 많다. 소설의 제재는 여러 가지 소재 가운데 주제와 밀접한 관련을 맺으면서 이야기의 내용을 구성하는 재료이다. 제재에는 해, 달, 별과 같은 자연물을 비롯하여 가뭄, 황사, 지진 같은 자연 현상, 임진왜란이나 6·25 전쟁 등과 같은 역사적 사건 등이 모두 포함된다.

**소설의 주제
파악하기**

[학습 원리 1] 핵심 제재를 통해 주제 파악하기

> 만도는 아랫배에 힘을 주며, 끙 하고 일어났다. 아랫도리가 약간 후들거렸으나 걸어갈 만은 했다. 외나무다리 위로 조심조심 발을 내디디며 만도는 속으로, 이제 새파랗게 젊은 놈이 벌써 이게 무슨 꼴이고, 세상을 잘못 만나서 진수 니 신세도 참 똥이다 똥. 이런 소리를 주워섬겼고, 아버지의 등에 업힌 진수는 곧장 미안스러운 얼굴을 하며,
> '나꺼정 이렇게 되다니 아부지도 참 복도 더럽게 없지. 차라리 내가 죽어 버렸더라면 나았을 낀데…….' / 하고 속으로 중얼거렸다.
> 만도는 아직 술기가 약간 있었으나, 용케 몸을 가누며 아들을 업고 외나무다리를 조심조심 건너가는 것이었다.   _{반드시 극복해야 할 시련 상징 → 핵심 제재}
> 눈앞에 우뚝 솟은 용머리재가 이 광경을 가만히 내려다보고 있었다.
>
> – 하근찬, 「수난 이대」 중에서

주제를 찾는 방법

· 작가의 직접적인 서술이나 작중 인물의 대화를 통해서 찾는다.
· 주요 사건의 구성이나 인물들 간의 갈등 구조를 통해서 찾는다.
· 갈등이 극에 달하거나 해소되는 부분에서 찾는다.
· 인물, 배경, 문체 등이 빚어내는 분위기를 통해서 찾는다.
· 작품 속에서 특별한 의미가 있는 상징물을 통해서 찾는다.

➡ 이 작품은 팔을 잃은 아버지와 다리를 잃은 아들의 2대에 걸친 수난사를 통해서 우리 민족이 겪은 역사적 비극과 이를 극복하려는 의지를 담아내고 있다. 여기서 외나무다리는 핵심 제재이자 만도와 진수가 극복해야 할 시련을 상징한다. 두 사람이 서로 의지하며 외나무다리를 건너는 장면은 각자의 아픔과 상처를 서서히 극복해 나가는 모습을 상징적으로 드러내기 위해 설정된 장치이다.

[학습 원리 2] 소설의 주제 제시 방식 파악하기

> _{일을 마무르는 끝매듭}   _{서로 사귀어 친하여진 정}
> "오늘은 아퀴를 지어 주시렵니까? 언제 갚으나 갚고 말 것인데 그걸루 의 상할 거야 있나요?"
> 이튿날 교장이 슬쩍 들러서 매우 점잖은 수작을 하는 것이다.
> "이렇게 말씀하면 교장 선생님부터가 어떻게 들으실지 모르지만, 김옥임이가 그렇게 되다니 불쌍해 못 견디겠어요. 예전에 셰익스피어의 원서를 끼구 다니구, 「인형의 집」에 신이 나 하구, 엘렌 케이의 숭배자요 하던 그런 옥임이가, 동냥자루 같은 돈 전대를 차구 나서면 세상이 모두 돈닢으로 보이는지? 어린애 코 묻은 돈푼이나 바라고 이런 구멍가게에 나와 앉았는 나두 불쌍한 신세지마는, 난 옥임이가 가엾어서 어제 울었습니다. 난 살림이나 파산 지경이지, 옥임이는 성격 파산인가 보더군요……." / 정례 어머니는 분하다 할지, 딱하다 할지, 속에 맺히고 서린 <u>불쾌한 감정을 스스로 풀어</u> 버리려는 듯이 웃으며 하소연을 하는 것이었다.   _{작품의 주제 암시}

옥임	시대의 변화에 빠르게 적응하는 인물. 물질만능주의자. 정신적 파산자
정례 어머니	성실하게 살려고 하지만 돈에 나약하게 무너지는 소시민. 물질적 파산자

– 염상섭, 「두 파산」 중에서

➡ 이 작품은 광복 직후의 혼란기를 대조적인 모습으로 살아가는 두 여인을 통해, 물질 만능주의의 세태를 풍자하고 있다. 여기서 정례 어머니와 옥임의 갈등은 작품의 주제를 드러내는 데 핵심적인 역할을 하고 있다. 또한 두 여인의 갈등은 작품의 제목과도 밀접하게 관련된다. 즉 '두 파산'이라는 제목은 옥임의 정신적 파산과 정례 어머니의 물질적 파산을 의미한다. 소설에서 갈등 또한 작가가 주제를 전달하는 주요 방법이라는 점을 보여 주고 있다.

**소설의 제재
파악하기**

소재와 제재

제재는 수많은 소재 중에서 작가의 의도에 의해 사용된 재료이다. 소재가 자연적이라면 제재는 의도적이라고 할 수 있다. 따라서 소재가 훨씬 광범위하고 제재는 소재보다는 좁은 범위에 드는 구체적인 대상으로 볼 수 있다.

[학습 원리 1] 의도적 장치로서 제재의 기능 파악하기

"노새는 찾았대?"
"찾고나 그러면 괜찮게요? 노새는 간데온데없고 사람들만 다치고 하니까, 누구네 노새가 그랬는지 수소문 끝에 우리 집으로 순경이 찾아왔지 뭐유."
오늘 낮에 지서에서 나온 사람이 우리 노새가 뛰는 바람에 여기저기서 많은 피해를 입었으니 도로 무슨 법이라나 하는 법으로 아버지를 잡아넣어야겠다고 이르고 갔다는 것이었다.
아버지는 술이 확 깨는 듯 그 자리에 선 채 한동안 눈만 뒤룩뒤룩 굴리고 서 있더니 힝 하고 코를 풀었다. 그리고는 아무 말 없이 스적스적 문밖으로 걸어 나갔다. 나는 '아버지' 하고 뒤를 따랐으나 아버지는 돌아보지도 않고 어두운 골목길을 나가고 있었다.   ○: '노새'와 대비되는 교통수단
나는 그 순간 또 한 마리의 노새가 집을 나가는 것 같은 착각을 일으켰다. 그러고는 무엇인가가 뒤통수를 때리는 것을 느꼈다. 「아, 우리 같은 노새는 어차피 이렇게 비행기가 붕붕거리고, 헬리콥터가 앵앵거리고, 자동차가 빵빵거리고, 자전거가 쌩쌩거리는 대처에서는 발붙이기 어려운 것인가 하는 생각이 들었다.」 언젠가 남편이 택시 운전사인 칠수 어머니가 하던 말, 「」: 급속한 산업화가 진행되는 사회에 적응하기 어렵다는 자각
"최소한도 자동차는 굴려야지, 지금이 어느 땐데 노새를 부려."
했다는 말이 생각났다. 그러나 그것은 잠깐 동안이고 나는 금방 아버지를 쫓았다. 또 한 마리의 노새를 찾아 캄캄한 골목길을 마구 뛰었다.
□: 사회 변화에 적응하지 못한 아버지를 상징함.
– 최일남, 「노새 두 마리」 중에서

➡ 이 작품은 1970년대 어느 겨울, 도시의 변두리 동네를 배경으로 아버지를 '노새'에 비유하여 아버지의 고단하고 힘든 삶을 보여 주고 있다. 당시는 급격한 근대화와 도시화 과정이 진행되던 시절이다. 산업화로 인해 비행기, 헬리콥터, 자동차가 교통수단의 주류가 되어 가던 당시 사회에서 '노새'는 시대와 어울리지 않는 존재이다. 그런데 '나'의 아버지는 이러한 변화에 적응하지 못하고 노새를 몰고 연탄 배달을 할 만큼 시대에 뒤떨어진 인물이다. 작가는 아버지와 같이 사회의 변화에 적응하지 못하고 소외된 존재들의 삶을 '노새'를 통해 드러내고자 했다고 볼 수 있다.

[학습 원리 2] 제재의 상징적 의미 파악하기

핵심 제재
그는 현관에 벗어 놓은 구두를 신고 있었다. 그 구두를 보기 위해 전등을 켜고 싶은 충동이 불현듯 일었으나 나는 꾹 눌러 참았다. 현관문을 열고 마당으로 내려선 다음 부주의하게도 그는 식칼을 들고 왔던 자기 본분을 망각하고 엉겁결에 문간방으로 들어가려 했다. 그의 실수를 지적하는 일은 훗날을 위해 나로서는 부득이한 조처였다. 순박한 성품 → 강도의 신분이 탄로남.
"대문은 저쪽입니다."
문간방 부엌 앞에서 한동안 망연해 있다가 이윽고 그는 대문 쪽을 향해 느릿느릿 걷기 시작했다. 비틀비틀 걷기 시작했다. 대문에 다다르자 그는 상체를 뒤틀어 이쪽을 보았다. 자신의 신분이 들킨 데 대해 자존심에 상처를 입음.
"이래 봬도 나 대학까지 나온 사람이오." → 마지막 남은 자존심을 지키려는 의도
누가 뭐라고 그랬나. 느닷없이 그는 자기 학력을 밝히더니만 대문을 열고는 보안등 하나 없는 칠흑의 어둠 저편으로 자진해서 삼켜져 버렸다.
– 윤흥길, 「아홉 켤레의 구두로 남은 사내」 중에서

➡ 권 씨는 산업화, 도시화의 과정에서 희생된 도시 빈민을 대표하는 인물이다. 그는 지식인이라는 자부심 하나에만 매달린 채 무능력하게 살아가는데, '나'의 집에 강도로 침입했다가 자존심에 상처를 입고 가출한 후 행방불명이 된다. '늘 반짝거리게 닦고 다니던 구두'는 그에게 마지막 남은 자존심을 상징한다.

메밀꽃 필 무렵 _ 이효석

메밀꽃이 핀 달밤과 봉평에서 대화에 이르는 길을 배경으로 장돌뱅이로 떠돌이의 삶을 살아가는 허 생원의 삶을 낭만적으로 그리고 있는 소설이다. 작품의 구조는 허 생원이 성 서방네 처녀와 하룻밤을 지낸 과거의 사건과 동이가 둘 사이에 태어난 아들임을 추측하게 하는 현재의 내용이 중심을 이루고 있다. 허 생원은 성 서방네 처녀와의 하룻밤 인연을 잊지 못해 평생을 봉평 장을 찾고 있다.

갈래 단편 소설, 순수 소설

시점 3인칭 전지적 시점

주제 장돌뱅이 삶의 애환과 인간 본연의 애정

구성
• 발단: 봉평에서 동이와 갈등을 겪지만 곧 화해함.
• 전개: 대화 장으로 가는 길에 성 서방네 처녀와의 추억을 이야기함.
• 절정: 동이 어머니의 친정이 봉평이라는 이야기를 듣고 허 생원이 개울에 빠짐.
• 결말: 동이의 등에 업혀 개울을 건너며 동이가 왼손잡이임을 알아봄.

내용 구조도

현재
허 생원, 조 선달, 동이가 함께 봉평에서 대화로 넘어가는 밤길

↓

메밀꽃이 흐드러지게 핀 달밤 → 현재와 과거를 연결하는 배경

↑

과거
성 서방네 처녀와 봉평의 어느 물방앗간에서 기막힌 인연을 맺음.

[앞부분의 줄거리] 왼손잡이 장돌뱅이인 허 생원은 봉평 장에서 조 선달과 함께 일찍 장사를 마친다. 허 생원이 봉평 장을 거르지 않고 찾는 이유는 과거 어느 여름, 메밀꽃이 하얗게 핀 달밤에 우연히 하룻밤 정을 나누고 헤어진 성 서방네 처녀를 잊지 못하기 때문이다. 충줏집에 들른 허 생원은 그곳에서 장돌뱅이 청년 동이가 충줏집과 수작을 하는 것을 보고, 동이를 심하게 나무라며 쫓아낸다. 그런데 동이가 허 생원을 외면하지 않고 아이들의 장난으로 허 생원의 당나귀가 흥분했다는 것을 알려 주자 동이를 기특하게 여긴다. 해가 기운 뒤 세 사람은 대화 장까지 동행하게 된다.

드팀전 장돌이를 시작한 지 이십 년이나 되어도 허 생원은 봉평 장을 빼논 적은 드물었다. 충주, 제천 등의 이웃 군에도 가고, 멀리 영남 지방도 헤매기는 하였으나 강릉쯤
　　　　　　　　　봉평 장에서의 추억을 소중히 생각함.
에 물건 하러 가는 일 외에는 처음부터 끝까지 군내를 돌아다녔다. 닷새만큼씩의 장날
　　　　　　　　　　　　　　　　　　　　　닷새에 한 번씩 서는 장 → 오일장
엔 달보다도 확실하게 면에서 면으로 건너간다. 고향이 청주라고 자랑삼아 말하였으나 고향에 돌보러 간 일도 있는 것 같지는 않았다. 장에서 장으로 가는 길의 아름다운 강산이 그대로 그에게는 그리운 고향이었다. 반날 동안이나 뚜벅뚜벅 걷고 장터 있는 마을에 거지반 가까웠을 때, 지친 나귀가 한바탕 우렁차게 울면 — 더구나 그것이 저녁녘이어서 등불들이 어둠 속에서 깜박거릴 무렵이면 늘 당하는 것이건만 허 생원은 변치 않
　　　　　　　　　　　　　　　　　　　　　봉평에서의 기이한 인연 때문임을 알 수 있음.
고 언제든지 가슴이 뛰놀았다.

젊은 시절에는 알뜰하게 벌어 돈푼이나 모아 본 적도 있기는 있었으나, 읍내에 백중이 열린 해 호탕스럽게 놀고 투전을 하고 하여 사흘 동안에 다 털어 버렸다. 나귀까지 팔게 된 판이었으나 애끊는 정분에 그것만은 이를 물고 단념하였다. 결국 도로 아미타
　　　　　　나귀에 대한 허 생원의 애정이 드러남.　　　　　　　애쓴 일이 효과 없이 됨.
불로 장돌이를 다시 시작할 수밖에는 없었다. 짐승을 데리고 읍내를 도망해 나왔을 때에는 너를 팔지 않기 다행이었다고 길가에서 울면서 짐승의 등을 어루만졌던 것이었다. 빚을 지기 시작하니 재산을 모을 염은 당초에 틀리고, 간신히 입에 풀칠을 하러 장에서 장으로 돌아다니게 되었다.

호탕스럽게 놀았다고는 하여도 계집 하나 후려 보지도 못하였다. 계집이란 좀 쌀쌀하고 매정한 것이었다. 평생 인연이 없는 것이라고 신세가 서글퍼졌다. 일신에 가까운 것이라고는 언제나 변함없는 한 필의 당나귀였다.

그렇다고는 하여도 꼭 한 번의 첫 일을 잊을 수는 없었다. 뒤에도 처음에도 없는 단한 번의 괴이한 인연! 봉평에 다니기 시작한 젊은 시절의 일이었으나 그것을 생각할 적만은 그도 산 보람을 느꼈다.

날밤이었으나 어떻게 해서 그렇게 됐는지 지금 생각해도 도무지 알 수는 없었다.
　　　　과거 회상의 매개체. 과거의 추억을 떠올리게 하는 소재
허 생원은 오늘 밤도 또 그 이야기를 끄집어내려는 것이다. 조 선달은 친구가 된 이래 귀에 못이 박히도록 들어왔다. 그렇다고 싫증을 낼 수도 없었으나 허 생원은 시침을 떼고 되풀이할 대로는 되풀이하고야 말았다.

"달밤에는 그런 이야기가 격에 맞거든."

조 선달 편을 바라는 보았으나 물론 미안해서가 아니라 달빛에 감동하여서였다. 이지

러는 졌으나 보름을 가제 지난 달은 부드러운 빛을 흐붓이 흘리고 있다. 대화까지는 칠
십 리의 밤길, 고개를 둘이나 넘고 개울을 하나 건너고 벌판과 산길을 걸어야 된다. 달
은 지금 긴 산허리에 걸려 있다. 밤중을 지난 무렵인지 죽은 듯이 고요한 속에서 짐승
같은 달의 숨소리가 손에 잡힐 듯이 들리며, 콩 포기와 옥수수 잎새가 한층 달에 푸르게
젖었다. 산허리는 온통 메밀밭이어서 피기 시작한 꽃이 소금을 뿌린 듯이 흐붓한 달빛
에 숨이 막힐 지경이다. 붉은 대궁이 향기같이 애잔하고 나귀의 걸음도 시원하다. 길이
좁은 까닭에 세 사람은 나귀를 타고 외줄로 늘어섰다. 방울 소리가 시원스럽게 딸랑딸
랑 메밀밭께로 흘러간다. 앞장선 허 생원의 이야기 소리는 꽁무니에 선 동이에게는 확
적히는 안 들렸으나, 그는 그대로 개운한 제멋에 적적하지는 않았다.

"장 선 꼭 이런 날 밤이었네. 객줏집 토방이란 무더워서 잠이 들어야지. 밤중은 돼서
혼자 일어나 개울가에 목욕하러 나갔지. 봉평은 지금이나 그제나 마찬가지지. 보이는
곳마다 메밀밭이어서 개울가가 어디 없이 하얀 꽃이야. 돌밭에 벗어도 좋을 것을, 달
이 너무도 밝은 까닭에 옷을 벗으러 물방앗간으로 들어가지 않았나. 이상한 일도 많
지. 거기서 난데없는 성 서방네 처녀와 마주쳤단 말이네. 봉평서야 제일가는 일색이
었지."

"팔자에 있었나 부지."
아무렴 하고 응답하면서 말머리를 아끼는 듯이 한참이나 담배를 빨 뿐이었다.

구수한 자줏빛 연기가 밤기운 속에 흘러서는 녹았다.

"날 기다린 것은 아니었으나 그렇다고 달리 기다리는 놈팽이가 있는 것두 아니었네.
처녀는 울고 있단 말야. 짐작은 대고 있으나 성 서방네는 한창 어려워서 들고 날 판인
때였지. 한집안 일이니 딸에겐들 걱정이 없을 리 있겠나. 좋은 데만 있으면 시집도 보
내련만 시집은 죽어도 싫다지…… . 그러나 처녀란 울 때같이 정을 끄는 때가 있을까.
처음에는 놀라기도 한 눈치였으나 걱정 있을 때는 누그러지기도 쉬운 듯해서 이럭저
럭 이야기가 되었네…… . 생각하면 무섭고도 기막힌 밤이었어."

"제천인지로 줄행랑을 놓은 건 그다음 날이었나?"

"다음 장도막에는 벌써 온 집안이 사라진 뒤였네. 장판은 소문에 발끈 뒤집혀 고작해
야 술집에 팔려 가기가 상수라고, 처녀의 뒷공론이 자자들 하단 말이야. 제천 장판을
몇 번이나 뒤졌겠나. 하나 처녀의 꼴은 꿩 궈 먹은 자리야. 첫날밤이 마지막 밤이었
지. 그때부터 봉평이 마음에 든 것이 반평생을 두고 다니게 되었네. 평생인들 잊을 수
있겠나."

"수 좋았지. 그렇게 신통한 일이란 쉽지 않아. 항용 못난 것 언어 새끼 낳고 걱정 늘
고, 생각만 해두 진저리가 나지…… . 그러나 늘그막바지까지 장돌뱅이로 지내기도 힘
드는 노릇 아닌가? 난 가을까지만 하구 이 생애와두 하직하려네. 대화쯤에 조그만 전방

어휘 풀이

❖ **사시장철**: 사철 중 어느 때나 늘.
❖ **실심**: 근심, 걱정으로 맥이 빠지고 마음이 산란하여짐.

이나 하나 벌이구 식구들을 부르겠어. 사시장철 뚜벅뚜벅 걷기란 여간이래야지."

"옛 처녀나 만나면 같이나 살까…… 난 거꾸러질 때까지 이 길 걷고 저 달 볼 테야."

성 서방네 처녀에 대한 그리움

산길을 벗어나니 큰길로 틔어졌다. 꽁무니의 동이도 앞으로 나서 나귀들은 가로 늘어섰다.

장면 전환

"총각두 젊겠다, 지금이 한창 시절이렷다. 충줏집에서는 그만 실수를 해서 그 꼴이 되었으나 섧게 생각 말게."

홧김에 동이의 따귀를 때린 일을 사과함.

"처, 천만에요. 되려 부끄러워요. 계집이란 지금 웬 제격인가요? 자나 깨나 어머니 생각뿐인데요."

허 생원의 이야기로 실심해한 끝이라 동이의 어조는 한풀 수그러진 것이었다.

[끝부분의 줄거리] 동이가 자신의 출생과 성장 과정, 부모에 대한 이야기를 하자 허 생원은 동이가 자신의 아들일 수도 있다는 생각을 하다가 발을 빗디디고 물에 빠진다. 동이의 등에 업혀 개울을 건너면서 허 생원은 동이도 자신과 같이 왼손잡이라는 점을 발견한다.

∞ 전체 줄거리 엿보기

발단

왼손잡이인 장돌뱅이 허 생원이 봉평 장을 거둔 뒤 충줏집에서 수작하는 동이를 호되게 나무란다. 그러나 허 생원의 분신과도 같은 나귀 사건으로 동이와 화해를 하고 대화 장으로 가는 길에 동행한다.

전개 본문 수록 부분

허 생원, 조 선달, 동이가 함께 대화 장으로 넘어가는 산길에서, 허 생원은 과거 어느 여름, 메밀꽃이 하얗게 핀 달밤에 봉평에서 성 서방네 처녀와 보냈던 하룻밤의 추억을 이야기한다.

결말

물에 빠진 허 생원은 동이의 등에 업혀 개울을 건넌다. 동이를 통해 따뜻한 혈육의 정을 느끼면서 동이도 자신과 같은 왼손잡이라는 점을 발견한다.

절정

산길에서 큰길로 나서면서 동이가 자신의 출생과 성장 과정, 부모에 대한 이야기를 한다. 동이의 이야기를 들으면서 개울을 건너던 허 생원은 동이가 자신의 아들일 수도 있다는 생각에 발을 빗디뎌 개울에 빠진다.

독해 포인트

1. 인물

허 생원	(❶　　　　　　)와 더불어 평생 장돌뱅이 생활을 하면서 살아감. 성 서방네 처녀와 단 한 번 있었던 낭만적인 추억을 소중하게 간직함.
(❷　　　)	허 생원의 동업자인 장돌뱅이. 남의 흉허물을 덮어 줄 줄 아는 원만한 성격의 소유자
동이	젊은 혈기와 순수함을 간직한 젊은이. (❸　　　　　)에 대한 효심이 지극한 청년. 허 생원의 친자식으로 암시되는 인물

2. 배경과 소재

- **시간적 배경**: 1920년대 어느 여름날의 낮부터 밤
- **공간적 배경**: 강원도 봉평에서 (❹　　　　)로 가는 산길

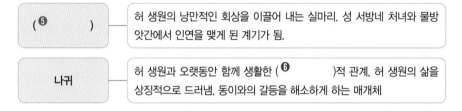

(❺　　　)	허 생원의 낭만적인 회상을 이끌어 내는 실마리. 성 서방네 처녀와 물방 앗간에서 인연을 맺게 된 계기가 됨.

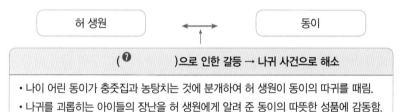

나귀	허 생원과 오랫동안 함께 생활한 (❻　　　)적 관계, 허 생원의 삶을 상징적으로 드러냄. 동이와의 갈등을 해소하게 하는 매개체

3. 갈등과 사건

```
   허 생원   ←→   동이
```

(❼　　　　　　)으로 인한 갈등 → 나귀 사건으로 해소

- 나이 어린 동이가 충줏집과 농탕치는 것에 분개하여 허 생원이 동이의 따귀를 때림.
- 나귀를 괴롭히는 아이들의 장난을 허 생원에게 알려 준 동이의 따뜻한 성품에 감동함.

4. 시점과 서술 방식

3인칭 전지적 시점	작품 밖의 서술자가 이야기를 이끌어 가며 등장인물의 행동과 심리를 자세히 분석하여 제시함.
서술상 특징	• (❽　　　　)를 통해 서정적, 낭만적 분위기를 조성함. • 요약적 제시와 장면 묘사를 통해 인물의 내면세계와 주제를 드러냄. • 드팀전, 메밀밭, 봉평 장, 물방앗간 등 토속적 제재를 사용하여 향토적 분위기를 드러냄.

5. 주제

- 드팀전을 하며 장터가 열리는 곳을 따라 이동하며 살아가는 장돌뱅이 삶의 애환
- (❾　　　)이 핀 달밤에 이루어진 허 생원과 성 서방네 처녀의 낭만적 사랑

❶ 나귀 ❷ 조 선달 ❸ 어머니 ❹ 대화 장터 ❺ 달밤 ❻ 동반자 ❼ 충줏집 ❽ 배경 묘사 ❾ 메밀꽃

어휘력 체크 ✓

01 다음 낱말의 의미를 〈보기〉에서 찾아 그 기호를 쓰세요.

┤ 보기 ├
ⓐ 온갖 천을 팔던 가게
ⓑ 뒤에서 이러쿵저러쿵 말 하는 것
ⓒ 근심, 걱정으로 마음이 어지러워지고 맥이 빠짐.

(1) 뒷공론 ………… (　　　)
(2) 실심 …………… (　　　)
(3) 드팀전 ………… (　　　)

02 '정한 방법이 따로 없이 이렇게 저렇게 되어 가는 대로'의 의미 로 쓰이는 부사를 찾아 쓰세요.

03 빈칸에 들어갈 알맞은 관용 표 현을 찾아 쓰세요.

(1) '같은 말을 여러 번 듣다.' 라는 의미의 말
　• 허 생원이 하는 이야기를 (　　　) 들었다.
(2) '어떠한 일의 흔적이 전혀 없음.'을 이르는 말
　• 밤새 쌓아 올린 모래성이 아침에 보니 (　　　) 가 되었네.
(3) '고생만 하고 아무 소용이 없이 됨.'을 뜻하는 말
　• 십년공부가 (　　　)이 되고 말았어.

01 (1) ⓑ (2) ⓒ (3) ⓐ **02** 이럭저럭 **03** (1) 귀에 못이 박히도록 (2) 펑 귀 먹은 자리 (3) 도로 아미타불

08 독 짓는 늙은이 _ 황순원

🌀 **이 작품은**

한 노인의 장인적(匠人的) 집념과 고뇌를 그리고 있는 소설이다. 젊은 아내가 조수와 함께 떠나고 자신은 독을 굽는 데 실패를 거듭하자 자신의 전 생애를 바쳐 온 일터에서 비장하게 최후를 마친다는 내용이다. 마지막 부분에서 주인공 송 영감이 아들 당손이와 헤어지는 장면이나 독과 운명을 같이하려고 스스로 가마 속으로 들어가는 장면에서는 깊은 울림을 주고 있다.

갈래 단편 소설, 심리 소설

시점 3인칭 전지적 시점

주제 독 짓기에 대한 노인의 집념과 좌절

구성
• 발단: 아내가 조수와 함께 달아남.
• 전개: 약해진 송 영감이 자꾸 쓰러지자 앵두나뭇집 할머니가 당손이를 다른 집에 입양시키자고 제의함.
• 위기: 송 영감이 병석에 눕는 횟수가 많아지자 당손이에 대한 앵두나뭇집 할머니의 채근이 심해짐.
• 절정: 송 영감이 독을 굽다가 쓰러짐.
• 결말: 송 영감이 앵두나뭇집 할머니에게 당손이를 데려가게 하고 독 가마 안의 독 조각 위에서 최후를 맞음.

이년! 이 백 번 쥑에두 쌀 년! 앓는 남편두 남편이디만, 어린 자식을 놔 두구 그래 도망을 가? 것두 아들놈 같은 조수 놈하구서……. 그래 지금 한창나이란 말이디? 그렇다구 이년, 내가 아무리 늙구 병들었기루서니 거랑질이야 할 줄 아니? 이녀언! 하는데, 옆에 누웠던 어린 아들이, 아바지, 아바지이! 하였으나 송 영감은 꿈속에서 자기 품에 안은 아들이, 아바지, 아바지이! 하고 부르는 것으로 알며, 오냐 데건 네 에미가 아니다! 하고 꼭 품에 껴안는 것을, 옆에 누운 어린 아들이 그냥 울먹울먹한 목소리로 아버지를 불러, 잠꼬대에서 송 영감을 깨워 놓았다.

송 영감은 잠들기 전보다 더 머리가 무겁고 언짢았다. 애가 종내 훌쩍훌쩍 울기 시작했다. 오, 오, 하며 송 영감은 잠꼬대 속에서처럼 애를 끌어안았다. 자기의 더운 몸에 별나게 애의 몸이 찼다. 벌써부터 이렇게 얼리어서 될 말이냐고, 송 영감은 더 바싹 애를 껴안았다. 그리고 훌쩍이는 이제 일곱 살 난 애를 그렇게 안고 있는 동안 송 영감은 다시 이 어린것을 두고 도망간 아내가 새롭게 괘씸했다. 아내와 함께 여드름 많던 조수가 떠올랐다. 그러자 그 아들 같은 조수에게 동년배의 사내가 느끼는 어떤 적수감이 불길처럼 송 영감의 괴로운 몸을 휩쌌다.

송 영감 자신이 집중 잡히지 않는 병으로 앓아누웠기 때문에 조수가 이 가을로 마지막 가마에 넣으려고 거의 혼자서 지어 놓다시피 한 중옹 통옹 반옹 머쎄기 같은 크고 작은 독들이 구월 보름 가까운 달빛에 마치 하나하나 도망간 조수의 그림자같이 느껴졌을 때, 송 영감은 벌떡 일어나 부채 방망이를 들어 모조리 깨부수고 싶은 충동을 받았으나, 다음 순간 내일부터라도 자기가 독을 지어 한 가마 채워 가지고 구워 내야 당장 자기네 부자가 살아갈 것이라는 생각에 미치면서는, 정말 그러는 수밖에 다른 도리가 없다고 지그시 무거운 눈을 감아 버렸다.

날이 밝자 송 영감은 열에 뜬 머리를 수건으로 동이고 일어나 앉아, 애더러는 흙 이길 왱손이를 부르러 보내 놓고, 왱손이 올 새가 바빠서 자기 손으로 흙을 이겨 틀 위에 올려놓았다. 송 영감의 손은 자꾸 떨리었다. 그러나 반쯤 독을 지어 올려, 안은 조마구 밖은 부채 마치로 맞두드리며 일변 발로는 틀을 돌리는 익은 솜씨만은 앓아눕기 전과 다를 바 없는 듯했다.

왱손이가 와 흙을 이겨 주는 대로 중옹 몇 개를 지어 냈다.

그러나 차차 송 영감의 솜씨에는 틈이 생기기 시작했다. 더구나 조마구와 부채 마치로 두드려 올릴 때, 퍼뜩 눈앞에 아내와 조수의 환영이 떠오르면 짓던 독을 때리는지 아내와 조수를 때리는지 분간 못 하는 새, 독이 그만 얇게 못나게 지어지곤 했다. 그리고 전을 잡는 손이 떨려, 가뜩이나 제일 힘든 마무리의 전이 잘 잡히지를 않았다. 열 때문도 있었다. 송 영감은 쓰러지듯이 짓던 독 옆에 눕고 말았다.

송 영감이 정신이 들었을 때는 저녁때가 기울어서였다. 왱손이도 흙 몇 덩이를 이겨

놓고 가고 없었다. 언제부터인가 바깥 저녁 그늘 속에 애가 남쪽 장길을 향해 쪼그리고 앉아 있었다. 어머니를 기다리는 것이리라. 언제나처럼 장 보러 간 어머니가 언제나처럼 저녁때면 조수에게 장감을 지워 가지고 돌아올 줄로만 아직 아는가 보다.

밖을 내다보던 송 영감은 제 힘만이 아닌 어떤 힘으로 벌떡 일어나 다시 독 짓기를 시작하는 것이었으나, 이번에는 겨우 한 개를 짓고는 다시 쓰러지듯이 눕고 말았다.

[중간 부분의 줄거리] 아픈 몸을 이끌고 안간힘을 다해 독을 짓던 송 영감은 손이 떨려 예전과 같은 솜씨를 발휘하지 못하고 병으로 눕는 횟수가 늘어난다. 송 영감의 처지를 딱하게 여긴 앵두나뭇집 할머니가 아들 당손이를 부잣집의 양자로 보낼 것을 제안하지만 거절한다. 송 영감이 다시 예전처럼 독을 짓고 가마에 넣어 독을 굽는 날, 조수가 지은 독과 자신이 지은 독을 나란히 가마에 넣는다. 그러나 자신이 지은 독들이 깨지는 소리를 들으며 그만 쓰러지고 만다.

이튿날 송 영감은 애를 시켜 앵두나뭇집 할머니를 오게 했다. 앵두나뭇집 할머니가 오자 송 영감은 애더러 놀러 나가라고 하며 유심히 애의 얼굴을 쳐다보는 것이었다. 마치 애의 얼굴을 잊지 않으려는 듯이.

*앵두나뭇집 할머니와 단둘이 되자 송 영감은 눈을 감으며, 「요전에 말하던 자리에 아직 애를 보낼 수 있겠느냐고 물었다. 앵두나뭇집 할머니는 된다고 했다. 얼마나 먼 곳이냐고 했다. 여기서 한 이삼십 리 잘 된다는 대답이었다. 그러면 지금이라도 보낼 수 있느냐고 했다. 당장이라도 데려가기만 하면 된다고 하면서 앵두나뭇집 할머니는 치마 속에서 지전 몇 장을 꺼내어 그냥 눈을 감고 있는 송 영감의 손에 쥐어 주며, 아무 때나 애를 데려오게 되면 주라고 해서 맡아 두었던 것이라고 했다.

송 영감이 갑자기 눈을 뜨면서 앵두나뭇집 할머니에게 돈을 도로 내밀었다. 자기에게는 아무 소용 없으니 애 업고 가는 사람에게나 주어 달라는 것이었다. 그리고는 다시 눈을 감았다. 앵두나뭇집 할머니는 애 업고 가는 사람 줄 것은 따로 있다고 했다. 송 영감은 그래도 그 사람을 주어 애를 잘 업어다 주게 해달라고 하면서, 어서 애나 불러다 자기가 죽었다고 하라고 했다. 앵두나뭇집 할머니가 무슨 말을 하려는 듯하다가 저고릿고름으로 눈을 닦으며 밖으로 나갔다.」 『』: 송 영감과 앵두나뭇집 할머니의 대화 → 간접 화법

송 영감은 눈을 감은 채 가쁜 숨을 죽이고 있었다. 그리고 무슨 일이 있더라도 눈물일랑 흘리지 않으리라 했다. / 그러나 앵두나뭇집 할머니가 애를 데리고 와, 저렇게 너의 아버지가 죽었다고 했을 때, 송 영감은 절로 눈물이 흘러내림을 어찌할 수 없었다. 앵두나뭇집 할머니는 억해 오는 목소리를 겨우 참고, 저것 보라고 벌써 눈에서 썩은 물이 나온다고 하고는, 그러지 않아도 앵두나뭇집 할머니의 손을 잡은 채 더 아버지에게 가까이 갈 생각을 않는 애의 손을 끌고 그곳을 나왔다.

그냥 감은 송 영감의 눈에서 다시 썩은 물 같은, 그러나 뜨거운 새 눈물 줄기가 흘러내렸다. 그러는데 어디선가 애의 훌쩍훌쩍 우는 소리가 들리는 듯했다. 눈을 떴다. 아무도 있을 리 없었다. 지어 놓은 독이라도 한 개 있었으면 싶었다. 순간 뜸막 속 전체만 한

내용 구조도

> 아내와 조수가
> 송 영감을 떠남.
>
> 배신감과 분노

> 아픈 몸을 이끌고
> 독 짓는 일에 집념을
> 보이지만 실패함.

> 깨어진 독 위에서
> 최후를 맞이함.
>
> 장인으로서의
> 자존심을 지킴.

어휘 풀이

❖ **한창나이**: 기운이 한창인 젊은 나이.

❖ **적수감**: 재주나 힘이 서로 비슷해서 상대가 되는 사람에게서 느끼는 감정.

❖ **집증**: 병의 증세를 살펴 알아냄.

❖ **이기다**: 가루나 흙 따위에 물을 부어 반죽하다.

❖ **조마구, 부채 마치**: 독을 만들 때 사용하는 한 쌍의 도구.

❖ **전**: 옹기 등 물건의 위쪽 가장자리가 조금 넓적하게 된 부분.

❖ **뜸막**: 독을 구울 때 불을 때기 위해 지은 초막.

구절 풀이

* **내일부터라도 자기가 ~ 생각에 미치면서는**: 송 영감이 독을 짓는 일이 생계를 위해서도 중요한 일임을 알 수 있는 부분임. 조수에 대한 분노로 조수가 지어 놓은 독을 깨고 싶지만, 독을 구워 내야 생계를 유지할 수 있다는 현실적 상황을 자각함.

* **앵두나뭇집 할머니와 ~ 있겠느냐고 물었다.**: 자신이 죽은 뒤에 당손이가 혼자 남게 될 것을 걱정하여 당손이를 앵두나뭇집 할머니가 제안했던 집에 맡기려고 함.

공허가 송 영감의 파리한 가슴을 억눌렀다. 온몸이 오므라들고 차 옴을 송 영감은 느꼈다.

그러는 송 영감의 눈앞에 독 가마가 떠올랐다. 그러자 송 영감은 그리로 가리라는 생각이 불현듯 일었다. <u>평생을 바쳐 온 독 굽기가 완성되는 공간</u> 거기에만 가면 몸이 녹여지리라. 송 영감은 기는 걸음으로 뜸막을 나섰다. / 거지들이 초입에 누워 있다가 지금 기어 들어오는 게 누구라는 것도 알려 하지 않고, 구무럭거려 자리를 내주었다. 송 영감은 한옆에 몸을 쓰러뜨렸다. 우선 몸이 녹는 듯해 좋았다. / 그러나 송 영감은 다시 일어나 가마 안쪽으로 기기 시작했다. 무언가 지금의 온기로써는 부족이라도 한 듯이. 곧 예삿사람으로는 더 견딜 수 없는 뜨거운 데까지 이르렀다. 그런데도 송 영감은 기기를 멈추지 않았다. 그렇다고 그냥 덮어놓고 기는 것은 아니었다. 지금 마지막으로 남은 생명이 발산하는 듯 어둑한 속에서도 이상스레 빛나는 송 영감의 눈은 무엇을 찾고 있는 것이었다. 그러다가 열어젖힌 곁창으로 새어 들어오는 늦가을 맑은 햇빛 속에서 송 영감은 기던 걸음을 멈추었다. 자기가 찾던 것이 예 있다는 듯이. 거기에는 <u>터져 나간 송 영감 자신의 독 조각들</u>이 흩어져 있었다.
<u>송 영감의 분신이자 완성되지 못한 예술 정신, 전통적 가치</u>
송 영감은 조용히 몸을 일으켜 단정히, 아주 단정히 무릎을 꿇고 앉았다. ＊이렇게 해서 그 자신이 터져 나간 자기의 독 대신이라도 하려는 것처럼.

∞ 전체 줄거리 엿보기

발단 본문 수록 부분

송 영감은 어린 아들 당손이를 버려두고 젊은 조수와 도망친 아내에 대한 배신감과 분노에 떨면서도 아들과 자신의 생계를 위해 독을 구워 내고자 한다.

전개 본문 수록 부분

송 영감이 안간힘을 다해 독을 짓지만 아내와 조수의 환영에 시달리고, 아픈 몸 때문에 손이 떨려 예전과 같은 솜씨를 발휘하지 못하고 병으로 눕는 횟수가 늘어난다.

위기

송 영감의 처지를 딱하게 여긴 앵두나뭇집 할머니가 아들 당손이를 부잣집의 양자로 보낼 것을 제안한다. 하지만 송 영감은 화를 내며 그 제안을 거절하고, 생계를 위한 독 짓기에 몰두한다.

결말 본문 수록 부분

이튿날 송 영감은 앵두나뭇집 할머니가 이전에 제안했던 양자 자리에 당손이를 보낼 것을 부탁하고, 자신은 가마 속으로 들어가 자신이 지은 독 조각 위에서 죽음을 맞이한다.

절정

가마에 독을 넣어 굽는 날, 송 영감은 조수가 지은 독과 자신이 지은 독을 나란히 가마에 넣는다. 그러나 자신이 지은 독들이 깨지는 소리를 들으며 그만 쓰러지고 만다.
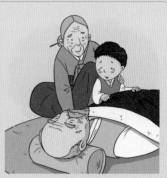

독해 포인트

1. 인물

송 영감	(❶　　　　　　)을 지으며 살아가는 노인. 조수와 함께 달아난 아내를 원망하면서도 어린 아들과 살아가기 위해 독 짓는 일에 전념하는 인물
조수(助手)	송 영감 밑에서 독 짓는 것을 돕다가 송 영감의 아내와 도망감. 몸이 건장하고 젊은 데다가 독 짓는 실력도 좋아 송 영감과 대비되는 인물
앵두나뭇집 할머니	방물장수. 인정 많은 이웃집 할머니로 당손이를 맡아 기를 집을 소개시켜 줌.

2. 배경과 소재

- **시간적 배경**: 가을날　　　　**공간적 배경**: 어느 시골의 독 짓는 집
- **독**: 송 영감의 분신. 송 영감이 지키고자 하는 장인 정신, (❷　　　　)를 상징함.

3. 갈등과 사건

- **송 영감 ⟷ 조수와 아내**: 송 영감을 버리고 떠난 아내와 조수에 대한 송 영감의 (❸　　　　) 과 분노
- **송 영감의 (❹　　　　) 갈등**: 독 짓는 일에 일생을 바쳐 온 (❺　　　　)의 집념과 현실적 고뇌 사이에서 갈등함. ➡ 아들을 입양 보내고 독 가마에서 죽음으로써 예술적 완성을 택함.
- 인물의 심리와 사건 전개 과정

송 영감의 상황과 심리	독 짓기에 대한 집념과 현실적 고뇌	자존감 회복과 장인 정신의 완성
아내가 아들과 자신을 버리고 젊은 조수를 따라 도망감. → 배신감과 분노	• 안간힘을 들여 독을 짓지만 집중을 못함. • 조수가 지은 독과 자신이 지은 독을 함께 독 가마에 넣어 구움.	• 자신이 지은 독이 깨지면서 독 짓기에 실패하자 아들 당손이를 양자로 보냄. • 독 가마에서 최후를 맞이함.
나이가 들고 몸에 병이 들어 예전처럼 독을 짓지 못함. → 좌절감		
독을 지어 생계를 유지하고 아들을 양육해야 함. → 부담감		

4. 시점과 서술 방식

3인칭 전지적 시점	• (❻　　　　　)가 인물의 상황과 심리, 태도는 물론 사건의 정황을 설명함. • 주인공의 내면 심리와 갈등을 분석적으로 제시함.
서술상 특징	• 인물 간의 직접적 (❼　　　　)가 없이 서술자에 의한 간접 화법으로 대화 내용을 제시함. • (❽　　　　)가 없는 절제되고 간결한 문장을 사용하여 인물의 내면과 사건을 서술함.

5. 주제

- 전통적 가치가 사라져 가는 변화에 저항하는 한 노인의 집념과 (❾　　　　)

❶ 독 ❷ 전통적 가치 ❸ 배신감 ❹ 내적(심리적) ❺ 장인(匠人) ❻ 서술자 ❼ 대화 ❽ 수식어 ❾ 좌절

---

01 다음에 해당하는 낱말을 〈보기〉에서 찾아 쓰세요.

보기
거랑질　　동년배   적수감　　집증　　조수

(1) 나이가 같은 또래인 사람
(2) 재주나 힘이 서로 비슷해서 상대가 되는 사람에게서 느끼는 감정
(3) '동냥질'의 방언
(4) 병의 증상을 알아내는 일

02 '어디선가 애의 훌쩍훌쩍 우는 소리가 들리는 듯했다.'와 어울리는 낱말에 ○표 하세요.

- 환청: 실제로 나지 않는 소리가 마치 들리는 것처럼 느껴지는 현상 ……… (　　　)
- 환영: 눈앞에 없는 것이 마치 있는 것처럼 보이는 것 ……………………… (　　　)

03 '콧물을 들이마시며 잇따라 흐느껴 우는 소리. 또는 그 모양'을 뜻하는 말은?

04 다음 빈칸에 '매우 천천히 자꾸 움직이다.'라는 의미를 가진 낱말을 알맞게 넣어 문장을 완성하세요.

> 그렇게 (　　　　) 말고 빨리 나오너라.

01 (1) 동년배 (2) 적수감 (3) 거랑질 (4) 집증 02 환청 03 훌쩍훌쩍 04 구무럭거리지

01~06 다음 글을 읽고 물음에 답하시오.

문제 해결 포인트
❶ 주인공은 어떤 인물인가
요?
❷ 허 생원에게 나귀는 어
떤 존재인가요?
❸ 허 생원의 과거 이야기
와 현재의 상황을 연결
하고 있는 것은 무엇인
가요?
❹ 작품의 배경은 사건의
전개 과정에서 어떤 역
할을 하고 있나요?

[앞부분의 줄거리] 왼손잡이 장돌뱅이인 허 생원은 봉평 장에서 조 선달과 함께 일찍 장사를 마친다. 허 생원이 봉평 장을 거르지 않고 찾는 이유는 과거 어느 여름, 메밀꽃이 하얗게 핀 달밤에 우연히 하룻밤 정을 나누고 헤어진 성 서방네 처녀를 잊지 못하기 때문이다. 충줏집에 들른 허 생원은 그곳에서 장돌뱅이 청년 동이가 충줏집과 수작을 하는 것을 보고, 동이를 심하게 나무라며 쫓아낸다. 그런데 동이가 허 생원을 외면하지 않고 아이들의 장난으로 허 생원의 당나귀가 흥분했다는 것을 알려 주자 동이를 기특하게 여긴다. 해가 기운 뒤 세 사람은 대화 장까지 동행하게 된다.

　드팀전 장돌이를 시작한 지 이십 년이나 되어도 ⊙허 생원은 봉평 장을 빼논 적은 드물었다. 충주, 제천 등의 이웃 군에도 가고, 멀리 영남 지방도 헤매기는 하였으나 강릉쯤에 물건 하러 가는 일 외에는 처음부터 끝까지 군내를 돌아다녔다. 닷새만큼씩의 장날엔 달보다도 확실하게 면에서 면으로 건너간다. 고향이 청주라고 자랑삼아 말하였으나 고향에 돌보러 간 일도 있는 것 같지는 않았다. ⓐ장에서 장으로 가는 길의 아름다운 강산이 그대로 그에게는 그리운 고향이었다. 반날 동안이나 뚜벅뚜벅 걷고 장터 있는 마을에 거지반 가까웠을 때, 지친 나귀가 한바탕 우렁차게 울면 — 더구나 그것이 저녁녘이어서 등불들이 어둠 속에서 깜박거릴 무렵이면 늘 당하는 것이건만 허 생원은 변치 않고 언제든지 가슴이 뛰놀았다.

　젊은 시절에는 알뜰하게 벌어 돈푼이나 모아 본 적도 있기는 있었으나, 읍내에 백중이 열린 해 호탕스럽게 놀고 투전을 하여 사흘 동안에 다 털어 버렸다. 나귀까지 팔게 된 판이었으나 애끊는 정분에 그것만은 이를 물고 단념하였다. 결국 도로 아미타불로 장돌이를 다시 시작할 수밖에는 없었다. 짐승을 데리고 읍내를 도망해 나왔을 때에는 너를 팔지 않기 다행이었다고 ⓑ길가에서 울면서 짐승의 등을 어루만졌던 것이었다. 빚을 지기 시작하니 재산을 모을 염은 당초에 틀리고, 간신히 입에 풀칠을 하러 장에서 장으로 돌아다니게 되었다.

　호탕스럽게 놀았다고는 하여도 계집 하나 후려 보지도 못하였다. 계집이란 좀 쌀쌀하고 매정한 것이었다. 평생 인연이 없는 것이라고 신세가 서글퍼졌다. 일신에 가까운 것이라고는 언제나 변함없는 한 필의 당나귀였다.

　그렇다고는 하여도 꼭 한 번의 첫 일을 잊을 수는 없었다. 뒤에도 처음에도 없는 단 한 번의 괴이한 인연! 봉평에 다니기 시작한 젊은 시절의 일이었으나 그것을 생각할 적만은 그도 산 보람을 느꼈다.

　달밤이었으나 어떻게 해서 그렇게 됐는지 지금 생각해도 도무지 알 수는 없었다.

　허 생원은 오늘 밤도 또 그 이야기를 끄집어내려는 것이다. 조 선달은 친구가 된 이래 귀에 못이 박히도록 들어왔다. 그렇다고 싫증을 낼 수도 없었으나 허 생원은 시침을 떼고 되풀이할 대로는 되풀이하고야 말았다.

　"달밤에는 그런 이야기가 격에 맞거든."

　조 선달 편을 바라는 보았으나 물론 미안해서가 아니라 달빛에 감동하여서였다. 이지러는 졌으나 보름을 가제 지난 달은 부드러운 빛을 흐붓이 흘리고 있다. 대화까

지는 칠십 리의 ⓒ밤길, 고개를 둘이나 넘고 개울을 하나 건너고 벌판과 산길을 걸어야 된다.

　달은 지금 긴 산허리에 걸려 있다. 밤중을 지난 무렵인지 죽은 듯이 고요한 속에서, 짐승 같은 달의 숨소리가 손에 잡힐 듯이 들리며, 콩 포기와 옥수수 잎새가 한층 달에 푸르게 젖었다. 산허리는 온통 메밀밭이어서 피기 시작한 꽃이 소 [A] 금을 뿌린 듯이 흐붓한 달빛에 숨이 막힐 지경이다. 붉은 대궁이 향기같이 애잔하고 나귀의 걸음도 시원하다.

　ⓓ길이 좁은 까닭에 세 사람은 나귀를 타고 외줄로 늘어섰다. 방울 소리가 시원스럽게 딸랑딸랑 메밀밭께로 흘러간다. 앞장선 허 생원의 이야기 소리는 꽁무니에 선동이에게는 확적히는 안 들렸으나, 그는 그대로 개운한 제멋에 적적하지는 않았다.

　"장 선 꼭 이런 날 밤이었네. 객줏집 토방이란 무더워서 잠이 들어야지. 밤중은 돼서 혼자 일어나 개울가에 목욕하러 나갔지. 봉평은 지금이나 그제나 마찬가지지. 보이는 곳마다 메밀밭이어서 개울가에 어디 없이 하얀 꽃이야. 돌밭에 벗어도 좋을 것을, 달이 너무도 밝은 까닭에 옷을 벗으러 물방앗간으로 들어가지 않았나. 이상한 일도 많지. 거기서 난데없는 성 서방네 처녀와 마주쳤단 말이네. 봉평서야 제일가는 일색이었지."

　"팔자에 있었나 부지."

　아무렴 하고 응답하면서 말머리를 아끼는 듯이 한참이나 담배를 빨 뿐이었다. 구수한 자줏빛 연기가 밤기운 속에 흘러서는 녹았다.

　"날 기다린 것은 아니었으나 그렇다고 달리 기다리는 놈팽이가 있는 것두 아니었네. 처녀는 울고 있단 말야. 짐작은 대고 있으나 성 서방네는 한창 어려워서 들고 날 판인 때였지. 한집안 일이니 딸에겐들 걱정이 없을 리 있겠나. 좋은 데만 있으면 시집도 보내련만 시집은 죽어도 싫다지……. 그러나 처녀란 울 때같이 정을 끄는 때가 있을까. 처음에는 놀라기도 한 눈치였으나 걱정 있을 때는 누그러지기도 쉬운 듯해서 이럭저럭 이야기가 되었네……. 생각하면 무섭고도 기막힌 밤이었어."

　"제천인지로 줄행랑을 놓은 건 그다음 날이었나?"

　"다음 장도막에는 벌써 온 집안이 사라진 뒤였네. 장판은 소문에 발끈 뒤집혀 고작해야 술집에 팔려 가기가 상수로고, 처녀의 뒷공론이 자자들 하단 말이야. 제천 장판을 몇 번이나 뒤졌겠나. 하나 처녀의 꼴은 꿩 궈 먹은 자리야. 첫날밤이 마지막 밤이었지. 그때부터 봉평이 마음에 든 것이 반평생을 두고 다니게 되었네. 평생인들 잊을 수 있겠나."

　"수 좋았지. 그렇게 신통한 일이란 쉽지 않어. 항용 못난 것 얻어 새끼 낳고 걱정 늘고, 생각만 해두 진저리가 나지……. 그러나 늘그막바지까지 장돌뱅이로 지내기도 힘드는 노릇 아닌가? 난 가을까지만 하구 이 생애와두 하직하려네. 대화쯤에 조그만 전방이나 하나 벌이구 식구들을 부르겠어. 사시장철 뚜벅뚜벅 걷기란 여간 이래야지."

장면 묘사

이 작품은 과거의 사건과 현재가 번갈아 제시되고 있다. 과거의 사건은 주로 허 생원이 살아온 이야기를 서술자가 요약하고 있다. 그런데 현재는 대화로 가는 산길 장면으로, 허 생원의 괴이한 인연 이야기와 함께 아름다운 장면 묘사가 중심이 되고 있다.

"옛 처녀나 만나면 같이나 살까……. 난 거꾸러질 때까지 ⓔ이 길 걷고 저 달 볼 테야."

산길을 벗어나니 큰길로 틔어졌다. 꽁무니의 동이도 앞으로 나서 나귀들은 가로 늘어섰다.
"총각두 젊겠다, 지금이 한창 시절이렷다. 충줏집에서는 그만 실수를 해서 그 꼴이 되었으나 섧게 생각 말게."
"처, 천만에요. 되려 부끄러워요. 계집이란 지금 웬 제격인가요? 자나 깨나 어머니 생각뿐인데요."
허 생원의 이야기로 실심해한 끝이라 동이의 어조는 한풀 수그러진 것이었다.

[끝부분의 줄거리] 동이가 자신의 출생과 성장 과정, 부모에 대한 이야기를 하자 허 생원은 동이가 자신의 아들일 수도 있다는 생각을 하다가 발을 빗디디고 물에 빠진다. 동이의 등에 업혀 개울을 건너면서 허 생원은 동이도 자신과 같이 왼손잡이라는 점을 발견한다.

– 이효석, 「메밀꽃 필 무렵」

'호흡이 긴 문장'은 수식어가 많고 내용을 풀어 쓰거나 반복하여 길게 늘여서 쓴 문장을 말해. '간결체' 문장과 반대라고 볼 수 있어!

01 윗글에 대한 설명으로 적절하지 <u>않은</u> 것은?

① 호흡이 긴 문장을 사용하여 사건을 자세히 서술하고 있다.
② 시각과 후각적 표현을 통해 풍경을 감각적으로 제시하고 있다.
③ 인물들 간의 대화를 통해 과거의 사건을 요약적으로 제시하고 있다.
④ 메밀꽃이 하얗게 핀 산길의 풍경을 통해 낭만적 분위기를 그려 내고 있다.
⑤ 인물들의 고단한 삶을 자연적 배경 묘사를 통해 아름답게 그려 내고 있다.

02 윗글을 읽고 인물에 대하여 파악한 내용으로 적절하지 <u>않은</u> 것은?

① 허 생원은 자기 고향을 자주 찾아가지 않았다.
② 허 생원은 조 선달에게 '그 이야기'를 자주 들려주었다.
③ 허 생원은 앞으로도 장돌뱅이 삶을 계속 살아가고자 한다.
④ 허 생원은 현재와 같은 장돌뱅이 생활로 이십여 년을 살아왔다.
⑤ 허 생원과 조 선달은 장돌뱅이 일을 시작할 때부터 계속 함께해 왔다.

03 윗글에서 ㉠의 이유를 찾아 간단히 서술하시오.

수능형

04 문맥적 의미를 고려할 때, ⓐ~ⓔ에 대한 설명으로 적절하지 <u>않은</u> 것은?

① ⓐ: 장돌뱅이로 유랑해 온 허 생원의 삶의 여정을 드러내는 공간이다.

② ⓑ: 허 생원이 비참해진 자신의 처지를 슬퍼하고 스스로를 위로했던 공간이다.

③ ⓒ: 장돌뱅이로 살아가는 세 인물의 암담한 처지를 상징적으로 드러내는 공간이다.

④ ⓓ: 동이가 대화에서 배제되어 허 생원의 이야기를 잘 들을 수 없는 상황을 만들어 주는 공간이다.

⑤ ⓔ: 허 생원의 과거와 현재가 길을 매개로 미래로 연결될 수 있음을 암시하는 공간이다.

유사한 수능 문제 형식

• ⓐ~ⓔ에 대한 이해로 적절하지 <u>않은</u> 것은?

• ⓐ~ⓔ에 드러난 공간의 의미를 분석한 것으로 적절하지 <u>않은</u> 것은?

05 윗글을 감상하는 방법으로 적절하지 <u>않은</u> 것은?

① 허 생원이 살아온 삶의 내력을 추리해 본다.

② 허 생원과 조 선달의 관계에 대해 생각해 본다.

③ 동이가 허 생원과 동행하는 이유를 추리해 본다.

④ 메밀꽃이 피어 있는 밤길의 아름다운 모습을 상상해 본다.

⑤ 허 생원이 성 서방네 처녀를 잊지 못하는 이유를 추리해 본다.

수능형 2005학년도 수능

06 〈보기〉에 따라 '이효석 문학제'를 알리는 초청장을 만들려고 한다. 문안으로 가장 적절한 것은?

┌─ 보기 ┐
• [A]의 분위기를 파악하여, 그것을 작가의 작품 세계가 지닌 특징을 드러내는 데 활용한다.
• 비유를 사용하여 표현 효과를 높인다.

① 역사와 전통 위에 지은 터전, 이효석 문학 마을로 오세요.

② 지친 현대인에게 소박한 농촌의 맛과 인심을 돌려드립니다.

③ 이효석, 그 서정과 낭만으로 빚은 집에 여러분을 초대합니다.

④ 서도(西道)의 애수와 가락이 있는 제전, 당신의 의자를 비워 두었습니다.

⑤ 우리들의 잃어버린 고향, 다시 못 갈 그 서러운 곳으로 당신을 초대합니다.

유사한 수능 문제 형식

• 〈보기〉에 따라 윗글을 재구성한 것으로 적절한 것은?

• 윗글에 대한 감상 내용을 〈보기〉와 같이 바꾸어 쓴 것으로 가장 적절한 것은?

이년! 이 백 번 쥑에두 쌀 년! 앓는 남편두 남편이디만, 어린 자식을 놔 두구 그래 도망을 가? 것두 아들놈 같은 조수 놈하구서⋯⋯. 그래 지금 한창나이란 말이디? 그렇다구 이년, 내가 아무리 늙구 병들었기루서니 거랑질이야 할 줄 아니? 이녀언! 하는데, 옆에 누웠던 어린 아들이, 아바지, 아바지이! 하였으나 송 영감은 꿈속에서 자기 품에 안은 아들이, 아바지, 아바지이! 하고 부르는 것으로 알며, 오냐 데건 네 에미가 아니다! 하고 꼭 품에 껴안는 것을, 옆에 누운 어린 아들이 그냥 울먹울먹한 목소리로 아버지를 불러, 잠꼬대에서 송 영감을 깨워 놓았다.

송 영감은 잠들기 전보다 더 머리가 무겁고 언짢았다. 애가 종내 훌쩍훌쩍 울기 시작했다. 오, 오, 하며 송 영감은 잠꼬대 속에서처럼 애를 끌어안았다. 자기의 더운 몸에 별나게 애의 몸이 찼다. 벌써부터 이렇게 얼리어서 될 말이냐고, 송 영감은 더 바싹 애를 껴안았다. 그리고 훌쩍이는 이제 일곱 살 난 애를 그렇게 안고 있는 동안 송 영감은 다시 이 어린것을 두고 도망간 아내가 새롭게 괘씸했다. 아내와 함께 여드름 많던 조수가 떠올랐다. 그러자 ⓘ그 아들 같은 조수에게 동년배의 사내가 느끼는 어떤 적수감이 불길처럼 송 영감의 괴로운 몸을 휩쌌다.

송 영감 자신이 집중 잡히지 않는 병으로 앓아누웠기 때문에 조수가 이 가을로 마지막 가마에 넣으려고 거의 혼자서 지어 놓다시피 한 중옹 통옹 반옹 머쎄기 같은 크고 작은 독들이 구월 보름 가까운 달빛에 마치 하나하나 도망간 조수의 그림자같이 느껴졌을 때, 송 영감은 벌떡 일어나 부채 방망이를 들어 모조리 깨부수고 싶은 충동을 받았으나, 다음 순간 내일부터라도 자기가 독을 지어 한 가마 채워 가지고 구워 내야 당장 자기네 부자가 살아갈 것이라는 생각에 미치면서는, 정말 그러는 수밖에 다른 도리가 없다고 지그시 무거운 눈을 감아 버렸다.

날이 밝자 송 영감은 열에 뜬 머리를 수건으로 동이고 일어나 앉아, 애더러는 흙 이길 왱손이를 부르러 보내 놓고, 왱손이 올 새가 바빠서 자기 손으로 흙을 이겨 틀 위에 올려놓았다. 송 영감의 손은 자꾸 떨리었다. 그러나 반쯤 독을 지어 올려, 안은 조마구 밖은 부채 마치로 맞두드리며 일변 발로는 틀을 돌리는 익은 솜씨만은 앓아눕기 전과 다를 바 없는 듯했다.

왱손이가 와 흙을 이겨 주는 대로 중옹 몇 개를 지어 냈다.

그러나 차차 송 영감의 솜씨에는 틈이 생기기 시작했다. 더구나 조마구와 부채 마치로 두드려 올릴 때, 퍼뜩 눈앞에 아내와 조수의 환영이 떠오르면 짓던 독을 때리는지 아내와 조수를 때리는지 분간 못 하는 새, 독이 그만 얇게 못나게 지어지곤 했다. 그리고 전을 잡는 손이 떨려, 가뜩이나 제일 힘든 마무리의 전이 잘 잡히지를 않았다. 열 때문도 있었다. 송 영감은 쓰러지듯이 짓던 독 옆에 눕고 말았다.

송 영감이 정신이 들었을 때는 저녁때가 기울어서였다. 왱손이도 흙 몇 덩이를 이겨 놓고 가고 없었다. 언제부터인가 바깥 저녁 그늘 속에 애가 남쪽 장길을 향해 쪼그리고 앉아 있었다. 어머니를 기다리는 것이리라. 언제나처럼 장 보러 간 어머니가

언제나처럼 저녁때면 조수에게 장감을 지워 가지고 돌아올 줄로만 아직 아는가 보다.

밖을 내다보던 송 영감은 제 힘만이 아닌 어떤 힘으로 벌떡 일어나 다시 독 짓기를 시작하는 것이었으나, 이번에는 겨우 한 개를 짓고는 다시 쓰러지듯이 눕고 말았다.

[중간 부분의 줄거리] 아픈 몸을 이끌고 안간힘을 다해 독을 짓던 송 영감은 손이 떨려 예전과 같은 솜씨를 발휘하지 못하고 병으로 눕는 횟수가 늘어난다. 송 영감의 처지를 딱하게 여긴 앵두나뭇집 할머니가 아들 당손이를 부잣집의 양자로 보낼 것을 제안하지만 거절한다. 송 영감이 다시 예전처럼 독을 짓고 가마에 넣어 독을 굽는 날, 조수가 지은 독과 자신이 지은 독을 나란히 가마에 넣는다. 그러나 자신이 지은 독들이 깨지는 소리를 들으며 그만 쓰러지고 만다.

이튿날 송 영감은 애를 시켜 앵두나뭇집 할머니를 오게 했다. 앵두나뭇집 할머니가 오자 송 영감은 애더러 놀러 나가라고 하며 유심히 애의 얼굴을 쳐다보는 것이었다. 마치 애의 얼굴을 잊지 않으려는 듯이.

앵두나뭇집 할머니와 단둘이 되자 송 영감은 눈을 감으며, 요전에 말하던 자리에 아직 애를 보낼 수 있겠느냐고 물었다. 앵두나뭇집 할머니는 된다고 했다. 얼마나 먼 곳이냐고 했다. 여기서 한 이삼십 리 잘 된다는 대답이었다. 그러면 지금이라도 보낼 수 있느냐고 했다. 당장이라도 데려가기만 하면 된다고 하면서 앵두나뭇집 할머니는 치마 속에서 지전 몇 장을 꺼내어 그냥 눈을 감고 있는 송 영감의 손에 쥐어 주며, 아무 때나 애를 데려오게 되면 주라고 해서 맡아 두었던 것이라고 했다.

송 영감이 갑자기 눈을 뜨면서 앵두나뭇집 할머니에게 돈을 도로 내밀었다. 자기에게는 아무 소용 없으니 애 업고 가는 사람에게나 주어 달라는 것이었다. 그리고는 다시 눈을 감았다. 앵두나뭇집 할머니는 애 업고 가는 사람 줄 것은 따로 있다고 했다. 송 영감은 그래도 그 사람을 주어 애를 잘 업어다 주게 해달라고 하면서, 어서 애나 불러다 자기가 죽었다고 하라고 했다. 앵두나뭇집 할머니가 무슨 말을 하려는 듯하다가 저고릿고름으로 눈을 닦으며 밖으로 나갔다.

송 영감은 눈을 감은 채 가쁜 숨을 죽이고 있었다. 그리고 무슨 일이 있더라도 눈물일랑 흘리지 않으리라 했다.

그러나 앵두나뭇집 할머니가 애를 데리고 와, 저렇게 너의 아버지가 죽었다고 했을 때, 송 영감은 절로 눈물이 흘러내림을 어찌할 수 없었다. 앵두나뭇집 할머니는 억해 오는 목소리를 겨우 참고, 저것 보라고 벌써 눈에서 썩은 물이 나온다고 하고는, 그러지 않아도 앵두나뭇집 할머니의 손을 잡은 채 더 아버지에게 가까이 갈 생각을 않는 애의 손을 끌고 그곳을 나왔다. [A]

그냥 감은 송 영감의 눈에서 다시 썩은 물 같은, 그러나 뜨거운 새 눈물 줄기가 흘러내렸다. 그러는데 어디선가 애의 훌쩍훌쩍 우는 소리가 들리는 듯했다. 눈을 떴다. 아무도 있을 리 없었다. 지어 놓은 독이라도 한 개 있었으면 싶었다. 순간 뜸막 속 전체만 한 공허가 송 영감의 파리한 가슴을 억눌렀다. 온몸이 오므라들고 차 옴을 송 영감은 느꼈다.

그러는 송 영감의 눈앞에 독 가마가 떠올랐다. 그러자 송 영감은 그리로 가리라는 생각이 불현듯 일었다. 거기에만 가면 몸이 녹여지리라. 송 영감은 기는 걸음으로

뜸막을 나섰다.

거지들이 초입에 누워 있다가 지금 기어 들어오는 게 누구라는 것도 알려 하지 않고, 구무럭거려 자리를 내주었다. 송 영감은 한옆에 몸을 쓰러뜨렸다. 우선 몸이 녹는 듯해 좋았다.

그러나 송 영감은 다시 일어나 가마 안쪽으로 기기 시작했다. 무언가 지금의 온기로써는 부족이라도 한 듯이. 곧 예삿사람으로는 더 견딜 수 없는 뜨거운 데까지 이르렀다. 그런데도 송 영감은 기기를 멈추지 않았다. 그렇다고 그냥 덮어놓고 기는 것은 아니었다. 지금 마지막으로 남은 생명이 발산하는 듯 어둑한 속에서도 이상스레 빛나는 송 영감의 눈은 무엇을 찾고 있는 것이었다. 그러다가 열어젖힌 곁창으로 새어 들어오는 늦가을 맑은 햇빛 속에서 송 영감은 기던 걸음을 멈추었다. 자기가 찾던 것이 예 있다는 듯이. 거기에는 터져 나간 송 영감 자신의 독 조각들이 흩어져 있었다.

ⓒ송 영감은 조용히 몸을 일으켜 단정히, 아주 단정히 무릎을 끓고 앉았다. 이렇게 해서 그 자신이 터져 나간 자기의 독 대신이라도 하려는 것처럼.

– 황순원, 「독 짓는 늙은이」

07 윗글의 서술상의 특징으로 적절하지 않은 것은?

① 인물의 내면 심리를 분석적으로 제시하고 있다.
② 주로 대화를 통해 인물의 성격을 제시하고 있다.
③ 절제되고 간결한 표현으로 장면을 제시하고 있다.
④ 서술자가 설명과 묘사를 통해 사건을 전개하고 있다.
⑤ 인물 간의 대화를 서술자가 간접 화법으로 전달하고 있다.

> 송 영감에게 독 짓기는 생계를 유지해 가는 수단이기도 하지만 전 생애를 바쳐 온 삶의 목표라고 볼 수 있어.

08 윗글에서 '독'이 상징하는 의미로 보기 어려운 것은?

① 생계유지의 수단
② 송 영감의 삶의 목표
③ 사라져 가는 전통적 가치
④ 조수에 대한 복수의 대상
⑤ 송 영감이 마지막까지 지키고자 한 자존심

09 윗글의 [A]를 영화로 제작한다고 할 때, 고려할 사항으로 적절하지 <u>않은</u> 것은?

① 송 영감의 방 안에는 가난한 형편이 드러날 수 있도록 낡고 초라한 살림 도구를 소품으로 배치한다.

② 당손이의 울음소리를 음향으로 제시하여 당손이를 떠나보낸 송 영감이 환청에 시달리는 모습을 표현한다.

③ 송 영감이 죽은 것처럼 누워 있는 장면에서는 송 영감의 늙고 주름진 얼굴을 클로즈업하여 슬픔을 참는 모습이 드러나게 한다.

④ 당손이가 죽은 아버지를 두려워하지 않도록 앵두나뭇집 할머니를 맡은 배우는 당손이에게 부드럽게 타이르는 어조로 연기한다.

⑤ 당손이를 맡은 배우는 누워 있는 아버지가 죽었다고 생각해서 두려움을 느끼고 가까이 가지 않으려는 어린아이의 모습으로 연기한다.

유사한 수능 문제 형식

• 윗글의 [A]에 대한 감상으로 적절하지 <u>않은</u> 것은?

• 윗글의 [A]에서 파악할 수 있는 내용과 거리가 먼 것은?

10 ㉠에 드러난 송 영감의 심리를 설명한 것으로 적절한 것은?

① 같은 남자로서 조수에게 열등감을 느끼고 있다.

② 자신보다 실력이 뛰어난 조수에게 두려움을 느끼고 있다.

③ 실력을 겨루어야 하는 조수에게 경쟁심을 느끼고 있다.

④ 조수를 아들처럼 여기고 돌봐 준 일을 후회하고 있다.

⑤ 몸이 아픈 자신에 비해 건강한 조수에게 부러움을 느끼고 있다.

11 글 전체를 고려하여 ㉡의 이유를 추측한 것으로 적절하지 <u>않은</u> 것은?

① 병이 깊은 상태였으니 어차피 자신은 죽을 것이라고 예상했겠지.

② 독이 깨어져 무너진 장인으로서의 자존심을 회복하려 했던 거 같아.

③ 자신이 지은 독이 터져 나간 것을 다른 사람이 모르게 하고 싶었을 거야.

④ 독을 짓는 데 바친 자신의 삶에 대한 고통과 회한을 정리하고 싶었을 거야.

⑤ 새로운 세태에 적응하지 못한 자신의 자리가 깨어진 독 자리라고 생각했겠지.

유사한 수능 문제 형식

• ㉡과 같은 행위에 담긴 의미를 이해한 것으로 적절한 것은?

• ㉡에 대한 감상으로 적절하지 <u>않은</u> 것은?

마무리 정리하기

소설의 주제 파악하기

→ 핵심 제재를 통해 주제 파악하기

하근찬, 「수난 이대」: 핵심 제재인 외나무다리를 통해 민족의 시련인 역사적 비극을 극복해 나가는 모습을 그려 냄.

→ 소설의 주제 제시 방식 파악하기

염상섭, 「두 파산」: 옥임의 정신적 파산과 정례 어머니의 물질적 파산을 대비하여 물질 만능주의에 빠진 세태를 풍자함.

소설의 제재 파악하기

→ 의도적 장치로서 제재의 기능 파악하기

최일남, 「노새 두 마리」: 시대에 뒤떨어진 아버지를 시대에 뒤떨어진 운송 수단인 '노새'를 제재로 하여 사회의 변화에 적응하지 못한 인물의 고단하고 힘든 삶을 보여 줌.

→ 제재의 상징적 의미 파악하기

윤흥길, 「아홉 켤레의 구두로 남은 사내」: '구두'는 지식인이지만 산업화 과정에서 희생된 인물의 마지막 남은 자존심을 상징함.

메밀꽃 필 무렵 _ 이효석

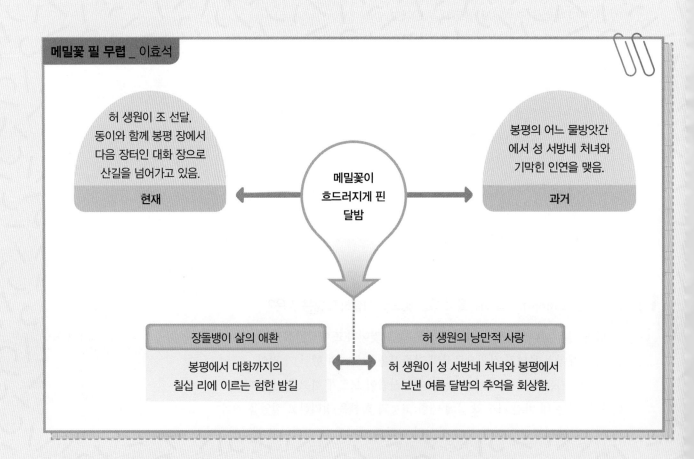

메밀꽃이 흐드러지게 핀 달밤

현재 ← 허 생원이 조 선달, 동이와 함께 봉평 장에서 다음 장터인 대화 장으로 산길을 넘어가고 있음.

과거 → 봉평의 어느 물방앗간에서 성 서방네 처녀와 기막힌 인연을 맺음.

장돌뱅이 삶의 애환
봉평에서 대화까지의 칠십 리에 이르는 험한 밤길

↔

허 생원의 낭만적 사랑
허 생원이 성 서방네 처녀와 봉평에서 보낸 여름 달밤의 추억을 회상함.

독 짓는 늙은이 _ 황순원

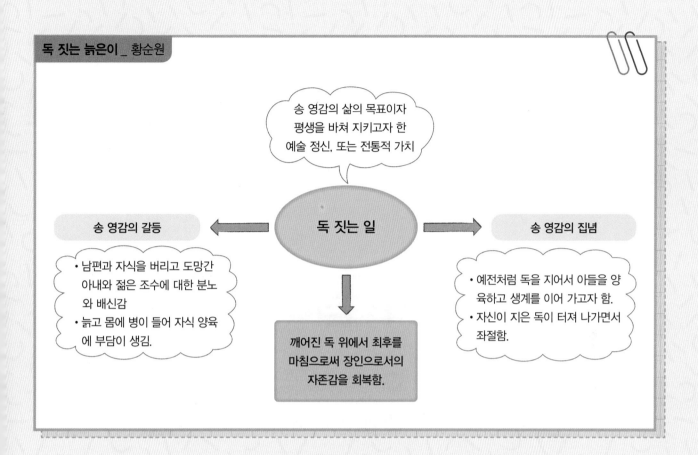

송 영감의 삶의 목표이자 평생을 바쳐 지키고자 한 예술 정신, 또는 전통적 가치

독 짓는 일

송 영감의 갈등
• 남편과 자식을 버리고 도망간 아내와 젊은 조수에 대한 분노와 배신감
• 늙고 몸에 병이 들어 자식 양육에 부담이 생김.

송 영감의 집념
• 예전처럼 독을 지어서 아들을 양육하고 생계를 이어 가고자 함.
• 자신이 지은 독이 터져 나가면서 좌절함.

깨어진 독 위에서 최후를 마침으로써 장인으로서의 자존감을 회복함.

📖 **지식 플러스**

이효석과 「메밀꽃 필 무렵」

이효석은 초기 동반자 작가로 불리며 사회주의 문학 경향의 작품을 창작하다가 후기로 가면서 순수 문학의 길을 걸었고, 향토색이 짙은 작품을 다수 발표했다. 세련된 언어와 풍부한 어휘 사용으로 시적인 분위기를 형성하고 있는 그의 문체는 단편 소설의 예술성을 높였다는 평가를 받는다. 「메밀꽃 필 무렵」은 1936년에 발표한 작품이다. 작가의 고향 부근인 봉평·대화 등 강원도 산간 마을의 장터를 배경으로 장돌뱅이인 허 생원과 성 서방네 처녀 사이에 맺어진 하룻밤의 애틋한 인연이 중심이 되는 매우 서정적인 작품이다. 허 생원과 나귀와의 관계를 통해 허 생원과 동이의 혈연적 관계를 암시하고, 열린 결말을 통해 독자의 상상력을 자극하는 등 치밀한 구성과 아름다운 장면 묘사가 특징이다. 작품의 무대인 봉평에서 대화까지의 칠십 리의 밤길에 대한 묘사는 지금도 그곳에서 문학 축제가 열릴 정도로 유명하다.

황순원과 「독 짓는 늙은이」

황순원은 1937년부터 소설 창작을 시작하여 소박하면서도 치열한 휴머니즘 정신, 한국인의 전통적인 삶에 대한 애정 등을 고루 갖춘 작품들을 다수 창작하였다. 그의 작품 세계는 시적인 감수성을 바탕으로 한 치밀한 문체와 이야기의 조직적인 전개를 그 특징으로 한다. 「독 짓는 늙은이」는 1950년에 발표하였는데, 독을 만드는 일에 한평생을 바쳐 온 송 영감이, 생활의 파탄과 병고 앞에서 자신의 작업에 한계가 왔음을 깨닫자, 어린 아들을 남에게 맡기고 독 가마 속에서 죽음을 맞이한다는 내용이다. 작가는 이러한 이야기를 통해 장인 정신의 본질과 삶의 비극성이라는 두 가지 문제를 적절히 형상화해 내고 있다. 이 작품은 대화에 의한 장면 제시가 없고 설명적 진술과 서사적 묘사만으로 내용을 전개하고 있는 것이 특징이다.

III

수필·극

갈래 짚고 가기

①
수필의 이해

1. 수필의 개념

글쓴이가 일상생활에서 체험한 내용을 통해 느낀 점이나 생각한 바를 일정한 형식에 얽매이지 않고 자유롭게 쓴 글이다.

2. 수필의 특성

- 글쓴이가 실제로 체험하고 느낀 사실적인 내용을 다룬다.
- 글쓴이의 경험에서 느낀 생각이나 깨달음 등이 중심이 된다.
- 글쓴이만의 개성적인 생활 습관, 정서, 말투 등이 반영된다.
- 생활 속의 어떤 주제나 소재든지 글의 재료가 될 수 있다.
- 글의 형식이나 내용에 제한이 없다.

다른 문학 갈래와
비교하기

• 수필과 시

	수필	시
차이점	산문	운문
공통점	정서를 바탕으로 함.	

• 수필과 소설

	수필	소설
표현	글쓴이가 체험한 세계 표현	상상력에 의한 허구의 세계 표현
'나'	글쓴이 자신	작가가 창조한 허구의 인물
인생관	글쓴이의 사상, 인생관, 느낌이 드러남.	작가의 인생관이 숨어 있음.
공통점	이야기가 있는 산문 문학임.	

3. 수필의 요소

(1) 주제: 작품을 통해서 글쓴이가 말하고자 하는 핵심적인 사상이나 중심적인 의미를 말한다.

(2) 제재: 신변잡기에서 사회적·역사적 사실이나 자연 현상에 이르기까지, 체험하고 사고할 수 있는 모든 것이 대상이 된다.

(3) 구성: 정해진 형식은 없지만, 주제를 효과적으로 드러내기 위해 제재를 적절하게 배열하고 결합시키는 것을 말한다.

(4) 문체: 글쓴이의 개성이나 사상이 나타나 있는 문장의 특색으로, 설명, 묘사, 서사 등으로 나타난다.

4. 수필의 종류

	경수필	중수필
뜻	내용과 분위기가 친근감을 느낄 수 있는 개인적인 수필로, 자유로운 내용과 비격식적 구조를 가진다.	내용과 분위기가 현실적이고 객관적인 수필로, 체계적인 내용과 논리적 구조를 가진다.
특징	• 문장의 흐름이 가벼운 느낌을 준다. • '나'가 겉으로 드러나 있다. • 주관적, 개성적으로 표현한다. • 감성, 정서적 표현 위주로 전개된다. • 예술적 가치를 지니고 있다. • 정서적, 신변적이다.	• 문장의 흐름이 무거운 느낌을 준다. • '나'가 겉으로 드러나 있지 않다. • 객관적, 사실적으로 표현한다. • 논리적인 설명 위주로 전개된다. • 실용적 가치를 추구한다. • 지적, 사회적이다.

5. 수필의 감상 방법

- 글쓴이의 상황과 삶의 태도 등을 파악하며 읽는다.
- 글쓴이의 개성적인 문체와 표현 등을 살피며 읽는다.
- 글쓴이의 생각을 자신의 생각과 비교하며 읽는다.
- 글 속에 담긴 교훈을 파악하고 자신의 삶을 되돌아보며 읽는다.

📌 필수 개념 체크

01 수필은 일상생활에서 실제로 (ㅊㅎ)한 내용을 쓴 문학의 한 갈래이다.

02 수필은 글쓴이만의 생활 태도와 정서가 드러나는 (ㄱㅅㅈ)인 글이다.

03 생활 속에서 경험하는 어떤 소재나 제재라도 수필의 (ㅈㄹ)가 될 수 있다.

04 수필은 편지, 일기, 기행문 등으로 표현할 수 있어 (ㅎㅅ)에 제한이 없는 글이다.

05 수필을 읽을 때에는 글이 주는 (ㄱㅎ)을 파악하고 자신의 삶을 돌아볼 수 있어야 한다.

정답
01 체험
02 개성적
03 재료
04 형식
05 교훈

2 극의 이해

1. 극의 개념

등장인물의 대사와 행동을 통해 사건과 갈등을 보여 주는 문학의 한 갈래로, 희곡, 시나리오, 드라마 대본 등이 있다.

극의 내용 요소

- **인물**: 사건과 갈등을 일으키는 의지적, 개성적, 전형적인 인물
- **사건**: 주제를 향해서 갈등과 긴장을 일으키며 벌어지는 일
- **배경**: 사건이 일어나는 때(시간)와 곳(장소)

---

2. 극 문학의 특성

- 공연이나 상연을 전제로 한다.
- 서술자가 없으며, 등장인물의 대사와 행동이 중심이 된다.
- 등장인물 간의 대립과 갈등을 중심으로 사건이 전개된다.
- 사건이 실제로 벌어지는 장면을 보여 주므로 현재형으로 표현된다.

3. 극 문학의 구성 단계

(1) 발단: 인물과 배경이 소개되고 사건의 실마리가 제시된다.
(2) 전개: 인물 간의 갈등과 대립이 구체화되고 사건이 점점 복잡하게 전개된다.
(3) 절정: 갈등이 최고조에 이르고, 극적 장면이 제시되며 주제가 드러난다.
(4) 하강: 갈등 해결의 실마리가 보이고, 결말에 이르기 위해 사건이 전환된다.
(5) 결말(대단원): 갈등이 해소되고 모든 사건이 종결에 이르는 부분으로, 등장인물의 운명이 결정된다.

극의 구성 단위

- **막**: 극을 구분하는 단위. 무대의 막이 올랐다가 다시 내릴 때까지를 1막으로 본다.
- **장**: 막의 하위 단위로, 주로 등장인물의 등장과 퇴장으로 구분된다.
- **장면(scene)**: 사건의 배경이 되는 장면들을 찍은 단위. 장면 번호 (scene number: S#1, S#2 등)로 나타낸다.

---

4. 극의 구성 요소

(1) 해설: 막이 오르기 전후에 필요한 무대 장치, 인물, 배경(때, 곳) 등을 설명한다.
(2) 대사: 등장인물이 하는 말을 이른다. 사건의 전개는 대사를 바탕으로 이루어진다.
(3) 지시문: 배경, 효과, 등장인물의 행동(동작이나 표정) 등을 지시하고 설명한다.

5. 희곡과 시나리오, 드라마 대본의 차이점

	희곡	시나리오	드라마 대본
뜻	무대 상연을 위한 연극의 대본	영화 상영을 위한 대본	드라마 방영을 위한 대본
특징	• 막과 장을 구성 단위로 한다. • 시간과 공간, 등장인물의 수에 제약을 받는다.	• 장면을 기본 단위로 하며, 장면의 전환이 자유롭다. • 시간과 공간, 등장인물 수의 제약을 거의 받지 않는다. • 촬영을 고려하여 특수한 용어가 사용된다.	

6. 희곡의 감상 방법

- 무대를 상상하며 구성 단계에 따라 사건의 전개 과정을 파악한다.
- 등장인물의 성격, 신분, 직업, 연령, 심리, 처지 등을 파악하고 인물 간의 상호 관계를 이해한다.
- 배경과 지시문의 내용을 이해하며 상상한다.

---

06 (ㄱ)은 등장인물의 대사와 행동을 통해 사건과 갈등을 보여 주는 문학의 한 갈래이다.

07 극 문학은 (ㄱㅇ)이나 (ㅅㅇ)을 전제로 하며, 등장인물의 대사와 행동이 중심이 된다.

08 희곡의 구성 단계는 대체로 '발단 – 전개 – 절정 – (ㅎㄱ) – 대단원'으로 이루어진다.

09 희곡은 연극의 대본이며, (ㅅㄴㄹㅇ)는 영화의 대본이다.

10 희곡은 막과 장을, 시나리오와 드라마 대본은 (ㅈㅁ)을 기본 단위로 한다.

정답
06 극
07 공연, 상연
08 하강
09 시나리오
10 장면

독해의 원리 이해하기

> ### ⊙ 수필 감상의 원리
> 수필은 자신의 경험, 경험을 통해 얻은 깨달음 또는 삶에 대한 통찰을 자유로운 형식에 담아 글로 표현한 것이다. 수필은 가치 있는 경험, 그러한 경험으로부터 우러난 사색과 깨달음을 자유로운 형식으로 표현하기 때문에 글쓴이의 개성과 인생관, 가치관이 잘 드러난다. 따라서 수필을 읽을 때는 글쓴이의 개성과 가치관을 살펴보며 읽어야 한다.

1

수필의 특징 파악하기

[학습 원리 1] 자기 고백적인 수필의 특징 파악하기

> 그 골목길에서의 일이다. 초등학교 1학년 때였던 것 같다. 하루는 우리 반이 좀 일찍 끝나서 나 혼자 집 앞에 앉아 있었다. 그런데 그때 마침 골목을 지나던 깨엿 장수가 있었다. 그 아저씨는 가위를 쩔렁이며, 목발을 옆에 두고 대문 앞에 앉아 있는 나를 흘낏 보고는 그냥 지나쳐 갔다. 그러더니 손수레를 두고 다시 돌아와 내게 깨엿 두 개를 <u>내밀었다</u>. 순간, 아저씨와 내 눈이 마주쳤다. 아저씨는 아무 말도 하지 않고 아주 잠깐 미소를 지어 보이며 말했다.　└ '나'에게 장애가 있음이 드러남.
> "괜찮아."→ '나'에게 세상에 대한 믿음을 갖게 해 준 말
> 무엇이 괜찮다는 건지 몰랐다. 돈 없이 깨엿을 공짜로 받아도 괜찮다는 것인지, 아니면 목발을 짚고 살아도 괜찮다는 말인지…… 하지만 그건 중요하지 않다. 중요한 것은 내가 그날 마음을 정했다는 것이다. <u>이 세상은 그런대로 살 만한 곳이라고, 좋은 친구들이 있고, 선의와 사랑이 있고, '괜찮아.'라는 말처럼 용서와 너그러움이 있는 곳이라고 믿기 시작했다는 것이다.</u>
> 　　　　　└ 세상을 바라보는 희망적이고 긍정적인 태도
> 　　　　　　　　　　　　　　　　　　　　　　　　　　　　　　　　　　　　– 장영희, 「괜찮아」 중에서

말풍선: 수필을 자기 고백적인 글이라고 말하는 이유는 글쓴이가 자기 이야기나 자기 주변에서 일어난 이야기를 있는 그대로 솔직하게 쓴 글이기 때문이야. 그래서 수필에서 서술자인 '나'는 곧 글쓴이 자신이지!!

➡ 이 글은 글쓴이 자신이 겪은 일을 통해 일상적인 말인 '괜찮아.'라는 말의 의미에 대해 이야기하고 있다. 글쓴이는 어린 시절, 깨엿 두 개를 내밀며 "괜찮아."라고 말한 깨엿 장수 아저씨를 통해 '나'가 세상을 긍정적으로 바라보게 되었다고 고백하고 있다. 이와 같이 수필은 글쓴이의 경험에서 얻은 깨달음을 진솔하게 표현함으로써 독자에게 감동과 즐거움을 준다.

[학습 원리 2] 수필을 읽고 교훈적 의미 파악하기

> 　　　　　　　┌ 익숙한 대상　　　　　　　　　　　　잘 변하지 않는 확고한 의식이나 신념
> 우리가 일상적으로 사람을 <u>대하거나</u> 사물을 보고 인식하는 것은 틀에 박힌 고정 관념에 지나지 않는다. 그렇기 때문에 <u>이미 알아 버린 대상</u>에서는 새로운 모습을 찾아내기 어렵다. 아무개 하면, 자신의 인식 속에 들어와 이미 굳어 버린 그렇고 그런 존재로밖에 볼 수가 없는 것이다. 이건 얼마나 그릇된 오해인가. 사람이나 사물은 끝없이 형성되고 변모하는 것인데.　┌ 새로운 시각으로 보는 것의 중요성
> 그러나 보는 각도를 달리함으로써 그 사람이나 사물이 지닌 새로운 면을, 아름다운 비밀을 찾아낼 수 있다. 우리들이 시들하게 생각하는 그저 그렇고 그런 사이라 할지라도 선입견에서 벗어나 맑고 따뜻한 '열린 눈'으로 바라본다면 시들한 관계의 틀에 생기가 돌 것이다.
> 내 눈이 열리면 그 눈으로 보는 세상도 열리는 법이니까.　└ 비유법 – 생기 있고 활기찬 관계가 될 것이다.
> 　　　　　　　　　　　　　　　　　　　　　　　　　　　　　　　　　　　　– 법정, 「거꾸로 보기」 중에서

➡ 보는 각도를 달리하면 사람이나 사물의 새로운 면을 발견할 수 있다는 글쓴이의 깨달음을 전달하고 있는 글이다. 수필 작품을 읽을 때는 이와 같은 글쓴이의 깨달음을 통해 교훈적 의미를 발견하고 자신을 돌아볼 수 있어야 한다.

수필의 형식 이해하기

[학습 원리 1] 기행 수필의 특징 파악하기

> 옛 서울
> 주검을 싸는 천
> 　7월 12일, 아침 첫차로 경주를 떠나 불국사로 향했다. 떠날 임시에 봉황대(鳳凰臺)에 올랐건만, 잔뜩 찌푸린 일기에 짙은 안개는 나의 눈까지 흐리고 말았다. 시포(屍布)를 널어 놓은 듯한 희미한 강줄기, 몽롱한 무덤의 봉우리, 쓰러질 듯한 초가집 추녀가 눈물겹다. 어젯밤에 나를 부여잡고 울던 옛 서울은 오늘 아침에도 눈물을 거두지 않은 듯. 그렇지 않아도 구슬픈 내 가슴이어든 심란한 이 정경에 어찌 견디랴? 지금 떠나면 1년, 10년, 혹은 20년 후에나 다시 만날지 말지! 기약 없는 이 작별을 앞두고 눈물에 젖은 임의 얼굴! 내 옷소매가 촉촉이 젖음은 안개가 녹아 내린 탓만은 아니리라. → 경주를 떠나는 아쉬움
> 　장난감 기차는 반 시간이 못 되어 불국사역까지 실어다 주고, 역에서 등대(等待)했던 자동차는 십릿길을 단숨에 껑청껑청 뛰어서 불국사에 대었다. 뒤로 토함산(吐含山)을 등지고 왼편으로 울창한 송림을 끌며 앞으로 광활한 평야를 내다보는 절의 위치부터 풍수쟁이 아닌 나의 눈에도 벌써 범상치 아니했다. 더구나 돌 층층대를 쳐다볼 때에 그 굉장한 규모와 섬세한 솜씨에 눈이 어렸다. → 불국사에 대한 인상
> └─ 의인법 – 불국사에 대한 기대감
> – 현진건, 「불국사 기행」 중에서

➡ 글쓴이가 경주의 불국사를 여행하면서 보고 들은 내용을 쓴 기행 수필이다. 기행 수필은 글쓴이가 여행지에 이르는 과정, 여행지에서 보고 들은 내용과 그에 대한 글쓴이의 감상이 중심이 된다. 이러한 글을 읽을 때에는 글쓴이가 이동한 공간, 보고 들은 내용, 글쓴이의 감상 등을 구분할 수 있어야 한다.

> 기행문의 3요소는 여정, 견문, 감상이야. 기행문을 읽을 때는 이 세 요소를 잘 파악해야 해.

[학습 원리 2] 고전 수필의 형식과 특징 파악하기

　선조들이 한자로 쓴 수필을 고전 수필이라고 한다. 이 글은 대표적인 고전 수필 작품으로, '설(說)'이라고 한다.

> 　집에 오래 지탱할 수 없이 퇴락한 행랑채❖ 세 칸이 있어서 나는 부득이 그것을 모두 수리하게 되었다. 이때 그중 두 칸은 비가 샌 지 오래되었는데, 나는 그것을 알고도 어물어물하다가 미처 수리하지 못하였고, 다른 한 칸은 한 번밖에 비를 맞지 않았기 때문에 급히 기와를 갈게 하였다.
> 　그런데 수리하고 보니, 비가 샌 지 오래된 것은 서까래❖·추녀❖·기둥·들보❖가 모두 썩어서 못 쓰게 되었으므로 경비가 많이 들었고, 한 번밖에 비를 맞지 않은 것은 재목들이 모두 완전하여 다시 쓸 수 있었기 때문에 경비가 적게 들었다. → 집 수리를 한 경험
> 　나는 여기에서 이렇게 생각한다. 사람의 몸도 역시 마찬가지다. 잘못을 알고서도 곧 고치지 않으면 몸이 패망하는 것이 나무가 썩어서 못 쓰게 되는 이상으로 될 것이고, 잘못이 있더라도 고치기를 꺼려하지 않으면 다시 좋은 사람이 되는 것이 집 재목이 다시 쓰일 수 있는 이상으로 될 것이다. → 집 수리에서 얻은 교훈
> 　이뿐만 아니라, 나라의 정사도 이와 마찬가지다. 모든 일에서, 백성에게 심한 해가 될 것을 머뭇거리고 개혁하지 않다가, 백성이 못살게 되고 나라가 위태하게 된 뒤에 갑자기 변경하려 하면, 곧 붙잡아 일으키기가 어렵다. 삼가지 않을 수 있겠는가? → 집 수리에서 얻은 교훈을 정사에 적용
> – 이규보, 「이옥설」 중에서
>
> ❖ **행랑채**: 대문간 곁에 있는 집채.
> ❖ **서까래**: 마룻대에서 도리 또는 보에 걸쳐 지른 나무. 그 위에 산자를 얹음.
> ❖ **추녀**: 네모지고 끝이 번쩍 들린. 처마의 네 귀에 있는 큰 서까래. 또는 그 부분의 처마.
> ❖ **들보**: 칸과 칸 사이의 두 기둥을 건너질러 도리와는 'ㄴ' 자 모양, 마룻대와는 '十' 자 모양을 이루는 나무.
> ❖ **패망(敗亡)**: 싸움에 져서 망함.
> ❖ **정사(政事)**: 정치 또는 행정상의 일.

설(說)

사물이나 사건에 관한 생각을 서술한 한문 수필. 사실을 먼저 제시하고, 거기에 의미를 부여하는 형식으로 내용을 구성한다. 사물을 이치에 따라 해석하여 옳고 그름을 밝힌 뒤 자신의 의견을 제시하는 경우가 많다.

➡ 이 글은 낡아서 무너진 행랑채를 수리한 일상적인 경험을 먼저 제시하고 여기서 깨달은 바를 사람과 정치에 적용하여 교훈적인 의미를 전달하는 방식으로 내용을 전개하고 있다. 집을 수리하는 평범한 일상의 문제에서 느낀 점을 인간의 삶의 이치와 나라를 다스리는 문제로 확대하여 교훈적 의미를 발견한다는 점에서 글쓴이의 생각이 더욱 설득력 있게 느껴지는 글이라고 볼 수 있다.

작품 독해하기

01 나무 _이양하

 이 작품은

글쓴이 자신이 바라는 삶의 모습을 나무를 통해 드러내고 있는 수필이다. 글쓴이는 나무의 속성을 인간의 삶을 아름답게 하고 성숙시키는 덕성에 비유하며 나무를 인격적으로 표현하고 있는데, 나무의 속성을 통해 인간이 지녀야 할 바람직한 삶의 자세를 이끌어 내고 있다.

갈래 경수필

제재 나무

주제 나무에서 배우는 삶의 자세

구성
• 처음 : 분수를 알아서 자신의 처지에 만족할 줄 아는 나무
• 중간 : 고독을 견디며 친구를 차별하지 않으며 순리에 따라 사는 나무의 성품 예찬
• 끝 : 나무와 같은 삶을 살고 싶은 소망

내용 구조도

나무
인간이 본받을 만한 덕을 지닌 존재

↓

| 글쓴이가 지향하는 삶의 모습 |

↑

글쓴이의 소망
나무가 되고 싶음.

나무는 덕을 지녔다. 나무는 <u>주어진 분수에 만족할 줄을 안다.</u> 나무는 태어난 것을 탓
　　나무를 사람에 비유함.(의인법)　　　　　　　　　　　나무가 덕을 지녔다고 하는 근거 ①
하지 아니하고, 왜 여기에 놓이고 저기 놓이지 않았는가를 말하지 아니한다. 등성이에
서면 햇살이 따사로울까, 골짜기에 내려서면 물이 좋을까 하여, <u>새로운 자리를 엿보는</u>
　　　　　　　　　　　　　　　　　　　　　　　　　　　　더 좋은 곳을 탐내는 일
<u>일</u>도 없다. 물과 흙과 태양의 아들로 물과 흙과 태양이 주는 대로 받고, 후박(厚薄)과 불
만족을 말하지 아니한다. 이웃 친구의 처지에 눈떠 보는 일도 없다. 소나무는 진달래를
　　　　　　　　　　　　　　　　　　　　　부러워하는 일
내려다보되 깔보는 일이 없고, 진달래는 소나무를 우러러보되 부러워하는 일이 없다.
*소나무는 소나무대로 스스로 족하고, 진달래는 진달래대로 스스로 족하다.

　나무는 고독하다. 나무는 모든 고독을 안다. 안개에 잠긴 아침의 고독을 알고, 구름에
덮인 저녁의 고독을 안다. 부슬비 내리는 가을 저녁의 고독도 알고, 함박눈 펄펄 날리는
겨울 아침의 고독도 안다. 나무는 파리 옴짝 않는 한여름 대낮의 고독도 알고, *별 얼고
　　　　　　　　　　　　　　　　　　　　　　　　　　　　　　　　　　　몹시 추운 상태
돌 우는 동짓달 한밤의 고독도 안다. 그러면서도 나무는 <u>어디까지든지 고독에 견디고,</u>
　　　　　　　　　　　　　　　　　　　　　　　　　　　　　　나무가 덕을 지녔다고 하는 근거 ②
<u>고독을 이기고, 또 고독을 즐긴다.</u>
　　　　　　　　　　　　　　　　　○ : 나무의 친구
　나무에 아주 친구가 없는 것은 아니다. ⓐ달이 있고, ⓑ바람이 있고, ⓒ새가 있다. 달은 때를
　　　　　　　　　　　달, 바람, 새를 친구로 제시함.
어기지 아니하고 찾고, 고독한 여름밤을 같이 지내고 가는 의리 있고 다정한 친구다. 웃
을 뿐 말이 없으나, 이심전심 의사가 잘 소통되고 아주 비위(脾胃)에 맞는 친구다. 바람
　　　　　　　　　　　　　　　　　　　　　　　어떤 것을 좋아하거나 싫어하는 성미. 또는 그러한 기분
은 달과 달라 아주 변덕 많고 수다스럽고 믿지 못할 친구다. 그야말로 바람잡이 친구다.
자기 마음 내키는 때 찾아올 뿐 아니라, 어떤 때는 쏘삭쏘삭 알랑대고, 어떤 때는 난데
　　　　　　　　　　　　　　　　　　　　남의 비위를 맞추거나 환심을 사려고 자꾸 아첨을 떨고
없이 휘갈기고, 또 어떤 때는 공연히 뒤틀려 우악스럽게 남의 팔다리에 생채기를 내놓
고 달아난다. 새 역시 바람같이 믿지 못할 친구다. 역시 자기 마음 내키는 때 찾아오고,
자기 마음 내키는 때 달아난다. 그러나 가다 믿고 와 둥지를 틀고, 지쳤을 때 찾아와 쉬
며 푸념하는 것이 귀엽다. 그리고 가다 흥겨워 노래할 때, 노래 들을 수 있는 것이 또한
기쁨이 되지 아니할 수 없다.

　나무는 이 모든 것을 잘 가릴 줄 안다. 그러나 좋은 친구라 하여 달만을 반기고, 믿지
못할 친구라 하여 새와 바람을 물리치는 일이 없다. 그리고 달을 유달리 후대(厚待)하고
새와 바람을 박대(薄待)하는 일도 없다. 달은 달대로, 새는 새대로, 바람은 바람대로 다
같이 친구로 대한다. 그리고 친구가 오면 다행으로 생각하고, 오지 않는다고 하여 불행
해하는 법이 없다. 같은 나무, 이웃 나무가 가장 좋은 친구가 되는 것은 두말할 것도 없
다. 나무는 서로 속속들이 이해하고 진심으로 동정(同情)하고 공감(共感)한다. <u>서로 마</u>
<u>주 보기만 해도 기쁘고, 일생(一生)을 이웃하고 살아도 싫증 나지 않는 참다운 친구다.</u>
　　　　　　　　　　　나무가 덕을 지녔다고 하는 근거 ③
　그러나 나무는 친구끼리 서로 즐긴다느니보다는, 제각기 하늘이 준 힘을 다하여 널리
가지를 펴고, 아름다운 꽃을 피우고, 열매를 맺는 데 더 힘을 쓴다. 그리고 하늘을 우러
러 항상 감사하고 찬송하고 묵도(默禱)하는 것으로 일삼는다. 그러기에 나무는 언제나
　　　　　　　　　　　　　　　　항상 겸손하고 자신을 성찰하는 모습
하늘을 향하여, 손을 쳐들고 있다. 온갖 나뭇잎이 우거진 숲을 찾는 사람이, 거룩한 전
　　　　　위로 가지를 뻗은 모습을 표현함.

당에 들어선 것처럼, 엄숙(嚴肅)하고 경건한 마음으로 절로 옷깃을 여미고, 우렁찬 찬가에 귀를 기울이게 되는 이유도 여기에 있다.

나무에 하나 더 원하는 것이 있다면, 그것은 천명(天命)을 다한 뒤에 하늘 뜻대로 다시 흙과 물로 돌아가는 것이다. 그러나 사람은 가다 장난삼아 칼로 제 이름을 새겨 보고, 흔히 자기 소용(所用)이 닿는 대로 가지를 쳐 가고 송두리째 베어 가곤 한다. 나무는 그래도 원망(怨望)하지 않는다. 새긴 이름은 도로 그들의 원대로 키워지고, 베어 간 재목
<u>나무가 덕을 지녔다고 하는 근거 ④</u>
이 혹 자기를 해칠 도낏자루가 되고 톱 손잡이가 된다 하더라도, 이렇다 하는 법이 없다.

나무는 훌륭한 견인주의자(堅忍主義者)요, 고독의 철인(哲人)이요, 안분지족(安分知
<u>나무가 덕을 지녔다고 하는 근거 ⑤</u>
足)의 현인(賢人)이다. 불교의 소위 윤회설이 참말이라면, <u>나는 죽어서 나무가 되고 싶</u>
<u>글쓴이의 소망 – 주제 제시</u>
다. '무슨 나무가 될까?' 이미 나무를 뜻하였으니, 진달래가 될까 소나무가 될까는 가리지 않으련다.

어휘 풀이

❖ **후박**: 후하게 구는 일과 박하게 구는 일.
❖ **이심전심(以心傳心)**: 말이나 글에 의하지 않고 마음과 마음으로 뜻이 통함.
❖ **생채기**: 할퀴어 생긴 작은 상처.
❖ **후대**: 후하게 대접함.
❖ **박대**: 인정 없이 모질게 대함.
❖ **묵도**: 묵묵히 기도함.
❖ **전당**: 크고 화려한 집. 여기서는 예배당·성당·사원 등과 같은 거룩한 곳.
❖ **천명**: 타고난 목숨. 운명.
❖ **견인주의자**: 금욕(禁慾)·절제를 위주로 하는 사람.
❖ **철인**: 학식이 높고 사리에 밝은 사람. 철학가.
❖ **안분지족**: 분수를 지키고 욕심을 부리지 않음.
❖ **현인**: 어질고 총명하여 성인(聖人)의 다음가는 사람.

구절 풀이

✳ **소나무는 소나무대로 ~ 스스로 족하다.**: 나무는 소나무이건 진달래이건 간에 다른 나무가 되었더라면 하고 욕심을 부리지 않는다는 의미임.
✳ **별 얼고 ~ 고독도 안다.**: 별이 얼고, 돌이 울 정도로 몹시 추운 겨울밤을 은유적으로 표현함.

📖 지식 플러스 「나무」에 드러난 이양하의 수필 경향

이 글은 1964년에 나온 수필집 『나무』의 표제작으로, 나무가 지닌 속성을 인간에 비교한 교훈적 내용의 수필이다. 자신에게 주어진 삶을 묵묵히 살다가 다시 흙으로 돌아가는 성자와 같은 나무의 생태를 보며, 나무처럼 살고자 하는 의지를 표현한 작품이다. 이 작품에는 일상의 생활 주변에서 발견한 소재를 통해 자연과 인생의 깊이를 통찰하려는 글쓴이의 의도가 드러나 있다.

이 글에서 글쓴이는 나무를 안분지족의 현인, 고독의 철인, 훌륭한 견인주의자로 비유하고, 자신의 인생관을 나무의 덕에 비유하면서 나무가 되고 싶다는 바람을 나타낸다. 글쓴이는 자신의 감정이나 주장, 논리를 앞세우기보다는 고백적이고 관조적인 태도로 일관하는데, 소재를 의인화하고, 그 속성을 인간의 속성과 비교하면서 대조적으로 표현하고 있다. 이는 글쓴이가 고독한 생활을 하며 소박한 자세로 자연과 친구에 대한 사랑과 감사하는 마음들을 담아내고자 한 문학관과 맥락을 같이하는 것으로 볼 수 있다.

독해 포인트

1. 수필의 구성

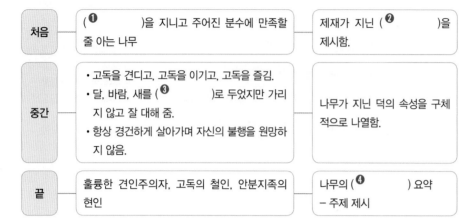

처음	(❶)을 지니고 주어진 분수에 만족할 줄 아는 나무	제재가 지닌 (❷)을 제시함.
중간	• 고독을 견디고, 고독을 이기고, 고독을 즐김. • 달, 바람, 새를 (❸)로 두었지만 가리지 않고 잘 대해 줌. • 항상 경건하게 살아가며 자신의 불행을 원망하지 않음.	나무가 지닌 덕의 속성을 구체적으로 나열함.
끝	훌륭한 견인주의자, 고독의 철인, 안분지족의 현인	나무의 (❹) 요약 – 주제 제시

2. 서술 방식

- 나무의 생태와 모습을 인간의 삶의 자세와 연결시켜 표현함.
- 나무를 (❺   )하여 나무가 가진 여러 가지 덕을 제시하고 있음.
- 비유법과 열거법, 대조법 등을 사용하여 대상의 의미를 드러내고 있음.
- 글쓴이가 지향하는 삶의 모습을 가진 나무에 대한 글쓴이의 (❻   ) 태도가 드러남.

3. 경험과 깨달음

나무의 (❼) → 관찰과 사색을 통한 의미 발견		사색의 결과(깨달음)
• 주어진 분수에 만족할 줄 앎. • 고독을 견디고, 고독을 이기고, 고독을 즐김. • 좋은 친구와 믿지 못할 친구를 가리지 않고 친구로 대함. • 하늘을 우러러 항상 감사하고 찬송하고 묵도함. • 다른 이를 원망하지 않으며 천명을 따르며 살아감.	➡	견인주의자, 고독의 철인, 안분지족의 현인

- 달, 바람, 새에 대한 나무의 태도 ➡ 상대방의 속성에 상관없이 너그럽고 (❽   )하게 대함.

달	바람	새
• 의리 있고 다정함. • 뜻이 잘 통하고 마음이 잘 맞음.	• 변덕 많고 수다스럽고 믿을 수 없음. • 제 마음대로 행동하며 상대방에게 상처를 주기도 함.	제 마음대로 행동하지만 기대고 믿어 주며 기쁨을 주기도 함.

4. 주제

화자의 소망	죽어서 (❾)가 되고 싶음. ➡ 나무의 속성을 본받고 싶음.

❶ 덕 ❷ 속성 ❸ 친구 ❹ 성품 ❺ 의인화 ❻ 예찬적 ❼ 속성 ❽ 공평 ❾ 나무

하 sidebar 어휘력 체크

어휘력 체크 ✓

01 다음의 빈칸에 들어갈 알맞은 낱말을 쓰세요.

> • 뜻: 사물을 분별하는 지혜
> • 사람은 자신의 (   )에 맞게 살아야 한다.

02 다음의 의미에 해당하는 한자성어를 〈보기〉에서 찾아 쓰세요.

보기
이심전심(以心傳心) 안분지족(安分知足)

(1) 분수를 지키고 욕심을 부리지 않음. ……… (   )
(2) 말이나 글에 의하지 않고 마음에서 마음으로 전달함. ……………… (   )

03 '가만히 있는 사람을 자꾸 꾀거나 추겨서 마음이 움직이게 하는 모양'을 나타내는 의태어를 찾아 쓰세요.

01 분수 **02** (1) 안분지족 (2) 이심전심
03 쏘삭쏘삭

02 어느 날 자전거가 내 삶 속으로 들어왔다 _ 성석제

초등학교 6학년 겨울, 추첨으로 중학교를 배정받고 보니 읍내에 둘 있는 중학교 가운
<u>과거 회상</u>
데 공립이었고, 아버지와 형이 졸업한 전통 있는 학교였다. 문제는 <u>초등학교 때처럼 걸</u>

<u>어서 다니기는 힘든 거리라는 점이었다. 버스가 다니지 않았고 자가용은 물론 없었다.</u>
<u>자전거를 타야만 갈 수 있는 거리 – 자전거 타기를 배우게 된 이유</u>

내 고향은 <u>분지</u>여서 산으로 둘러싸인 읍내는 평탄했고 집집마다 자전거가 없는 집이
<u>해발 고도가 더 높은 지형으로 둘러싸인 평지</u>

없었다. 그렇긴 해도 아이들을 위해 자전거를 사 주는 부모는 극소수였다. 대부분의 아

이들은 성인용 자전거의 삼각 <u>프레임</u> 사이에 다리를 집어넣고 페달을 밟아서 앞으로 진
<u>자동차, 자전거 따위의 뼈대</u>

행하는, <u>곡예를 연상케 하는 자세로 자전거를 탔다.</u> 나는 그런 아이들이 부럽기도 하고
<u>성인용 자전거에 비해 아이들의 키와 몸집이 작기 때문에</u>

<u>경망스러워</u> 보이기도 해서 운동 신경이 둔하다는 핑계로 자전거를 탈 생각을 하지 않고
<u>행동이나 말이 가볍고 조심성 없는 데가 있어</u>

있었다. 그러나 <u>이제는 선택의 여지가 없었다.</u>
<u>자전거를 탈 수밖에 없는 상황이 됨.</u>

내가 자전거를 배우기 위해 큰집에서 빌린 자전거는 읍내로 출퇴근하는 아버지의 자

전거보다 더 무겁고 짐받이가 큰 '농업용' 자전거였다. 그 대신 자전거가 아주 튼튼해서

자전거를 배우자면 꼭 거쳐야 하는, '꼬라박기'를 무난히 감당해 낼 수 있을 듯 보였다.
<u>거꾸로 내리박기</u>

내 몸이 그걸 견뎌 낼 수 있을지, <u>내 마음이 그 창피함을 견뎌 낼 수 있을지 의문스럽기</u>
<u>자존심이 센 글쓴이의 성격</u>
는 했지만.

나는 오전에 <u>자전거를 끌고 사람이 없는 운동장으로 갔다.</u> 시멘트 계단 옆에 자전거
<u>창피함을 보여 주고 싶지 않은 마음</u>

를 세운 뒤 안장에 올라가서 발로 <u>연단</u>을 차는 힘으로 자전거의 주차 장치가 풀리면서
<u>연설이나 강의를 하는 사람이 올라서는 단</u>

앞으로 나가도록 했다. 『바퀴가 두 번도 구르기 전에 자전거는 멈췄고 나는 넘어졌다. 같
『 』: 실패를 거듭하면서도 끈기 있게 노력하는 글쓴이의 성격이 드러남.

은 식의 시행착오가 수백 번 거듭되었다. 정강이와 허벅지에 멍 자국이 생겨났고 팔과

손의 피부가 벗겨졌다. 나중에는 자전거를 일으키는 일조차 힘이 들었다. <u>마지막으로</u>

<u>쓰러졌을 때 어둠이 다가오고 있는 걸 알고는 막막한 마음에 자전거 옆에 한참 누워 있</u>
<u>자전거 타기에 실패하여 좌절감을 느낌.</u>
<u>다가 일어났다.</u>

동네로 돌아오는 길에는 오십 미터쯤 되는 오르막이 있었다. 오르막에 올라서서 숨을

고르다가 문득 내리막을 달려 내려가면 자전거를 쉽게 탈 수 있지 않을까 하는 생각이

들었다. 내리막 아래쪽은 길이 휘어 있었고 정면에는 내가 어릴 적 물장구를 치고 놀던

<u>도랑</u>이 기다리고 있었다. 그리고 그 옆에는 다음 해 봄에 거름으로 쓸 <u>분뇨</u>를 모아 두는
<u>매우 좁고 작은 개울</u>   <u>똥오줌</u>

'<u>똥통</u>'이 있었다. <u>내가 자전거를 통제하지 못하게 된다면 결말은 단순했다.</u> 운 좋으면
                         <u>자전거 타기의 성공과 실패에 따른 극적인 상황 설정</u>
<u>도랑, 나쁘면 똥통.</u>

그럼에도 불구하고 나는 돌을 딛고 자전거에 올라섰다. 어차피 가지 않으면 안 될 길,

나는 몸을 앞뒤로 흔들어 자전거를 출발시켰다. 자전거는 앞으로 나아가기 시작했다.

<u>페달을 밟지 않고도 가속이 붙었다.</u> 나는 난생처음 봄을 맞는 장끼처럼 나도 모를 이상
<u>내리막길이기 때문에</u>   <u>자전거를 타고 내려가는 쾌감을 비유함.</u>

한 소리를 내지르며 자전거와 한 몸이 되어 달려 내려갔다. 가슴이 터질 듯 부풀었고 어

질어질한 속도감에 사로잡혔다. 어느새 내 발은 페달을 차고 있었고 자전거는 도랑과 똥

통 옆을 지나고 있었다. 나는 삽시간에 <u>어른이 된 기분</u>으로 읍내로 가는 길을 내달렸다.
                              <u>자전거 타기에 성공함.</u>   <u>성취감으로 인한 들뜸</u>

이 작품은

글쓴이가 통학을 위해 어쩔 수 없이 자전거 타기를 배워야 했던 일상적인 경험을 서술한 수필이다. 글쓴이는 자전거 타기를 연습하면서 무수히 많은 시행착오를 겪지만 결국 자전거 타기에 성공한다. 그리고 그 과정에서 '온 세상을 움직여 온 비밀'이라고 칭한 '자연의 판단 – 본능에 맡겨라'라는 것이 우리가 살면서 직면하는 모든 어려움과 고난에 통용되는 것이라는 깨달음을 얻고 있다.

갈래 경수필

제재 자전거 타기를 배운 경험

주제 자전거 타기에 성공한 일상적 경험을 통해 깨달은 삶의 진리

구성
- 처음: 자전거를 타게 된 계기
- 중간: 자전거를 타기 위해 노력하다 드디어 성공함.
- 끝: 자전거 타기에 성공한 뒤의 깨달음

내용 구조도

자전거를 타게 된 계기
걸어서 다니기 어려운 중학교에 배정되었기 때문에

시행착오를 거쳐서 자전거 타기에 성공함.

자전거 타기를 통한 깨달음
노력하는 삶의 자세, 경험과 본능의 중요성

그날 나는 내 근육과 뇌에 새겨진 평범한, 그러면서도 세상을 움직여 온 비밀을 하나 얻게 되었다. 일단 안장 위에 올라선 이상 계속 가지 않으면 쓰러진다. 노력하고 경험을 쌓고도 잘 모르겠으면 자연의 판단 — 본능에 맡겨라.

글쓴이가 깨달은 삶의 지혜

비밀 ①

그 뒤에 시와 춤, 노래와 암벽 타기, 그리고 사랑이 모두 같은 원리에 따라 움직인다는 것을 나는 깨달았다. 비록 다 배웠다, 안다고 할 수 있는 건 없지만.

비밀 ②

자전거 타기에 성공한 뒤의 깨달음 – 세상을 움직이는 원리를 터득함.

글쓴이의 겸손한 성격이 드러남.

독해 포인트

1. 수필의 구성

처음	자전거를 타야만 하는 상황이 됨.	→	자전거를 타게 된 (❶)
중간	• 자전거를 배우기 전 걱정스러운 마음이 듦. • 계속되는 자전거 타기 실패에 막막해짐. • 마침내 자전거 타기에 성공함.	→	자전거를 배우는 과정에서의 (❷) 변화 제시
끝	자전거 타기에 성공한 뒤 '세상을 움직여 온 비밀'을 터득함.	→	경험을 통한 (❸)

2. 서술 방식

- 자전거 타기에 성공하기까지의 과정을 (❹   )에 따라 서술함.
- 상황에 따른 글쓴이의 심리 변화가 잘 드러남.
- (❺   )인 경험을 통해 얻은 깨달음을 진솔하게 표현함.

3. 경험과 깨달음

- 글쓴이의 경험과 심리 변화 과정

큰집 자전거를 빌려 옴.	몰래 자전거 타기를 연습함.	돌아오는 도중 오르막에 올라섬.	자전거 타기에 성공함.
자전거를 탈 수 있을지 의문스러움.	자전거 타기에 계속 실패하자 힘들고 막막해짐.	내리막에서 오기와 (❻) 마음이 생김.	기쁨과 (❼)을 느낌.

- 자전거 타기 ➡ 글쓴이에게 갑자기 닥친 난관이나 장애. 글쓴이에게 깨달음과 (❽   )의 계기가 되는 사건

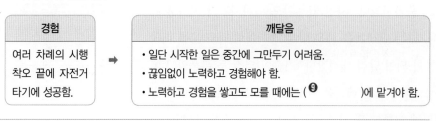

경험	깨달음
여러 차례의 시행착오 끝에 자전거 타기에 성공함.	• 일단 시작한 일은 중간에 그만두기 어려움. • 끊임없이 노력하고 경험해야 함. • 노력하고 경험을 쌓고도 모를 때에는 (❾)에 맡겨야 함.

❶ 계기 ❷ 심리 ❸ 깨달음 ❹ 시간의 흐름 ❺ 일상적 ❻ 두려운(무서운) ❼ 성취감 ❽ 성장 ❾ 본능

어휘력 체크 ✓

01 '어떤 목표를 이룰 때까지 시행과 실패를 되풀이하는 일'을 의미하는 낱말을 찾아 쓰세요.

02 다음 빈칸에 들어갈 알맞은 낱말을 찾아 쓰세요.

- 뜻: 거꾸로 내리박다.
- 자전거를 시궁창에 (   ).

03 다음 빈칸에 알맞은 낱말을 〈보기〉에서 찾아 쓰세요.

┤ 보기 ├
삽시간에   난생처음
어질어질하다   둔하다

(1) 이렇게 규모가 큰 박물관에 (   ) 와 본다.
(2) 높은 산에 오르니 현기증이 나서 머리가 (   ).
(3) 둑이 터지자 (   ) 바닷물이 밀려 들어왔다.

01 시행착오 02 꼬라박다 03 (1) 난생처음 (2) 어질어질하다 (3) 삽시간에

03 내가 사는 집 _ 이학규

내가 사는 집은 높이가 한 길이 못 되고, 너비는 아홉 자가 못 된다. 인사를 하려고 하
 ┗2.4~3m 정도의 길이   ┗270cm 정도의 길이. 한 자는 30cm
면 갓이 천장에 닿고, 잠을 자려고 하면 무릎을 구부려야 한다. 한여름에 햇볕이 내리쬐
     ┗집이 매우 낮고 좁음.
면 창문이 뜨겁게 달아오른다. 그래서 둘러친 담장 밑에 박을 10여 개 심었더니, 넝쿨이
자라 집을 가려 주었다. 그러자 우거진 그늘 때문에 모기와 파리 떼들이 어두운 곳에서
서식하고, 뱀들이 서늘한 곳에 웅크리고 있었다. 어두운 밤에 자주 일어나 등촉을 들고
마당을 살펴보았다. 가만히 있으면 가려움 때문에 긁느라 지치고, 이리저리 움직이면
쏘아 대는 것이 두렵다. 이를 걱정하고 신경 쓰느라 병이 생겼으니, 소갈증이 심해지고
가슴도 막힌 듯 답답했다. 찾아오는 손님에게 이러한 사정을 자세히 말하곤 했다.
                      ┗좁고 불편한 환경의 집에 사느라 병이 생긴 일
   서울에서 온 어떤 나그네가 내 말을 듣고 위로를 하였다. 그리고 자신이 예전에 몸소
겪었던 일을 말해 주었다.
  ┗체험담
   "저는 어려서 집이 가난하여 장사를 했습지요. 영남 땅의 나루터, 정자, 역정(驛亭),
    ┗나그네의 신분 – 상인
여관 그리고 궁벽한 고을의 작은 주막들에 이르기까지 제 발길이 닿지 않는 곳이 없
었답니다. 무더운 여름철에 여행객과 나그네들이 한곳에 모이게 된답니다. 수령과
보좌 관원이 먼저 내실을 차지한 채 서늘하게 지내고, 바람 부는 곁채와 시원한 평상
은 아전과 역졸(役卒)들이 차지하지요. 오직 뜨거운 구들과 뜨뜻한 침상에는 벽을 뚫
고 관솔불이 비쳐 들고 대자리를 깎아 빈대를 쫓아내는 곳만이 남게 되지요. 그곳만
                                                 ┗덥고 불편한 자리
은 어느 누구도 다투지 않으며, 우리네 같은 사람들이 이틀 밤을 묵고 지내는 곳이랍
                               ┗신분이 낮은 사람들
니다.

   밤이 깊어 사람들 열기로 후끈 달아오르면 마치 가마솥에서 밥이 뜸 들듯 한답니
다. 게다가 고약한 액취가 나는 사람, 방귀 뀌는 사람, 드르렁드르렁 코를 고는 사람,
이를 빡빡 가는 사람, 옴에 걸려 벽을 긁어 대는 사람, 잠꼬대를 하며 욕하는 사람 등
등 갖가지 모습을 연출하니 이루 다 열거할 수 없을 정도랍니다. 이리저리 뒤척거리
다가 도저히 견디지 못한 사람은 옷가지를 집어 들고 돗자리를 끼고서 부엌 바닥이나
방앗간, 외양간이나 마구간 등을 찾아다니면서 잠자리를 네댓 번씩 옮깁니다.

   그런데 여관집의 노비를 보면 이와 다르지요. 때가 잔뜩 낀 지저분한 얼굴을 하고
                 ┗깨달음을 주는 존재   ┗노비의 외양
부지런히 소나 말처럼 분주히 오가며 일을 하지요. 지나다니는 사람들에게 빌붙어 아
침저녁을 해결하니, 버려진 음식도 달게 먹는답니다. 그 사람은 취하여 배부르면 눕
자마자 잠이 들지요. 우리네들이 예전에 견디지 못하는 것을 그 사람은 편안하게 여
기니, 마치 쌀쌀한 날씨 속에 선선한 방에서 잠자듯 한답니다. 그의 모습을 살펴보면
옷은 다 해지고 여기저기 꿰매었지만 살결은 튼실하고, 특별한 재앙을 겪지 않고 천
수를 누리고 있지요.

   이것은 다른 이유 때문이 아니랍니다. 그 사람은 자기가 사는 곳을 여관으로 생각
하며, 지금의 삶을 본래 정해진 운명이라고 여깁니다. 온갖 걱정과 근심으로 자기 마
  ┗여관집 노비가 어렵게 살지만 재앙을 겪지 않고 천수를 누리는 이유

이 작품은

글쓴이가 일상생활에서 보
고 느낀 것을 기록한 한문
수필로, 유배지에서의 체험
을 담고 있다. 글쓴이는 사
는 곳의 풍토와 환경에 제
대로 적응하지 못해 병까지
얻는데, 서울에서 온 나그
네가 글쓴이에게 들려준 어
떤 노비에 대한 이야기를
통해 깨달음을 얻고 생각을
바꾸게 된다는 내용이다.

갈래 고전 수필, 한문 수필

제재 박 넝쿨로 둘러싸인
집에서 살던 경험

주제 주어진 삶에 만족하
며 살아가는 삶(안분지족)

구성
• 처음: 자신이 살고 있는
 집에 대한 '나'의 불만
• 중간: 나그네의 이야기
 – 여관에서 잠을 제대로
  이루지 못하는 사람들
  의 모습
 – 여관에서 자신의 삶에
  만족하며 천수를 누리
  는 노비의 삶
• 끝: 스스로 병을 만들고
 있는 자신에 대한 깨달음

내용 구조도

사는 집에 대한 '나'의 불만
집이 좁고 주변 환경이 좋지 않음.

↓

서울에서 온 나그네의 위로
여관집 노비의 삶 – 주어진 삶에 만족하며 살아감.

↓

| 자신의 삶을 성찰하고 깨우침을 얻음. |

❖ **길**: 길이의 단위. 한 길은
여덟 자 또는 열 자로 약
2.4미터 또는 3미터에 해
당함.
❖ **등촉**: 등불과 촛불을 아
울러 이르는 말.
❖ **소갈증**: 갈증으로 물을
많이 마시고 음식을 많이
먹으나 몸은 여위고 오줌
의 양이 많아지는 병.
❖ **역정**: 예전에 역참에 마
련되어 있는 정자.
❖ **궁벽**: 매우 구석지고 으슥
함.
❖ **곁채**: 몸채 곁에 딸려 있
는 집채.
❖ **역졸**: 예전에, 관원이 부
리던 하인.
❖ **구들**: 고래를 켜고 구들
장을 덮은 다음 흙을 발
라서 방바닥을 만들고, 불
을 때어 난방을 하는 구
조물.
❖ **관솔불**: 송진이 많이 엉
기어 있는 소나무의 옹이
나 가지에 붙인 불.
❖ **액취**: 체질적으로 겨드랑
이에서 나는 고약한 냄새.
❖ **옴**: 옴진드기가 기생하여
일으키는 피부병. 몹시 가
렵고 헐기도 함.
❖ **천수**: 타고난 수명.
❖ **기탁**: 어떤 일을 부탁하
여 맡겨 둠.
❖ **일자무식**: 글자를 한 자
도 모를 정도로 무식함.
또는 그런 사람.
❖ **원기**: 본디 타고난 기운.

음을 상하게 하는 일도 없고, 끙끙거리며 탄식하느라 기운을 허하게 하는 일도 없지요. 그래서 재앙을 특별히 겪지 않고 천수를 누릴 사람이랍니다.

또 이런 말도 있습지요. 지금 이 세상은 살아 있는 사람을 봉양하고 죽은 사람을 장사 지내는 여관 같은 곳입니다. 그리고 이 여관은 하룻밤이나 이틀을 묵고 가는 곳입니다. 지금 그대는 이러한 여관에 몸을 기탁해 사는 데다가, 다시 또 멀리 떠나와 궁벽한 골짜기에 몸을 숨기고 있습니다. 이것은 여관 중의 여관에 머물고 있는 셈이지요.

저 여관집의 노비는 일자무식한 사람입니다. 다만 그는 여관을 여관으로 여기면서, 음식도 잘 먹고 하루하루를 지내니, 추위와 더위도 그를 해치지 못하고 질병도 해를 입히지 못한답니다. 그런데 그대는 도를 지키고 운명에 순종하며, 소박하고 솔직한 태도로 행하는 분입니다. 그런데 여관 중의 여관에서 지내면서도 여관을 여관으로 생각하지 않으십니다. 자기 스스로 화를 돋우고 들볶아 원기를 손상시키니, 병이 생겨 거의 죽을 지경에 이르렀습니다. 그대가 배우기를 바라는 것은 옛날 성현의 말씀인데도, 오히려 여관집의 노비가 하는 것처럼도 못하는구려."

이에 그 말을 서술하여 벽에 적고 '포화옥기(匏花屋記)'라 하였다.

＊ **내가 사는 ～ 못 된다.**:
집이 매우 좁다는 것을
구체적인 수치를 통해 실
감나게 제시함.
＊ **그런데 여관 ～ 생각하지
않으십니다.**: 무식한 노
비조차도 깨닫고 살아가
는 진리를 '나'는 깨닫지
못하고 있음을 나그네가
'나'에게 깨우치고 있는
부분임.

지식 플러스 — 고전 수필

(1) 고전 수필의 개념

근대 시기 이전에 형식과 내용상의 제약 없이 일상생활에서의 개인적인 느낌이나 성찰 등을 표현한 글을 의미한다. 고백 문학, 생활 문학, 성찰 문학, 사적인 문학의 성격을 지닌다.

(2) 고전 수필의 종류

① **설(說)**: 고려 중기 이후에 등장한 것으로, 주로 비유와 우의적 기법을 활용하여 사물의 이치를 풀이하고 글쓴이의 의견을 덧붙여 서술하는 방식으로 쓰여졌다. 이규보의 「슬견설」, 이곡의 「차마설」 등이 대표적이다.

② **가전(假傳)**: 고려 후기에 등장한 것으로, 특정 사물이나 동물을 의인화하여 그 일대기를 전기 형식으로 창작한 문학 형식이다. 주로 독자들에게 교훈과 재미를 주기 위한 목적으로 지어졌다. 임춘의 「공방전」에서는 엽전을 의인화하였고, 이규보의 「국선생전」에서는 술을 의인화하였다.

③ **기(記)**: 조선 시대에 등장한 것으로, 어떤 사실이나 사건을 객관적으로 기술하면서, 독자에게 깨달음을 주기 위해 쓰여졌다. 사물을 이치에 따라 해석하여 옳고 그름을 밝힌 뒤 자신의 의견을 제시하는 형식으로 구성되어 있다. 표현은 주로 비유적, 우의적이며, 내용은 교훈적인 것이 대부분이다.

독해 포인트

1. 수필의 구성

처음		중간		끝
'나'(글쓴이)가 살고 있는 집이 좁고 불편하여 신경을 쓰느라 병이 생김.	➡	'나'를 위로하기 위한 나그네의 체험담 • 한여름 주막집에서의 경험 • 주막집에 사는 노비의 삶	➡	나그네의 깨우침 – 노비보다 못한 '나'의 삶의 태도를 비판함.
'나'의 문제 제시		나그네의 (❶)		'나'의 (❷)

2. 표현과 서술 방식

- 글쓴이와 나그네의 (❸   )를 중심으로 내용을 전개하고 있음.
- 글쓴이가 나그네의 체험을 통해 깨달음을 얻는 구조로 되어 있음.
- 자신의 살아가는 모습을 성찰하는 (❹   )이고 성찰적인 글임.
- (❺   ) ➡ '잠시 머물다 가는 곳'이라는 의미로, '이 세상'을 비유함.
- 여관 중의 (❻   ) ➡ '나'가 사는 집, 글쓴이가 불편함을 느끼고 있는 현재의 집을 비유함.

3. 경험과 깨달음

- '나', 나그네, 여관집 노비의 삶의 태도

'나'(글쓴이)	좁고 불편한 집에 사는 것에 신경을 써서 몸에 병이 생김.
(❼)	현재의 삶을 주어진 운명으로 여기며 만족하며 살아야 함.
여관집 노비	의식주가 풍족하지 못하고 천하게 살고 있지만 자신의 처지에 (❽)하며 살아감.

- 나그네의 경험과 '나'의 깨달음

여관집 노비의 삶의 모습		'나'의 삶의 모습
• 자기가 사는 곳을 여관으로 생각함. • 지금의 삶을 정해진 운명이라고 여김. • 걱정과 근심으로 마음을 상하지 않음. • 끙끙거리며 탄식하느라 기운을 허하게 하는 일이 없음.	⬅ 대조 ➡	• 여관에 살면서도 여관을 여관으로 생각하지 않음. • 자기 스스로 화를 돋우고 들볶아 원기를 손상시키는 바람에 병이 생겨 죽을 지경에 이름.

'나'의 깨달음	나그네의 말에 공감하여 그 말을 벽에 적고 (❾)라는 제목을 붙임.

❶ 경험(체험) ❷ 깨달음 ❸ 대화 ❹ 교훈적 ❺ 여관 ❻ 여관 ❼ 나그네 ❽ 만족 ❾ 포화옥기

---

01 다음에 해당하는 구체적인 수치를 쓰세요.

(1) 한 길 → (   )
(2) 아홉 자 → (   )
(3) 네댓 번 → (   )

02 다음의 의미에 해당하는 낱말을 〈보기〉에서 찾아 쓰세요.

보기
등촉   천수   궁벽
원기   역정   기탁

(1) 본디 타고난 기운………
 ……………… (   )
(2) 타고난 수명 …… (   )
(3) 어떤 일을 부탁하여 맡겨 둠.
 ……………… (   )
(4) 예전에 역참에 마련되어 있는 정자……… (   )
(5) 등불과 촛불을 아울러 이르는 말………… (   )
(6) 매우 구석지고 으슥함. ……
 ……………… (   )

03 작품의 제목인 '포화옥기'를 한자로 쓴 것이다. 빈칸에 한자의 뜻을 쓰세요.

	뜻	음
(1) 匏:	( )	포
(2) 花:	( )	화
(3) 屋:	( )	옥
(4) 記:	( )	기

01 (1) 2.4~3m 정도 (2) 270cm 정도 (3) 네 번이나 다섯 번 **02** (1) 원기 (2) 천수 (3) 기탁 (4) 역정 (5) 등촉 (6) 궁벽 **03** (1) 박 (2) 꽃 (3) 집 (4) 기록하다

01~04 다음 글을 읽고 물음에 답하시오.

문제 해결 포인트

❶ 대상에 대한 글쓴이의 태도는 어떠한가요?

❷ 글쓴이는 대상에서 어떤 속성을 발견하고 있나요?

❸ 대상을 통해 글쓴이가 깨달은 내용은 무엇인가요?

나무는 덕을 지녔다. 나무는 주어진 분수에 만족할 줄을 안다. 나무는 태어난 것을 탓하지 아니하고, 왜 여기에 놓이고 저기 놓이지 않았는가를 말하지 아니한다. 등성이에 서면 햇살이 따사로울까, 골짜기에 내려서면 물이 좋을까 하여, 새로운 자리를 엿보는 일도 없다. 물과 흙과 태양의 아들로 물과 흙과 태양이 주는 대로 받고, 후박(厚薄)과 불만족을 말하지 아니한다. 이웃 친구의 처지에 눈떠 보는 일도 없다. 소나무는 진달래를 내려다보되 깔보는 일이 없고, 진달래는 소나무를 우러러보되 부러워하는 일이 없다. 소나무는 소나무대로 스스로 족하고, 진달래는 진달래대로 스스로 족하다.

나무는 고독하다. 나무는 모든 고독을 안다. 안개에 잠긴 아침의 고독을 알고, 구름에 덮인 저녁의 고독을 안다. 부슬비 내리는 가을 저녁의 고독도 알고, 함박눈 펄펄 날리는 겨울 아침의 고독도 안다. 나무는 파리 옴짝 않는 한여름 대낮의 고독도 알고, 별 얼고 돌 우는 동짓달 한밤의 고독도 안다. 그러면서도 나무는 어디까지든지 고독에 견디고, 고독을 이기고, 또 고독을 즐긴다.

나무에 아주 친구가 없는 것은 아니다. 달이 있고, 바람이 있고, 새가 있다. 달은 때를 어기지 아니하고 찾고, 고독한 여름밤을 같이 지내고 가는 의리 있고 다정한 친구다. 웃을 뿐 말이 없으나, 이심전심 의사가 잘 소통되고 아주 비위(脾胃)에 맞는 친구다.

바람은 달과 달라 아주 변덕 많고 수다스럽고 믿지 못할 친구다. 그야말로 바람잡이 친구다. 자기 마음 내키는 때 찾아올 뿐 아니라, 어떤 때는 쏘삭쏘삭 알랑대고, 어떤 때는 난데없이 휘갈기고, 또 어떤 때는 공연히 뒤틀려 우악스럽게 남의 팔다리에 생채기를 내 놓고 달아난다. 새 역시 바람같이 믿지 못할 친구다. 역시 자기 마음 내키는 때 찾아오고, 자기 마음 내키는 때 달아난다. 그러나 가다 믿고 와 둥지를 틀고, 지쳤을 때 찾아와 쉬며 푸념하는 것이 귀엽다. 그리고 가다 흥겨워 노래할 때, 노래 들을 수 있는 것이 또한 기쁨이 되지 아니할 수 없다.

나무는 이 모든 것을 잘 가릴 줄 안다. 그러나 좋은 친구라 하여 달만을 반기고, 믿지 못할 친구라 하여 새와 바람을 물리치는 일이 없다. 그리고 달을 유달리 후대(厚待)하고 새와 바람을 박대(薄待)하는 일도 없다. 달은 달대로, 새는 새대로, 바람은 바람대로 다 같이 친구로 대한다. 그리고 친구가 오면 다행으로 생각하고, 오지 않는다고 하여 불행해하는 법이 없다. 같은 나무, 이웃 나무가 가장 좋은 친구가 되는 것은 두말할 것도 없다. 나무는 서로 속속들이 이해하고 진심으로 동정(同情)하고 공감(共感)한다. 서로 마주 보기만 해도 기쁘고, 일생(一生)을 이웃하고 살아도 싫증 나지 않는 참다운 친구다.

그러나 나무는 친구끼리 서로 즐긴다느니보다는, 제각기 하늘이 준 힘을 다하여 널리 가지를 펴고, 아름다운 꽃을 피우고, 열매를 맺는 데 더 힘을 쓴다. 그리고 하늘을 우러러 항상 감사하고 찬송하고 묵도(默禱)하는 것으로 일삼는다. 그기에 나

무는 언제나 하늘을 향하여, 손을 쳐들고 있다. 온갖 나뭇잎이 우거진 숲을 찾는 사람이, 거룩한 전당에 들어선 것처럼, 엄숙(嚴肅)하고 경건한 마음으로 절로 옷깃을 여미고, 우렁찬 찬가에 귀를 기울이게 되는 이유도 여기에 있다.

　나무에 하나 더 원하는 것이 있다면, 그것은 천명(天命)을 다한 뒤에 하늘 뜻대로 다시 흙과 물로 돌아가는 것이다. 그러나 사람은 가다 장난삼아 칼로 제 이름을 새겨 보고, 흔히 자기 소용(所用)이 닿는 대로 가지를 쳐 가고 송두리째 베어 가곤 한다. 나무는 그래도 원망(怨望)하지 않는다. 새긴 이름은 도로 그들의 원대로 키워지고, 베어 간 재목이 혹 자기를 해칠 도낏자루가 되고 톱 손잡이가 된다 하더라도, 이렇다 하는 법이 없다.

　나무는 훌륭한 견인주의자(堅忍主義者)요, 고독의 철인(哲人)이요, 안분지족(安分知足)의 현인(賢人)이다. 불교의 소위 윤회설이 참말이라면, 나는 죽어서 나무가 되고 싶다. '무슨 나무가 될까?' 이미 나무를 뜻하였으니, 진달래가 될까 소나무가 될까는 가리지 않으련다.

– 이양하, 「나무」

01 윗글에 대한 설명으로 적절하지 <u>않은</u> 것은?

① 삶에 대한 글쓴이의 태도가 반영되어 있다.
② 통념을 벗어난 생각으로 교훈을 주고 있다.
③ 현재형의 담담한 어조로 대상을 예찬하고 있다.
④ 대상의 부정적 측면을 통해 현실을 비판하고 있다.
⑤ 대상을 인격화하여 친밀감이 느껴지도록 하고 있다.

> 글의 대상인 '나무'에 대해 글쓴이가 어떤 태도를 보이고 있는지 생각해 봐. 나무의 덕을 이야기하는 이유는 뭘까?

수능형　1995학년도 수능

02 윗글에 나타난 '나무'의 속성에 해당하지 <u>않는</u> 것은?

① 사교적이고 진취적이다.
② 주변의 사물들과 친화한다.
③ 세상사에 대하여 긍정적이다.
④ 포용적인 자세와 태도를 보인다.
⑤ 자연의 질서와 섭리에 순응한다.

> **유사한 수능 문제 형식**
>
> • 윗글의 내용과 일치하지 <u>않는</u> 것은?
>
> • 윗글에서 설명하는 대상의 속성과 거리가 먼 것은?

03 윗글을 통해 알 수 있는 글쓴이의 생각으로 적절하지 <u>않은</u> 것은?

① 자연의 순리에 따르는 삶을 살아야 한다.

② 다른 사람을 있는 그대로 받아들일 줄 알아야 한다.

③ 고독을 경험함으로써 더불어 사는 삶의 중요성을 깨달아야 한다.

④ 자신이 처한 현실에서 욕심을 부리지 말고 만족할 줄 알아야 한다.

⑤ 다른 사람들로 인해 상처를 받는 일이 있더라도 원망하지 말아야 한다.

04 윗글에서 '나'의 깨달음의 과정을 정리한 것이다. ㉮에 들어갈 알맞은 구절을 쓰시오.

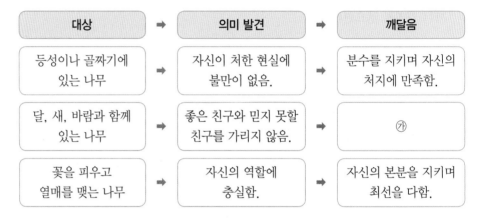

대상		의미 발견		깨달음
능성이나 골짜기에 있는 나무	➡	자신이 처한 현실에 불만이 없음.	➡	분수를 지키며 자신의 처지에 만족함.
달, 새, 바람과 함께 있는 나무	➡	좋은 친구와 믿지 못할 친구를 가리지 않음.	➡	㉮
꽃을 피우고 열매를 맺는 나무	➡	자신의 역할에 충실함.	➡	자신의 본분을 지키며 최선을 다함.

05~09 다음 글을 읽고 물음에 답하시오.

초등학교 6학년 겨울, 추첨으로 중학교를 배정받고 보니 읍내에 둘 있는 중학교 가운데 공립이었고, 아버지와 형이 졸업한 전통 있는 학교였다. 문제는 초등학교 때처럼 걸어서 다니기는 힘든 거리라는 점이었다. 버스가 다니지 않았고 자가용은 물론 없었다.

내 고향은 분지여서 산으로 둘러싸인 읍내는 평탄했고 집집마다 자전거가 없는 집이 없었다. 그렇긴 해도 아이들을 위해 자전거를 사 주는 부모는 극소수였다. 대부분의 아이들은 성인용 자전거의 삼각 프레임 사이에 다리를 집어넣고 페달을 밟아서 앞으로 진행하는, 곡예를 연상케 하는 자세로 자전거를 탔다. 나는 그런 아이들이

❶ 글쓴이가 자전거 타기를 배우게 된 계기는 무엇인가요?

❷ 자전거 타기를 배우기 위해 글쓴이는 어떻게 하고 있나요?

❸ 자전거 타기를 배우는 과정에서 알 수 있는 글쓴이의 성격은 어떠한가요?

❹ 자전거 타기를 통해 글쓴이가 깨달은 것은 무엇인가요?

부럽기도 하고 경망스러워 보이기도 해서 운동 신경이 둔하다는 핑계로 자전거를 탈 생각을 하지 않고 있었다. 그러나 이제는 선택의 여지가 없었다.

내가 자전거를 배우기 위해 큰집에서 빌린 자전거는 읍내로 출퇴근하는 아버지의 자전거보다 더 무겁고 짐받이가 큰 '농업용' 자전거였다. 그 대신 자전거가 아주 튼튼해서 자전거를 배우자면 꼭 거쳐야 하는, '꼬라박기'를 무난히 감당해 낼 수 있을 듯 보였다. 내 몸이 그걸 견뎌 낼 수 있을지, 내 마음이 그 창피함을 견뎌 낼 수 있을지 의문스럽기는 했지만.

나는 오전에 자전거를 끌고 사람이 없는 운동장으로 갔다. 시멘트 계단 옆에 자전거를 세운 뒤 안장에 올라가서 발로 연단을 차는 힘으로 자전거의 주차 장치가 풀리면서 앞으로 나가도록 했다. 바퀴가 두 번도 구르기 전에 자전거는 멈췄고 나는 넘어졌다. 같은 식의 시행착오가 수백 번 거듭되었다. 정강이와 허벅지에 멍 자국이 생겨났고 팔과 손의 피부가 벗겨졌다. 나중에는 자전거를 일으키는 일조차 힘이 들었다. 마지막으로 쓰러졌을 때 어둠이 다가오고 있는 걸 알고는 막막한 마음에 자전거 옆에 한참 누워 있다가 일어났다.

동네로 돌아오는 길에는 오십 미터쯤 되는 오르막이 있었다. 오르막에 올라서서 숨을 고르다가 문득 내리막을 달려 내려가면 자전거를 쉽게 탈 수 있지 않을까 하는 생각이 들었다. 내리막 아래쪽은 길이 휘어 있었고 정면에는 내가 어릴 적 물장구를 치고 놀던 도랑이 기다리고 있었다. 그리고 그 옆에는 다음 해 봄에 거름으로 쓸 분뇨를 모아 두는 '똥통'이 있었다. 내가 자전거를 통제하지 못하게 된다면 결말은 단순했다. 운 좋으면 도랑, 나쁘면 똥통.

그럼에도 불구하고 나는 돌을 딛고 자전거에 올라섰다. 어차피 가지 않으면 안 될 길, 나는 몸을 앞뒤로 흔들어 자전거를 출발시켰다. 자전거는 앞으로 나아가기 시작했다. 페달을 밟지 않고도 가속이 붙었다. 나는 난생처음 봄을 맞는 장끼처럼 나도 모를 이상한 소리를 내지르며 자전거와 한 몸이 되어 달려 내려갔다. ㉠가슴이 터질 듯 부풀었고 어질어질한 속도감에 사로잡혔다. 어느새 내 발은 페달을 차고 있었고 자전거는 도랑과 똥통 옆을 지나고 있었다. 나는 삽시간에 어른이 된 기분으로 읍내로 가는 길을 내달렸다.

그날 나는 내 근육과 뇌에 새겨진 평범한, 그러면서도 세상을 움직여 온 비밀을 하나 얻게 되었다. 일단 안장 위에 올라선 이상 계속 가지 않으면 쓰러진다. 노력하고 경험을 쌓고도 잘 모르겠으면 자연의 판단 — 본능에 맡겨라.

그 뒤에 시와 춤, 노래와 암벽 타기, 그리고 사랑이 모두 같은 원리에 따라 움직인다는 것을 나는 깨달았다. 비록 다 배웠다, 안다고 할 수 있는 건 없지만.

— 성석제, 「어느 날 자전거가 내 삶 속으로 들어왔다」

수필의 감상 방법

- 글쓴이의 상황과 처지를 파악하며 읽는다.
- 개성적인 문체와 표현을 이해하며 읽는다.
- 글에 담긴 교훈을 파악하며 읽는다.

어떤 주제나 문제에 관하
여 글쓴이의 주장을 밝힌
글은 논설문이야. 논설문을
읽을 때는 글쓴이의 주장을
비판하며 읽어야겠지!!

05 윗글을 읽는 방법으로 적절하지 <u>않은</u> 것은?

① 글쓴이의 상황과 처지에 공감하며 읽는다.
② 글쓴이가 주장한 내용을 비판하며 읽는다.
③ 글 속에 나타난 글쓴이의 성격을 파악하며 읽는다.
④ 글쓴이의 깨달음을 통해 배울 점을 생각하며 읽는다.
⑤ 글쓴이의 경험과 경험을 통해 깨달은 점을 파악하며 읽는다.

유사한 수능 문제 형식

• 윗글에 대한 이해로 적절
  하지 <u>않은</u> 것은?

• 윗글의 서술상 특징을 이
  해한 것으로 적절하지 <u>않</u>
  <u>은</u> 것은?

수능형

06 윗글에 대한 설명으로 적절하지 <u>않은</u> 것은?

① 글쓴이가 자전거 타기를 통해 깨달은 점을 이야기하고 있다.
② 어른이 된 글쓴이가 과거의 경험을 바탕으로 내용을 전개하고 있다.
③ 자전거 타기에 성공하기까지의 글쓴이의 심리 변화가 잘 나타나 있다.
④ 글쓴이가 발견한 깨달음을 '세상을 움직여 온 비밀'이라고 표현하고 있다.
⑤ 자전거 타기 경험을 통해 본능에 따라 행동하는 것이 가장 중요함을 강조하고 있다.

07 윗글에서 글쓴이가 자전거 타기에 성공한 기분을 빗대어 표현한 구절을 찾아 쓰시오.

08 ㉠에서 알 수 있는 '나'의 심리로 가장 적절한 것은?

① 위험한 장소임을 느껴 걱정스럽다.
② 자전거의 속도가 갑자기 빨라져서 두렵다.
③ 자전거가 곧 꼬라박힐 것 같아 아슬아슬하다.
④ 자전거를 멈출 수 없어서 아찔하고 공포스럽다.
⑤ 자전거를 타고 달리게 되어 흥분되고 만족스럽다.

09 글쓴이가 깨달은 내용을 다음과 같이 정리할 때 ㉮에 들어갈 알맞은 구절을 쓰시오.

경험		깨달음
자전거 타기에 성공함.	→	• 끊임없이 노력하고 경험해야 한다. • 노력하고 경험해도 모를 때에는 (㉮)

10~14 다음 글을 읽고 물음에 답하시오.

내가 사는 집은 높이가 한 길이 못 되고, 너비는 아홉 자가 못 된다. 인사를 하려고 하면 갓이 천장에 닿고, 잠을 자려고 하면 무릎을 구부려야 한다. 한여름에 햇볕이 내리쬐면 창문이 뜨겁게 달아오른다. 그래서 둘러친 담장 밑에 박을 10여 개 심었더니, 넝쿨이 자라 집을 가려 주었다. 그러자 우거진 그늘 때문에 모기와 파리 떼들이 어두운 곳에서 서식하고, 뱀들이 서늘한 곳에 웅크리고 있었다. 어두운 밤에 자주 일어나 등촉을 들고 마당을 살펴보았다. 가만히 있으면 가려움 때문에 긁느라 지치고, 이리저리 움직이면 쏘아 대는 것이 두렵다. 이를 걱정하고 신경 쓰느라 병이 생겼으니, 소갈증이 심해지고 가슴도 막힌 듯 답답했다. 찾아오는 손님에게 이러한 사정을 자세히 말하곤 했다.

서울에서 온 어떤 나그네가 내 말을 듣고 위로를 하였다. 그리고 자신이 예전에 몸소 겪었던 일을 말해 주었다.

"저는 어려서 집이 가난하여 장사를 했습지요. 영남 땅의 나루터, 정자, 역정(驛亭), 여관 그리고 궁벽한 고을의 작은 주막들에 이르기까지 제 발길이 닿지 않는 곳이 없었답니다. 무더운 여름철에 여행객과 나그네들이 한곳에 모이게 된답니다. 수령과 보좌 관원이 먼저 내실을 차지한 채 서늘하게 지내고, 바람 부는 겻채와 시원한 평상은 아전과 역졸(役卒)들이 차지하지요. 오직 뜨거운 구들과 뜨뜻한 침상에는 벽을 뚫고 관솔불이 비쳐 들고 대자리를 깎아 빈대를 쫓아내는 곳만이 남게 되지요. 그곳만은 어느 누구도 다투지 않으며, 우리네 같은 사람들이 이틀 밤을 묵고 지내는 곳이랍니다.

밤이 깊어 사람들 열기로 후끈 달아오르면 마치 가마솥에서 밥이 뜸 들듯 한답니다. 게다가 고약한 액취가 나는 사람, 방귀 뀌는 사람, 드르렁드르렁 코를 고는 사람, 이를 빡빡 가는 사람, 옴에 걸려 벽을 긁어 대는 사람, 잠꼬대를 하며 욕하는 사람 등등 갖가지 모습을 연출하니 이루 다 열거할 수 없을 정도랍니다. 이리저리 뒤척거리다가 ㉠도저히 견디지 못한 사람은 옷가지를 집어 들고 돗자리를 끼고서 부엌 바닥이나 방앗간, 외양간이나 마구간 등을 찾아다니면서 잠자리를 네댓 번씩 옮깁니다.

그런데 여관집의 노비를 보면 이와 다르지요. 때가 잔뜩 낀 지저분한 얼굴을 하고 부지런히 소나 말처럼 분주히 오가며 일을 하지요. 지나다니는 사람들에게 빌붙어 아침저녁을 해결하니, 버려진 음식도 달게 먹는답니다. ㉡그 사람은 취하여 배부르면 눕자마자 잠이 들지요. 우리네들이 예전에 견디지 못하는 것을 그 사람은 편안하게 여기니, 마치 쌀쌀한 날씨 속에 선선한 방에서 잠자듯 한답니다. 그의 모습을 살펴보면 옷은 다 해지고 여기저기 꿰매었지만 살결은 튼실하고, 특별한 재앙을 겪지 않고 천수를 누리고 있지요.

이것은 다른 이유 때문이 아니랍니다. 그 사람은 자기가 사는 곳을 여관으로 생각하며, 지금의 삶을 본래 정해진 운명이라고 여깁니다. 온갖 걱정과 근심으로 자

기 마음을 상하게 하는 일도 없고, 끙끙거리며 탄식하느라 기운을 허하게 하는 일도 없지요. 그래서 재앙을 특별히 겪지 않고 천수를 누릴 사람이랍니다.

또 이런 말도 있습지요. 지금 이 세상은 살아 있는 사람을 봉양하고 죽은 사람을 장사 지내는 여관 같은 곳입니다. 그리고 이 여관은 하룻밤이나 이틀을 묵고 가는 곳입니다. 지금 그대는 이러한 여관에 몸을 기탁해 사는 데다가, 다시 또 멀리 떠나와 ⓒ궁벽한 골짜기에 몸을 숨기고 있습니다. 이것은 여관 중의 여관에 머물고 있는 셈이지요.

저 여관집의 노비는 일자무식한 사람입니다. 다만 그는 여관을 여관으로 여기면서, ⓔ음식도 잘 먹고 하루하루를 지내니, 추위와 더위도 그를 해치지 못하고 질병도 해를 입히지 못한답니다. 그런데 그대는 도를 지키고 운명에 순종하며, 소박하고 솔직한 태도로 행하는 분입니다. 그런데 여관 중의 여관에서 지내면서도 여관을 여관으로 생각하지 않으십니다. 자기 스스로 화를 돋우고 들볶아 원기를 손상시키니, 병이 생겨 거의 죽을 지경에 이르렀습니다. 그대가 ⓜ배우기를 바라는 것은 옛날 성현의 말씀인데도, 오히려 여관집의 노비가 하는 것처럼도 못하는구려." [A]

이에 그 말을 서술하여 벽에 적고 '포화옥기(匏花屋記)'라 하였다.

– 이학규, 「내가 사는 집」

10 윗글에 대한 설명으로 적절한 것은?

글쓴이는 나그네가 말한 여관집 노비의 삶을 통해 깨달음을 얻고 있어.

① 다른 사람의 삶을 통해 깨달음을 얻고 있다.
② 당시의 시대 현실을 생생하게 보여 주고 있다.
③ 일상의 체험을 바탕으로 개성적인 관점을 드러내고 있다.
④ 글쓴이의 사색을 바탕으로 한 논리적인 주장을 담고 있다.
⑤ 권위 있는 사람의 견해를 인용하여 주장을 뒷받침하고 있다.

11 〈보기〉는 윗글을 읽고 정리한 내용이다. ㉮에 들어갈 알맞은 낱말을 찾아 쓰시오.

┤ 보기 ├
윗글의 나그네는 이 세상은 잠깐 머물다 떠나는 (㉮)과 같은 곳이라고 생각하기 때문에 환경에 집착하여 화를 돋우고 원기를 상하게 하는 것을 경계하고 있다.

12 〈보기〉는 윗글의 창작 배경이다. 이를 참조할 때 윗글의 '나'에 대한 이해로 적절하지 <u>않은</u> 것은?

> 글쓴이는 자신이 살고 있는 집에 대한 생각을 드러내고 있어.

┤ 보기 ├

윗글은 글쓴이가 신유박해에 연루되어 유배되었을 때 창작된 것이다. 글쓴이는 나그네가 들려주는 이야기를 듣고, 자신이 깨달은 바를 드러내고 있다.

① 유배를 오게 된 것을 못마땅하게 생각하고 있다.

② 박 넝쿨이 담장을 둘러싸고 있는 집에 살고 있다.

③ 아주 좁은 집에서 살고 있어 답답함을 느끼고 있다.

④ 자신이 사는 집이 좁고 환경이 좋지 않아 불만이 많다.

⑤ 나그네의 이야기에서 깨달음을 얻고 생각이 바뀌고 있다.

수능형 2020년 6월 고2 학력평가

13 [A]의 말하기 방식으로 가장 적절한 것은?

> 유사한 수능 문제 형식
> • [A]에서 말하는 이의 의도를 파악한 것으로 가장 적절한 것은?
> • 윗글의 [A]에 대한 설명으로 가장 적절한 것은?

① 지향하는 바와 다르게 행동하고 있음을 지적하며 상대방을 비판하고 있다.

② 자신이 처한 어려움을 구체적으로 드러내어 상대방의 감정에 호소하고 있다.

③ 상대방의 말의 허점을 논리적으로 반박하면서 자신의 지식을 과시하고 있다.

④ 상대방이 가진 능력을 인정하면서 상대방이 이루어 낸 성과를 치하하고 있다.

⑤ 상대방의 말에 거짓으로 동조하는 척하면서 상대방을 안심시키려 하고 있다.

---

14 ㉠~㉤을 통해 알 수 있는 사실로 적절하지 <u>않은</u> 것은?

① ㉠: 보통 사람들이 일상적으로 행하며 살아가는 모습이다.

② ㉡: 자신이 처한 조건에 만족하며 살아가는 노비의 모습이다.

③ ㉢: 죄를 짓고 숨어 지내고 있는 글쓴이의 처지를 깨우쳐 주는 말이다.

④ ㉣: 현실을 인정하고 마음을 비우고 살기 때문에 병이 생기지 않는다는 말이다.

⑤ ㉤: 글쓴이가 노비보다도 못한 삶의 자세로 살아가고 있음을 비판하는 말이다.

마무리 정리하기

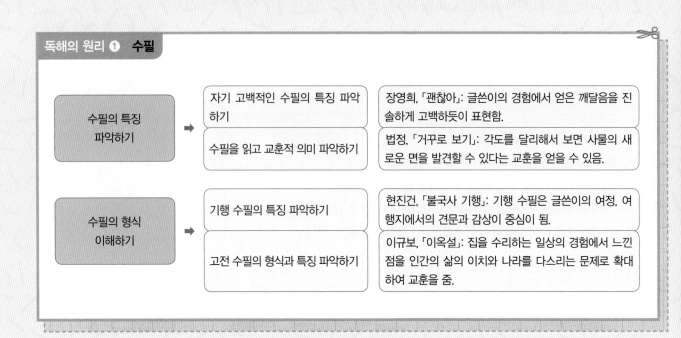

독해의 원리 ❶ 수필

수필의 특징 파악하기	→	자기 고백적인 수필의 특징 파악하기	장영희, 「괜찮아」: 글쓴이의 경험에서 얻은 깨달음을 진솔하게 고백하듯이 표현함.
		수필을 읽고 교훈적 의미 파악하기	법정, 「거꾸로 보기」: 각도를 달리해서 보면 사물의 새로운 면을 발견할 수 있다는 교훈을 얻을 수 있음.
수필의 형식 이해하기	→	기행 수필의 특징 파악하기	현진건, 「불국사 기행」: 기행 수필은 글쓴이의 여정, 여행지에서의 견문과 감상이 중심이 됨.
		고전 수필의 형식과 특징 파악하기	이규보, 「이옥설」: 집을 수리하는 일상의 경험에서 느낀 점을 인간의 삶의 이치와 나라를 다스리는 문제로 확대하여 교훈을 줌.

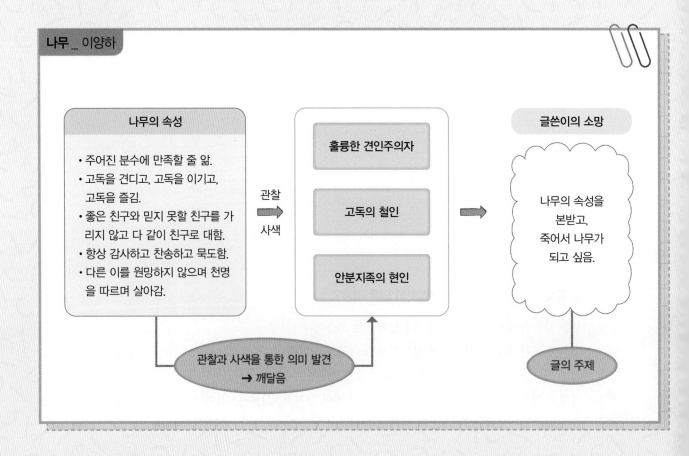

나무 _ 이양하

나무의 속성
- 주어진 분수에 만족할 줄 앎.
- 고독을 견디고, 고독을 이기고, 고독을 즐김.
- 좋은 친구와 믿지 못할 친구를 가리지 않고 다 같이 친구로 대함.
- 항상 감사하고 찬송하고 묵도함.
- 다른 이를 원망하지 않으며 천명을 따르며 살아감.

관찰 → 사색

훌륭한 견인주의자

고독의 철인

안분지족의 현인

글쓴이의 소망

나무의 속성을 본받고, 죽어서 나무가 되고 싶음.

관찰과 사색을 통한 의미 발견 → 깨달음

글의 주제

어느 날 자전거가 내 삶 속으로 들어왔다 _ 성석제

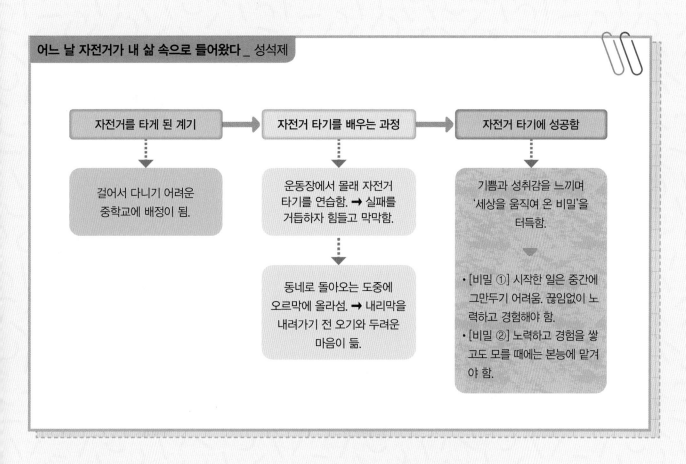

내가 사는 집 _ 이학규

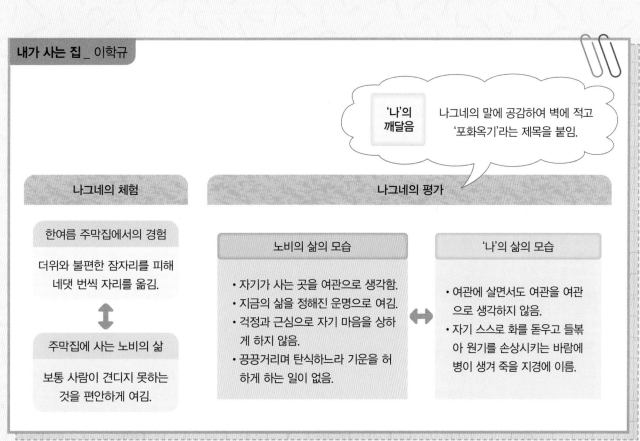

독해의 원리 이해하기

2. 극

☉ 극 감상의 원리

극 문학은 무대 위에서 직접 인생을 표현하는 문학이다. 극은 일정한 시간 내에 이야기의 발단에서부터 종결에 이르기까지의 전 과정이 무대나 장면 속에서 이루어지기 때문에, 시간과 공간, 등장인물의 수 등에 제한이 따른다. 극 문학은 문명의 발달에 따라 영화의 시나리오나 드라마 대본과 같은 문학 양식으로 다양화되었다. 또 옛날부터 전해 내려오는 전통적인 가면극이나 인형극과 같은 민속극의 대본도 극 문학에 속한다.

희곡의 특징 파악하기

[학습 원리] 희곡의 구성 요소를 통해 극 문학의 특성 파악하기

극 문학도 소설과 마찬가지로 이야기 문학으로서 인물 간의 대립과 갈등을 통해 사건이 전개되지만, 무대라는 공간에서 배우들의 말과 행동을 통해 이야기가 표현되기 때문에 극 문학만의 고유한 특징이 있다.

「등장인물: 형, 아우, 측량 기사, 조수들, 사람들
장소: 들판

무대 뒤쪽에 들판의 풍경을 그린 커다란 걸개그림이 걸려 있다. 샛노란 민들레꽃, 빨간 양철 지붕의 집, 한가롭게 풀을 뜯는 젖소들이 동화책의 아름다운 그림을 연상시킨다.

막이 오른다. 형과 아우, 들판에서 그림을 그리고 있다. 형은 무대의 오른쪽에서, 아우는 왼쪽에서 수채화를 그린다. 둘 다 즐거운 표정으로, 휘파람을 불거나 노래를 부른다. 형, 아우에게 다가가서 그림을 바라본다.」
「」: 해설 → 연극이 시작되기 전후에 등장인물, 무대에 대한 설명이 제시됨.

대사

(1) 대사의 종류

대화	등장인물들끼리 주고받는 말. 등장인물의 성격을 드러내고 사건을 진행시킴.
독백	배우 혼자 하는 말. 자기 반성적, 설명적 성격을 지님.
방백	관객에게는 들리나 무대 위의 상대방에게는 들리지 않는 것으로 약속하고 하는 말

(2) 대사의 기능
• 인물의 생각이나 성격 제시
• 사건 전개 및 분위기 형성
• 주제 제시

「형: 야, 멋진데! 아주 멋지게 그렸어!
아우: 경치가 좋으니까 그림이 잘 그려져요.
형: 넌 정말 솜씨가 훌륭해!
아우: 형님 솜씨가 더 훌륭하죠.
형: 아냐, 난 너만큼 잘 그리지 못하는걸.
아우: (형의 그림이 있는 곳으로 다가가서 감탄한다.) 형님 그림이 훨씬 멋있어요!
형: (기뻐하며) 오, 그래?
아우: 그럼요. 푸른 들판, 시냇물과 오솔길, 샛노랗게 피어 있는 민들레꽃, 한가롭게 풀을 뜯는 젖소들, ……. 참 아름답고 평화로운 풍경이군요.
형: 난 아직 집은 못 그렸어. 그런데 너는 벌써 우리가 사는 집까지 그렸구나. 들판 한가운데 빨간색 양철 지붕과 하얀 연기가 피어오르는 굴뚝…….
아우: 난 이곳에서 평생토록 형님과 함께 살고 싶어요.
형: 나도 너와 함께 아름다운 이곳에서 행복하게 살고 싶어.」 「」: 대사

□: 지시문 → 등장인물의 동작이나 표정을 지시하고 설명함.

형과 아우, 다정하게 포옹한다.

– 이강백, 「들판에서」 중에서

➡ 작품의 앞부분으로 등장인물과 장소, 배경이 되는 무대를 설명하는 부분이다. 희곡의 구성 요소인 해설, 지시문, 대사를 통해 다른 문학 갈래와 다른 극 문학의 특성을 살펴볼 수 있다. 이 작품은 평화롭게 살아가던 형제가 측량 기사의 꾐에 빠져 벽을 쌓고 우애를 잃게 되지만 다시 다정했던 옛 시절로 돌아간다는 내용을 담은 우화극이다. 형제간의 갈등은 남북 분단이라는 우리 민족의 현실에 빗댄 것으로, 이 작품을 통해 분단 상황에 대한 극복 의지를 나타낸 것으로 볼 수 있다.

184 필독 중학 국어 문학 1

2
시나리오의 특징 파악하기

[학습 원리] 시나리오나 드라마 대본의 구성 요소 파악하기

시나리오나 드라마 대본은 일반적인 극 문학과 같이 등장인물의 대사를 통해 사건이 진행되며, 장면(scene)을 단위로 하여 전개된다.

장면 번호
s#1 김 첨지의 집
기침 소리 쭉 이어진다.

VO(voice over): 인물이 화면에 나타나지 않고 목소리만 들리도록 하는 것

아내   (VO, 기침 소리) 쿨룩, 쿨룩.

김 첨지   (걸어간다. 발자국 소리)

김 첨지   (머리를 긁적거리며 짜증 나게) 으이…….

앞집 마나님   (VO) 첨지 있나?

김 첨지   (반응하는 짧은 호흡) / 김 첨지   (인사하며) 예, 마나님.

앞집 마나님   일 가는 참이면 나 전찻길까지만 가세나.

김 첨지   (아침부터 시작된 행운이라 반갑다.) 예! 갑지요.

→ 아내가 아픈 상황에서 앞집 마나님이 전찻길까지 태워다 달라고 하는 장면

S#2 김 첨지 대문 앞의 동소문 동네(혜화동)
김 첨지   (뛰며) 어디 가시나 봐요. / 앞집 마나님   응, 광화문에 볼일이 있어서.

앞집 마나님   (천 젖히며) 아이고, 이게 눈인 줄 알았더니 얼다 만 비만 내리네.

김 첨지   하! 하! (기분은 비교적 상쾌한)   작품에서 우울하고 쓸쓸한 분위기를 조성하는 날씨를 대사로 제시함.

– 현진건 원작, 안재훈 극본, 「운수 좋은 날」 중에서

시나리오나 드라마 대본의 구성 요소

• **해설**: 시나리오의 첫머리에 등장인물, 때와 장소, 배경 등을 설명해 놓은 부분이다.
• **지문**: 등장인물의 동작, 표정, 말투, 심리 등이나 조명, 음향 효과, 배경 음악, 카메라의 위치 등을 지시하는 글이다.
• **장면 번호 및 표시**: 촬영이나 편집을 쉽게 하기 위하여 각 장면에 붙이는 번호로, 'S#(scene number)'로 나타낸다.

➡ 이 작품은 가난한 인력거꾼 김 첨지가 겪는 불운의 하루를 그린 동명의 소설을 극화한 시나리오이다. 시나리오는 드라마나 영화의 대본이 되므로 전달 방식에 차이가 있다. 시나리오는 장면을 기본 단위로 하며 촬영을 고려한 특수한 용어가 사용된다는 점을 확인할 수 있다.

3
전통극의 특징 파악하기

[학습 원리] 전통극으로서 민속극의 특징 파악하기

민속극은 일반 백성들이 즐겨 감상했던 공연 예술이므로 민속극에는 서민들의 언어와 삶의 모습이 생생히 드러나며 불합리한 현실에 대한 비판과 풍자가 담겨 있다. 우리나라의 민속극에는 탈춤과 같은 가면극과 꼭두각시놀음 등의 인형극이 있는데, 가면극은 연기자가 등장인물이나 동물을 형상화한 가면을 쓰고 연기를 하며, 인형극은 인형이 등장하여 극을 진행하는 것이 특징이다.

▲ 취발이춤

▲ 노장춤

– 탈춤 공연 장면

➡ 우리나라 전통극에서 탈은 인물의 성격과 특성을 드러내는 역할을 한다. 극의 진행에서도 서구의 연극과 달리, 전통극은 막과 막이 하나의 줄거리로 연결되는 것이 아니라 막이나 장에 따라 독자적인 내용을 가지는 것이 특징이다. 또 무대 밖의 악사나 관중이 무대 안의 인물들과 수시로 대화를 주고받는 등 배우와 관객의 거리가 구분되지 않는 경우가 많다.

작품 독해하기 04

내 마음의 풍금 _ 하근찬 원작, 이영재 각색

이 작품은

강원도 산골 마을을 배경으로 17세 소녀 홍연의 풋풋한 첫사랑을 그린 시나리오로, 하근찬의 단편 소설 「여제자」를 각색한 것이다. 1960년대의 시대적 풍경과 시골 사람들의 일상에 대한 세세하고 정겨운 모습이 영화를 통해 제시되며, 총각 선생님인 수하를 짝사랑하는 홍연과 인물들의 순수한 정서가 돋보이는 작품이다.

갈래 시나리오

주제 첫사랑의 설렘과 순수함

구성

• 발단: 홍연이 담임 선생님으로 부임한 수하를 짝사랑하게 됨.
• 전개: 홍연이 수하에게 관심을 보이지만 수하는 은희를 짝사랑하여 홍연에게 냉담하게 대함.
• 절정: 은희가 약혼자와 유학을 떠나며 수하가 실연을 함.
• 하강: 학교에 화재가 발생하여 수하가 아이들을 구하고 학교를 떠남.
• 대단원: 부부가 된 홍연과 수하가 엘피 음반을 들으며 옛 추억을 떠올림.

[앞부분의 줄거리] 강원도 산골 마을에 사는 열일곱 살의 소녀 홍연은 늦깎이 초등학생이다. 어느 날 홍연이 다니는 초등학교에 사범학교를 갓 졸업한 수하가 부임하는데, 아이들에 대한 깊은 애정으로 열정 어린 가르침을 펼치는 수하를 홍연이 짝사랑하게 된다. 홍연은 수하를 보기 위해 수업이 끝난 뒤에도 교실 주변을 맴돌고, 일기장에 수줍은 고백의 글을 쓴다. 홍연의 일기장을 통해 수하는 자신에 대한 홍연의 마음을 얼핏 느끼지만 그의 관심은 양은희 선생에게만 쏠린다.

S# 54 복도(오후) ▇ : 장면 번호로 시나리오의 특징을 보여 줌.

콧노래를 흥얼대며 엘피판 들고 건들건들 복도를 걸어가는 수하. 고개 숙여 인사하는 아이들
　　　　　　　　　　　　　양은희 선생이 준 엘피판 – 자신에 대한 은희의 호감을 확인하고 기분이 좋아짐.
의 머리를 쓰다듬어 주며 교무실을 향해 가고 있다. 문득 수하의 눈에 교실 창틀 밖으로 불쑥 드리워진 한 여학생의 맨살의 팔뚝이 들어온다. 유리 대신 창호지가 발린 창문인지라 팔뚝의 임자가 누군지 알 수 없지만, 장난기가 동한 수하. 살금살금 다가가 그 팔의 맨살을 살짝 꼬집고 몸을 숨기듯 후닥닥 창문에 딱 붙어선다. "아!" 하는 외침과 함께 깜짝 놀란 팔뚝의 임자가 창밖으로 불쑥 고개를 내미는데 뜻밖에도 '윤홍연'이다. 예기치 않은 상황에 뒷덜미가 화끈해지는 수하.
　　　　　　　　　　　　　　　　　　　　　　　　　　　무심코 한 행동 때문에 홍연의 반응이 걱정이 됨.
시선이 마주친 홍연, 얼굴이 홍당무처럼 빨개지며 히히 웃는다. 잔뜩 호기심 어린 얼굴로 홍연과 수하를 번갈아 쳐다보는 아이들. 멋쩍은 얼굴로 한번 싱긋 웃고는 슬그머니 줄행랑치는 수하. 뒤에서 수군대며 킥킥대는 아이들의 소리에 뒤꼭지가 간지럽다.

S# 55 산길(석양 녘)

"야호 ―" 메아리도 부르고, 빙글빙글 돌기도 하며 산길을 마구 달리는 홍연.

S# 56 5학년 1반 교실(오후)

책상 사이를 오가며 수하가 책을 읽으면, 참새처럼 큰 소리로 따라 읽는 반 아이들. 수하, 뜨끈한 시선에 이끌려 아이들이 소리 내어 읽는 사이 슬쩍 쳐다보면 책에는 눈도 두지 않은 채 홍연
　　　　　　　　　　　　　　　　　　　　　　　　　　　　　　　　　　　　홍연의 시선을 의식함.
이 예사롭지 않은 표정으로 수하를 응시하고 있다가 그와 시선이 마주치자 수줍은 듯 얼른 앞자
　수하에 대한 관심이 드러난 표정
리 아이의 등 뒤로 얼굴을 숨긴다. 얼른 시선을 거둔 수하, 못 본 척 다시 책을 읽는다는 게 엉뚱한 곳을 읽자, 아이들 "와 ―" 하고 폭소를 터뜨린다.

수하　눈송이처럼 날리네…… 향긋한 꽃 냄새가…… 얼굴 마주 보고 생긋.

S# 57 수하 하숙방(휴일 한낮)

수하, 은희가 준 엘피 음반을 정성껏 닦아 전축에 걸고 두 눈 지그시 감고 감상한다. 자기 기분에 빠져 몸을 흔들다가 수북이 쌓인 반 아이들의 일기장 더미를 무너뜨린다. 수하, 일기장을 다시 쌓다가 문득 손에 쥐어지는 홍연의 일기장. 수하, 문득 흥미를 느끼고 읽기 시작하는데, 낯을
　　　　　　　　　　　　　　　　　　　　수하가 홍연의 마음을 알게 되는 매개체
붉히다, 헛웃음을 웃다가 미묘한 표정.

홍연(내레이션)　……오늘 선생님이 내 팔을 살짝 꼬집었다. 나는 너무나 뜻밖의 일에 얼굴이
　　　　　　　　　홍연의 심리를 생생하게 전달하여 흥미를 유발하고 있음.

홍당무처럼 붉어졌고, 어쩔 줄을 몰랐다. 집에 돌아오면서도 난 기분이 이상하고 또 이상했다. 선생님이 왜 내 팔을 꼬집었을까? 그게 무슨 뜻일까? 나는 지금도 그 생각을 하며 잠을 이루지 못하고 있다.

S# 58 5학년 1반 교실(아침)

수하 앞에 놓인 교탁에서 자기 일기를 찾아가는 아이들. 자기 일기장을 찾아 들던 강주, 홍연 이름이 적힌 일기장이 눈에 띄자 얼른 집어 들고 슬쩍 겉장을 들춰 보는데, 재빨리 낚아챈 후 강주를 가볍게 흘겨보는 계집애는 홍연. '피' — 입을 삐죽이며 자리로 들어가는 강주. 홍연, <u>유난스러운 눈빛으로 수하를 보며 자기 일기장을 들고, 돌아서자마자 잔뜩 기대에 부풀어 일기장을</u> _{자신이 쓴 일기 내용에 대하여 수하여 반응을 기대하고 있음.} <u>펼쳐 보는데,</u> 별다른 답변이 없자 다소 실망스러운 표정으로 수하를 슬쩍 뒤돌아본다. <u>무심한 표정으로 교과서를 손에 들고 칠판으로 돌아서는 수하.</u> _{홍연의 관심을 느끼지만 의도적으로 무관심하게 행동함.}

S# 60 교정(늦은 오후)

일과가 끝나 적막한 교내. 홍연 홀로 느티나무에 사금파리로 사람 얼굴 모양을 파고 있다. 인기척에 _{사기그릇의 깨어진 작은 조각} 놀라 손가락을 가볍게 베인 채 얼른 사금파리를 뒤로 감추고 돌아서는 홍연. <u>교사</u> 뒤편에 _{사람이 있음을 알 수 있게 하는 소리나 기색} _{학교의 건물} 세워 둔 자전거를 끌어내 세우던 수하, 홍연을 발견한다. 홍연, 수하를 향해 멋쩍게 고개 숙인다.

수하 (자전거에 오르며) 누구 기다리느냐?

홍연, 고개 숙인 채 땅바닥을 긁으며 섰다. <u>짐짓 무심한 얼굴로</u> 자전거 페달을 밟아 홍연의 앞 _{홍연에게 무관심하게 대하는 모습} 을 스쳐 지나가는 수하. 원망이 담긴 얼굴로 수하의 뒷모습을 지켜보는 홍연, 손가락을 입에 대고 피를 빤다.

S# 61 운동장(낮)

*단상 위에서 시범을 보이는 양 선생과 수하를 따라 남녀 짝지어 왈츠를 배우는 홍연 등. 이마에 땀이 송송 밴 채 <u>밝은 미소로 열심히 춤을 추는 은희와 수하의 달뜬 표정.</u> 두 사람을 부러운 _{은희와 수하의 친밀감이 느껴짐.} 눈으로 쳐다보다 서투른 아이들에게 공연히 화풀이하는 조명구 선생. 꾀죄죄한 몽돌과 춤출 차례가 되면 손길이 닿지 않으려고 애쓰는 계집애들. 범수와 짝이 되어 춤추는 홍연의 눈길에 부러움과 질투의 빛이 뒤섞여 있다.

홍연(내레이션) 선생님, 그때 왜 제 팔을 살짝 꼬집었습니까? 오늘도 전 <u>그때 그 일</u>을 잊을 수가 없습니다. 학교에서 공부를 할 때도, 집에 돌아올 때도 자꾸 그것만 생각납니다. 선생님, 그 뜻이 무엇인지요? 왜 제 팔을 꼬집으셨는지 말씀해 주세요. 생각하고 또 생각해 봐도 그 뜻을 확실히 알 수가 없어요.

내용 구조도

홍연
수하를 짝사랑함. – 수하의 장난을 자신에 대한 관심이라고 생각하며 행복해함.

↓

홍연이 일기장을 통해 마음을 전달하고 수하의 대답을 재촉함. → 대립과 갈등

↑

수하
은희에게만 관심이 있음. → 홍연에게 장난으로 한 행동임을 밝힘.

어휘 풀이

❖ **맨살**: 아무것도 입거나 걸치거나 하지 아니하여 드러나 있는 살.
❖ **창호지**: 주로 문을 바르는 데 쓰는 얇은 종이.
❖ **전축**: 레코드판의 홈을 따라 바늘이 돌면서 받는 진동을 통해 소리를 재생하는 장치.
❖ **왈츠(waltz)**: 3박자의 경쾌한 춤곡. 또는 그에 맞추어 남녀가 한 쌍이 되어 원을 그리며 추는 춤.
❖ **달뜨다**: 마음이 가라앉지 아니하고 조금 흥분되다.

구절 풀이

* **일기장을 다시 ~ 미묘한 표정.**: 홍연이 자신의 장난을 심각하게 받아들이고 있다는 것을 알게 되어 당황스럽기도 하고 흥미롭기도 한 수하의 심리가 드러남.
* **단상 위에서 ~ 뒤섞여 있다.**: 홍연은 수하가 은희와 왈츠를 추는 모습을 보며 질투와 부러움을 느낌. 수하가 은희를 좋아하는 모습에서 며칠 전 자신의 팔을 꼬집었던 수하의 마음이 무엇인지 확인하고 싶은 마음이 들었을 것임.

내레이션(NAR.)

• 장면에 나타나지 않으면서 장면의 진행에 따라 내용을 해설하는 일
• 별도의 해설자가 하는 경우도 있고 등장인물이 자신의 목소리로 하는 경우도 있다.
• 등장인물과 그들의 상황에 대한 정보를 알려 주고, 장면에서 드러나지 않은 사건을 말해 주거나 미래에 일어날 사건들을 암시한다.

S# 62 홍연네 안방(밤)

홍연, 일기장을 편다. 일기장 끝에 또렷이 적혀 있는 <u>수하의 연필 메모.</u>
_{수하의 마음을 전달하는 매개물}
<u>누구 팔인 줄도 모르고 그저 장난으로 그랬을 뿐이다. 아무 뜻도 없단다.</u>
_{홍연의 기대와는 달리 냉담한 반응을 보이는 수하}
<u>곧 울음이라도 터질 듯한 얼굴</u>을 하고 세차게 일기장을 덮는 홍연. 나란히 이부자리 속에 배
_{자신의 기대와 다른 반응을 보인 수하에 대한 실망과 서운함}
깔고 엎드려 어린이 잡지 《새벗》을 뒤적이는 남동생들 옆으로 파고 들어간다. 윗목에서 달달달 재봉틀을 돌리던 홍연 모 의아해 돌아보면, 이불을 머리까지 덮어쓰는 홍연. 잡지를 들척이던 홍일, 홍삼 중 하나가 방귀를 뀌자 서로 킥킥댄다. 홍연, 씩씩대며 세차게 발길질해 동생들을 이불 밖으로 모두 밀어낸다. 엎어진 채 방바닥으로 떠밀려 울음을 터뜨리는 홍일, 홍삼.

홍삼   엄마, 앙—

홍연 모   (손을 놓고) 아니, 저 망할 에미나이! 왜 동생들은 울리고…….

홍연 모 달려들자 이불을 홀랑 뒤집어쓰고 둘둘 감는 홍연. 이불 위로 펑펑 두드려 대는 홍연 모.

🔗 전체 줄거리 엿보기

발단

강원도 산골 마을의 열일곱 살 소녀이며 늦깎이 초등학생인 홍연이 다니는 학교에 어느 날 사범학교를 갓 졸업한 수하가 담임 선생님으로 부임한다.

전개 본문 수록 부분

수하가 아이들에 대하여 애정과 배려를 보이며 열정으로 가르침을 펼치면서 그를 향한 홍연의 사랑은 깊어만 가는데 수하의 마음은 동료 교사인 은희에게 쏠려 있다.

절정

은희가 서울에 있는 약혼자와 유학을 떠나자 수하는 실연의 아픔으로 괴로워하지만 홍연은 그와 반대로 기대 섞인 기쁨에 젖는다.

대단원

35년의 세월이 흐른 후 부부가 된 중년의 수하와 홍연은 낡은 엘피 음반을 들으며 과거를 회상한다.

하강

1년의 시간이 흐른 어느 날, 학예회 연습을 하던 중 아이들의 장난으로 학교 강당에 불이 난다. 한바탕 소동이 벌어지고 수하가 뛰어들어 아이들을 구하지만 얼마 후 수하는 학교를 떠난다.

독해 포인트

1. 등장인물

홍연	17살의 늦깎이 초등학생. 선생님을 (❶)하는 부끄러움이 많은 소녀
수하	21살의 남자 선생님. 학생들을 사랑하고 가르치는 데 열정이 있는 순수한 청년. 같은 학교의 동료 교사인 (❷)를 짝사랑함.
은희	수하가 짝사랑하는 여자 선생님. 지적이고 세련된 이미지를 가짐. 약혼자와 유학을 떠남.

2. 배경과 소재

- **시간적 배경**: 1960년대   • (❸   ) **배경**: 강원도 산골 마을
- **핵심 소재의 기능과 역할**

홍연의 (❹)	(❺)
• 수하를 향한 홍연의 관심과 사랑을 드러내는 소재 • 작품 전개의 핵심적인 역할을 함.	• 은희를 향한 수하의 관심과 사랑을 드러내는 소재 • 수하와 은희가 가까워지는 계기가 됨.

3. 갈등과 사건

- **홍연의 심리**: 수하가 자신의 팔을 꼬집은 것을 자신에 대한 수하의 관심이라고 생각하여 설레어 하고, 수하와 은희의 왈츠 시범을 보며 (❻   )과 질투를 느낌.
- **홍연과 수하의 갈등**

홍연	수하
• 수하가 팔을 꼬집은 행동을 자신에 대하여 관심을 보인 것으로 생각함. • 수하가 자신에게 관심을 보이기를 기다리며 일기장을 통해 수하가 자신의 팔을 꼬집은 이유에 대한 수하의 대답을 재촉함.	• 은희에게 엘피 음반을 선물 받고 기분이 좋아져 우연히 홍연의 팔을 꼬집는 장난을 함. • 홍연의 일기장을 보며 홍연의 마음을 느끼지만 (❼)하게 대하며 장난으로 한 행동임을 밝힘.

(⟷)

4. 표현 방식

- (❽   )을 통해 인물의 행동과 심리를 자세히 제시함.
- (❾   ) 기법과 일기장과 같은 소품을 활용하여 인물의 심리를 표현하고 전달함.
- 토속적인 소품들과 일화를 통해 소박하고 포근한 시골 마을의 모습을 사실적으로 표현함.

5. 주제

- 17세 소녀이자 늦깎기 초등학생인 홍연의, 수하에 대한 **풋풋**하고 순수한 사랑

---

❶ 짝사랑 ❷ 은희 ❸ 공간적 ❹ 일기장 ❺ 엘피 음반 ❻ 부러움 ❼ 무관심 ❽ 지시문 ❾ 내레이션

01 다음에 해당하는 말로, 모양이나 행동을 흉내 내는 표현을 찾아 쓰세요.

(1) 일이 없거나 착실하지 않아 빈둥빈둥하는 모양
(2) 큰 것이 잇따라 미끄럽게 도는 모양

02 다음의 뜻에 해당하는 낱말을 〈보기〉에서 찾아 쓰세요.

┤ 보기 ├
달뜨다   인기척
창호지   윗목

(1) 마음이 가라앉지 아니하고 조금 흥분되다. ····· (   )
(2) 온돌방에서 아궁이로부터 먼 쪽의 방바닥 ····· (   )
(3) 사람이 있음을 알 수 있게 하는 소리나 기색 ·········· (   )
(4) 주로 문을 바르는 데 쓰는 얇은 종이 ······ (   )

03 '영화, 방송극, 연극 따위에서, 장면에 나타나지 않으면서 장면의 진행에 따라 그 내용이나 줄거리를 해설하는 일. 또는 그런 해설'을 의미하는 용어를 찾아 쓰세요.

---

01 (1) 건들건들 (2) 빙글빙글 02 (1) 달뜨다 (2) 윗목 (3) 인기척 (4) 창호지 03 내레이션

동승 _ 함세덕
나이가 어린 승려

이 작품은

어머니에 대한 그리움이라는 인간적인 측면과 불가에서의 삶이라는 종교적인 측면에서의 갈등을 다룬 희곡이다. 도념이 세속적 인연과 불가에서의 삶 사이에서 겪는 내적 갈등을 중심으로 어머니를 향한 도념의 간절한 기다림과 그로 인한 절망과 좌절이 간결하게 표현되어 있다. 사건의 전개가 긴밀하고, 각 인물들의 의지와 심리를 섬세하고도 진실하게 그려 냈다는 평가를 받고 있는 작품이다.

갈래 희곡

주제 어머니를 그리워하는 동승의 순수한 마음

구성
• 발단: 부모에게 버림을 받고 절에 남겨져 살고 있는 도념
• 전개: 미망인이 도념을 동정하여 양자로 삼으려 함.
• 절정: 도념의 입양 문제로 미망인과 주지가 갈등함.
• 하강: 짐승을 살생한 도념의 비밀이 폭로되어 입양이 좌절됨.
• 대단원: 어머니를 찾아 무작정 절을 떠나는 도념

내용 구조도

도념의 갈등
불가에서의 삶과 어머니에 대한 세속적 그리움 사이의 갈등

↓

미망인에게서 어머니의 정을 느끼고 미망인의 양자가 되고 싶어 함.

주지의 반대
전생의 죄에서 영혼을 구하려면 절에 있어야 함.

[**앞부분의 줄거리**] 깊은 산속 절에서 살고 있는 열네 살의 도념은 자기를 버리고 떠난 어머니를 애타게 기다린다. 그의 생모는 여승이었으나 사냥꾼을 만나 파계를 하고 절을 떠난 것이다. 주지는 도념에게 어머니를 기다리지 말라고 하지만 어린 도념은 어머니를 그리워한다. 그러던 차에 서울에서 온 젊은 미망인에게서 어머니의 정을 느끼는데, 아들을 잃고 슬픔에 빠져 있던 미망인 또한 도념을 양자로 삼고자 한다. 도념이 어머니에게 목도리를 해 주려고 잡은 토끼 가죽을 발견한 주지는 살생을 금하는 계율을 어겼다며 도념의 입양을 허락하지 않는다.

도념 (미망인에게 매달리며) 어머니, 저를 데려가 주세요.

미망인 응, 염려 마라.

주지 염려 마라니요? 아씨는 그저 애를 데려가실 작정이십니까? / **미망인** 그럼은요.

친정 모 못 한다. 넌 애 하는 짓을 지금껏 두 눈으로 똑똑히 보구두 이러니?
토끼 목도리를 만들기 위해 살생을 하고, 그에 대해 거짓말을 한 것

미망인 어머니, 봤기에 더한층 데려가구 싶은 생각이 솟았어요. 얼마나 어머니를 그리워했으면 그런 짓을 다 했겠어요? 지금 이 애를 바른길루 이끌어 가려면, 내 사랑 속에서 키우는 것밖에 딴 도리가 없어요.

친정 모 애는 전생에 제 부모의 죄를 받구 태어났기 때문에, 아무리 구하려구 해두 구할 수가 없단다. 홍역 마마하듯 이렇게 피하지 못할 죄가 하나씩 둘씩 발생하지 않니? 애보담, 우리 인철이 영혼 축원할 도리나 걱정해라.

미망인 인철인 기왕 죽은 애니까 재를 다시 지내면 그만 아니에요?

친정 모 얘가 토끼 목도리를 존상 뒤에다 감춰만 뒀다면 모를까, 젊은 별좌(別坐)♦ 얘길
부처상 등의 지위가 높고 귀한 형상
들으니까 어젯밤에 떡 그 더러운 것을 관세음보살님 목에다 걸어 놓구 물끄러미 바라다보구 있었다는구나.

미망인 (울며 미친 듯이) 어머니, 난 애당초에 생각이나마 안 먹었으면 모를까, 한번 먹어 놓은 것이라 잃구는 살 수가 없어요, 얘 없이는 살 수가 없어요.

주지 아씨께서 진정으로 애를 사랑하신다면, 눈앞에 두구 노리개를 삼으실려구 하시지 말구 애 매디매디에 사무쳐 있는 전생의 죄 속에서 영혼을 구하게 이 절에 둬 주십
양자로 삼는다는 것을 노리개로 삼는 것에 비유함.
시요. 자기 한 몸의 죄만 아니라 제 아비 제 어미 죄두 씻어야 할 테니까 얘는 여간한 공덕을 쌓기 전에는 저승에 가서 무서운 지옥을 면치 못하게 될 것입니다.
좋은 일을 행한 덕으로 훌륭한 결과를 가져오게 하는 능력

도념 스님, 죽어서 지옥에 가더래두 난 내려가겠어요. 찾아오는 사람을 막지 않구 떠나는 사람을 붙들지 않는 것이 우리 절 주의라구 늘 말씀하시지 않으셨습니까?

주지 (열화같이 노하며) 수다스러, 한번 못 간다면 못 가는 줄 알어라. (미망인을 보고 선언하듯) 아씨께서 서방님을 잃으시구 외아들마저 잃으신 것두 다 전생에 죄가 많으셨던 탓입니다. 아씨 죄두 미처 벗지 못하시구 이 죗덩이를 데려다가 어떻게 하실려구
도념
이러십니까? 두 번 다시 이 이야기를 꺼내시려거든 다신 이 절에 오시지 마십시오.

주지, 뒤도 안 돌아보고 원내로 들어간다. 친정 모도 뒤따른다. 미망인, 주지의 말에 찔리어 전신을 부르르 떤다. 염하다 놓친 사람 모양으로 털벅 나뭇등걸에 주저앉아 운다.

도념   어머니, 이대루 그냥 도망이라두 가시지요.
　　　　<u>절에서 떠나고 싶어 하는 도념의 간절한 마음</u>

미망인   그렇게는 못 한다. 넌 이 절에 남아서 스님의 말씀 잘 듣구 있어야 한다.
　　　　<u>주지와 친정 모의 반대에 순응함.</u>

도념   촛불만 깜박깜박하는 법당을 또 어떻게 혼자 지켜요? *궂은비가 줄줄 내리는 밤이

나 부엉이가 우는 새벽엔 무서워 죽겠어요.

미망인   너한테는 그게 숙명[❖]이니까 내 힘으로는 어떻게 할 도리가 없구나.
　　　　　　　　　<u>모든 것을 숙명으로 받아들임.</u>

　　미망인, 도념을 누구에게 빼앗길 듯이 세차게 안고 운다. 정심, 산문에서 나온다.
　　　　　　　　　　　　　　　　　　　　　　　　　　<u>절 또는 절의 바깥문</u>

정심   도념아, 빨리 종 쳐라. / **도념**   (눈물을 닦고) 네.

　　정심, 산문 앞의 등잔에 불을 켜고 다시 원내로 들어간다.

미망인   내가 원체 죄가 많은 년이니까 너를 데리고 갔다가 너한테까지 무슨 화가 끼칠
　　　　<u>남편과 외아들을 잃은 것이 전생에 지은 죄 때문이라는 주지의 말을 듣고 하는 말</u>　　　　　<u>모든 재앙과 액화</u>
지, 난 그게 무서워졌다. 어서 들어가자. 그 대신 내가 한 달에 한 번씩 보름날 달 밝

은 밤엔 꼭 널 보러 오마.

　　미망인, 우는 도념을 달래 가지고 원내로 들어간다. 주위는 차츰차츰 어두워진다. 이윽고 범종[❖]

소리 들려온다. 멀리 산울림. 초부, 나무를 안고 나와 지게에 얹고, 담배를 한 대 피운다. 흩날리
　　<u>첫눈</u>
는 초설을 머리에 받은 채 슬픈 듯한 표정으로 종소리를 듣는다. 사이. 이윽고 종소리 그친다. 도

념, *고깔을 쓰고 바랑[❖]을 걸머지고, 깽매기[❖]를 들고나온다.

초부   (지게를 지고 일어서며) 지금 그 종 네가 쳤니?

도념   그럼은요. 언제 내가 안 치구 다른 이가 쳤나요?

초부   밤낮 나무해 가지구 비탈 내려가면서 듣는 소리지만 오늘은 왜 그런지 유난히 슬
　　　　　　　　　　　　　　　　　　　　　　　<u>절에서 떠나는 도념의 슬픔을 반영함.</u>
프구나. (일어서다가 도념의 옷차림을 발견하고) 아니, 너 갑자기 바랑은 왜 걸머지고 나

오니? / **도념**   이번 가면 다시 안 올지 몰라요.

초부   왜? 스님이 동냥 나가라구 하시든? / **도념**   아, 아니요. 몰래 나가려구 해요.

초부   이렇게 눈이 오는데 잘 데두 없을 텐데, 어딜 간다구 이러니? 응, 갈 곳이나 있니?
　　　　　　　　　　　　　　　<u>어린 도념이 살아갈 일을 걱정하는 말</u>
도념   <u>조선 팔도 다 돌아다닐 걸요 뭐.</u>
　　　<u>어머니를 찾으려는 강한 의지가 드러남.</u>
초부   하 얘, 그런 생각 말구, 어서 가서 스님 말씀 잘 듣구 있거라.

도념   벌써 언제부터 나가려구 별렀는데요? 그렇지만 스님을 속이고 몰래 도망가기가

차마 발이 떨어지지 않아서 못 갔어요.

초부   어머니 아버질 찾기나 했으면 좋겠지만 찾지두 못하면 다시 돌아올 수도 없구,

거지밖에 될 게 없을 텐데, 잘 생각해서 해라.

도념   꼭 찾을 거예요. *내가 동냥 달라구 하니까 방문 열구 웬 부인이 쌀을 퍼 주며 나

를 한참 바라보구 있더니 별안간 "도념아, 내 아들아, 이게 웬일이냐." 하구 맨발바닥

으로 뛰어 내려오던 꿈을 여러 번 꾸었어요.

어휘 풀이

❖ **축원**: 신적 존재에게 자기의 뜻을 아뢰고 그것이 이루어지기를 비는 일.

❖ **재**: 불교에서 죽은 이의 명복을 빌기 위하여 부처에게 드리는 공양.

❖ **별좌**: 불사(佛事)가 있을 때에 불전(佛前)에 음식을 차리는 일. 또는 그 일을 맡아 하는 사람.

❖ **전생**: 이 세상에 태어나기 이전의 생애.

❖ **염**: 시신을 수의로 갈아 입힌 다음, 베나 이불 따위로 싸는 일.

❖ **숙명**: 날 때부터 타고난 정해진 운명. 또는 피할 수 없는 운명.

❖ **범종**: 절에 매달아 놓고, 대중을 모이게 하거나 시각을 알리기 위하여 치는 종.

❖ **바랑**: 승려가 등에 지고 다니는 자루 모양의 큰 주머니.

❖ **깽매기**: 풍물놀이와 무악 따위에 사용하는 타악기의 하나인 '꽹과리'의 방언.

구절 풀이

＊ **궂은비가 줄줄 ~ 무서워 죽겠어요.**: 어릴 때부터 부모의 정을 받지 못하고 살아온 도념의 외로운 처지가 드러남. 도념이 어머니를 그리워하며 그 어머니와 닮은 모습으로 느껴지는 서울의 미망인을 따라가고자 하는 간절한 마음이 담겨 있음.

＊ **고깔을 쓰고 ~ 들고나온다.**: 승려들이 먼 길을 떠날 때의 차림새로, 도념이 절을 떠날 결심을 했음을 알 수 있음.

＊ **내가 동냥 ~ 여러 번 꾸었어요.**: 도념이 어디엔가 살아 있을 어머니를 몹시 그리워하고 있음을 알 수 있음. 꿈이 도념의 결단에 중요한 역할을 했다고 할 수 있음.

*도념, 산문을 ~ 비탈길을
내려간다.: 도념이 절을
떠나는 모습. 산문을 자꾸
돌아다보는 도념의 태도
에서 산사의 생활에 아쉬
움과 미련이 있음을 알
수 있음.

초부 가려거든 빨리 가자. 퍽퍽 쏟아지기 전에. 이 길루 갈 테니?

도념 비탈길루 가겠어요.
도념의 삶이 순탄하지 않을 것임을 암시함.

초부 그럼 잘 — 가라. 난 이 길루 가겠다. / 도념 네, 안녕히 가세요.

초부, 나무를 지고 내려간다. 도념, 두어 걸음 나갈 때 법당에서의 주지의 독경 소리. 발을 멈
불경을 소리 내어 읽거나 욈.
추고 생각난 듯이 바랑에서 표주박을 꺼내 잣을 한 웅큼 담아서 산문 앞에 놓는다.
주지의 말을 거역하고 떠나는 데 대한 도념의 미안함과 인간적 배려가 드러남.

도념 (무릎을 꿇고) 스님, 이 잣은 다람쥐가 겨울에 먹으려구 등걸 구멍에다 모아 둔 것
줄기를 잘라 낸 나무의 밑동
을 제가 아침이면 몰래 꺼내 뒀었어요. 어머니 오시면 드리려구요. 동지섣달 긴긴 밤
어머니에 대한 그리움과 사랑이 드러남.
잠이 안 오시어 심심하실 때 깨무십시오. (산문에 절을 한 후) 스님, 안녕히 계십시오.

멀리 동리를 내려다보고 길게 한숨을 쉰다. 정숙. 원내에서는 목탁과 주지의 염불 소리만 청청
히 들릴 뿐, 눈은 점점 펑펑 내리기 시작한다.*도념, 산문을 돌아다보며 돌아다보며 비탈길을 내
도념의 험난한 삶을 암시함.
려간다.

— 막 —

∞ 전체 줄거리 엿보기

발단

깊은 산속에 있는 절에서 동승으
로 살고 있는 도념은 어머니가 자
신을 데리러 오리라는 확신을 가
지고 어머니를 기다린다.

↓

전개

죽은 자식을 위해 불공을 드리러
오는 미망인이 도념에게 연민을
느끼고 양자로 삼으려 한다. 도념
또한 미망인에게서 어머니의 정
을 느끼며 미망인의 양자가 되고
싶어 한다.

↓

절정

주지는 도념의 입양을 반대하는
데, 도념이 파계를 하고 절을 떠난
어머니와 사냥꾼이었던 아버지의
죄를 타고났기 때문이다. 또한 속
세는 악이 우글거리는 무서운 곳
이므로 도념이 절에서 죄를 씻으
며 지내는 것이 바람직하다고 생각한 것이다.

대단원 본문 수록 부분

도념은 초부의 우려를 뒤
로 하고 어머니를 찾기
위해 주지 몰래 절을 떠
난다.

↑

하강

도념이 어머니에게 드릴
토끼털 목도리를 만들기
위해 토끼를 잡은 사실이
탄로 나면서 살생을 금하
는 불가의 계를 어겼다는
이유로 도념의 입양이 좌
절된다.

→

독해 포인트

1. 등장인물

도념	순수하고 천진난만한 면을 지닌 열네 살의 동승. 그리워하는 (❶)를 찾아 절을 떠남.
주지	도념을 돌보며 도념이 불도를 닦아 (❷)의 죄를 씻기를 바람. 완고해 보이지만 도념을 아끼고 사랑함.
(❸)	남편과 아들을 잃고 도념을 양자로 삼으려 하지만 주지와 친정 모가 반대하자 단념함.
초부	나무꾼. 도념을 이해하고 도와주려는 인정 많고 따뜻한 인물

2. 배경과 소재

- **시간적 배경**: 초겨울　　　　　　• **공간적 배경**: 깊은 산속에 있는 (❹   )

절	• 세속적 욕망과 대비되는 공간 • 도념과 도념 부모의 죄를 씻어 낼 수 있는 공간 • 도념이 어머니를 기다리는 공간이자 어머니를 찾기 위해 떠나는 공간

- **소재의 상징적 의미**

(❺)	어머니를 향한 도념의 사랑과 그리움을 상징함. 갈등을 일으키는 매개체
잣	자신을 돌봐 준 주지에 대한 도념의 감사와 사랑을 상징함.
눈, 비탈길	도념의 앞길에 닥칠 시련과 고난을 상징함.

3. 갈등과 사건

도념과 미망인	주지와 친정 모
• **도념**: 그리운 어머니를 찾아 속세로 내려가고 싶어 함. • **미망인**: (❻)에 대한 상실감으로 도념을 데려가 자신의 아들로 삼으려 함.	• **주지**: 도념이 부모의 죄를 안고 태어났으므로 그 죄를 씻기 위해서는 절에 남아 구원을 받아야 함. • **친정 모**: 토끼를 죽여 만든 (❼)를 보고 도념의 인간됨을 의심하며 도념을 데려가는 것을 반대함.

4. 표현 방식

- 인물들의 갈등을 통해 희곡의 형식적 특성이 드러남.
- 대사와 행동을 통해 인물의 심리가 섬세하게 표현됨.
- 인물과 배경이 (❽   )와 긴밀히 연관되어 있음.

5. 주제 ➡ 어머니를 향한 동승의 (❾   )과 진정한 사랑

❶ 어머니 ❷ 부모 ❸ 미망인 ❹ 절 ❺ 토끼 목도리 ❻ 죽은 자식 ❼ 목도리 ❽ 주제 ❾ 그리움

---

01 '남편을 여읜 여자'를 의미하는 낱말을 찾아 쓰세요.

02 다음과 같은 의미의 낱말을 〈보기〉에서 찾아 쓰세요.

보기
축원　　존상 숙명　　전생

(1) 이 세상에 태어나기 이전의 생애 ………… (   )
(2) 지위가 높고 귀한 형상 …… ……………… (   )
(3) 신적 존재에게 자기의 뜻을 아뢰고 그것이 이루어지기를 비는 일 …… (   )
(4) 날 때부터 타고난 정해진 운명. 또는 피할 수 없는 운명 …………… (   )

03 '절에 매달아 놓고, 대중을 모이게 하거나 시각을 알리기 위하여 치는 종'을 가리키는 것은?

04 다음 빈칸에 들어갈 알맞은 낱말을 쓰세요.

> (   )은 '동지'와 '섣달'을 아울러 이르는 말로, 아주 추운 한겨울을 대표하는 뜻으로 쓰인다.

01 미망인 02 (1) 전생 (2) 존상 (3) 축원
(4) 숙명 03 범종 04 동지섣달

봉산 탈춤 _ 작자 미상

이 작품은

황해도 봉산에서 전해 내려오던 탈춤의 대본으로, 전체 일곱 개의 과장으로 짜여 있다. 제6과장은 양반춤 과장으로 말뚝이가 양반들을 희롱하는 내용이다. 겉으로는 양반들이 위엄을 차리고 말뚝이를 꾸짖지만 실제로 양반들은 말뚝이에게 거듭 속아 넘어간다. 생원, 서방, 도령은 양반의 체통과는 거리가 먼 행동을 하는데, 이를 통해 그들의 무식함이 낱낱이 폭로되며 웃음을 유발하고 있다.

갈래 전통극 대본

주제 양반에 대한 풍자와 조롱

구성
• 인물의 등장: 벙거지를 쓰고 채찍을 든 말뚝이가 비정상적인 모습을 한 양반 삼 형제를 인도하여 등장함.
• 말뚝이의 재담: 말뚝이가 양반 소개, 담배 금지 등의 재담을 통해 양반을 조롱함.
• 양반의 허세 폭로: 시조 읊기, 한시 짓기를 통해 양반의 무식함을 드러냄.

내용 구조도

재담의 시작 – 쉬이
↓
양반을 풍자하고 조롱함.
↓
양반의 호통
↓
양반의 권위에 굴복함.
↓
양반의 안심
재담의 끝 – 함께 춤을 춤.

제 6 과장 양반춤

말뚝이 (벙거지를 쓰고 채찍을 들었다. 굿거리장단에 맞추어 양반 삼 형제를 인도하여 등장)
_{길이나 장소를 안내하여}

양반 삼 형제 말뚝이 뒤를 따라 굿거리장단에 맞추어 점잔을 피우나, 어색하게 춤을 추며 등장. 양반 3형제 맏이는 샌님, 둘째는 서방님, 끝은 도련님이다. 샌님과 서방님은 흰 창옷에 관을 썼다. 도련님은 남색 쾌자에 복건을 썼다. 샌님과 서방님은 언청이이며(샌님은 언청이 두 줄, 서방님은 한 줄이다.), 부채와 장죽을 가지고 있고, 도련님은 입이 삐뚤어졌고, 부채만 가졌다. 도련님은 일절 대사는 없으며, 형들과 동작을 같이하면서 형들의 면상을 부채로 때리며 방정맞게 군다.

말뚝이 (가운데쯤에 나와서) 쉬이. (음악과 춤 멈춘다.) 양반 나오신다아! 양반이라고 하니까 <u>노론, 소론, 호조, 병조, 옥당을 다 지내고 삼정승, 육판서를 다 지낸 퇴로 재상으로 계신 양반인 줄 아지 마시오.</u> 개잘량이라는 '양' 자에 개다리소반이라는 '반' 자 쓰는 양반이 나오신단 말이오. → 양반을 조롱하고 풍자함. ①
_{관객의 집중을 유도하며 재담의 시작을 알림. ①   양반 가문에서 태어나 벼슬을 두루 다 거치고 늙어서 벼슬에서 물러난 재상}

양반들 야아, 이놈, 뭐야아! → 말뚝이에 대한 양반의 호통 ①

말뚝이 아, 이 양반들, 어찌 듣는지 모르갔소. 노론, 소론, 호조, 병조, 옥당을 다 지내고 삼정승, 육판서 다 지내고 퇴로 재상으로 계신 이 생원네 삼 형제분이 나오신다고 그리하였소. → 양반의 호통에 대한 말뚝이의 변명 ①
_{예전에, 나이 많은 선비를 대접하여 이르던 말}

양반들 (합창) 이 생원이라네. (굿거리장단으로 모두 춤을 춘다. 도령은 때때로 형들의 면상을 치며 논다. 끝까지 그런 행동을 한다.)
_{양반과 말뚝이의 일시적 화해 ①}

말뚝이 쉬이. (반주 그친다.) 여보, <u>구경하시는 양반들,</u> 말씀 좀 들어 보시오. 짤따란 곰방대로 잡숫지 말고 저 연죽전으로 가서 돈이 없으면 내게 기별이래도 해서 양칠간죽 자문죽을 한 발가옷씩 되는 것을 사다가 육모깍지 희자죽, 오동수복 연변죽을 이리저리 맞추어 가지고 저 재령 나무리 거이 낚시 걸듯 죽 걸어 놓고 잡수시오. ↴
_{새로운 재담의 시작을 알림. ②   배우가 관객에게 직접 말을 함.   재령 나무리에서 게를 낚을 때 낚싯대를 줄줄이 걸어 놓은 것처럼   양반을 조롱하고 풍자함. ②}

▲ 양반춤 공연 장면, 말뚝이와 양반 삼 형제 모습

(사진 속 라벨: 관, 복건, 창옷, 쾌자, 말뚝이, 샌님, 서방님, 도련님)

어휘 풀이

◆ **벙거지**: 주로 병졸이나 하인이 쓰던 모자.

◆ **굿거리장단**: 풍물놀이에 쓰이는 느린 4박자의 장단. 보통 행진곡과 춤의 반주에 씀.

◆ **창옷**: 두루마기와 비슷한 웃옷.

◆ **관**: 검은 머리카락이나 말총으로 엮어 만든 쓰개.

◆ **쾌자**: 소매가 없고 등솔 기가 허리까지 트인 겉옷.

◆ **복건**: 선비들이 도포에 갖추어서 머리에 쓰던 것.

◆ **언청이**: 입술갈림증이 있 어서 윗입술이 세로로 찢 어진 사람을 낮잡아 이르 는 말.

◆ **개잘량**: 개의 가죽으로 만든 방석.

◆ **연죽전**: 담뱃대를 파는 가게.

◆ **양칠간죽 자문죽, 육모깍 지 희자죽, 오동수복 연변 죽**: 빛깔·모양·재료가 다른 여러 종류의 담뱃대.

◆ **한 발가옷**: 한 발하고도 반의 길이. 한 발은 두 팔 을 양옆으로 펴서 벌렸을 때 한쪽 손끝에서 다른 쪽 손끝까지의 길이.

◆ **나무리**: 재령에 있는 평 야 이름.

◆ **거이**: '게'의 방언.

◆ **훤화**: 시끄럽게 지껄이며 떠듦.

◆ **오음 육률**: 옛날 중국 음 악의 다섯 가지 소리와 여섯 가지 가락.

◆ **홀뚜기**: 버드나무 가지의 껍질로 만든 피리.

◆ **일조식하다**: 아침 일찍 식사하다.

◆ **법덕**: 프랑스와 독일을 아울러 이르던 말.

◆ **운자**: 한시에서 각 구의 끝을 맞춘 글자.

양반들 뭐야아! → 말뚝이에 대한 양반의 호통 ②

말뚝이 아, 이 양반들, 어찌 듣소. 양반 나오시는데 담배와 훤화를 금하라고 그리하였소. → 양반의 호통에 대한 말뚝이의 변명 ②

양반들 (합창) 훤화를 금하였다네. (굿거리장단으로 모두 춤을 춘다.)
관객의 집중을 유도하며 재담의 시작을 알림. ③   양반과 말뚝이의 일시적 화해 ②

말뚝이 쉬이. (춤과 반주 그친다.) 여보, 악공들 말씀 들으시오. 오음 육률 다 버리고 저 버드나무 홀뚜기 뽑아다 불고 바가지장단 좀 쳐 주오. → 양반을 조롱하고 풍자함. ③
배우가 악공에게 직접 말을 함.   양반의 권위에 어울리지 않는 악기와 장단

양반들 야아, 이놈, 뭐야! → 말뚝이에 대한 양반의 호통 ③

말뚝이 아, 이 양반들, 어찌 듣소. 용두 해금(奚琴), 북, 장고, 피리, 젓대 한 가락도 뽑지 말고 건건드러지게 치라고 그리하였소. → 양반의 호통에 대한 말뚝이의 변명 ③
용머리가 새겨진 해금   대금

양반들 (합창) 건건드러지게 치라네. (굿거리장단으로 춤을 춘다.)
양반과 말뚝이의 일시적 화해 ③

생원 쉬이. (춤과 장단 그친다.) 말뚝아. → 양반이 재담을 시작함.
관객의 집중을 유도하며 재담의 시작을 알림. ④

말뚝이 예에.

생원 이놈, 너도 양반을 모시지 않고 어디로 그리 다니느냐?

말뚝이 예에. 양반을 찾으려고 찬밥 국 말어 일조식하고, 마구간에 들어가 노새 원님을 끌어다가 등에 솔질을 솰솰하여 말뚝이님 내가 타고 서양 영미, 법덕, 동양 3국 무른 메주 밟듯 하고, 동은 여울이요, 서는 구월이라, 동여울 서구월 남드리 북향산 방방곡곡 면면촌촌이, 바위 틈틈이 모래 쨈쨈이, 참나무 결결이 다 찾아다녀도 샌님 비뚝한 놈도 없습디다.
직유법. 아무런 어려움 없이 두루 쉽게 돌아다님을 비유적으로 이르는 말
대구, 열거, 과장, 동음 반복에 의한 표현   비슷한

〈중략〉

생원 쉬이. (음악과 춤을 멈춘다.) 여보게, 동생. 우리가 본시 양반이라, 이런 데 가만히 있자니 갑갑도 하네. *우리 시조(時調) 한 수씩 불러 보세.

서방 형님, 그거 좋은 말씀입니다.

양반들 (시조를 읊는다.) "……반 남아 늙었으니 다시 젊지는 못하리라……." 하하. (하고 웃는다. 양반 시조 다음에 말뚝이가 자청하여 소리를 한다.)
늙음을 한탄하는 시조   스스로 나서서

말뚝이 "낙양성 십리허에, 높고 낮은 저 무덤에……."
인생무상을 노래한 민요

생원 다음은 글이나 한 수씩 지어 보세.

서방 그럼 형님이 먼저 지어 보시오.

생원 그러면 동생이 운자를 내게.
한시에서 운으로 다는 글자

구절 풀이

* **동은 여울이요, ~ 놈도 없습디다.**: 대구, 열거, 과장, 동음 반복에 의해 리듬감을 잘 살린 표현으로 우리말의 묘미가 잘 드러남.

* **우리 시조 ~ 불러 보세.**: 모여서 시조를 읊는 것은 양반 문화 중 하나임. 따라서 시조를 읊자고 하는 것은 양반으로서의 자신들의 유식함을 과시하려고 하는 행동이지만 스스로의 무식함을 폭로하는 결과가 됨.

서방 네, 제가 한번 내 드리겠습니다. '산' 자, '영' 잡니다.

생원 아, 그것 어렵다. 여보게, 동생. 되고 안 되고 내가 부를 터이니 들어 보게. (영시조로) _{한시를 읊는 어조로} "울룩줄룩 작대산하니, 황천풍산에 동선령이라."
_{별 뜻이 없이 운자만 맞춘 의미 없는 문장}

서방 하하. (형제, 같이 웃는다.) 거 형님, 잘 지었습니다.

생원 동생 한 귀 지어 보세.
_{구(句)}

서방 그럼 형님이 운자를 하나 내십시오.

생원 '총' 자, '못' 잘세.

서방 아, 그 운자 벽자로군. (한참 끙끙거리다가) 형님, 한마디 들어 보십시오. (영시조로) "짚세기 앞총은 헝겊총 하니, 나막신 뒤축에 거멀못이라."
_{별 뜻이 없이 운자만 맞춘 의미 없는 문장}

∞ 전체 줄거리 엿보기

발단	전개 1	전개 2	전환	결말
[인물의 등장과 소개] 벙거지를 쓰고 채찍을 든 말뚝이가 비정상적인 모습을 한 양반 삼 형제를 인도하여 등장함.	[말뚝이의 재담] 말뚝이가 양반을 소개하고 담배와 훤화를 금하라고 하는 등의 재담을 통해 양반을 조롱함.	[양반들의 허세 폭로] 시조 읊기, 한시 짓기, 파자 놀이 등을 통해 양반의 무식함을 드러냄.	[취발이 잡아들이기] 취발이를 잡아들이라는 양반들의 명령에 따라 취발이를 잡아들이고 심문함.	[등장인물의 퇴장] 등장인물들이 일제히 어울려 춤을 추다가 퇴장함.

본문 수록 부분

📖 **지식 플러스** 「봉산 탈춤」의 전체 구성과 특징

황해도 봉산 지역에 전해지는 탈춤으로, 제1과장 '사상좌춤', 제2과장 '팔목중춤', 제3과장 '사당춤', 제4과장 '노장춤', 제5과장 '사자춤', 제6과장 '양반춤', 제7과장 '미얄춤' 등 전체 일곱 개의 과장으로 짜여 있다. 각 과장에는 말뚝이, 취발이, 노장, 소무, 미얄 등 뚜렷한 개성을 지닌 인물이 등장하여 극을 진행하면서 조선 후기의 생활상을 생생하게 보여 준다.

본문에 부록된 제6과장 '양반춤'은 하인인 말뚝이가 양반들을 희롱하는 내용을 담고 있다. 겉으로는 양반들이 위엄을 차리고 말뚝이를 꾸짖지만 실제로 양반들은 말뚝이에게 거듭 속아 넘어간다. 양반 신분인 생원, 서방, 도령은 양반의 체통과는 거리가 먼 행동을 하는데, 이를 통해 그들의 무식함이 낱낱이 폭로된다. 표현 면에서는 서민들의 비속한 일상어를 사용하여 익살과 과장된 표현, 언어유희 등을 보여 주어 웃음을 유발하고 있다. 또한 어리석고 부패한 양반층을 직접 비판하거나 우회적으로 풍자함으로써 지배 계층에 대한 서민들의 비판 정신을 드러내고 있다. 이처럼 「봉산 탈춤」은 양반과 파계승에 대한 풍자, 남성의 부당한 횡포에 대한 비판, 서민 생활의 애환 등을 주로 다루어 조선 후기의 현실과 서민 문학의 특징을 잘 보여 준다.

독해 포인트

1. 등장인물

말뚝이	양반을 모시는 하인으로 극을 이끌어 가는 인물. 겉으로는 양반들에게 복종하는 듯하지만 양반을 (❶)하며 양반들에게 저항함. 벙거지, 채찍을 통해 신분이 (❷)임을 나타냄.
양반 삼 형제	신체적 결함이 있는 외양과 어색한 행동을 통해 (❸)와 조롱의 대상이 되는 인물. 부채, 장죽을 통해 양반의 권위를 표현함.

2. 전통극의 특성

• 인물의 개성을 탈을 사용하여 표현함.

(❹)	• 인물의 특성을 과장되게 표현하여 등장인물의 신분이나 성격을 드러냄. • 신분을 감추어 지배 계급에 대한 풍자와 비판을 자유롭게 표현함.

• 무대와 객석, 배우와 관객이 엄격하게 구분되지 않음.

(❺)	양반에 대한 말뚝이의 조롱에 맞장구를 치며 극 중 현실에 적극적으로 참여하고 개입함.
악공	놀이판의 배경 음악을 제공하고 장단을 맞추며 때때로 등장인물의 물음에 대답을 하기도 하며 극에 능동적으로 개입함.

3. 인물 간의 갈등 및 재담의 구조

• **재담의 시작**: 쉬이   • **재담의 끝**: 굿거리장단으로 함께 춤을 춤.
• **재담의 내용**

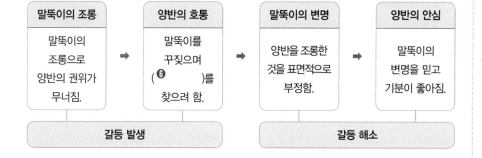

말뚝이의 조롱	→	양반의 호통	→	말뚝이의 변명	→	양반의 안심
말뚝이의 조롱으로 양반의 권위가 무너짐.		말뚝이를 꾸짖으며 (❻)를 찾으려 함.		양반을 조롱한 것을 표면적으로 부정함.		말뚝이의 변명을 믿고 기분이 좋아짐.

갈등 발생	갈등 해소

4. 표현 방식

• (❼   ), 열거, 대구, 익살, 과장 등을 통하여 양반을 풍자하고 비판함.
• 서민 계층의 언어와 양반 계층의 언어를 함께 사용하여 극을 진행함.
• 재담의 구조가 반복되며, 재담마다 한데 어울려 추는 춤과 (❽   )으로 긴장과 갈등이 해소됨.

5. 주제

• 양반들의 비정상적인 외양, 말뚝이의 조롱 등을 통해 양반들의 (❾   )과 허세를 비판함.

❶ 조롱 ❷ 마부 ❸ 풍자 ❹ 탈 ❺ 관객 ❻ 권위 ❼ 언어유희 ❽ 음악 ❾ 위선

01~04 다음 글을 읽고 물음에 답하시오.

■ 문제 해결 포인트

❶ 다른 문학 장르와 다른 극의 특징은 무엇인가요?

❷ 등장인물의 상황을 파악해 보세요.

❸ 홍연과 수하의 갈등이 발생한 이유는 무엇인가요?

❹ 엘피판과 홍연의 일기장은 사건 진행 과정에서 어떤 역할을 하고 있나요?

[앞부분의 줄거리] 강원도 산골 마을에 사는 열일곱 살의 소녀 홍연은 늦깎이 초등학생이다. 어느 날 홍연이 다니는 초등학교에 사범학교를 갓 졸업한 수하가 부임하는데, 아이들에 대한 깊은 애정으로 열정 어린 가르침을 펼치는 수하를 홍연이 짝사랑하게 된다. 홍연은 수하를 보기 위해 수업이 끝난 뒤에도 교실 주변을 맴돌고, 일기장에 수줍은 고백의 글을 쓴다. 홍연의 일기장을 통해 수하는 자신에 대한 홍연의 마음을 얼핏 느끼지만 그의 관심은 양은희 선생에게만 쏠린다.

S# 54 복도(오후)

콧노래를 흥얼대며 엘피판 들고 건들건들 복도를 걸어가는 수하. 고개 숙여 인사하는 아이들의 머리를 쓰다듬어 주며 교무실을 향해 가고 있다. 문득 수하의 눈에 교실 창틀 밖으로 불쑥 드리워진 한 여학생의 맨살의 팔뚝이 들어온다. 유리 대신 창호지가 발린 창문인지라 팔뚝의 임자가 누군지 알 수 없지만, 장난기가 동한 수하. ⓐ살금살금 다가가 그 팔의 맨살을 살짝 꼬집고 몸을 숨기듯 후닥닥 창문에 딱 붙어선다. "아!" 하는 외침과 함께 깜짝 놀란 팔뚝의 임자가 창밖으로 불쑥 고개를 내미는데 뜻밖에도 '윤홍연'이다. 예기치 않은 상황에 뒷덜미가 화끈해지는 수하. 시선이 마주친 홍연, 얼굴이 홍당무처럼 빨개지며 히힉 웃는다. 잔뜩 호기심 어린 얼굴로 홍연과 수하를 번갈아 쳐다보는 아이들. 멋쩍은 얼굴로 한번 싱긋 웃고는 슬그머니 줄행랑치는 수하. 뒤에서 수군대며 킥킥대는 아이들의 소리에 뒤꼭지가 간지럽다.

S# 55 산길(석양 녘)

ⓑ"야호—" 메아리도 부르고, 빙글빙글 돌기도 하며 산길을 마구 달리는 홍연.

S# 57 수하 하숙방(휴일 한낮)

수하, 은희가 준 ⓐ엘피 음반을 정성껏 닦아 전축에 걸고 두 눈 지그시 감고 감상한다. 자기 기분에 빠져 몸을 흔들다가 수북이 쌓인 반 아이들의 일기장 더미를 무너뜨린다. 수하, 일기장을 다시 쌓다가 문득 손에 쥐어지는 홍연의 일기장. 수하, 문득 흥미를 느끼고 읽기 시작하는데, 낯을 붉히다, 헛웃음을 웃다가 미묘한 표정.

홍연(내레이션)   ……오늘 선생님이 내 팔을 살짝 꼬집었다. 나는 너무나 뜻밖의 일에 얼굴이 홍당무처럼 붉어졌고, 어쩔 줄을 몰랐다. 집에 돌아오면서도 난 기분이 이상하고 또 이상했다. 선생님이 왜 내 팔을 꼬집었을까? 그게 무슨 뜻일까? 나는 지금도 그 생각을 하며 잠을 이루지 못하고 있다.

S# 60 교정(늦은 오후)

일과가 끝나 적막한 교내. 홍연 홀로 느티나무에 사금파리로 사람 얼굴 모양을 파고 있다. 인기척에 놀라 손가락을 가볍게 베인 채 얼른 사금파리를 뒤로 감추고 돌아서는 홍연. 교사 뒤편에 세워 둔 자전거를 끌어내 세우던 수하, 홍연을 발견한다. 홍연, 수하를 향해 멋쩍게 고개 숙인다.

수하 (자전거에 오르며) 누구 기다리느냐?

홍연, 고개 숙인 채 땅바닥을 긁으며 섰다. 짐짓 무심한 얼굴로 자전거 페달을 밟아 홍연의 앞을 스쳐 지나가는 수하. ⓒ원망이 담긴 얼굴로 수하의 뒷모습을 지켜보는 홍연, 손가락을 입에 대고 피를 빤다.

S# 61 운동장(낮)

단상 위에서 시범을 보이는 양 선생과 수하를 따라 남녀 짝지어 왈츠를 배우는 홍연 등. ⓓ이마에 땀이 송송 밴 채 밝은 미소로 열심히 춤을 추는 은희와 수하의 달뜬 표정. 두 사람을 부러운 눈으로 쳐다보다 서투른 아이들에게 공연히 화풀이하는 조명구 선생. 꾀죄죄한 몽돌과 춤출 차례가 되면 손길이 닿지 않으려고 애쓰는 계집애들. 범수와 짝이 되어 춤추는 홍연의 눈길에 부러움과 질투의 빛이 뒤섞여 있다.

홍연(내레이션) 선생님, 그때 왜 제 팔을 살짝 꼬집었습니까? 오늘도 전 그때 그 일을 잊을 수가 없습니다. 학교에서 공부를 할 때도, 집에 돌아올 때도 자꾸 그것만 생각납니다. 선생님, 그 뜻이 무엇인지요? 왜 제 팔을 꼬집으셨는지 말씀해 주세요. 생각하고 또 생각해 봐도 그 뜻을 확실히 알 수가 없어요.

S# 62 홍연네 안방(밤)

홍연, 일기장을 편다. 일기장 끝에 또렷이 적혀 있는 수하의 연필 메모.
ⓔ누구 팔인 줄도 모르고 그저 장난으로 그랬을 뿐이다. 아무 뜻도 없단다.
곧 울음이라도 터질 듯한 얼굴을 하고 세차게 일기장을 덮는 홍연. 나란히 이부자리 속에 배 깔고 엎드려 어린이 잡지 《새벗》을 뒤적이는 남동생들 옆으로 파고 들어간다. 윗목에서 달달달 재봉틀을 돌리던 홍연 모 의아해 돌아보면, 이불을 머리까지 덮어쓰는 홍연. 잡지를 들척이던 홍일, 홍삼 중 하나가 방귀를 뀌자 서로 킥킥댄다. 홍연, 씩씩대며 세차게 발길질해 동생들을 이불 밖으로 모두 밀어낸다. 엎어진 채 방바닥으로 떠밀려 울음을 터뜨리는 홍일, 홍삼.

– 하근찬 원작, 이영재 각색, 「내 마음의 풍금」

01 윗글에 대한 설명으로 적절하지 <u>않은</u> 것은?

① 장면을 단위로 하여 사건을 전개하고 있다.
② 등장인물의 대화와 행동이 중심이 되고 있다.
③ 서술자가 등장하여 이야기를 이끌어 가고 있다.
④ 지시문을 통해 인물의 행동과 상황을 설명하고 있다.
⑤ 인물의 내면 심리가 인물의 행동을 통해 드러나고 있다.

02 인물 간의 관계로 볼 때, ㉠에 대한 설명으로 적절하지 <u>않은</u> 것은?

① 은희에 대한 수하의 관심을 보여 준다.
② 수하와 은희가 가까워지는 매개체이다.
③ 수하가 홍연에게 장난을 치는 계기가 된다.
④ 수하가 휴식 시간에 음악을 듣는 도구이다.
⑤ 은희가 수하의 고백을 받아들이는 의미로 준 것이다.

수능형

03 ⓐ~ⓔ에 대한 설명으로 적절하지 <u>않은</u> 것은?

① ⓐ: 수하가 자신에 대한 홍연의 귀여운 관심에 반응을 보인 장난이다.
② ⓑ: 수하의 장난이 자신에 대한 관심이라고 생각하여 기뻐하는 모습이다.
③ ⓒ: 자신을 무관심하게 대하는 수하를 원망하는 마음이 담겨 있다.
④ ⓓ: 홍연으로 하여금 부러움과 질투심을 느끼게 한다.
⑤ ⓔ: 홍연이 수하에게 기대하던 대답이 아니다.

04 윗글에서 수하를 향한 홍연의 관심과 사랑을 드러내는 소재를 찾아 쓰시오.

05~09 다음 글을 읽고 물음에 답하시오.

[앞부분의 줄거리] 깊은 산속 절에서 살고 있는 열네 살의 도념은 자기를 버리고 떠난 어머니를 애타
게 기다린다. 그의 생모는 여승이었으나 사냥꾼을 만나 파계를 하고 절을 떠난 것이다. 주지는 도념
에게 어머니를 기다리지 말라고 하지만 어린 도념은 어머니를 그리워한다. 그러던 차에 서울에서 온
젊은 미망인에게서 어머니의 정을 느끼는데, 아들을 잃고 슬픔에 빠져 있던 미망인 또한 도념을 양
자로 삼고자 한다. 도념이 어머니에게 목도리를 해 주려고 잡은 토끼 가죽을 발견한 주지는 살생을
금하는 계율을 어겼다며 도념의 입양을 허락하지 않는다.

도념   (미망인에게 매달리며) 어머니, 저를 데려가 주세요.
미망인   응, 염려 마라.
주지   염려 마라니요? 아씨는 그저 애를 데려가실 작정이십니까?
미망인   그럼은요.

친정 모 못 한다. 넌 애 하는 짓을 지금껏 두 눈으로 똑똑히 보구두 이러니?

미망인 어머니, 봤기에 더한층 데려가구 싶은 생각이 솟았어요. 얼마나 어머니를 그리워했으면 그런 짓을 다 했겠어요? 지금 이 애를 바른길루 이끌어 가려면, 내 사랑 속에서 키우는 것밖에 딴 도리가 없어요.

친정 모 얘는 전생에 제 부모의 죄를 받구 태어났기 때문에, 아무리 구하려구 해두 구할 수가 없단다. 홍역 마마하듯 이렇게 피하지 못할 죄가 하나씩 둘씩 발생하지 않니? 얘보담, 우리 인철이 영혼 축원할 도리나 걱정해라.

미망인 인철인 기왕 죽은 애니까 재를 다시 지내면 그만 아니에요?

친정 모 얘가 토끼 목도리를 존상 뒤에다 감춰만 뒀다면 모를까, 젊은 별좌(別坐) 얘길 들으니까 어젯밤에 떡 그 더러운 것을 관세음보살님 목에다 걸어 놓구 물끄러미 바라다보구 있었다는구나.

미망인 (울며 미친 듯이) 어머니, 난 애당초에 생각이나마 안 먹었으면 모를까, 한번 먹어 놓은 것이라 잃구는 살 수가 없어요, 애 없이는 살 수가 없어요.

주지 아씨께서 진정으로 애를 사랑하신다면, 눈앞에 두구 노리개를 삼으실려구 하시지 말구 애 매디매디에 사무쳐 있는 전생의 죄 속에서 영혼을 구하게 이 절에 둬 주십시요. 자기 한 몸의 죄만 아니라 제 아비 제 어미 죄두 씻어야 할 테니까 얘는 여간한 공덕을 쌓기 전에는 저승에 가서 무서운 지옥을 면치 못하게 될 것입니다.

도념 스님, 죽어서 지옥에 가더래두 난 내려가겠어요. 찾아오는 사람을 막지 않구 떠나는 사람을 붙들지 않는 것이 우리 절 주의라구 늘 말씀하시지 않으셨습니까?

주지 (열화같이 노하며) 수다스러, 한번 못 간다면 못 가는 줄 알어라. (미망인을 보고 선언하듯) 아씨께서 서방님을 잃으시고 외아들마저 잃으신 것두 다 전생에 죄가 많으셨던 탓입니다. 아씨 죄두 미처 벗지 못하시구 이 죗덩이를 데려다가 어떻게 하실려구 이러십니까? 두 번 다시 이 이야기를 꺼내시려거든 다신 이 절에 오시지 마십시오.

　주지, 뒤도 안 돌아보고 원내로 들어간다. 친정 모도 뒤따른다. 미망인, 주지의 말에 찔리어 전신을 부르르 떤다. 염하다 놓친 사람 모양으로 털벅 나뭇등걸에 주저앉아 운다.

도념 어머니, 이대루 그냥 도망이라두 가시지요.

미망인 그렇게는 못 한다. 넌 이 절에 남아서 스님의 말씀 잘 듣구 있어야 한다.

도념 촛불만 깜박깜박하는 법당을 또 어떻게 혼자 지켜요? 궂은비가 줄줄 내리는 밤이나 부엉이가 우는 새벽엔 무서워 죽겠어요.

미망인 너한테는 그게 숙명이니까 내 힘으로는 어떻게 할 도리가 없구나.

　미망인, 도념을 누구에게 빼앗길 듯이 세차게 안고 운다. 정심, 산문에서 나온다.

정심 도념아, 빨리 종 쳐라.

도념 (눈물을 닦고) 네.

　정심, 산문 앞의 등잔에 불을 켜고 다시 원내로 들어간다.

미망인 내가 원체 죄가 많은 년이니까 너를 데리고 갔다가 너한테까지 무슨 화가 끼칠지, 난 그게 무서워졌다. 어서 들어가자. 그 대신 내가 한 달에 한 번씩 보름날 달 밝은 밤엔 꼭 널 보러 오마.

　　미망인, 우는 도념을 달래 가지고 원내로 들어간다. ⓐ주위는 차츰차츰 어두워진다. 이윽고 ⓑ범종 소리 들려온다. 멀리 산울림. 초부, 나무를 안고 나와 지게에 얹고, 담배를 한 대 피운다. 흩날리는 초설을 머리에 받은 채 슬픈 듯한 표정으로 종소리를 듣는다. 사이. 이윽고 종소리 그친다. ⓒ도념, 고깔을 쓰고 바랑을 걸머지고, 깽매기를 들고나온다.

초부 (지게를 지고 일어서며) 지금 그 종 네가 쳤니?
도념 그럼은요. 언제 내가 안 치구 다른 이가 쳤나요?
초부 밤낮 나무해 가지구 비탈 내려가면서 듣는 소리지만 오늘은 왜 그런지 유난히 슬프구나. (일어서다가 도념의 옷차림을 발견하고) 아니, 너 갑자기 바랑은 왜 걸머지고 나오니?
도념 이번 가면 다시 안 올지 몰라요. / **초부** 왜? 스님이 동냥 나가라구 하시든?
도념 아, 아니요. 몰래 나가려구 해요.
초부 이렇게 눈이 오는데 잘 데두 없을 텐데, 어딜 간다구 이러니? 응, 갈 곳이나 있니? / **도념** 조선 팔도 다 돌아다닐 걸요 뭐.
초부 하 애, 그런 생각 말구, 어서 가서 스님 말씀 잘 듣구 있거라.
도념 벌써 언제부터 나가려구 별렀는데요? 그렇지만 스님을 속이고 몰래 도망가기가 차마 발이 떨어지지 않아서 못 갔어요.
초부 어머니 아버질 찾기나 했으면 좋겠지만 찾지두 못하면 다시 돌아올 수도 없구, 거지밖에 될 게 없을 텐데, 잘 생각해서 해라.
도념 꼭 찾을 거예요. 내가 동냥 달라구 하니까 방문 열구 웬 부인이 쌀을 퍼 주며 나를 한참 바라보구 있더니 별안간 "도념아, 내 아들아, 이게 웬일이냐." 하구 맨발바닥으로 뛰어 내려오던 ㉠꿈을 여러 번 꾸었어요.
초부 가려거든 빨리 가자. 퍽퍽 쏟아지기 전에. 이 길루 갈 테니?
도념 비탈길루 가겠어요.
초부 그럼 잘 ― 가라. 난 이 길루 가겠다.
도념 네, 안녕히 가세요.

　　초부, 나무를 지고 내려간다. 도념, 두어 걸음 나갈 때 ⓓ법당에서의 주지의 독경 소리. 발을 멈추고 생각난 듯이 바랑에서 표주박을 꺼내 잣을 한 웅큼 담아서 산문 앞에 놓는다.

도념 (무릎을 꿇고) 스님, 이 잣은 다람쥐가 겨울에 먹으려구 등걸 구멍에다 모아 둔 것을 제가 아침이면 몰래 꺼내 뒀었어요. 어머니 오시면 드리려구요. 동지섣달 긴긴 밤 잠이 안 오시어 심심하실 때 깨무십시오. (산문에 절을 한 후) 스님, 안녕히 계십시오.

　　멀리 동리를 내려다보고 길게 한숨을 쉰다. 정숙. 원내에서는 목탁과 주지의 염불 소리만 청청히 들릴 뿐, ⓔ눈은 점점 펑펑 내리기 시작한다. 도념, 산문을 돌아다보며 돌아다보며 비탈길을 내려간다.

　　　　　　　　　　― 막 ―

　　　　　　　　　　　　　　　　　　　　　　　　― 함세덕, 「동승」

05 윗글에 대한 설명으로 적절하지 <u>않은</u> 것은?

① 대사와 행동을 통해 인물의 심리를 섬세하게 표현하고 있다.

② 인간적인 정서와 운명론적인 가치관의 대립을 그리고 있다.

③ 대사를 통해 인물의 과거 삶에 대한 정보를 전달하고 있다.

④ 상징적인 소재를 활용하여 시간의 흐름을 나타내고 있다.

⑤ 일상적인 대화체로 내용을 현실감 있게 전개하고 있다.

> 시간과 관련된 소재를 찾아봐. '범종'은 '절에서 시간을 알리기 위해 치는 종'이야.

06 윗글의 등장인물에 대한 설명으로 적절하지 <u>않은</u> 것은?

① 도념은 절을 떠나려는 마음을 버리지 않고 있었다.

② 초부는 속세로 가려는 도념의 뜻을 존중하고 보내 준다.

③ 친정 모는 도념의 인간 됨됨이를 문제 삼아 주지와 같은 입장을 보이고 있다.

④ 주지는 도념을 절에 두는 것이 도념을 위한 것이라며 미망인을 설득하고 있다.

⑤ 미망인은 도념을 자신의 사랑 속에서 키워야 한다는 생각을 끝내 바꾸지 않고 있다.

07 ㉠에서 알 수 있는 인물의 심리로 가장 적절한 것은?

① 속세에서 살아갈 일에 대한 걱정

② 절에 오지 않는 어머니에 대한 원망

③ 미망인을 따라가지 못하게 된 아쉬움

④ 헤어진 어머니에 대한 간절한 그리움

⑤ 어머니가 돌아가셨을지도 모른다는 두려움

08 윗글에서 주지에 대한 도념의 마음을 드러내는 소재를 찾아 쓰시오.

수능형

09 희곡의 특성을 고려할 때, ⓐ~ⓔ에 대한 설명으로 적절하지 <u>않은</u> 것은?

① ⓐ: 시간적 배경이 변하고 있음을 나타낸다.

② ⓑ: 음향 효과를 통해 공간적 배경을 드러낸다.

③ ⓒ: 의상과 소품을 통해 인물에게 새로운 사건이 일어나고 있음을 드러낸다.

④ ⓓ: 인물의 목소리를 통해 등장인물의 행동에 변화를 일으키게 한다.

⑤ ⓔ: 눈이 내리는 낭만적인 풍경을 통해 인물의 행복한 결말을 암시한다.

> **유사한 수능 문제 형식**
> • ⓐ~ⓔ를 통해 알 수 있는 사실로 보기 <u>어려운</u> 것은?
> • ⓐ~ⓔ에서 작가가 의도한 효과를 파악한 것으로 적절하지 <u>않은</u> 것은?

10~13 다음 글을 읽고 물음에 답하시오.

제 6 과장 양반춤

말뚝이 (ⓐ벙거지를 쓰고 채찍을 들었다. 굿거리장단에 맞추어 양반 삼 형제를 인도하여 등장)

양반 삼 형제 말뚝이 뒤를 따라 굿거리장단에 맞추어 점잔을 피우나, 어색하게 춤을 추며 등장. 양반 3형제 맏이는 샌님, 둘째는 서방님, 끝은 도련님이다. 샌님과 서방님은 흰 창옷에 관을 썼다. 도련님은 남색 쾌자에 복건을 썼다. 샌님과 서방님은 언청이이며(샌님은 언청이 두 줄, 서방님은 한 줄이다.), 부채와 장죽을 가지고 있고, 도련님은 입이 삐뚤어졌고, 부채만 가졌다. 도련님은 일절 대사는 없으며, ⓑ형들과 동작을 같이하면서 형들의 면상을 부채로 때리며 방정맞게 군다.

말뚝이 (가운데쯤에 나와서) ⓒ쉬이. (음악과 춤 멈춘다.) 양반 나오신다아! 양반이라고 하니까 노론, 소론, 호조, 병조, 옥당을 다 지내고 삼정승, 육판서를 다 지낸 퇴로 재상으로 계신 양반인 줄 아지 마시오. 개잘량이라는 '양' 자에 개다리소반이라는 '반' 자 쓰는 양반이 나오신단 말이오.

양반들 ⓓ야아, 이놈, 뭐야아!

말뚝이 아, 이 양반들, 어찌 듣는지 모르갔소. 노론, 소론, 호조, 병조, 옥당을 다 지내고 삼정승, 육판서 다 지내고 퇴로 재상으로 계신 이 생원네 삼 형제분이 나오신다고 그리하였소.

양반들 (합창) 이 생원이라네. (ⓔ굿거리장단으로 모두 춤을 춘다. 도령은 때때로 형들의 면상을 치며 논다. 끝까지 그런 행동을 한다.)

말뚝이 쉬이. (반주 그친다.) 여보, 구경하시는 양반들, 말씀 좀 들어 보시오. 짤따란 곰방대로 잡숫지 말고 저 연죽전으로 가서 돈이 없으면 내게 기별이래도 해서 양칠간죽 자문죽을 한 발가옷씩 되는 것을 사다가 육모깍지 희자죽, 오동수복 연변죽을 이리저리 맞추어 가지고 저 재령 나무리 거이 낚시 걸듯 죽 걸어 놓고 잡수시오.

양반들 뭐야아!

말뚝이 아, 이 양반들, 어찌 듣소. 양반 나오시는데 담배와 훤화를 금하라고 그리하였소.

양반들 (합창) 훤화를 금하였다네. (굿거리장단으로 모두 춤을 춘다.)

말뚝이 쉬이. (춤과 반주 그친다.) 여보, 악공들 말씀 들으시오. 오음 육률 다 버리고 저 버드나무 홀뚜기 뽑아다 불고 바가지장단 좀 쳐 주오.

양반들 야아, 이놈, 뭐야!

말뚝이 아, 이 양반들, 어찌 듣소. 용두 해금(奚琴), 북, 장고, 피리, 젓대 한 가락도 뽑지 말고 건건드러지게 치라고 그리하였소.

양반들 (합창) 건건드러지게 치라네. (굿거리장단으로 춤을 춘다.)

생 원 쉬이. (춤과 장단 그친다.) 말뚝아.

말뚝이 예에.

생 원 이놈, 너도 양반을 모시지 않고 어디로 그리 다니느냐?

말뚝이 예에. 양반을 찾으려고 찬밥 국 말어 일조식하고, 마구간에 들어가 노새 원

님을 끌어다가 등에 솔질을 솰솰하여 말뚝이님 내가 타고 서양 영미, 법덕, 동양 3국 무른 메주 밟듯 하고, 동은 여울이요, 서는 구월이라, 동여울 서구월 남드리 북향산 방방곡곡 면면촌촌이, 바위 틈틈이 모래 쨈쨈이, 참나무 결결이 다 찾아다녀도 샌님 비뚝한 놈도 없습디다.

– 작자 미상, 「봉산 탈춤」

10 윗글에 대한 설명으로 적절하지 <u>않은</u> 것은?

① 유사한 재담 구조가 반복적으로 나타난다.

② 등장인물과 관객 사이의 거리가 매우 가깝다.

③ 등장인물이 악공에게 직접 말을 건네기도 한다.

④ 탈을 통해 인물의 특징을 사실적으로 드러낸다.

⑤ 서민적인 말과 양반 계층의 언어가 함께 나타난다.

> 재담은 탈춤이나 판소리 등의 공연에서 관중의 흥미를 돋우기 위해 사용하는 재치 있는 말을 의미해.

11 윗글을 통해 알 수 있는 시대 상황으로 적절하지 <u>않은</u> 것은?

① 백성들에 군림하는 무능한 양반들이 많았다.

② 양반들이 서민 계층에게 존경의 대상이 되지 못했다.

③ 신분 질서의 위력과 양반의 권위가 여전히 남아 있었다.

④ 일상에서 표출하기 어려운 사회 문제를 탈춤을 통해 드러낼 수 있었다.

⑤ 양반을 조롱하면서 그들의 권위에 정면으로 도전하는 서민층이 많았다.

`수능형`

12 윗글을 공연할 때 유의해야 할 사항으로 적절하지 <u>않은</u> 것은?

① 양반 삼 형제는 말뚝이의 뒤를 따라 점잔을 빼며 등장해야 한다.

② 말뚝이는 양반들 앞에서 당당하고 자신감 있는 태도로 연기해야 한다.

③ 도련님은 방정맞은 느낌이 들도록 가벼우면서도 까부는 듯이 연기해야 한다.

④ 무대 장치 담당자는 극의 사실감이 잘 나타날 수 있도록 무대를 꾸며야 한다.

⑤ 소품 담당자는 인물의 신분과 성격이 잘 드러날 수 있게 탈과 복장을 준비해야 한다.

> **유사한 수능 문제 형식**
> • 윗글에 대한 설명으로 적절하지 <u>않은</u> 것은?
> • 위와 같은 글을 읽을 때 유의할 점을 지적한 것으로 적절하지 <u>않은</u> 것은?

13 ⓐ～ⓔ에 대한 설명으로 적절하지 <u>않은</u> 것은?

① ⓐ: 말뚝이의 신분을 짐작할 수 있다.

② ⓑ: 양반으로서의 자신감을 드러내는 행동이다.

③ ⓒ: 관객의 주의와 시선을 집중시키는 역할을 한다.

④ ⓓ: 양반의 권위와 위엄을 찾기 위한 대사이다.

⑤ ⓔ: 흥겨운 분위기를 조성하여 관객의 흥미를 유발한다.

마무리 정리하기

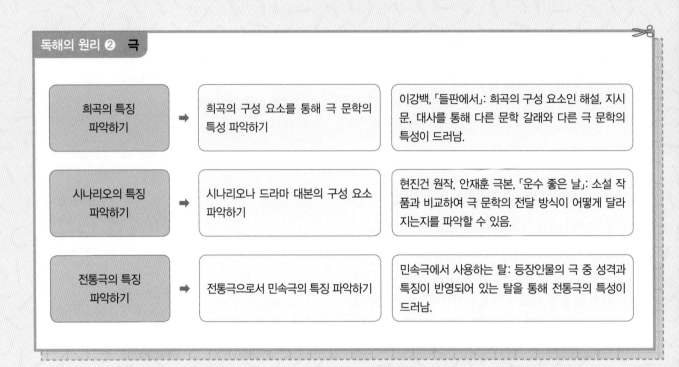

독해의 원리 ❷ 극

희곡의 특징 파악하기	➡	희곡의 구성 요소를 통해 극 문학의 특성 파악하기	이강백, 「들판에서」: 희곡의 구성 요소인 해설, 지시문, 대사를 통해 다른 문학 갈래와 다른 극 문학의 특성이 드러남.
시나리오의 특징 파악하기	➡	시나리오나 드라마 대본의 구성 요소 파악하기	현진건 원작, 안재훈 극본, 「운수 좋은 날」: 소설 작품과 비교하여 극 문학의 전달 방식이 어떻게 달라지는지를 파악할 수 있음.
전통극의 특징 파악하기	➡	전통극으로서 민속극의 특징 파악하기	민속극에서 사용하는 탈: 등장인물의 극 중 성격과 특징이 반영되어 있는 탈을 통해 전통극의 특성이 드러남.

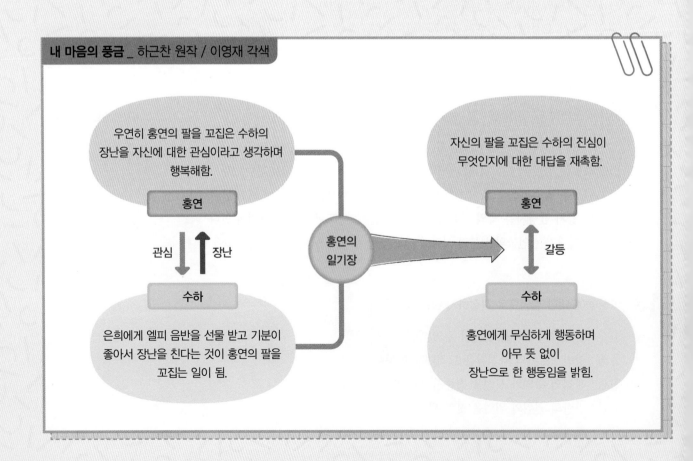

내 마음의 풍금 _ 하근찬 원작 / 이영재 각색

홍연: 우연히 홍연의 팔을 꼬집은 수하의 장난을 자신에 대한 관심이라고 생각하며 행복해함.

관심 ⬇ ⬆ 장난

수하: 은희에게 엘피 음반을 선물 받고 기분이 좋아서 장난을 친다는 것이 홍연의 팔을 꼬집는 일이 됨.

홍연의 일기장

홍연: 자신의 팔을 꼬집은 수하의 진심이 무엇인지에 대한 대답을 재촉함.

갈등 ⬍

수하: 홍연에게 무심하게 행동하며 아무 뜻 없이 장난으로 한 행동임을 밝힘.

동승 _ 함세덕

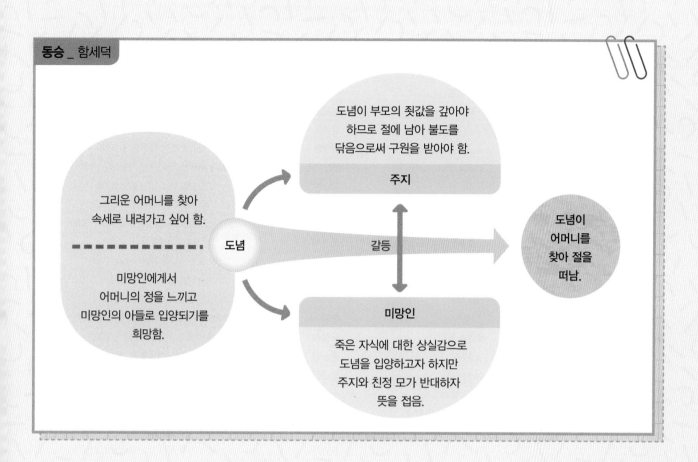

봉산 탈춤 _ 작자 미상

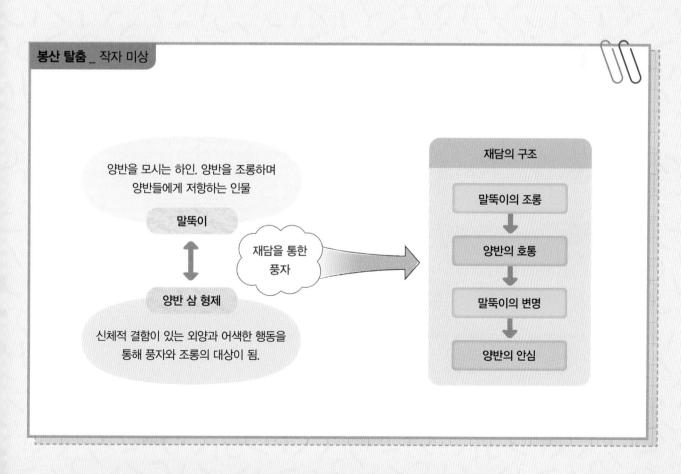

출처

단원명	쪽수	제재명	저자	출처
I 현대시 · 고전 시가	10	나는 바퀴를 보면 굴리고 싶어진다	황동규	『나는 바퀴를 보면 굴리고 싶어진다』(민음사, 1994)
	11	봄길	정호승	『사랑하다가 죽어버려라』(창비_1997)
	12	묵화	김종삼	권명옥 엮음, 『김종삼 전집』(나남출판, 2005)
	14, 20	엄마 걱정	기형도	『입 속의 검은 잎』(문학과지성사, 1989)
	16, 22	고향	정지용	유종호 엮음, 『향수』(민음사, 2016)
	30, 36	돌담에 속삭이는 햇발	김영랑	『김영랑 시집』(범우사, 1985)
	32, 38	풀	김수영	『김수영 전집 1』(민음사, 2018)
	34, 40	제망매가	김완진 역주	『향가 해독법 연구』(서울대출판부, 1980)
	44	눈	김수영	『김수영 전집 1』(민음사, 2018)
	46, 52	봄	이성부	『우리들의 양식』(민음사, 2006)
	48, 54	떨어져도 튀는 공처럼	정현종	『떨어져도 튀는 공처럼』(문학과지성사, 2019)
II 현대 소설 · 고전 소설	81	토지	박경리	『토지』(나남출판사, 2002)
	81	비 오는 날	손창섭	『비 오는 날』(문학과지성사, 2005)
	82, 90	장마	윤흥길	『장마』(민음사, 2005)
	100	돌다리	이태준	『돌다리』(열림원, 2007)
	102, 110	고무신	오영수	『오영수 단편집』(지식을만드는지식, 2012)
	120	유년의 뜰	오정희	『유년의 뜰』(문학과지성사, 2001)
	121	소나기	황순원	『소나기』(가교출판, 2012)
	140	수난 이대	하근찬	『하근찬 선집』(현대문학, 2011)
	141	노새 두 마리	최일남	『한국단편소설 베스트39』(혜문서관, 2014)
	141	아홉 켤레의 구두로 남은 사내	윤흥길	『조세희, 윤흥길 – 20세기 한국 소설 28』(창비, 2006)
	146, 154	독 짓는 늙은이	황순원	『황순원 전집 8』(문학과지성사, 2004)
III 수필 · 극	164	괜찮아	장영희	『살아온 기적 살아갈 기적』(샘터, 2009)
	164	거꾸로 보기	법정	『산방한담』(샘터, 1983)
	166, 174	나무	이양하	송명희 엮음, 『이양하 수필 전집』(현대문학, 2009)
	169, 176	어느날 자전거가 내 삶 속으로 들어왔다	성석제	『농담하는 카메라』(문학동네, 2008)
	171, 179	내가 사는 집	이학규	『아침은 언제 오는가』(정우봉 옮김, 태학사, 2006)
	184	들판에서	이강백	『이강백 희곡 전집 6』(평민사, 2005)
	186, 198	내 마음의 풍금	이영재 각색	『한국 시나리오 선집』 제17권(집문당, 2000)
	190, 200	동승	함세덕	서연호, 『한국 희곡 전집 4』(태학사, 1996)
	194, 204	봉산탈춤	김진옥, 민천식 구술	이두현, 『한국의 가면극』(일지사, 1992)

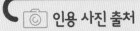

「봉산 탈춤」 공연 사진

문화재청 국가문화유산포털 https://www.heritage.go.kr

취발이춤, 노장춤 → 본문 185쪽

양반춤 → 본문 194쪽

필독 중학 국어 **문학 1**

정답과 해설

정답과 해설

I 현대시 · 고전 시가

1 독해의 원리 - 화자의 정서와 태도

실전 연습하기 20~25쪽

01 ③ 02 ③ 03 내 유년의 윗목 04 ⓐ: '나', ⓑ: 어머니의 발소리 05 ① 06 ② 07 ② 08 2연 09 ⑤
10 제 11 ② 12 그리움

01
답 ③

위 시에 대한 설명으로 적절하지 않은 것은?

① 화자는 현재의 '나'로, '아주 먼 옛날'의 '나'를 회상하고 있다.
<u>어른이 된 화자</u>   <u>어린 시절의 화자</u>
② 화자가 머무는 '빈방'과 어머니가 장사를 하는 '시장'이라는 공간이 대비되고 있다.
❸ '아무리 천천히 숙제를 해도'에서 숙제에 대한 부담으로 고통
   × → 어머니를 기다리면서 느끼는 외로움과 무서움을 잊기 위해 숙제를 함.
스러운 화자의 내면 심리가 드러나 있다.
④ '<u>어둡고 무서워</u>', '빈방에 혼자 엎드려 훌쩍거리던'을 통해 외
     오지 않는 어머니를 기다리며 느낀 감정과 행동
롭고 무서웠던 화자의 정서를 직접 드러내고 있다.
⑤ '<u>해는 시든 지 오래</u>', '찬밥처럼 방에 담겨' 등의 비유적 표현
   해가 진 것을 시든 채소에 비유함.   └ 화자를 '찬밥'에 비유함.
을 통해 화자의 상황과 처지를 <u>감각적으로 제시하고 있다.</u>
                              시각적, 촉각적 심상

어린 '나'가 천천히 숙제를 하는 것은 어머니를 기다리면서 어머니에 대한 걱정에서 오는 불안함과 초조함, 어두워진 날씨에 따른 무서운 생각을 잊기 위한 것이지 숙제에 대한 부담으로 고통스럽기 때문이라고 할 수 없다.

02
답 ③

화자가 빈방에서 혼자 어머니를 기다리고 있는 것으로 보아 화자와 어머니는 다른 집에서 살았다고 볼 수 없다.

> **오답 해설**

① '열무 삼십 단을 이고 / 시장에 간 우리 엄마'를 통해 화자의 어머니가 시장에서 채소 장사를 했다는 것을 알 수 있다.
② '아무리 천천히 숙제를 해도'에서 화자가 어머니를 기다리며 숙제를 했음을 알 수 있다.
④ '배추 잎 같은 발소리 타박타박'을 통해 화자에게 어머니의 발소리는 힘이 없고 지친 발걸음으로 느껴졌음을 알 수 있다.
⑤ '빈방에 혼자 엎드려 훌쩍거리던'에서 화자가 어머니를 기다리며 홀로 울기도 했음을 알 수 있다.

03
답 내 유년의 윗목

이 시의 화자는 어린 시절 어머니를 기다리면서 느끼던 무섭고 외롭던 기억을 '윗목'에 비유하여 표현하고 있다. 이는 화자에게 당시 유년 시절의 기억이 차갑고 시린 느낌을 주었기 때문이다. '윗목'은 온돌방에서 불길이 잘 닿지 않아 아랫목보다 상대적으로 차가운 쪽을 가리킨다.

04
답 ⓐ: '나', ⓑ: 어머니의 발소리

ⓐ와 ⓑ는 직유법에 의한 표현이다. ⓐ는 빈방에서 혼자 숙제를 하며 어머니를 기다리던 화자 자신을, ⓑ는 피곤에 지쳐 돌아오는 어머니의 발소리를 비유하여 표현한 것이다.

05
답 ①

화자는 현재 고향에 돌아와 있는데, '고향에 고향에 돌아와도 / 그리던 고향은 아니러뇨.'라고 표현한 것을 보면 변해 버린 고향의 모습에 실망하고 있음을 알 수 있다.

> **오답 해설**

② '머언 항구로 떠도는 구름'은 고향에 마음을 두지 못하고 방황하는 화자를 비유한 것으로, 어릴 때부터 먼 항구를 떠도는 구름처럼 살고자 했다고 볼 수 없다.
③ 화자는 오랜만에 고향에 돌아온 상황이므로 해마다 산에 올랐다는 것은 적절하지 않다.
④ '어린 시절에 불던 풀피리 소리 아니 나고'는 풀피리를 부는 방법을 잊어버린 것이 아니라, 어린 시절과 같은 고향의 모습을 찾을 수 없다는 의미이다.
⑤ '산 꿩, 뻐꾸기, 흰 점 꽃'은 어릴 때와 다름없이 변함없는 고향의 자연물이다.

06
답 ②

화자는 그리던 고향에 돌아왔지만 과거에 그리워하던 고향의 정을 느끼지 못하고 있다. 이러한 감정을 '상실감'이라고 할 수 있다.

07
답 ②

ⓐ~ⓔ에 대한 설명으로 적절하지 않은 것은?

① ⓐ: 영탄적 어조를 통해 변해 버린 고향에 대한 화자의 실망감
   <u>아니러뇨 → 아니구나</u>   <u>그리던 고향이 아니라는 인식</u>
을 드러내고 있다.
❷ ⓑ: 청각적 심상을 통해 변함없는 고향의 자연물이 사라진 현
       <u>뻐꾸기의 울음</u>   <u>뻐꾸기가 사라진 것은 아님.</u>
실을 한탄하고 있다.
③ ⓒ: 자신을 반갑게 맞아주는 <u>고향의 자연물을 의인화하여 표</u>
                          <u>꽃이 웃는다고 표현함.</u>
현하고 있다.
④ ⓓ: 변해 버린 고향의 모습에서 느낀 쓸쓸한 정서를 미각적 심
상을 통해 드러내고 있다.
   <u>쓰디쓰다</u>

⑤ ⓔ: 변함없는 고향의 하늘을 가리키지만 그리던 고향에 대한
<u>변해 버린 고향과 대비되는 자연</u>
화자의 상실감을 더욱 부각하는 효과를 얻고 있다.

─────────────────

ⓑ의 뻐꾸기 울음에 청각적 심상이 드러나며 뻐꾸기와 같은 고향의
자연물은 예전과 같은데 변해 버린 고향의 현실을 한탄하고 있다.

> **오답 해설**

① ⓐ를 통해 돌아온 고향의 모습이 변한 데 대한 화자의 실망감
을 영탄적 어조로 표현하고 있다.
③ ⓒ에서 '흰 점 꽃'을 의인화하여 자신을 반갑게 맞아준다고 표
현하고 있다.
④ ⓓ에서 변해 버린 고향의 모습에서 느끼는 쓸쓸한 정서를 '쓰
디쓰다'라는 미각적 심상을 통해 드러내고 있다.
⑤ ⓔ에서 변함없이 푸른 고향의 하늘을 통해 고향을 잃어버린 화
자의 상실감을 더욱 부각하고 있다.

08 　　　　　　　　　　　　　　　　　　　　**답** 2연

변함없는 고향의 자연을 '산 꿩이 알을 품고 / 뻐꾸기 제철에 울
건만'이라고 대구법을 사용하여 표현하고 있다.

09 　　　　　　　　　　　　　　　　　　　　**답** ⑤

'보내고 그리는 정(情)'을 통해 임이 떠난 현실을 인식하고 있음을
알 수 있다. 그러므로 임이 떠난 현실을 부정한다고 볼 수 없다.

> **오답 해설**

① 화자는 임을 그리워하는 여성으로 볼 수 있다.
② '그릴 줄을 모르더냐'에서 화자가 자신이 한 행동을 후회하고
있음을 알 수 있다.
③ '어져'라는 감탄사를 통해 임을 보낸 것을 후회하는 화자의 정
서를 드러내고 있다.
④ '이시라 하더면 가랴마는'에 임을 붙잡지 못한 심리적 갈등이
잘 드러나 있다.

10 　　　　　　　　　　　　　　　　　　　　**답** 제

'제 구태여 가랴마는'으로 해석하면 '제'는 '임'으로 해석할 수 있
고, 종장과 연결하여 '제 구태여 / 보내고'로 해석하면 '제'는 화
자 자신을 의미한다고 볼 수 있다.

11 　　　　　　　　　　　　　　　　　　　　**답** ②

㉠을 이해한 내용으로 적절하지 않은 것은?
① 화자가 있으라고 하였으면 임이 떠나지 않았을 것이라는 의미
　<u>이시라 하더면 가랴마는</u>
　이다.
❷ '이시라 하더면'의 주체는 임이고, '가랴마는'의 주체는 화자
　　　　　　　× → 화자 자신　　　　　　× → 임
　자신이다.

─────────────────

③ '가랴마는 제 구태여'는 '제 구태여 가랴마는'의 의미로 도치
법에 의한 표현이다.　　　<u>임이 구태여 갔겠는가마는</u>
④ '제 구태여'를 종장의 '보내고'와 연결하면 화자 자신이 구태
여 임을 보냈다는 의미로 해석할 수 있다.　　○
⑤ 초장에서 제시한 후회와 탄식의 이유를 구체적으로 드러내며
종장의 정서와 연결하는 역할을 하고 있다.

─────────────────

㉠은 화자가 임을 보내고 자책하는 표현이다. 화자가 임에게 가지
말고 있으라고 했으면 임이 구태여 갔겠는가의 의미이다. 따라서
'이시라 하더면'의 주체는 화자 자신이고, '가랴마는'의 주체는 임
이다.

12 　　　　　　　　　　　　　　　　　　　　**답** 그리움

이 시조는 임을 보낸 화자가 임을 붙잡지 못한 자신의 행동을 후
회하며, 떠난 임을 그리워하는 노래이다.

2 ｜ 독해의 원리 – 시어와 심상

> ### 실전 연습하기　　　　　　　　　　36~41쪽
>
> **01** ⑤　**02** ⑤　**03** ⑤　**04** ⓐ: 우러르고 싶다, ⓑ: 바라보
> 고 싶다　**05** ③　**06** ①　**07** ④　**08** 강인하고 끈질긴
> 생명력　**09** ③　**10** ②　**11** ②　**12** ㉠: 누이의 죽음,
> ㉡: 9~10

01 　　　　　　　　　　　　　　　　　　　　**답** ⑤

'햇발'과 '샘물'은 화자의 마음을 비유한 것이다. 시의 화자는 햇
발과 샘물처럼 마음이 밝고 맑아지기를 소망하는 것이 아니라, 평
화롭고 순수한 세계를 의미하는 봄 하늘에 대한 동경을 노래하고
있다.

> **오답 해설**

① 시의 화자는 '내(나)'로 드러나 있다.
② '봄 길'을 통해 계절적 배경이 '봄'이라는 것을 알 수 있다.
③, ④ 울림소리와 밝은 느낌의 시어를 통해 우리말의 아름다움을
잘 살리고 있으며 이를 통해 따뜻하고 경쾌한 분위기를 느낄 수
있다.

02 　　　　　　　　　　　　　　　　　　　　**답** ⑤

위 시에서 운율을 형성하는 요소로 볼 수 없는 것은?
① 1연과 2연의 시행 배열과 구성이 유사하게 되어 있다.
　　　　　　　　　　<u>'~는 ~같이', '~고 싶다'의 구성 등</u>
② 각 연의 1행과 2행이 같은 구조로 대구를 이루고 있다.
　　　　　　<u>'~는 ~같이'의 구조</u>

③ 'ㄴ, ㄹ, ㅁ'과 같은 울림소리를 빈번하고 사용하고 있다.
　　　　　'ㄴ, ㄹ, ㅁ' 음의 반복 사용
④ '~는, ~같이, ~고 싶다'와 같은 형식이 반복되고 있다.
　　　　　각 연의 1, 2행, 각 연의 마지막 행에서 반복
❺ 각 연을 4행으로 구성하여 주제를 압축하여 제시하고 있다.
　　　　　　　　　　　　　　　×

이 시는 4행씩 2연으로 구성된 작품으로, 주제를 압축하여 제시한다고 할 수 있지만 그것이 운율을 형성하는 요소라고 볼 수 없다.

오답 해설

① 각 연이 4행으로 구성되어 있으며, 각 연의 1, 2행은 '~는 ~같이'로, 마지막 행은 '~고 싶다'로 시행 배열이 유사하게 구성되어 있다.
② '돌담에 속삭이는 햇발같이'와 '풀 아래 웃음 짓는 샘물같이', '새악시 볼에 떠오르는 부끄럼같이'와 '시의 가슴에 살포시 젖는 물결같이'가 각각 대구를 이루고 있다.
③ 돌담, 속삭이는, 풀, 웃음 짓는, 샘물, 고운 봄 길, 떠오르는 부끄럼, 젖는 물결, 에메랄드, 실비단 등에서 울림소리 'ㄴ, ㄹ, ㅁ'이 반복 사용되고 있다.
④ 1연에서는 '속삭이는 햇발같이, 웃음 짓는 샘물같이, 우러르고 싶다'가, 2연에서는 '떠오르는 부끄럼같이, 젖는 물결같이, 바라보고 싶다'가 사용되고 있다.

03 　　　　　　　　　　　　　　　　답 ⑤

'실비단'은 에메랄드처럼 푸르게 펼쳐진 봄 하늘에 대한 느낌을 표현한 것으로 볼 수 있다.

오답 해설

①, ② 이 시의 1연에서 화자의 마음을 비유한 것은 돌담에 속삭이는 '햇발'과 풀 아래 웃음 짓는 '샘물'이다.
③, ④ 이 시의 2연에서는 화자의 마음을 새악시 볼에 떠오르는 '부끄럼'과 시의 가슴에 젖는 '물결'에 비유하고 있다.

04 　　　　　　　　　답 ⓐ: 우러르고 싶다, ⓑ: 바라보고 싶다

화자는 평화롭고 순수한 세계에 대한 동경을 노래하고 있다. 화자가 동경하는 것은 '봄 하늘'이므로 '봄 하늘'에 대하여 1연에서는 '하늘을 우러르고 싶다'라고 표현하고, 2연에서는 '실비단 하늘을 바라보고 싶다'라고 표현하고 있다.

05 　　　　　　　　　　　　　　　　답 ③

위 시에 대한 설명으로 적절하지 않은 것은?

① 자연물을 사람처럼 표현하여 의미를 부여하고 있다.
　　　　　○→ 눕다, 웃다, 일어나다 등
② '풀', '바람'이라는 자연물을 시적 대상으로 삼고 있다.
　　　　　　　　　　　　　　　　○
❸ 일상어를 사용하여 화자의 감정을 직접 드러내고 있다.
　　　　　　　　　　　　　　　　×
④ 자연 현상을 관찰하면서 얻은 깨달음을 형상화하고 있다.
　　　　시련을 이겨 내는 자연의 강인한 생명력
⑤ 유사한 시구와 시어의 반복으로 리듬을 만들어 내고 있다.
　　　　　　　　　　　　　　　　○

이 시에서 화자는 풀이 바람에 나부끼고 쓰러지는 모습을 보면서 시련과 억압의 역사에도 굴하지 않고 그것을 극복하고 이겨 낸 민중의 생명력이라는 의미를 이끌어 내고 있을 뿐, 감정을 직접 드러내고 있지 않다.

오답 해설

① 자연물인 '풀'을 사람처럼 울고 웃는다고 의인화하여 표현하고 있다.
② '풀'과 '바람'을 시적 대상으로 삼아서 '풀'에 우리 민족의 강인한 생명력을, '바람'에 우리 민족이 겪는 시련과 고통이라는 의미를 부여하고 있다.
④ '풀'이 바람에 눕는 자연 현상을 통해 얻은 깨달음을 형상화한 작품이다.
⑤ '풀이 눕는다', '발목까지 / 발밑까지 눕는다', '바람보다 늦게 누워도 / 바람보다 먼저 일어나고' 등 유사한 시구와 시어의 반복을 통해 리듬을 만들어 내고 있다.

06 　　　　　　　　　　　　　　　　답 ①

[A]는 풀이 바람에 대응하는 모습을 대구 형식으로 표현하여 운율을 형성하고 풀의 속성을 강조하여 드러내는 부분이다.

오답 해설

② 점층법은 점점 강하거나 크게 표현하여 의미를 강조하는 표현 방법으로, [A]에는 사용되지 않았다.
③ [A]에서는 풀의 생명력을 제시하고 있지만 반어법을 사용하고 있지 않다.
④ [A]에서는 풀을 사람처럼 표현하는 의인법을 사용하고 있지만, 이것이 풀의 나약함을 비판하고 있는 것은 아니다. [A]에서는 풀의 강인한 생명력을 예찬하고 있다.
⑤ 바람과 비교하여 풀이 바람보다 늦게 눕지만 먼저 일어나고, 바람보다 늦게 울어도 먼저 웃는다고 하였지만 이것이 바람의 융통성을 부각한다고 보기 어렵다. 또한 [A]에는 은유법이 사용되지 않았다.

07 　　　　　　　　　　　　　　　　답 ④

ⓓ는 '풀'이 고통스러운 상황에 능동적으로 대응하는 모습을 드러낸 것이지, 고통스러운 상황에서 도피하려는 모습이라고 보기 어렵다.

오답 해설

① ⓐ는 '풀'이 '바람'이라는 외부의 세력에 고통을 겪는 모습을 드러낸 것이다.
② ⓑ에서 '풀'이 다시 눕는 것은 고통스러운 현실에 굴복할 수밖에 없는 연약한 존재임을 드러내는 것이다.
③ ⓒ에서 '풀'이 바람보다도 더 빨리 눕는다는 것은 '풀'이 외부 상황에 순응하는 모습을 형상화한 것이다.
⑤ ⓔ는 '날이 흐리고'에서 알 수 있듯이 '풀'이 살아가면서 고통이나 시련이 지속되는 현실을 드러내고 있다.

08 답 강인하고 끈질긴 생명력

1연에서는 바람에 의해 쓰러지는 연약한 모습의 풀을 제시하고, 2연에서는 좀 더 강인해진 모습으로, 바람보다 빨리 쓰러지고 먼저 일어나는 풀의 모습을 제시하고 있다. 더 나아가 3연에서는 바람보다 먼저 눕고 먼저 웃는 풀의 모습을 제시하여 풀의 강인하고 끈질긴 생명력을 부각하고 있다.

09 답 ③

위 시에 대한 설명으로 적절하지 않은 것은?

① 내용상 크게 3단계로 나눌 수 있다.
기 → 서 - 결의 구성
② 9행의 '아아'에서 시상이 전환되고 있다.
❸ 동일한 어구를 반복하여 리듬감을 형성하고 있다.
④ 대상과의 재회에 대한 화자의 믿음이 나타나 있다.
⑤ 삶과 죽음의 문제를 자연 현상에 비유하여 표현하고 있다.

이 작품에는 동일한 어구를 반복하여 리듬감을 형성하는 부분은 찾을 수 없다.

오답 해설

① 이 작품은 내용상 1~4행, 5~8행, 9~10행의 3부분으로 나눌 수 있다.
② '9~10'행을 낙구라고 하는데, 낙구의 감탄사 '아아'에서 시상이 전환되고 있다.
④ 결구에서 '미타찰에서 만날 나 / 도 닦아 기다리겠노라'라고 하여 대상과의 재회에 대한 화자의 믿음을 드러내고 있다.
⑤ 누이와 형제의 인연으로 만나고 죽음으로 누이와 이별을 하게 된 상황을 한 가지에 난 나뭇잎이 떨어지는 자연 현상에 비유하여 표현하고 있다.

10 답 ②

이 작품의 화자는 누이의 죽음을 갑자기 맞았다. 누이는 자신이 죽는다는 것을 '나는 간다'라고 미처 말하지 못하고 어느 날 갑자기 죽은 것이다. 따라서 ⓑ의 '나'는 누이를 의미한다. 그리고 ⓖ의 '나'는 도를 닦으며 기다리겠다고 하는 '화자'를 가리킨다.

오답 해설

① 화자는 현재 누이의 죽음을 맞이한 상황이므로 누이와 이별하게 만든 죽음에 대한 두려움으로 머뭇거린다고 볼 수 있다.
③ ⓒ '이른 바람', ⓓ '떨어질 잎'은 때 이른 누이의 죽음을 의미한다.
④ ⓔ는 누이와 화자를 태어나게 한 부모를 의미한다.
⑤ ⓕ는 종교적인 이상향으로, 화자가 죽어서 죽은 누이를 만나기를 기대하는 곳이다.

11 답 ②

위 시를 읽고 나눈 대화이다. 시를 적절하게 이해하지 못한 사람은?

① 영지: '예'는 '미타찰'과는 의미상으로 대립한다고 볼 수 있군.
이승 ↔ 저승
❷ 장수: 누이는 자신이 죽기 전에 '나는 간다'고 미리 알릴 것을 약속했었군.
×
③ 슬기: '바람'은 누이가 죽음에 이르게 된 것과 연관이 있으므로, 삶과 죽음을 다루는 절대자로 볼 수 있겠군.
④ 문호: '한 가지에 나고'로 보아 시적 대상과 화자는 형제 관계라고 볼 수 있군.
⑤ 미정: '가는 곳 모르온저'에서 화자가 느끼는 인생무상의 정서가 드러나는군.

'나는 간다는 말도 / 못다 이르고 어찌 갑니까.'로 볼 때 누이가 '나는 간다'고 미리 알릴 것을 약속했다고 보기 어렵다.

오답 해설

① '예'는 '이승'으로 화자가 있는 현실 공간, '미타찰'은 죽어서 가는 곳으로 종교적 이상향을 의미하므로 의미상 대립한다고 볼 수 있다.
③ '바람'은 누이가 죽음에 이른 것과 연관이 있으므로 삶과 죽음을 다루는 절대자로 볼 수 있다.
④ '한 가지'는 '한 부모'의 의미이므로 화자와 누이는 형제 관계로 볼 수 있다.
⑤ 형제로 태어났지만 죽어서는 어디로 가는지 알 수 없다는 표현에서 화자가 느끼는 인생무상의 정서가 드러난다고 볼 수 있다.

12 답 ㉠: 누이의 죽음, ㉡: 9~10

향가에서는 마지막 결구에서 주제를 드러내는 경우가 많은데, 이 작품의 경우에도 9~10행의 결구에서 종교의 힘으로 슬픔을 극복하고자 하는 화자의 의지가 드러나고 있다.

3 독해의 원리 - 발상과 표현

실전 연습하기 52~57쪽

01 ⑤ **02** 두 팔을 벌려 껴안아 보는 **03** ⑤ **04** ③
05 ④ **06** ③ **07** ④ **08** 최선의 꼴 **09** ② **10** ②
11 ② **12** ① **13** 거위 한 쌍 오리 한 쌍

01 답 ⑤

위 시에 대한 설명으로 적절하지 않은 것은?

① 화자와 청자가 겉으로 드러나 있다.
　　나　　　너
② 대상에 대한 예찬적 태도가 드러나 있다.
　너를 맞이하는 태도가 드러나 있음.
③ 자연의 질서에 순응하는 삶의 태도가 드러나 있다.
　　자연의 섭리에 따라 봄이 반드시 올 것이라 믿고 있음.
④ 대상에 인격을 부여하여 화자의 정서를 반영하고 있다.
　봄을 사람처럼 표현하고 있음.
❺ 대상의 긍정적 측면과 부정적 측면을 대조하여 드러내고 있다.
　　　　　이 시에 드러나지 않음.

화자는 봄을 무척 기다리며, 마침내 봄이 돌아오자 감격하며 맞이하고 있다. 그리고 '먼 데서 이기고 돌아온 사람'이라고 예찬하는 것으로 보아 대상의 긍정적 측면을 드러낸다고 볼 수 있다. 대상의 부정적인 측면은 드러나지 않는다.

> **오답 해설**

① 이 시의 화자는 '나', 청자는 '너'로 드러나 있다.
② '너를 보면 눈부셔', '먼 데서 이기고 돌아온 사람' 등에서 대상에 대한 예찬적 태도를 파악할 수 있다.
③ '기다리지 않아도 오고', '더디게 더디게 마침내 올 것이 온다.' 등에서 자연의 질서에 순응하는 삶의 태도를 확인할 수 있다.
④ '봄'을 '너'라고 부르며 사람처럼 대하고 있다.

02 답 두 팔을 벌려 껴안아 보는

화자는 오랫동안 기다리던 봄이 왔지만 너무나 감격스러운 나머지 눈이 부셔서 일어나 맞이할 수가 없고 입을 열어 외칠 수도 없다고 표현하고 있다. 다만 가까스로 두 팔을 벌려서 껴안아 보는 것으로 봄을 맞는 기쁨을 드러내고 있다.

03 답 ⑤

ⓔ는 돌아온 '봄'이며, '먼 데서 이기고 돌아온 사람아'라고 말하는 사람이 화자이다. 화자가 온갖 고난과 시련을 참고 '이기고 돌아온' 봄을 예찬하는 상황으로 볼 수 있다.

> **오답 해설**

① 이 시에서 '봄'은 희망을 상징한다. 따라서 ⓐ는 화자가 절망과 고통스러운 상황 때문에 희망을 잃고 있을 때로 볼 수 있다.

② '봄'을 모두가 기다리지만, 외부 상황이나 현실이 어렵거나 시련이 닥친 경우에는 더디게 오기도 한다. ⓑ는 봄이 더디게 오도록 하는 부정적인 현실 상황을 의미한다.
③ '다급한 사연'은 '봄'을 기다리는 사람들의 간절한 마음으로 볼 수 있다. ⓒ의 주체인 '바람'은 사람들이 기다리는 봄이 자연의 섭리에 따라 빨리 돌아오도록 일깨우는 존재로 볼 수 있다.
④ ⓓ는 너무나 간절히 기다리던 '봄'을 맞이하는 화자의 감격을 표현한 것이다.

04 답 ③

위 시에 대한 감상으로 적절하지 않은 것은?

① '-고, 온다'의 반복을 통해 의미를 강조하고 있다.
　　　　　○
② 단정적인 어조를 사용하여 화자의 태도를 드러내고 있다.
　　　　　온다, 없다
❸ '봄'을 청자로 설정하여 청자에게 명령하듯이 말하고 있다.
　　　　　　　　　　×
④ 봄이 오기 전의 기다림과 봄이 돌아왔을 때의 감격이 대비되
　　　　　　1~10행　　　　　　　11~16행
　어 있다.
⑤ 반복법, 열거법, 비유법 등의 다양한 표현 방법을 통해 시상을
　　　　　　　　　　　　　○
　전개하고 있다.

이 시의 시적 대상은 '봄'이다. 화자인 '나'는 '봄'을 청자로 설정하여 '너'라고 부르며 인격화하고 있는데, '너'에게 말을 건네듯이 말하고 있다. 따라서 명령하듯이 말하고 있다는 설명은 적절하지 않다.

> **오답 해설**

① '기다리지 않아도 오고', '너는 온다.', '더디게 온다.', '올 것이 온다.' 등을 통해 봄이 반드시 올 것이라는 믿음을 강조하고 있다.
② '온다', '없다' 등의 단정적인 종결 어미를 사용하여 화자의 확신에 찬 태도를 드러내고 있다.
④ 1~10행까지는 봄이 오기 전의 기다림을, 11~16행에서는 봄을 맞는 기쁨과 감격스러움을 드러내고 있다.
⑤ '온다'와 '더디게'의 반복, '뻘밭 구석이거나 / 썩은 물 웅덩이 같은 데를 기웃거리다가 / 한눈 좀 팔고, 싸움도 한판 하고, / 지쳐 나자빠져 있다가' 등에서 비유법(의인법)과 열거법이 사용되고 있다.

05 답 ④

'살아 봐야지', '떨어져도 튀는(튀어 오르는)', '공이 되어', '쓰러지는 법이 없는' 등의 유사하거나 동일한 시구를 반복함으로써 운율을 형성하고, 어떤 상황에서도 꿋꿋하고 씩씩하게 살아갈 것이라는 화자의 의지를 강조하고 있다.

> **오답 해설**

① 화자는 '떨어져도 튀는 공'처럼 어떤 어려움이라도 꿋꿋하게 이겨 낼 것을 다짐하고 있다. 즉 '공'을 화자가 닮고 싶은 대상으

로 표현하고 있으므로 화자와 '공'의 속성을 비교하고 있는 것은
아니다.
② 반어적 표현이란 표현하고자 하는 의도와 반대로 진술하는 것
인데, 이 시에서는 드러나지 않는다.
③ 시적 대상은 '공'이라고 볼 수 있는데, 화자는 처음부터 반복적
으로 '공'처럼 살아야겠다는 다짐을 하고 있다. 따라서 시적 대상
에 대한 화자의 생각이 변한다고 보기 어렵다.
⑤ '살아 봐야지'는 자신의 의지를 다짐하는 것으로, 명령형 어조
로 보기 어렵다.

06
답 ③

시인이 위 시를 창작하면서 떠올렸을 발상으로 보기 어려운 것은?

① 둥근 모양의 '공'을 통해 모나지 않은 원만한 성격을 드러내야
겠어.
② 주제를 부각하기 위해서는 도치법과 같은 표현 방법을 써서
변화를 주어야겠어.
❸ 끊임없이 움직이는 '공'의 속성을 통해 행복과 불행이 번갈아
찾아온다는 점을 강조해야겠어.
④ 본모습을 쉽게 회복하는 '공'의 특성을 통해 어려움에도 좌절
하지 않는 삶의 자세를 드러내야겠어.
⑤ '공'에서 별견한 긍정적인 삶의 자세를 본받으려는 마음을 드
러내기 위해 공을 의인화해서 표현해야겠어.

화자는 '떨어져도 튀는 공'처럼 어떤 어려움이라도 꿋꿋하게 이겨
낼 것을 다짐하고 있다. 그런데 불행과 관련한 언급이 없는 것으
로 보아 행복과 불행이 번갈아 찾아온다는 점을 떠올렸다고 볼 수
없다.

> **오답 해설**

① 둥근 모양의 '공'에서 모나지 않은 원만한 성격을 연상할 수 있다.
② '살아 봐야지'와 '떠올라야지'를 연의 맨 앞에 배치하여 화자의
의지적 태도를 강조하고 있다.
④ 본모습을 쉽게 회복하는 '공'의 모습에서 좌절하지 않는 삶의
태도를 떠올릴 수 있다.
⑤ '지금의 네 모습처럼'에서 공을 '너'로 사람처럼 표현하여, 공
의 속성에서 발견한 긍정적 삶의 자세를 본받고자 하는 태도를 드
러내고 있다.

07
답 ④

㉠~㉤을 이해한 내용으로 적절하지 않은 것은?

① ㉠: 힘들지만 꿋꿋하게 살아가겠다는 화자 스스로의 다짐을
드러내고 있다.

② ㉡: 공이 사람처럼 쓰러지는 법이 없다고 하여 공에 인격을 부
여하고 있다.
③ ㉢: 직유법을 통해 공의 탄력적인 속성을 동화적인 상상력으
로 표현하고 있다.
❹ ㉣: 환상 세계를 동원하여 현실의 어려움을 극복하겠다는 의
지를 드러내고 있다.
⑤ ㉤: 긍정적인 속성을 가진, 화자가 닮고 싶은 대상의 모습으
로 볼 수 있다.

㉣의 '가볍게 떠올라야지'는 상승 이미지로 가볍게 솟아오르는 공
의 속성을 표현하고 있을 뿐, 환상 세계와는 관련이 없다.

08
답 최선의 꼴

1~3연에서는 '-(아/어)야지'라는 어미를 사용하여 화자의 지향을
드러냈다면 4연의 1행에서는 '옳지'를 통해 화자가 생각하는 바람
직한 삶의 모습을 보여 주고 있다. 이는 '떨어져도 튀어 오르는',
'쓰러지는 법이 없는' '공'의 속성이 종합된 것으로, 무슨 일이 있어
도 튀어 오르고, 무슨 일이 있어도 쓰러지지 않는 '공'에 대한 화자
의 긍정적 인식을 보여 준다. 이러한 '공'의 모습에는 어떠한 힘든
현실에서도 최선을 다하고자 하는 화자의 삶의 모습이 투영되어
있는데, 이러한 '공'의 모습을 '최선의 꼴'이라고 표현하고 있다.

09
답 ②

위 시에 대한 설명으로 적절하지 않은 것은?

① 규칙적인 운율로 리듬감을 형성하고 있다.
　4·4조의 4음보 율격
❷ 화자가 스스로 묻고 답하는 형식으로 표현하고 있다.
③ 시집살이의 어려움을 상황을 과장하여 드러내고 있다.
　시집에서 하는 가사 노동을 과장하여 표현
④ 비유적인 표현을 사용하여 화자의 정서를 드러내고 있다.
　시집 식구들을 새에 비유
⑤ 여성의 목소리로 화자의 처지를 하소연하듯이 표현하고 있다.
　여성 화자 - 사촌 형님

이 작품은 사촌 형님과 사촌 동생이 나누는 대화 형식으로, 시집
살이에서 겪는 고통과 한을 표현하고 있다.

> **오답 해설**

① 이 작품은 민요로, 4·4조, 4음보격의 규칙적인 운율로 되어
있다. 4음보의 율격 형태는 3, 4음절 정도 크기의 소리마디 넷이
모여 한 행을 이루는 형태로, 매우 안정되고 균형 잡힌 호흡을 가
지고 있다.
③ 시집살이의 어려움을 '오 리 물', '십 리 방아', '아홉 솥', '열
두 방' 등으로 과장하여 표현하고 있다.
④ 시집 식구들을 호랑새, 꾸중새, 할림새, 뾰족새 등으로 비유하
여 그들에 대한 화자의 정서를 드러내고 있다.
⑤ 화자는 결혼 후 시집살이를 하고 있는 여성으로, 시집에서의
고달픈 삶을 사촌 동생에게 하소연하듯이 이야기하고 있다.

10
답 ②

위 시의 시상 전개에 대한 이해로 가장 적절한 것은?

① 비관적인 태도에서 긍정적인 태도로 변화를 보이고 있다.
　　× → 태도 변화는 드러나지 않음.
❷ 상황을 부정적으로 제시하고 나서 그 예를 구체적으로 들고
　　　　　　　　　　　　　　　○
있다.

③ 처음과 끝을 동일한 내용으로 구성하여 시상 전개에 안정감을
　　　　　　　　　　× → 수미상관이 사용되지 않음.
주고 있다.

④ 시집가기 전과 시집에서의 고통스런 삶을 교차하여 대조적으
　　　× → 시집가기 전의 모습은 드러나지 않음.
로 드러내고 있다.

⑤ 현재의 부정적인 삶의 모습과 대비하여 이상적인 삶의 모습을
　　　　　　　　　　　　　　　　　× → 드러나지 않음.
그려 내고 있다.

사촌 형님은 사촌 동생이 '시집살이 어떱데까?'라고 묻는 말에 '시집살이 개집살이.'라고 첫 구절에서 바로 자신의 시집살이 전체를 부정적인 표현으로 단정하고 있다. 그리고 이어지는 사설에서 시집에서 살면서 겪는 고된 일상과 시집 식구들의 모습을 구체적으로 제시하고 있다.

11
답 ②

사촌 동생의 물음에 답변하고 있는 사촌 형님은 시집살이에서 겪는 고통을 이야기하고 있을 뿐, 자신의 고통스러운 현실을 해결하기 위해 적극적으로 노력하는 모습은 보이고 있지 않다.

> **오답 해설**

① 사촌 동생은 결혼을 하지 않은 상태이기 때문에 사촌 형님의 시집살이에 대해 호기심이 많다고 볼 수 있다.

③ 시집에서 육체적, 정신적으로 힘들게 생활하는 모습을 매우 생생하게 표현하고 있다.

④ 시집 식구들을 '새'에 비유한 표현이 재치 있고 기발하게 느껴지고 있다.

⑤ 결혼 후 고된 시집살이로 인해 변모한 자신의 모습을 표현하며 한탄하는 내용은 같은 여성들의 입장에서 공감을 얻을 수 있는 부분으로 볼 수 있다.

12
답 ①

㉠~㉤에 대한 이해로 적절하지 않은 것은?

❶ ㉠: 물음에 대한 답변을 회피하며 사촌 동생의 결혼을 말리고
　　　　　　　　　　　　　　　　　×
있다.

② ㉡: 과장된 표현을 통해 며느리가 해야 하는 가사 노동의 상황
을 강조하고 있다.
　　　힘겨운 가사 노동의 상황

③ ㉢: 시집 식구들을 일일이 지목하여 시집 식구들에 대한 화자
의 생각을 드러내고 있다.
　　　시집 식구에 대한 평가

④ ㉣: 며느리가 감당해야 하는 제약을 제시해 며느리의 처지를
　　　　　　　　　　　　　　장애인처럼 처신하며 살아야 하는 삶
보여 주고 있다.

⑤ ㉤: 결혼 전후의 용모 변화를 자연물에 빗대어 시집살이의 고
　　　결혼 전과 후의 자신의 얼굴을 '배꽃 ↔ 호박꽃'에 비유
충을 드러내고 있다.

㉠은 물음에 대한 답변을 회피하는 것이 아니라, 시집살이에 대한 어려움을 강조하기 위해 꺼낸 말로 볼 수 있다. 이 노래는 시집살이에 대한 사촌 동생의 물음에 친정에 다니러 온 사촌 형님이 답변해 주는 방식으로 구성되어 있다. 그리고 이 노래에서 사촌 동생이 결혼을 앞두고 있다거나 이를 사촌 형님이 말리는 내용은 찾을 수 없다.

> **오답 해설**

② '오 리 물', '십 리 방아', '아홉 솥', '열두 방' 등의 과장된 표현을 통해 며느리가 처리해야 하는 가사 노동의 과중함을 강조하고 있다.

③ '호랑새', '꾸중새', '할림새', '뾰족새', '뾰중새', '미련새' 등 시집 식구들을 새에 비유하여 그들의 성격이나 그들에 대한 화자의 생각을 드러내고 있다.

④ 며느리가 귀먹어서 삼 년, 눈 어두워 삼 년, 말 못 해서 삼 년을 보내야 했던 전통 사회의 관습을 제시하여 시집살이의 속박을 참고 견뎌야 하는 며느리의 처지를 부각하고 있다.

⑤ 결혼 전의 아름다운 용모를 '배꽃'에, 결혼 후의 헝클어지고 쇠한 용모를 '호박꽃'에 빗대어 힘겨운 시집살이로 인한 용모의 변화를 한탄하고 있다.

13
답 거위 한 쌍 오리 한 쌍

화자는 시집살이의 고통과 시집 식구들의 부정적 측면을 열거하고 마지막에서 자식들의 모습을 제시하고 있는데, 이를 통해 어렵고 고단하지만 자식들로 인해 그 어려움을 참고 견딜 수 있다는 체념적이고 순응적인 태도를 드러내고 있다.

실전 연습하기

68~73쪽

01 ③ 02 ④ 03 ④ 04 ④ 05 ④ 06 바람, 눈비
07 ④ 08 ② 09 ⓔ 10 ④ 11 ② 12 ④
13 ④

01

답 ③

위 시에 대한 설명으로 적절하지 않은 것은?

① 고백적이고 의지적인 어조로 말하고 있다.
　괴로워했다, 사랑해야지, 걸어가야겠다
② '과거 - 미래 - 현재'의 구조로 시상을 전개하고 있다.
　1~4행(과거) → 5~8행(미래) → 2연(현재)
❸ '하늘, 별, 밤'이라는 우주로 상상력을 확대하여 주제를 부각
　　　　　　　　　　　　×
하고 있다.
④ '-야지, -겠다'와 같은 어미를 통해 화자의 의지적 태도를 드
　　주체의 의지를 드러내는 어미
러내고 있다.
⑤ 2연은 현재 상황을 드러내며, 1연에서 화자가 삶을 성찰하는
　일제에 주권을 빼앗긴 불행한 현실
배경이 되고 있다.

'하늘'은 화자가 양심을 비추어 보는 거울로, 화자의 지향점으로
볼 수 있다. '별'은 화자가 추구하는 이상적 가치나 소망을, '밤'은
부정적 현실을 상징한다. 즉 '하늘, 별, 밤'은 화자의 지향을 드러
내기 위해 동원한 대상으로 볼 수 있다. 이를 우주로 상상력을 확
대했다고 보는 것은 적절하지 않다.

오답 해설

① '나는 괴로워했다.', '사랑해야지.' 등에서 화자의 고백적이고
의지적인 어조가 드러난다.
② 1~4행에서 부끄러움이 없는 삶을 살고자 했던 과거에 대한 성
찰을, 5~8행에서 미래에도 그러한 삶을 살겠다는 의지를, 그리
고 2연에서는 현재의 상황을 이야기하고 있다.
④ '사랑해야지, 걸어가야겠다'에 쓰인 '-야지, -겠다'는 주체의
의지를 드러내는 어미이다.
⑤ 2연의 '오늘 밤에도 별이 바람에 스치'우는 환경은 일제에 의
해 나라의 주권을 빼앗긴 불행한 현재의 상황을 드러낸다. 이러
한 상황은 1연에서 화자가 자기 성찰을 하는 배경이 된다고 볼 수
있다.

02

답 ④

화자는 '별'을 노래하는 마음으로 / 모든 죽어가는 것을 사랑해야
지.'라고 하며 자신의 삶의 자세를 드러내고 있는데, 여기서의
'별'은 화자가 추구하는 이상적 가치나 소망, 또는 화자가 지향하
는 정신적 가치를 의미한다.

03

답 ④

위 시에서 화자가 지향하는 삶의 자세를 파악한 것으로 가장
적절한 것은?　시의 주제

① 자신이 맡은 일에 최선을 다하며 살아야 한다.
　　　　　　　　　　　　　×
② 바람과 같은 자연물을 가까이하며 살아야 한다.
　　　　　　　　　　　×
③ 모든 생명체가 죽어가도록 내버려 두어서는 안 된다.
　　　　　　　　　×
❹ 스스로 느끼기에도 부끄러운 삶을 살아서는 안 된다.
　　　　　　　　　　　　ㅇ
⑤ 별을 노래하는 마음처럼 순수한 동심을 간직하며 살아야 한다.
　　　　　　　　　　　　　×

화자가 지향하는 삶의 자세는 시를 통해 드러내고자 하는 주제로
볼 수 있다. '하늘'은 화자가 양심을 비추어 보는 거울을 상징하는
데, 화자는 '하늘을 우러러 / 한 점 부끄럼이 없기를' 희망하고 있
으므로 스스로 느끼기에도 부끄럽지 않은 삶을 살고자 한다고 이
해할 수 있다.

04

답 ④

〈보기〉를 참고하여 위 시를 이해할 때, 적절하지 않은 것은?

보기

　윤동주는 이상을 지향하는 자아와 이를 실천하지 못하는
현실적 자아의 충돌로 인해 나타나는 고뇌를 담은 작품을
다수 창작하였다. 그는 절대적 가치를 추구하는 윤리적인
　　　　　　　　　　'하늘을 우러러 / 한 점 부끄럼이 없기를'과 같은 구절에 드러남.
삶을 꿈꾸지만 현실에서 이를 완전하게 실현하지 못하는
자신을 성찰하는 과정에서 부끄러움을 드러낸다. 그는 이
러한 성찰과 이상 추구의 의지를 지속적으로 시에 반영하
　　　　　　　　　　　'나한테 주어진 길을 / 걸어가야겠다'에 드러남.
면서 시인으로서의 숙명을 보여 주고 있다.

① '죽는 날까지'는 이상을 지향하는 자아의 숙명을 강조하여 표
　　　　　　　　　　죽을 때까지 부끄럼이 없이 살고자 함.
현한 것이다.
② '하늘을 우러러'는 절대적 가치를 지향하는 자아의 모습을 표
　　　　　　　　　　하늘에 양심을 비추어 부끄럽지 않으려는 태도
현한 것이다.
③ '괴로워했다'는 현실에서 이상을 실현하지 못하는 고뇌를 나
　　　　　　　　　　　부정적 상황으로 인한 고뇌
타낸 것이다.
❹ '별을 노래하는 마음'은 윤리적 삶과 현실의 삶 사이의 갈등을
표현한 것이다.
　　　　×
⑤ '주어진 길을 / 걸어가야겠다'는 이상 실현을 위한 의지를 드
　　　　　　　　　　　　의지적 태도　　　　　ㅇ
러낸 것이다.

표현론적 관점에서 작품을 이해할 수 있는지를 평가하는 문제이
다. 화자는 절대적 가치를 '별'로 표상하고 화자 자신이 이상을 지
향하는 모습을 '별을 노래하는 마음'으로 표현하고 있다. 따라서

이것을 윤리적 삶과 현실의 삶 사이의 갈등을 표현한 것으로 이해하는 것은 적절하지 않다.

오답 해설

① '숙명'은 날 때부터 타고난 정해진 운명. 또는 피할 수 없는 운명'이라는 의미이다. 따라서 '죽는 날까지'라고 표현한 것은 '한 점 부끄럼이 없'이 살고자 하는 화자의 숙명을 강조한 것으로 볼 수 있다.
② '하늘'은 화자가 양심을 비추어 보는 거울로, 화자의 지향점으로 볼 수 있으므로, '하늘을 우러러'는 절대적 가치를 지향하는 자아의 모습으로 볼 수 있다.
③ '잎새에 이는 바람'은 화자가 살아가고자 하는 삶의 방향에 갈등을 일으키게 하는 부정적 상황이다. 이러한 상황 때문에 화자가 '괴로워'하는 것으로 이해할 수 있다.
⑤ '주어진 길을 / 걸어가야겠다'는 불행한 현실 상황에서도 이상 추구에 대한 의지를 드러낸 표현으로 볼 수 있다.

05 답 ④

이 시는 임에 대한 진정한 사랑을 위하여 희생하고 인내하겠다는 의지를 노래하고 있는 작품이다. 부드럽고 섬세한 어조를 사용하여 임에 대한 희생과 기다림을 묵묵히 견뎌 내는 태도를 효과적으로 드러내면서도 감정이 절제되고 잔잔한 어조를 유지하고 있다. 기다림의 고통과 당신에 대한 원망은 드러나지 않는다.

오답 해설

① 화자는 당신이 흙발로 짓밟고, 돌아보지도 않고 가지만, 당신을 안고 물을 건너고, 바람과 눈비를 견디며 당신을 기다리고 있다. 따라서 인내하고 희생하는 것으로 사랑을 표현한다고 볼 수 있다.
② 1연과 4연을 동일하게 구성하여 형태적 안정감이 느껴진다.
③ 나를 '나룻배'에, 당신을 '행인'에 비유하여 당신에 대한 화자의 인내와 희생이라는 주제를 드러내고 있다.
⑤ '짓밟습니다', '건너갑니다', '갑니다', '오시면', '가십니다' 등에서 경어체를 사용하고 있다.

06 답 바람, 눈비

'바람'과 '눈비'는 '나'가 당신을 기다리면서 겪게 되는 자연 현상으로, 당신을 기다리는 동안의 시련이나 고난, 역경 등을 의미한다.

07 답 ④

3연의 '당신이 언제든지 오실 줄만은 알아요.'를 통해 화자인 '나'는 당신이 다시 돌아올 것이라 믿고 있음을 알 수 있다.

오답 해설

① 화자는 당신이 '흙발'로 짓밟지만 당신을 안고 물을 건너고 있다. 이로 보아 당신이 '흙발'로 밟는 것을 두려워하고 있다고 볼 수 없다.

② '당신이 언제든 오실 줄만은 알아요.'로 보아 당신이 돌아오지 못할 곳으로 떠난 것을 슬퍼한다고 볼 수 없다.
③ 화자는 오로지 '당신'에 대해 희생하고 인내하는 모습을 보일 뿐, '나'를 위해 희생하고 인내해 줄 것을 기대하고 있지 않다.
⑤ '당신'을 안고 강을 건너지만 그것이 유일한 즐거움이라고 생각하는지는 알 수 없다.

08 답 ②

〈보기〉는 한용운의 삶을 간단히 메모한 것이다. 이를 바탕으로 위 시를 감상할 때, ㉠에 대한 이해로 적절한 것은?

┤ 보기 ├
　시인은 3·1 운동 당시 민족 대표 33인의 한 사람으로, 독립선언서를 배포하였다는 이유로 일본 경찰에 체포되었다.
　　　　　　　독립운동가
감옥에서 온갖 고초를 겪었지만 시인은 저항 정신을 잃지 않고, 우리 민족에게 독립사상을 고취하기 위해 많은 노력을 기울였다.
　독립운동가로서의 삶

① 불교적 진리를 탐구하는 사람
　　　구도자
❷ 빼앗긴 조국에서 고통받는 민중
　　　조국을 잃은 사람
③ 독립운동가의 삶을 공부하는 학생
　　　제자, 후학
④ 나를 사랑했지만 내 곁을 떠난 사람
　　　이별을 한 사람
⑤ 예술 작품을 창작하기 위해 노력하는 사람
　　　예술가

표현론적 관점은 작품을 감상하는 방법 중의 하나로, 작품의 내적 구조나 언어적 요소가 아닌 작품의 외적 요소인 작가의 삶에 주목하여 작품을 감상하는 방법이다. 작가는 독립운동가였으므로 '당신' 또한 빼앗긴 조국에서 고통받는 민중으로 이해하는 것이 적절하다.

오답 해설

① 작가의 승려로서의 삶과 활동에 주목할 경우에 가능한 의미이다.
③ 작가를 '독립운동'에 대하여 연구하는 학자나 스승으로 볼 경우에 가능한 의미이다.
④ 작가를 사랑하는 사람과 이별한 사람으로 볼 경우에 가능한 의미이다.
⑤ 작가를 예술 활동을 하는 예술가로 볼 경우에 가능한 의미이다.

09 답 ⓔ

시어를 반복하여 표현한 것은 ⓔ이다. '날마다 날마다'는 기다림을 지속하는 화자가 재회에 대한 희망적인 기다림을 이어 가는 것으로 볼 수 있으며, '낡아 갑니다'에서 화자의 안타까운 모습을 떠올릴 수 있다.

10
답 ④

화자는 고국을 떠나는 슬픔과 나라를 걱정하는 마음을 표현하고 있을 뿐, 삼각산과 한강수를 볼 수 없도록 고국을 떠나게 한 대상에 대한 원망은 드러나지 않는다.

> **오답 해설**

① '가노라', '하여라' 등에서 힘 있는 지사적 어조가 느껴진다.
② 4음보의 평시조의 규칙적인 운율이 드러나 있다.
③ '고국산천을 떠나고자 하랴마는'에서 자신이 처한 상황을 직설적으로 드러내고 있다.
⑤ '삼각산아', '한강수야'에서 돈호법과 의인법을 사용하고 있다.

11
답 ②

㉠에 사용된 표현 방법이 사용되지 않은 것은?

① 그래 살아 봐야지 / 너도 나도 공이 되어
　　　　　도치법
❷ 산 꿩이 알을 품고 / 뻐꾸기 제철에 울건만
　　　　　대구법
③ 이시라 하더면 가랴마는 제 구태여
　　　　　도치법
④ 오늘도 뫼 끝에 홀로 오르니 / 흰 점 꽃이 인정스레 웃고
　　　　　의인법
⑤ 돌담에 속삭이는 햇발같이 / 풀 아래 웃음 짓는 샘물같이
　　　　　대구법, 의인법, 직유법

㉠에는 돈호법, 의인법, 도치법이 사용되고 있다. '한강수'를 마치 사람을 부르는 것처럼 하여 돈호법과 의인법을 사용하고 있으며, '한강수야 다시 보자'라고 해야 문장 구조가 자연스러운데, 이를 도치법을 사용하여 '다시 보자 한강수야'라고 하여 의미를 강조하고 있다. '산 꿩이 알을 품고 / 뻐꾸기 제철에 울건만'에서는 대구법을 확인할 수 있다.

> **오답 해설**

① '너도 나도 공이 되어 / 살아 봐야지'를 어순을 바꾸어 표현한 경우로, 도치법이 사용되었다.
③ '있으라고 하였으면 제가 구태여 갔겠는가'의 의미로, 도치법이 사용되었다.
④ 꽃이 웃는다고 사람처럼 표현하여 의인법이 사용되었다.
⑤ '속삭이는, 웃음 짓는'에 의인법이, '햇발같이, 샘물같이'에 직유법이, '돌담에 속삭이는, 햇발같이'와 '풀 아래 웃음 짓는 샘물같이'에 대구법이 사용되었다.

12
답 ④

㉡은 '고국산천을 떠나고 싶겠는가마는'의 의미로, 떠나고 싶지 않은 고국산천을 어쩔 수 없이 떠나야 하는 화자의 안타까운 심정이 담겨 있는 구절이다. 화자가 이렇게 표현하는 것은 실제로 고국을 떠나고 싶지 않기 때문이다.

13
답 ④

〈보기〉는 위 시가 창작된 배경을 알려 주는 자료이다. 이를 바탕으로 작품을 감상한 것으로 적절하지 않은 것은?

> ┤ **보기** ├
>
> 김상헌은 병자호란 때 청나라와 끝까지 싸울 것을 주장
> 　　　　　작가가 청나라로 끌려가게 되는 이유
> 하고, 병자호란이 끝난 후에는 청나라에서 명나라를 치기
> 위해 요청한 우리나라 군대의 출병을 반대하였다. 이 때문
> 에 청나라에 압송되어 그곳에서 4년을 보내게 된다.

① 민호: 나라를 걱정하는 충신의 마음이 느껴져.
　　　고국산천에 대한 태도와 시절에 대한 걱정에서 드러남.
② 영미: 돌아올 기약도 없이 조국을 떠나야 했으니 안타까움이
　　　　　　　　　　　　　'고국산천을 떠나고자 하랴마는'에 드러남.
　　　 컸을 거야.
③ 청아: 청나라에 볼모의 처지로 떠난 길이었으니 아주 비통한
　　　　　　　　　　　　　　'고국산천을 떠나고 싶지 않은 심정이 드러남.
　　　 심정이었을 거야.
❹ 상우: 시절이 수상하다고 한 것은 명나라가 망하고 청나라가
　　　　　　　　　　　　　　　화자가 걱정하는 것은 조국의 위태로운 상황임.
　　　 들어섰기 때문인 거 같아.
⑤ 성하: 올 동 말 동 하다고 한 것은 고국에 다시 돌아오지 못하
　　　　　　　　　　　　　　　　　　　　귀국에 대한 불안감
　　　 리라고 생각했기 때문일 거야.

반영론적 관점에서 감상하기 위해서는 작가가 살았던 현실 세계와 작품이 창작된 시대적 배경을 고려해야 한다. 이 작품은 병자호란 후에 화자가 청나라에 볼모로 끌려가던 상황에서 창작한 것이므로, 시절이 수상하다고 한 것은 당시의 우리나라 형편이 매우 위태로운 상황에 처해 있었기 때문이라고 이해할 수 있다.

> **오답 해설**

① '고국산천'에 대한 태도와 '시절이 하 수상하니'에서 나라의 형편을 걱정하는 충신의 마음을 느낄 수 있다.
②, ③, ⑤ '올 동 말 동 하여라'에서 볼 때 볼모의 처지로 떠나는 화자는 자신이 다시 고국 땅을 밟을 수 있을지를 알 수 없는 상황에 처해 있다. 그러므로 안타깝고 비통한 심정이었을 것으로 짐작할 수 있다.

Ⅱ 현대 소설 · 고전 소설

1 독해의 원리 - 인물과 배경

실전 연습하기
90~97쪽

01 ② **02** ① **03** ④ **04** ⑤ **05** ④ **06** ②
07 ③ **08** ⑤ **09** 친일파였던 백선봉이 부족함 없이 넘치도록 호사스러운 생활을 누리고 있었음을 강조하기 위해서이다.
10 ②

01
답 ②

윗글에 대한 설명으로 적절하지 않은 것은?

① 사투리의 사용으로 상황을 실감 나게 제시하고 있다.
  ○
❷ 현재와 과거의 사건을 교차하여 이야기를 전개하고 있다.
  ×
③ 대화와 서술의 적절한 사용으로 사건을 효과적으로 전개하고
있다.
④ 작품 속 서술자가 다른 인물들의 행동을 관찰하여 내용을 전
  '나'(동만) ○
달하고 있다.
⑤ 유년기의 시점으로 사건을 서술하고 있지만 어른의 시각이 반
영되어 있다. ○

이 글은 서술자가 어린 시절, 6·25 전쟁이 일어났을 때 겪은 가족사의 비극을 회상하는 내용으로, 과거의 사건을 시간의 흐름에 따라 서술하고 있다. 현재의 사건을 다루고 있는 부분은 드러나지 않으므로 현재와 과거를 교차하여 이야기를 전개하고 있다는 설명은 적절하지 않다.

오답 해설

① 외할머니가 구렁이에게 하는 말과 친할머니와의 대화에서 사투리를 사용하고 있음을 확인할 수 있다.
③ 두 할머니의 화해 장면에서는 대화를 직접 제시하고, 외할머니가 구렁이를 달래어 보내는 과정과 친할머니가 돌아가실 때까지의 상황은 서술자가 요약적으로 서술하여 사건을 효과적으로 전개하고 있음을 알 수 있다.
④ 어린 서술자인 '나'가 두 할머니와 가족들의 행동을 관찰하여 객관적으로 전달하고 있음을 알 수 있다.
⑤ 어린아이의 시각으로 서술하지만, 할머니의 삶을 평가하는 마지막 부분의 '어떻게 생각하면'으로 볼 때, 어른이 된 현재의 화자의 시각이 반영되어 있다고 볼 수 있다.

02
답 ①

윗글에서 인물 간의 대화에 대한 설명으로 가장 적절한 것은?

❶ 내면의 생각을 솔직하게 드러내고 있다.
  친할머니와 외할머니가 서로에게 가진 마음을 전함.
② 풍자와 반어를 통해 상대방을 비난하고 있다.
             ×
③ 의견 차이를 좁히지 못해 갈등이 심화되고 있다.
                     ×
④ 가정에서 일어나는 일상적인 화제를 주고받고 있다.
                        ×
⑤ 여러 사건에 대하여 각기 다른 의견을 제시하고 있다.
     ×   ×

친할머니와 외할머니가 자신의 속마음을 진솔하게 드러내며 대화를 이어 가고 있는 부분으로, 외할머니가 구렁이를 달래어 보낸 일에 대하여 친할머니가 외할머니에게 감사의 말을 하면서 서로의 아들들로 인해 벌여 왔던 갈등이 해소되고 있다.

오답 해설

② 친할머니가 외할머니에게 고마움을 전하고, 외할머니가 친할머니를 위로하고 있을 뿐, 상대방을 비난하고 있지 않다.
③ 두 할머니 모두 구렁이를 삼촌의 현신으로 생각하고 있을 뿐, 의견 차이가 드러나거나 갈등이 심화되고 있지 않다.
④ 구렁이를 달래어 보낸 일에 대한 대화를 주고받는 것이지 일상적인 화제를 주고받는다고 볼 수 없다.
⑤ 구렁이를 달래어 보낸 사건에 대하여 말하는 것이지 여러 사건에 대하여 각기 다른 의견을 제시하고 있지 않다.

03
답 ④

시대적 상황을 고려하여 작품을 이해한 것으로 적절하지 않은 것은?

① 장마 - 민족의 비극인 전쟁과 분단
  부정적 의미
② 삼촌과 외삼촌 - 이데올로기의 대립
  빨치산 ↔ 국군 소위
③ 상처 난 구렁이 - 상처 입은 우리 민족
  동네 아이들의 폭력으로 상처를 입음.
❹ 외할머니와 친할머니의 갈등 - 집안의 가풍 차이로 인한 갈등
                              ×
⑤ 외할머니와 친할머니의 화해 - 화해와 용서, 민족의 동질성 회복
  구렁이를 달래어 돌려보낸 일로 화해하고 갈등을 해소함.

외할머니와 친할머니의 갈등은 자식들로 인해 빚어진 것이지 집안의 가풍 차이로 인한 것이 아니다. 친할머니의 아들은 인민군으로 전쟁에 참여하여 빨치산이 되었고, 외할머니의 아들은 국군으로 참전하여 인민군과 전쟁을 벌이다가 전사하였기 때문이다.

오답 해설

① 이 작품의 계절적 배경이 되고 있는 장마는 우울하고 지긋지긋하며 부정적인 의미를 가진다는 점에서 민족의 비극인 전쟁과 분단 상황을 상징한다고 볼 수 있다.
② 친할머니와 외할머니를 갈등하게 한 삼촌과 외삼촌은 인민군

과 국군으로 갈라져 싸움으로써 이데올로기적으로 대립하고 있다.
③ 삼촌의 현신으로 인식되고 있는 '구렁이'는 마을 아이들에게
상처를 입고 '나'의 집 안으로 들어오는데, 이는 동족 간의 전쟁으
로 상처를 입은 우리 민족을 상징하는 것으로 볼 수 있다.
⑤ 구렁이 사건을 계기로 두 할머니가 화해를 하게 되는 것은 정서
적 화합을 통한 민족의 동질성 회복을 의미한다고 볼 수 있다.

04 　　　　　　　　　　　　　　　　🅑 ⑤

㉠에 대한 설명으로 적절하지 않은 것은?

① 서술자의 심리적 태도를 내포하고 있다.
　장마가 실제보다 더 길게 느껴진다는 의미임.
② 간결하게 마무리하여 여운을 주고 있다.
　작품 전체의 사건이 종결되었음을 한 줄로 표현함.
③ 상징적 소재를 통해 주제를 드러내고 있다.
　'장마'는 민족의 비극인 전쟁과 분단 상황을 상징함.
④ 사건이 벌어진 시간적 배경을 제시하고 있다.
　장마는 소설 속 사건이 벌어진 시간적 배경에 해당함.
❺ 갈등이 해소되지 않은 상태임을 암시하고 있다.
　　　　　　　　　　　　　　　　×

㉠은 작품 전체를 종결하는 문장으로 앞에서 일어난 사건과 구분
하여 한 행을 띄어서 처리함으로써 독자에게 여운을 주며, 그동안
의 갈등이 모두 해소되었음을 암시하고 있다.

오답 해설

① ㉠과 같이 지루하다고 표현함으로써 작품의 배경이 되는 장마
기간이 실제보다 더 느껴질 만큼 힘든 시간이었다는 서술자
의 심리를 담고 있다.
② 작품 전체를 지배해 온 긴 장마를 간결한 문장으로 마무리함으
로써 독자에게 여운을 주고 있다.
③ 작품의 제목이기도 한 '장마'는 오랫동안 지속되며 우리 민족
을 불행하게 한 6·25 전쟁을 상징한다고 볼 수 있다.
④ 이 글에서 장마는 제목이자 시간적, 계절적 배경이 되고 있다.

05 　　　　　　　　　　　　　　　　🅑 ④

윗글의 내용을 〈보기〉와 같이 정리하였을 때, (가)에 해당하는
장면은?

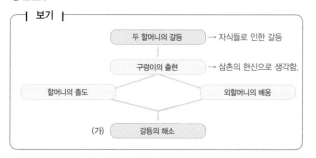

① 할머니가 돌아가셨다.
　　　　×
② 할머니가 삼촌을 기다렸다.
　　　　　×

③ 할머니가 의식을 회복하였다.
　　　　　　　　×
❹ 외할머니가 큰방으로 건너왔다.
　　　　　　　　○
⑤ 고모가 할머니에게 경과를 이야기하였다.
　　　　　　　　　　　×

이러한 문제를 풀 때는 먼저 〈보기〉를 보면서 글의 흐름을 파악한
뒤, 지문을 읽는 것이 도움이 된다. 지문을 읽을 때는 각 사건의
연관 관계를 염두에 두도록 한다. 이 작품에서 외할머니는 국군인
외삼촌이 죽자 아들을 죽게 한 빨치산들에게 저주의 말을 퍼붓는
다. 그런데 삼촌이 빨치산이기 때문에 할머니는 자신의 아들을 저
주하는 것처럼 들려 외할머니와의 관계가 서먹하게 된 것이다. 이
때문에 외할머니는 할머니가 계시는 큰방 출입을 하지 않게 된다.
그러나 삼촌의 현신으로 보이는 구렁이를 외할머니가 배웅해 주
면서 갈등이 해소되는데, 이를 상징적으로 보여 주는 것이 바로
외할머니의 큰방 출입이다. '외할머니로서는 벌써 오래전에 할머
니하고 한 다래끼 단단히 벌인 이후로 처음 있는 큰방 출입이었
다.'라는 부분에서도 알 수 있다.

06 　　　　　　　　　　　　　　　　🅑 ②

이 작품은 인물의 심리를 세밀하게 분석하기보다는 인물의 행동
과 인물 간의 대화를 통해 인물의 성격과 심리가 드러나도록 서술
하고 있다.

오답 해설

① 인물이 살아온 내력을 서술자가 요약적으로 제시하고 있으므
로 묘사보다는 서술이 주가 되고 있다고 할 수 있다.
③ 이 작품은 해방 직후, 미군정기의 혼탁한 사회 현실을 배경으
로 하고 있다.
④ 방삼복과 백 주사는 모두 권력을 좇아 자신의 이익만을 추구하
는 기회주의적인 인간형이다.
⑤ 방삼복, 백 주사와 같은 부정적 인간형을 부각함으로써 역설적
으로 바람직한 인간형을 제시하고자 하였다고 볼 수 있다.

07 　　　　　　　　　　　　　　　　🅑 ③

윗글의 서술상 특징으로 가장 적절한 것은?

① 서술자가 자신의 이야기를 중심으로 사건을 전개하고 있다.
　　　　　　　　　× → 1인칭 주인공 시점
② 서술자를 작중 인물로 설정하여 사건의 현장감을 높이고 있다.
　　　　　　　　　× → 1인칭 관찰자 시점
❸ 서술자가 작중 상황과 사건을 전지적 시점에서 전달하고 있다.
④ 서술자가 회상을 통해 외부 이야기에서 내부 이야기로 이동하
　　　　　　　　　　　　　　　× → 액자 소설
고 있다.
⑤ 서술자는 과거와 현재를 반복적으로 교차시켜 사건에 입체감
　　　　　　　　　　　　　　　×
을 부여하고 있다.

서술자는 방삼복과 백 주사의 심리 상태는 물론, 백 주사가 예전의 부를 되찾기 위해 불쾌하지만 방삼복에게 비굴하게 처신하는 사건 등을 전지적 시점에서 전달하고 있다. 따라서 이 작품은 3인칭 전지적 시점에서 작중 상황과 사건을 전달하고 있다고 볼 수 있다.

오답 해설

① 이 작품은 서술자가 자신의 이야기를 중심으로 사건을 전개하는 1인칭 주인공 시점의 소설이 아니다.
② 이 작품은 서술자가 작중 인물로 등장하여 주인공의 이야기를 전달함으로써 사건의 현장감을 높이는 1인칭 관찰자 시점의 소설이 아니다.
④ 서술자가 백 주사의 과거 사실을 서술할 뿐, 지문 속에 회상과 관련된 장면은 없으며, 외부 이야기에서 내부 이야기로 이동하는 액자 소설식 구성을 취하고 있지도 않다.
⑤ 인물의 과거 행적을 일부 제시하고 있으나 과거와 현재가 반복적으로 교차되지 않으며, 사건 전개상의 입체감도 느껴지지 않는다.

08 답 ⑤

서술자는 방삼복을 중심인물로 설정하고 그가 살아온 이력을 비교적 중립적으로 서술하는 것처럼 보이지만 인물의 부정적 측면을 부각함으로써 실제로는 인물을 비판하고 있다.

오답 해설

① 서술자는 인물에 대하여 일정한 거리를 유지하고 있을 뿐, 태도가 변하고 있지는 않다.
②, ③ 인물의 부정적 측면을 적나라하게 그려 내고, 때로는 우스꽝스럽게 묘사하고 있을 뿐, 인물에 대하여 적대감을 드러내거나 호감을 가지고 있는 것은 아니다.
④ 인물의 행동이나 살아온 내력을 냉정하게 그려 내고 있다고 볼 수 있지만, 동정하고 있다고 볼 수 없다.

09 답 친일파였던 백선봉이 부족함 없이 넘치도록 호사스러운 생활을 누리고 있었음을 강조하기 위해서이다.

백 주사의 아들 백선봉은 일제 강점기 당시 조선인들이 주린 창자를 졸라매며 고통스러운 삶을 살아갈 때, "고기와 생선이 끼니마다 상에 오르지 않는 날이 없었다."라고 할 만큼 호화스러운 생활을 하고 살았다고 서술하고 있다. 따라서 그의 집에서 나온 물건의 목록과 수량을 일일이 행갈이를 하여 열거함으로써 작가는 백선봉이 친일 행각을 통해 모은 재물을 가지고 얼마나 호화롭게 살았는지를 보여 주고자 한 것으로 이해할 수 있다.

10 답 ②

[B]에서 드러나는 '미스터 방'의 인물됨을 평가한 것으로 적절한 것은?

① 주변을 배려하는 다정다감한 모습을 보인다.
❷ 자신의 능력에 대한 과장과 허세가 드러난다.
③ 상대방의 요구를 세심히 검토하는 치밀한 면모를 보인다.
④ 오랜만에 만난 고향 사람을 배려하는 따뜻한 면모를 보인다.
⑤ 상대방의 요구에 대한 대가를 계산하는 이해타산적인 모습을 보인다.

방삼복은 백 주사의 부탁을 자신 있게 들어주겠다고 하며 "머, 지금 당장이래두, 내 입 한 번만 떨어진다 치면, 기관총 들멘 엠피가 백 명이구 천 명이구 들끓어 내려가서, 들이 쑥밭을 만들어 놉니다, 쑥밭을."이라며 자신의 능력에 대한 과장과 허세를 드러내고 있다.

오답 해설

① 고향 사람인 백 주사에게 하는 행동으로 보아 미스터 방이 주변을 배려하는 다정다감한 모습을 보인다고 보기 어렵다.
③ 백 주사의 부탁을 받고 흔쾌히 들어주겠다고 자신을 과시하는 모습이 드러날 뿐 상대방의 요구를 세심히 검토하는 치밀한 면모는 찾기 어렵다.
④ 백 주사를 잡아끌어 집으로 데려와서 거들먹거리는 것으로 보아 고향 사람을 배려하는 따뜻한 면모를 보인다고 볼 수 없다.
⑤ 백 주사의 요구에 대하여 대가를 계산하는 부분은 드러나지 않는다.

2 독해의 원리 – 갈등과 사건

실전 연습하기 110~117쪽

01 ③ 02 ② 03 ③ 04 ③ 05 울음 고개 06 ①
07 ① 08 ① 09 ② 10 ③ 11 ④

01 답 ③

이 작품은 3인칭 전지적 시점으로, 작품 밖에 있는 서술자가 등장인물의 내면을 들여다보는 것처럼 인물의 생각과 행동을 직접 서술하고 있다. 따라서 서술자가 작품 속에 있다는 설명은 적절하지 않으며, 서술자가 과거의 추억을 회상한다고도 볼 수 없다.

오답 해설

① 남이에게 관심을 끌기 위해 외모에 신경을 쓰고 남이를 만나기

위해 남이 주변을 맴돌며 마을 사람들과 아이들에게 하는 행동으로 보아 엿장수는 매우 순박한 인물임을 알 수 있는데, 이러한 엿장수와 남이를 통해 순수한 사랑을 느낄 수 있는 작품이다.
② 인물들이 쓰는 사투리를 통해 인물들에게 친근감을 느낄 수 있고, 실제로 마을 사람들의 삶 속에 있는 듯한 생생한 현장감을 느낄 수 있다.
④ 인물들의 대화와 행동을 통해 인물들의 성격이 드러나고 있다.
⑤ '고무신'을 통해 엿장수와 남이가 서로에게 관심을 가지게 되었으며, '고무신'을 선물했을 것으로 짐작되는 엿장수와 그것을 신고 떠나는 남이의 모습에서 서로에 대한 애틋한 마음이 드러나고 있다.

02 답 ②

⊙에 대한 설명으로 적절한 것은?
① 사건이 곧 마무리될 것임을 암시한다.
　　　　× → 사건의 전환
❷ 새로운 사건이 일어날 것임을 암시한다.
남이와 엿장수의 관계 변화 → 이별
③ 새로운 인물이 중심인물로 바뀌게 될 것임을 암시한다.
　　　　　　　　　　×
④ 우연한 사건이 발생하여 사건이 반전될 것임을 암시한다.
　　　　　　　　　　　　　×
⑤ 인물의 심리적 갈등이 인물 간의 갈등으로 전개될 것임을 암시한다.
　　　　　　　　　　×

남이와 엿장수의 사랑이 무르익을 무렵에 남이 아버지가 갑자기 찾아오면서 사건 전개에 변화를 암시하고 있다. 소설에서 새로운 인물의 등장은 곧 새로운 사건을 예고하는 기능을 한다.

오답 해설

① 남이 아버지로 인해 사건이 새로운 전환점을 맞는 것일 뿐, 사건이 마무리된다고 보기 어렵다.
③ 새로운 인물인 남이 아버지가 중심인물로 바뀌는 것은 아니다.
④ 남이 아버지가 우연히 찾아왔다고 볼 수 있으나 사건이 반전된다기보다는 상황이 변화되는 것으로 보는 것이 적절하다.
⑤ 남이가 아버지와 갈등한다고 볼 수 있지만 남이나 남이 아버지의 심리적 갈등은 드러나지 않는다.

03 답 ③

남이가 신고 가는 고무신이 어떤 고무신인지 소설의 내용만으로는 분명하게 알 수 없다. 그러나 철수 내외에게 수수께끼가 되고, '한 번도 신지 않은 새것'이라는 표현에서 알 수 있듯이 남이가 떠날 때 신은 '옥색 고무신'은 새 신발이다. 따라서 과거에 철수가 선물로 준, 윤이와 영이가 엿으로 바꿔 먹은 고무신이 아니라 엿장수가 선물한 신발이라는 것을 짐작할 수 있다.

04 답 ③

엿장수는 예쁘게 차려입고 있는 남이가 시집을 가기 위해 마을을 떠나게 되었다는 사실을 알지 못하고 자천 골짜기로 꽃놀이를 간다고만 생각하고 있다. 따라서 ⓒ에 남이를 원망하는 마음이 담겨 있다고 볼 수 없다.

오답 해설

① ⓐ는 남이에게 관심을 가지면서부터 변화된 엿장수의 외양을 묘사하고 있는 부분이다. 엿장수의 이러한 변화는 남이에게 잘 보이고 싶어 하는 마음 때문으로 볼 수 있다.
② 엿장수가 철수네 집 주변을 맴도는 것은 남이를 만나기 위한 것인데, 철수에게 들켜 도둑으로 오해를 받게 된 상황이다. 놀라서 물러나면서도 철수를 알아보고 절을 하는 것으로 보아 인물의 성품이 매우 순박하다는 것을 알 수 있다.
④ 남이가 엿장수에게 엿값으로 돈을 주었지만 엿장수는 엿과 함께 돈을 도로 돌려주고 있다. 이는 엿장수가 남이에게 남다른 마음을 가지고 있음을 드러내는 부분이다.
⑤ 엿장수는 남이에게 관심이 있으므로 어떻게든 한 번이라도 더 남이를 만나고 싶어 한다. 자천 골짜기로 가고자 하는 것도 남이가 그곳으로 꽃놀이를 간 것으로 생각하기 때문이다.

05 답 울음 고개

'울음 고개'는 엿장수가 떠나는 남이와 이별하게 되는 장소이다. '울음 고개'라는 이름 그대로, 뜻하지 않은 이별로 인한 두 사람의 서글픈 심정을 상징적으로 드러내는 장소로 볼 수 있다.

06 답 ①

윗글에 대한 설명으로 적절하지 <u>않은</u> 것은?
❶ 세속적 욕망은 이루기 어려움을 강조하고 있다.
　　　　　　　　×
② 불교적 가치에 기반을 두는 주제 의식이 드러나 있다.
　　　　　○ → 세속적 욕망의 덧없음. 인생무상
③ 서술자가 인물의 내면까지 구체적으로 제시하고 있다.
　　　　　○ → 3인칭 전지적 시점
④ 작품 속에 사실성을 뒷받침하는 증거물을 제시하고 있다.
　　　　　○ → 돌부처
⑤ 내부와 외부 이야기가 구분되는 액자식 구성을 취하고 있다.
　　　　　　　　　　○

조신은 꿈속에서 세속적 욕망을 이루었으므로, 세속적 욕망은 이루기 어려움을 강조한다고 보기 어렵다.

07 답 ①

윗글을 읽고 〈보기〉와 같이 내용을 정리하려고 한다. ㉮에 들어갈 내용으로 적절하지 <u>않은</u> 것은?

┌─ 보기 ┐

현실	→	꿈속	→	현실
소망의 기원		㉮		깨달음

❶ 김 씨 낭자는 자신에게 어울리는 배필을 찾아 시집을 갔다.
　　　　　　　× → 김 씨 낭자가 시집을 갔는지 알 수 없음.
② 조신은 김 씨 낭자와 40여 년을 같이 살며 자녀 다섯을 두었다.
　　　　　　　　　　　　　○
③ 지독한 가난으로 곁방살이와 보잘것없는 음식조차 얻기 어려
웠다.　　　　　　　　　　　○
④ 부부의 인연을 더 이상 이어 갈 수 없다고 여겨 헤어지기로 합
의하였다.　　　　　　　　　　　　　　　　○
⑤ 열다섯 살 된 큰아이가 굶어 죽어 명주에 있는 해령 길가에 묻
어 주었다.　　　　　　○

김 씨 낭자가 부모의 명령에 못 이겨 억지로 시집을 간 사실은 조신의 꿈속에서 김 씨 낭자가 스스로 한 말에서 드러나지만, 실제로는 '그 여자에게 이미 배필이 생겼다.'라고만 서술하고 있어, 김 씨 낭자가 자신에게 어울리는 배필을 찾아 시집을 갔는지는 알 수 없다. 그러므로 ㉮에 들어갈 내용으로 적절하지 않다.

08　답 ①

조신은 현실에서 자신이 연모하는 김흔의 딸과 인연을 맺고 싶어 하지만 그것이 이루어지지 않아서 내적 갈등을 겪게 된다. 하지만 꿈속의 삶에서 세속적 욕망을 성취하지만 그것이 허망하다는 깨달음을 얻고 꿈을 깬 후에는 내적 갈등이 해소되고 있다. 그러므로 관음보살과의 갈등이 조신의 내적 갈등으로 발전한다는 진술은 적절하지 않다. 또한 관음보살이 꿈속에 나타난 것도 아니다.

┌ 오답 해설 ┐

② 꿈속에서 큰아이를 묻은 곳에서 나온 돌부처는 꿈을 깬 후에도 존재하는 것이므로 꿈의 공간과 현실을 이어 주는 매개체로 작용한다고 볼 수 있다.
③ 조신은 김흔의 딸과 인연을 맺고 싶어 하지만 그것이 이루어지지 않자 관음보살을 원망하며 슬피 울다가 꿈을 꾸게 된다. 이처럼 조신은 자신이 바라던 바가 충족되지 못한 상황에서 꿈을 꾸게 된다.
④ 꿈은 관음보살 앞에 가서 빌었던 조신의 소망이 실현되는 공간이다. 그러나 다시 꿈을 깨고 현실로 돌아온다는 점에서 일시적인 것이라 할 수 있다.
⑤ 꿈속에서의 삶을 통해 종교적 깨달음을 얻은 조신은 꿈을 깬 후에는 세속적 욕망의 허망함을 깨닫게 되므로 꿈꾸기 전과 다른 삶의 태도를 가지게 된다고 할 수 있다.

09　답 ②

작품의 주제를 파악하는 문제이다. 김흔의 딸과 함께한 꿈속 삶을 통해 조신이 깨달은 내용이 이 글의 주제가 되고 있다. 따라서 이

글에서 작가가 말하고자 하는 것은 '세속적 욕망의 덧없음과 무상함'이다.

┌ 오답 해설 ┐

① 꿈속 삶을 통해 인생이 늘 즐거운 것은 아님을 보여 주고 있는데, 이는 조신에게 삶의 덧없음을 깨닫게 하려는 것으로 볼 수 있다.
③ 조신이 승려인 자신의 처지에 맞게 살아야 한다는 의미로 볼 수 있으나 궁극적인 주제라고 보기 어렵다.
④ 조신의 소망은 김흔의 딸과의 세속적 인연이지 성공하여 세상에 이름을 떨치고자 하는 것은 아니다.
⑤ 조신의 꿈속 삶을 통해 깨달음을 주고자 하는 것이지 꿈을 통해 깨달음을 얻을 수 있다는 점을 말하고자 하는 것은 아니다.

10　답 ③

이 글은 한자로 기록된 것을 번역한 설화이므로 낯선 한자어가 많이 등장한다. ⓒ의 '조식(粗食)'은 '검소한 음식'을 이르는 말이다. '아침 끼니로 먹는 밥'을 의미하는 한자어는 '조식(朝食)'이다.

11　답 ④

위의 이야기를 영상물로 제작하기 위해 제안한 내용으로 적절하지 않은 것은?

① 조신이 법당 안에서 관음보살을 원망하며 밤늦도록 울다가 잠이 든 모습을 부각하는 게 좋겠어.　　　　　　　○
② 김 씨 낭자와 함께 고향으로 향하는 장면은 경쾌하고 화사한 봄 분위기로 꾸미는 게 좋겠지.　　　　　　　　○
③ 아이들을 데리고 밥을 구걸하고, 다 쓰러져 가는 집에서 초라하게 살아가는 장면도 필요하겠어.　　　　　　　○
❹ 부인이 헤어지자고 말하는 장면에서는 조신이 부인과의 이별을 슬퍼하며 우는 모습을 부각하고, 쓸쓸한 음악이 흐르도록 해야겠어.　　　　　　　×
⑤ 꿈을 깬 후의 장면에서는 조신의 머리가 하얗게 센 모습으로 분장하고 세상일에 초연하게 대하는 태도를 보이도록 해야 해.　○

조신은 부인이 헤어지자고 제안했을 때 크게 기뻐하여 각기 아이 둘씩을 맡아 바야흐로 떠나려 하였다고 서술하고 있다. 따라서 부인과의 이별을 슬퍼하며 우는 장면을 부각하는 것은 이야기의 내용과 어울리지 않으므로 적절한 장면이라고 볼 수 없다.

실전 연습하기

01 ①	**02** 설렁탕	**03** ④	**04** ②	**05** ④	**06** ②
07 ④	**08** ②	**09** ①	**10** ①	**11** ③

01
답 ①

윗글에 대한 설명으로 적절한 것은?

❶ 하층민의 삶을 사실적으로 그리고 있다.
　김 첨지는 가난한 인력거꾼 → 도시 하층민
② 서로 무관한 단편적인 사건들이 나열되고 있다.
③ 서술자가 이야기 속에서 사건을 이끌어 가고 있다.
④ 시간의 흐름에 따라 사건이 순차적으로 진행되고 있다.
⑤ 비속어를 사용하여 비극적 상황을 해학적으로 그리고 있다.

이 소설은 김 첨지라는 인력거꾼의 하루를 통해 일제 강점기 도시 하층민의 비참한 삶을 그려 낸 작품이다.

> **오답 해설**

② 돈이 잘 벌리는 행운과 아내가 아파 누워 있는 불안한 사건은 반어적 설정에 따른 것으로 긴밀하게 연결되는 사건이다.
③ 이 작품은 3인칭 전지적 시점으로 작품 밖에 있는 서술자가 인물과 사건을 서술하고 있다.
④ 김 첨지가 불안해하는 원인을 보여 주기 위해 과거 회상 장면(아내가 아픈 장면)을 중간에 삽입하는 방식으로 서술하고 있다.
⑤ 인물이 사용하는 비속어는 도시 하층민의 가난한 삶을 생생하고 사실적으로 표현하는 역할을 하고 있다. 이를 해학적이라고 보는 것은 적절하지 않다.

02
답 설렁탕

김 첨지는 겉으로는 아내에게 거칠게 행동하지만 사실은 아내를 깊이 사랑하고 있음을 알 수 있다. 그것은 돈이 생기자 아내가 먹고 싶어 하던 설렁탕을 사 줄 생각을 하고, 취중에도 설렁탕을 사 가지고 집으로 돌아가는 것에서 드러난다.

03
답 ④

김 첨지는 오랜만에 돈을 많이 벌게 되어 아내에게 설렁탕을 사 줄 수 있다는 기대에 부풀어 있다. 하지만 아픈 아내 생각에 일을 하면서도 계속 불안해하고 있다. 김 첨지는 겉으로는 아내에게 거칠게 대하지만 속으로는 아내를 위하고 있으므로 아픈 아내를 떠올리며 짜증스럽다는 반응을 보이는 것은 적절하지 않다.

04
답 ②

윗글을 영상물로 제작할 때 고려해야 할 사항이 아닌 것은?

① '개똥이'의 울음소리를 효과음으로 넣어 비극성을 극대화한다.
❷ 김 첨지를 맡은 배우는 아픈 아내를 원망하며 거칠게 연기한다.
③ 가난한 삶이 드러나도록 지저분하고 초라한 방 안을 배경으로 한다.
④ 아내가 먹고 싶어 했던 설렁탕을 준비하여 작품의 비극성을 드러낸다.
⑤ 아내의 얼굴에 자신의 얼굴을 비비는 김 첨지의 표정에 미안함과 자책감이 담겨 있도록 연기한다.

김 첨지는 아내를 원망해서가 아니라 아내의 죽음을 예감하고 그 불안감을 떨쳐 버리기 위해서 폭력적인 행동을 하고 있다. 취중에도 설렁탕을 사 오는 김 첨지의 모습에 아내를 생각하는 김 첨지의 마음이 드러난다.

> **오답 해설**

① 죽은 엄마 옆에서 빈 젖을 빨다 기운이 빠진 개똥이의 힘없는 울음소리를 효과음으로 넣으면 비극성을 극대화할 수 있다.
③ 이 소설에서 김 첨지는 가난한 도시 하층민이므로 김 첨지의 가난한 삶이 드러나도록 지저분하고 초라한 방 안을 배경으로 제시해야 한다.
④ 아내가 먹고 싶어 했지만 결국 죽어서 먹지 못한 설렁탕을 준비하여 작품의 비극성을 더욱 심화할 수 있다.
⑤ 죽은 아내의 얼굴에 자신의 얼굴을 비비며 중얼거리는 말에서 아내에 대한 김 첨지의 사랑, 자책감, 안타까움, 슬픔을 느낄 수 있다. 따라서 배우는 이런 김 첨지의 마음이 표정에 드러나도록 연기해야 한다.

05
답 ④

〈보기〉는 김 첨지가 자신의 생각과 감정을 이야기하고 있으므로 [A]를 1인칭 주인공 시점으로 바꾸어 내용을 서술한 경우이다. 1인칭 주인공 시점은 주인공의 입장에서 사건이 제시되기 때문에 갈등의 원인 또한 주인공의 주관이 작용할 수 있으므로 갈등의 원인을 분명하게 드러낼 수 있다고 보기 어렵다.

06
답 ②

김 첨지는 예기치 않은 행운에 돈을 많이 벌어 '운수 좋은 날'이라고 생각했지만 결국 아내가 죽어 버린 '운수 나쁜 날'이 되었다. 따라서 ㉠의 독백은 김 첨지의 비극적 상황을 더욱 심화하고 있다고 볼 수 있다.

07

답 ④

변산 군도들을 잡기 위해 각 지방에서 군사를 징발하여 수색한 것에서 도둑질이 문제가 되고 있음을 알 수 있지만, 도둑질이 사회의 가장 큰 문제임을 주장하는 것은 아니다.

오답 해설

①, ② 이 글은 이용후생의 실학사상을 배경으로 가정을 돌보지 않는 양반 사대부의 무능을 비롯하여 명분과 허례허식을 중시하는 위정자들을 비판한 작품이다.
③ 이 글은 인물의 행동과 대화를 위주로 서술하고 있다.
⑤ 이 글은 3인칭 전지적 시점의 작품으로, 작품 밖의 서술자가 허생의 심리를 서술하고 있다.

08

답 ②

허생은 과일과 말총을 매점매석하여 물건값이 비정상적으로 오르게 한 다음, 열 배의 값에 되파는 등 만 냥으로 물건값을 좌우하고 있다. 이를 통해 작가는 당시 우리나라의 취약한 경제 구조를 보여 주는 동시에 비싼 값에도 제사나 예의를 차리기 위해 과일과 말총을 사는 양반들의 허례허식을 풍자하고 있다.

09

답 ①

[A]에서는 허생이 변 씨에게 빌린 돈으로 매점매석을 하여 돈을 번 과정을 요약적으로 제시하고 있다.

10

답 ①

㉠에 대한 설명으로 적절하지 않은 것은?

❶ 현실에 적응하지 못한 사람들이 도피하는 공간이다. ×
② 처자식을 거느리고 살며, 어른이 공경받는 사회이다. ○
③ 허생이 자신의 경륜을 시험하기 위한 장소이다. ○
④ 허생이 실현하려고 하는 이상 세계이다. ○
⑤ 외국과의 무역이 실현되는 공간이다. ○

허생이 현실에 적응하지 못하고 도둑이 된 사람들을 '빈 섬'에 데리고 갔지만 그들은 자발적으로 허생을 따라간 것이기 때문에 현실에 적응하지 못한 사람들이 도피하는 공간이라고 하는 것은 적절하지 않다.

오답 해설

② 허생이 도둑들에게 아내를 데리고 오게 하고, '아이들을 낳거들랑 오른손에 숟가락을 쥐고, 하루라도 먼저 난 사람이 먼저 먹도록 양보케 하여라.'라고 한 부분에서 처자식을 거느리고 살며, 어른이 공경받는 사회임을 알 수 있다.
③ 허생의 '인제 나의 조그만 시험이 끝났구나.'라는 말에서 빈 섬이 허생이 자신의 경륜을 시험하기 위한 곳임을 알 수 있다.
④ 허생이 빈 섬을 찾은 것은 자신이 실현하려고 한 이상 세계를 구현하기 위한 것으로 볼 수 있다.
⑤ 허생이 3년 동안의 양식을 비축해 두고 나머지를 장기도로 가져가서 팔았다고 하였으므로 외국과의 무역이 실현되는 공간으로 볼 수 있다.

11

답 ③

㉡에 대한 설명으로 적절하지 않은 것은?

① 이상적인 국가를 건설하고자 하였다. ○
② 해외 무역을 통해 자본을 축적하였다. ○
❸ 물자를 공동으로 소유하고 분배하였다. ×
④ 농업을 통해 자급자족하는 사회를 실현하였다. ○
⑤ 도둑들이 죄를 짓지 않고 양민으로 살 수 있게 하였다. ○

'나의 조그만 시험'은 허생이 '빈 섬'에서 이루고자 하는 이상 국가로 볼 수 있다. 허생은 빈 섬에서 이상적인 국가 건설을 시도하였으나 이상 국가 건설에 성공한 것은 아니다. 허생이, 도둑들이 양민이 되어 자급자족하며 살 수 있게 하고 남은 양식을 장기도에 가져가서 팔아 부를 축적하였으나 물자를 균등하게 분배하는 모습은 찾을 수 없다.

4 독해의 원리 - 주제와 제재

실전 연습하기

150~157쪽

01 ① **02** ⑤ **03** 봉평에서의 추억을 소중히 여기기 때문이다. **04** ③ **05** ③ **06** ③ **07** ② **08** ④ **09** ④ **10** ① **11** ③

01

답 ①

윗글에 대한 설명으로 적절하지 않은 것은?

❶ 호흡이 긴 문장을 사용하여 사건을 자세히 서술하고 있다. ×
② 시각과 후각적 표현을 통해 풍경을 감각적으로 제시하고 있다. ○
③ 인물들 간의 대화를 통해 과거의 사건을 요약적으로 제시하고 있다. ○
④ 메밀꽃이 하얗게 핀 산길의 풍경을 통해 낭만적 분위기를 그려 내고 있다. ○
⑤ 인물들의 고단한 삶을 자연적 배경 묘사를 통해 아름답게 그려 내고 있다. ○

이 장면의 주요 사건은 메밀꽃이 핀 달밤에 일어난 허 생원과 성 서방네 처녀와의 하룻밤 인연이다. 허 생원에 대해 서술자가 소개하는 부분이나 배경을 묘사한 부분에서는 호흡이 긴 문장을 사용하고 있다고 볼 수 있지만, 허 생원의 이야기는 인물들의 대화를 통해 전개하고 있으므로 호흡이 긴 문장을 사용하여 사건을 자세히 서술하고 있다고 볼 수 없다. 호흡이 긴 문장은 수식어를 많이 사용하여 내용을 길고 자세하게 풀어 써서 장황한 느낌이 있는 문장을 말한다.

02 답 ⑤

허 생원과 조 선달은 여러 장을 떠돌아다니며 드팀전을 펼치는 장돌뱅이로, 두 사람은 허물없는 사이이다. 그렇지만 두 사람이 장돌뱅이 일을 시작할 때부터 계속 함께한 것은 아니다. 허 생원이 조 선달을 만나기 전에 일어난 성 서방네 처녀와의 인연을 조 선달에게 이야기하는 것으로 보아 장돌뱅이 일을 시작할 때는 조 선달과 함께하지 않았음을 알 수 있다.

오답 해설

① '고향이 청주라고 자랑삼아 말하였으나 고향에 돌보러 간 일도 있는 것 같지는 않았다.'에서 확인할 수 있다.
② '조 선달은 친구가 된 이래 귀에 못이 박히도록 들어왔다.'에서 확인할 수 있다.
③ '난 거꾸러질 때까지 이 길 걷고 저 달 볼 테야.'에서 확인할 수 있다.
④ '드팀전 장돌이를 시작한 지 이십 년이나 되어도'에서 확인할 수 있다.

03 답 봉평에서의 추억을 소중히 여기기 때문이다.

허 생원이 봉평 장을 빼놓지 않는 이유는 허 생원이 과거의 추억을 이야기하는 부분에서 드러난다. 허 생원은 과거에 봉평에서 성 서방네 처녀와 잊을 수 없는 하룻밤 인연을 맺은 일이 있는데, 그 인연을 다시 만날 수 있지 않을까 하는 기대를 가지고 봉평을 찾는 것이라고 고백하고 있다.

04 답 ③

이 작품에서 '밤길'은 일정한 목적지로 가기 위한 통로라기보다는 장돌뱅이의 삶을 살아가기 위해서 늘 거쳐야 하는 공간이다. 또한 허 생원의 과거 이야기로 미루어 볼 때 만남과 헤어짐의 인연과 그리움의 정서까지도 포함하고 있다. 따라서 ⓒ의 '길'은 허 생원 일행에게 삶이 전개되는 현장 그 자체라고 할 수 있으므로 '밤길'을 인물의 암담한 처지와 관련시키는 것은 적절하지 않다.

오답 해설

① 장돌뱅이에게 '길'은 삶의 여정을 의미한다고 볼 수 있다.
② 자신의 분신과 같은 존재로 오랜 세월 함께했던 나귀의 등을 어루만지며 위안을 얻고 있는 행동에서 '길가'는 허 생원이 자신의 처지를 슬퍼하고 스스로를 위로했던 공간임을 알 수 있다.

④ 길이 좁아 일렬로 늘어서 있기 때문에 맨 마지막에 오는 동이는 맨 앞의 허 생원의 목소리를 정확히 알아듣지는 못했을 것임을 알 수 있다.
⑤ 허 생원이 가고 있는 길은 과거의 추억이 담긴 공간이기도 하지만 죽을 때까지 걷고자 하는 것으로 보아 미래로 연결될 수 있는 공간으로 볼 수 있다.

05 답 ③

허 생원과 조 선달, 동이는 모두 시골 장을 옮겨 다니며 물건을 팔아 생계를 유지하는 장돌뱅이들로, 동이는 장터에서 우연히 만나 동행하고 있다. 따라서 동이가 허 생원과 동행하는 이유를 추리하는 것은 적절하지 않다.

06 답 ③

〈보기〉에 따라 '이효석 문학제'를 알리는 초청장을 만들려고 한다. 문안으로 가장 적절한 것은?

┤ 보기 ├
• [A]의 분위기를 파악하여, 그것을 작가의 작품 세계가 지닌 특징을 드러내는 데 활용한다.
• 비유를 사용하여 표현 효과를 높인다.

① 역사와 전통 위에 지은 터전, 이효석 문학 마을로 오세요.
　　　비유를 사용하지 않음.
② 지친 현대인에게 소박한 농촌의 맛과 인심을 돌려드립니다.
　　　　작가의 작품 세계가 지닌 특징이 드러나지 않음.
❸ 이효석, 그 서정과 낭만으로 빚은 집에 여러분을 초대합니다.
　　　작품 세계의 특징이 드러나고 비유적 표현이 사용됨.
④ 서도(西道)의 애수와 가락이 있는 제전, 당신의 의자를 비워
　　　　작가의 작품 세계와 관계가 없음.
　　두었습니다.
⑤ 우리들의 잃어버린 고향, 다시 못 갈 그 서러운 곳으로 당신을
　　　　작품의 내용과 관계없고, 사실에 부합하지 않음.
　　초대합니다.

[A]는 작가의 문학적 특성인 서정적이고 낭만적인 분위기가 배경 묘사를 통해 잘 표현되어 있는 장면이다. ③은 이러한 특징을 '집'이라는 비유를 사용하여 표현 효과를 높이고 있다고 볼 수 있다.

07 답 ②

다른 소설 작품들과 달리 이 소설에서는 인물들 간의 직접적인 대화 없이 대화 내용을 서술자가 간접 화법으로 제시하고 있다.

오답 해설

① '송 영감은 다시 이 어린것을 두고 도망간 아내가 새롭게 괘씸했다.'와 같이 인물의 내면 심리와 갈등을 분석적으로 제시하고 있다.
③ 서술자는 인물의 상황과 행동을 관찰하면서 짧은 문장으로 절제되고 간결하게 제시하고 있다.

④ 사건의 전개 과정을 서술자가 설명과 묘사를 통해 제시하고 있다.

⑤ 이 글에서는 인물 간의 대화를 직접 인용으로 제시하지 않고 서술자에 의한 간접 화법으로 전달하고 있다.

08 답 ④

송 영감이 '독'을 지으며 조수와 대결 의식을 갖기는 하지만 '독'을 조수에 대한 복수의 대상으로 보는 것은 적절하지 않다.

오답 해설

①, ② 송 영감은 평생을 독을 짓는 일에 바쳐 온 인물이므로 '독'은 송 영감의 분신이자 생계유지의 수단이며 삶의 목표라고 할 수 있다.

③, ⑤ 현대 사회에서는 '독'을 짓는 일과 같은 전통적 가치가 제대로 인정받기 어렵다. 따라서 송 영감이 독 가마에서 죽음을 맞이하는 것은 사라져 가는 전통적 가치를 지키기 위한 장인의 마지막 자존심이라고 할 수 있다.

09 답 ④

윗글의 [A]를 영화로 제작한다고 할 때, 고려할 사항으로 적절하지 않은 것은?

① 송 영감의 방 안에는 가난한 형편이 드러날 수 있도록 낡고 초라한 살림 도구를 소품으로 배치한다.
　　　　　　　　○

② 당손이의 울음소리를 음향으로 제시하여 당손이를 떠나보낸 송 영감이 환청에 시달리는 모습을 표현한다.

③ 송 영감이 죽은 것처럼 누워 있는 장면에서는 송 영감의 늙고 주름진 얼굴을 클로즈업하여 슬픔을 참는 모습이 드러나게 한다.
죽은 척을 하고 누워 있지만 자식을 보내야 하는 상황이므로 눈물이 저절로 흐르고 있음.

❹ 당손이가 죽은 아버지를 두려워하지 않도록 앵두나뭇집 할머
　　　　　　　　　　　　　　　　　×
니를 맡은 배우는 당손이에게 부드럽게 타이르는 어조로 연기한다.

⑤ 당손이를 맡은 배우는 누워 있는 아버지가 죽었다고 생각해서
　　　　　　　　　　　　　　　○
두려움을 느끼고 가까이 가지 않으려는 어린아이의 모습으로 연기한다.

[A]에서 송 영감은 더 이상 아들을 키울 수 없다는 생각에 앵두나뭇집 할머니를 통해 아들을 부잣집의 양자로 보내려 한다. 앵두나뭇집 할머니는 송 영감이 당부한 대로, 아버지에 대한 당손이의 미련을 없애기 위해 송 영감의 눈에서 썩은 물이 나온다고 거짓말을 하며 당손이를 끌고 나온다. 그러므로 죽은 아버지를 두려워하지 않도록 타이르는 어조로 연기하는 것은 적절하지 않다.

오답 해설

① 송 영감은 독을 짓지 못해 형편이 매우 어려운 상태이므로 초라한 살림 도구를 배치하는 것이 적절하다.

② '어디선가 애의 훌쩍훌쩍 우는 소리가 들리는 듯했다.'에서 알 수 있다.

③ '앵두나뭇집 할머니가 ~ 어찌할 수 없었다.'에서 알 수 있듯이 송 영감은 죽은 척하고 있지만 슬픔을 참고 있다.

⑤ '더 아버지에게 가까이 갈 생각을 않는 애의 손을 끌고 그곳을 나왔다.'에서 알 수 있다.

10 답 ①

조수는 늙고 병든 자신에게서 아내를 빼앗아 달아난 인물이다. 아들뻘 되는 젊은 사내지만 아내를 빼앗겼다는 생각에 송 영감은 같은 남자로서 열등감을 느끼고 있다고 볼 수 있다.

11 답 ③

깨어진 독은 송 영감의 삶에 대한 회한과 좌절을 의미한다. 따라서 깨어진 독과 운명을 같이하는 것은 송 영감이 일생을 바쳐 노력해 온 장인으로서의 자존심을 지키는 유일한 행위로 볼 수 있다. 그러므로 자신이 지은 독이 터져 나간 것을 다른 사람이 모르게 하고 싶었다고 보는 것은 적절하지 않다.

오답 해설

① 송 영감은 자신의 독 짓기가 실패했다고 생각하고 당손이를 앵두나뭇집 할머니를 통해 부잣집 양자로 보낸다. 그리고 독 가마에서 예삿사람으로는 더 견딜 수 없는 곳까지 들어간다. 이는 자신의 죽음을 예상했기 때문이라고 추측할 수 있다.

②, ④ 송 영감이 독 가마에서 터져 나간 자기의 독 대신이라도 하려는 듯이 독 조각 위에 단정히 앉아 죽음을 맞이하는 것은, 장인으로서의 자존심을 회복하고 독을 짓는 데 바쳐 온 자신의 삶에 대한 고통과 회한을 정리하려는 의도라고 추측할 수 있다.

⑤ 송 영감이 평생을 바쳐 온 독 짓기는 전통적 가치를 상징하지만, 독이 터져 나간 것처럼 세태가 변화되어 더 이상 그 가치를 인정받기가 어려워진 상황이다. 따라서 새로운 세태에 적응하지 못한 자신의 자리가 깨어진 독 자리라고 생각했다고 추측할 수 있다.

III 수필·극

1 독해의 원리 – 수필

실전 연습하기
174~181쪽

01 ④ **02** ① **03** ③ **04** 서로 다름을 인정하고 이해하며 관대하게 대함. **05** ② **06** ⑤ **07** 난생처음 봄을 맞는 장끼 **08** ⑤ **09** 본능에 맡겨야 한다. **10** ① **11** 여관 **12** ① **13** ① **14** ③

01
답 ④

이 글은 나무의 속성을 통해 바람직한 삶의 자세를 이끌어 내고 있을 뿐, 대상의 부정적 측면을 제시하고 있지 않다.

<u>오답 해설</u>

① 나무와 같은 삶을 살겠다고 한 것에서 글쓴이의 삶의 태도가 반영되어 있다고 할 수 있다.
② 자연물의 하나인 나무가 덕을 지녔다고 하여 나무를 본받을 대상으로 보고 있으므로 통념을 벗어난 생각이라고 할 수 있다.
③ '안다, 한다, 없다, 친구다' 등과 같이 현재형으로 서술하고 있다.
⑤ 나무를 마치 사람처럼 분수를 지키고, 고독을 알며, 친구를 사귀는 것처럼 표현하여 친밀감이 느껴지도록 서술하고 있다.

02
답 ①

'달, 새, 바람'을 친구로 두고, 이웃 나무와 좋은 친구가 된다고 하였으므로 사교적이라는 속성을 발견할 수 있으나 진취적인 속성은 드러나지 않는다.

<u>오답 해설</u>

② 달, 바람, 새를 친구로 대하고, 같은 나무, 이웃 나무와 '서로 속속들이 이해하고 진심으로 동정하고 공감한다.'라고 서술하고 있다.
③ '하늘을 우러러 항상 감사하고 찬송하고 묵도하는 것으로 일삼는다.'에서 확인할 수 있다.
④ '달은 달대로, 새는 새대로, 바람은 바람대로 다 같이 친구로 대한다.'에서 확인할 수 있다.
⑤ 나무가 '주어진 분수에 만족할 줄을' 알며, 자신이 '태어난 것을 탓하지 아니하고'라고 한 것에서 확인할 수 있다.

03
답 ③

나무의 속성 중 고독을 견디고 고독을 즐기는 것과, 다양한 존재들과 어울려 더불어 살아가는 것은 별개의 것이다. 따라서 고독을 경험함으로써 더불어 사는 삶의 중요성을 깨달아야 한다는 것은 글쓴이의 생각으로 보기 어렵다.

<u>오답 해설</u>

① 나무에서 원하는 것이 '천명을 다한 뒤에 하늘 뜻대로 다시 흙과 물로 돌아가는 것'이라고 한 구절에서 확인할 수 있다.
② '달을 유달리 후대하고 새와 바람을 박대하는 일도 없다. 달은 달대로, 새는 새대로, 바람은 바람대로 다 같이 친구로 대한다.'라는 부분에서 확인할 수 있다.
④ '나무는 주어진 분수에 만족할 줄 안다.'라고 한 부분에서 확인할 수 있다.
⑤ '사람은 가다 장난삼아 칼로 제 이름을 새겨 보고, 흔히 자기 소용이 닿는 대로 가지를 쳐 가고 송두리째 베어 가곤 한다.'에서 사람은 나무에 상처를 주지만 나무는 원망하지 않는다고 한 부분에서 확인할 수 있다.

04
답 서로 다름을 인정하고 이해하며 관대하게 대함.

달, 새, 바람과 함께 잘 지내는 나무을 통해 '나'는 서로 다름을 인정하고 관대하게 살아가야 한다는 삶의 깨달음을 얻고 있다.

05
답 ②

윗글을 읽는 방법으로 적절하지 않은 것은?

① 글쓴이의 상황과 처지에 공감하며 읽는다.
❷ 글쓴이가 주장한 내용을 비판하며 읽는다.
   × → 논설문을 읽는 방법임.
③ 글 속에 나타난 글쓴이의 성격을 파악하며 읽는다.
④ 글쓴이의 깨달음을 통해 배울 점을 생각하며 읽는다.
⑤ 글쓴이의 경험과 경험을 통해 깨달은 점을 파악하며 읽는다.

수필을 감상할 때는 글 속에 나타난 글쓴이의 경험을 파악하고 글쓴이가 경험을 통해 깨달은 내용에 공감하며 읽는 자세가 필요하다. 주장하는 내용을 비판하며 읽어야 하는 것은 논설문이다.

06
답 ⑤

글쓴이는 자전거 타기를 배운 경험을 통해 노력하고 경험하는 것의 중요성을 강조하며, 노력하고 경험하고도 모를 때에는 본능에 맡겨야 한다고 말하고 있다. 따라서 본능에 따라 행동하는 것이 가장 중요함을 강조한다고 보기 어렵다.

07
답 난생처음 봄을 맞는 장끼

자전거 타기에 성공하게 된 기쁨과 자전거를 타고 내리막을 달리면서 느끼는 속도감으로 흥분되는 감정을 비유적으로 표현한 구절이다.

08
답 ⑤

㉠은 글쓴이가 내리막에서 자전거 바퀴가 빠르게 굴러가는 경험을 하고 있는 장면이다. 드디어 자전거 타기에 성공했다는 인식을 하고 자전거 타기에 성공하면서 느껴지는 흥분된 마음이 드러나 있다.

09
답 본능에 맡겨야 한다.

'나'는 자전거 타기를 배우기 위해서 노력했지만 성공하지 못하다가, 집으로 돌아오는 길에 내리막에서 자전거 타기에 성공한다. 이 과정에서 세상을 움직여 온 비밀을 얻었다고 서술하고 있다. 그 비밀은 끊임없이 노력하고 경험해야 하며, 노력과 경험으로도 잘 모를 때에는 본능에 맡겨야 한다는 것이다.

10
답 ①

이 글은 글쓴이가 유배지에서 보낸 생활 체험을 바탕으로 쓴 것으로, 나그네가 들려준 여관집 노비의 삶을 통해 깨달음을 얻은 내용을 담고 있다.

11
답 여관

나그네는 '그대는 도를 지키고 운명에 순종하며, 소박하고 솔직한 태도로 행하는 분입니다. 그런데 여관 중의 여관에서 지내면서도 여관을 여관으로 생각하지 않으십니다.'라고 글쓴이를 깨우쳐 주는데, 이 글은 이에 대한 깨달음을 주제로 하고 있다.

12
답 ①

글쓴이는 자신이 사는 집에 대한 불편함을 드러내고 있을 뿐, 유배를 오게 된 것을 못마땅하게 생각하고 있는지에 대하여는 언급하고 있지 않다.

13
답 ①

[A]의 말하기 방식으로 가장 적절한 것은?

❶ 지향하는 바와 다르게 행동하고 있음을 지적하며 상대방을 비
<u>글쓴이는 선비이므로 성현의 말씀을 배우고자 함.</u>   <u>'나'</u>
판하고 있다.

② 자신이 처한 어려움을 구체적으로 드러내어 상대방의 감정에
　　　<u>나그네가 처한 어려움은 드러나지 않음.</u>　　　<u>'나'</u>
호소하고 있다.

③ 상대방의 말의 허점을 논리적으로 반박하면서 자신의 지식을
　　<u>'나'의 허점을 논리적으로 반박하는 것은 아님.</u>
과시하고 있다.

④ 상대방이 가진 능력을 인정하면서 상대방이 이루어 낸 성과를
　<u>'나'</u>　　　　　　　　　　　<u>'나'의 성과를 치하하고 있지 않음.</u>
치하하고 있다.

⑤ 상대방의 말에 거짓으로 동조하는 척하면서 상대방을 안심시
　　<u>'나'의 말에 거짓으로 동조하고 있지 않음.</u>
키려 하고 있다.

나그네는 청자인 '나'가 학문을 하는 선비로서 옛 성현의 말씀을 배우기를 바라면서도 여관을 여관으로 생각하지 않고 현실의 작은 고통이나 불편함도 견디지 못하고 괴로워하고 있음을 지적하면서 비판하고 있다.

오답 해설

② 나그네는 자신이 처한 어려움을 드러내지 않으며, 상대방인 '나'의 감정에 호소하려는 의도도 드러나지 않는다.

③ 나그네는 상대방인 '나'의 말의 허점을 논리적으로 반박하지 않으며, 자신의 지식을 과시하려는 의도도 드러나지 않는다.

④ 나그네는 상대방인 '나'의 평소 태도를 인정하고 있지만 능력을 인정한 것이라 보기 어려우며, '나'가 이루어 낸 성과를 치하하려는 의도도 드러나지 않는다.

⑤ 나그네는 상대방인 '나'의 말에 거짓으로 동조하는 척하지 않으며, '나'를 안심시키려는 의도도 드러나지 않는다.

14
답 ③

㉠~㉤을 통해 알 수 있는 사실로 적절하지 않은 것은?

① ㉠: 보통 사람들이 일상적으로 행하며 살아가는 모습이다.
　　　　<u>보통 사람들의 평범한 삶의 태도</u>

② ㉡: 자신이 처한 조건에 만족하며 살아가는 노비의 삶의 모습
　　　<u>보통 사람들이 견디지 못하는 것을 편안히 여김.</u>
이다.

❸ ㉢: 죄를 짓고 숨어 지내고 있는 글쓴이의 처지를 깨우쳐 주는
　　　　　<u>이 글에서 확인할 수 없음.</u>
말이다.

④ ㉣: 현실을 인정하고 마음을 비우고 살기 때문에 병이 생기지
　　　　　　　　　　　　　　<u>글쓴이의 삶의 태도와 대조되는 모습</u>
않는다는 말이다.

⑤ ㉤: 글쓴이가 노비보다도 못한 삶의 자세로 살아가고 있음을
　　　　　　　　　　<u>현재의 집을 여관으로 생각하지 못해 병이 생겼음.</u>
비판하는 말이다.

나그네가 글쓴이에게 궁벽한 골짜기에 몸을 숨기고 있다고 말하긴 했지만, 그 까닭이 글에 제시되어 있지는 않다. 따라서 죄를 짓고 숨어 지내고 있다고 볼 근거가 없다. 실제로 이 글은 글쓴이가 유배지에서의 체험을 바탕으로 쓴 것으로, 글쓴이는 귀양을 와서 살고 있는 처지이다.

2 독해의 원리 – 극

실전 연습하기
198~205쪽

01 ③	**02** ⑤	**03** ①	**04** 홍연의 일기장	**05** ④
06 ⑤	**07** ④	**08** 잣	**09** ⑤	**10** ④	**11** ⑤
12 ④	**13** ②			

01
답 ③

윗글에 대한 설명으로 적절하지 <u>않은</u> 것은?

① 장면을 단위로 하여 사건을 전개하고 있다.
<u>극 문학 중 드라마 대본이나 시나리오의 특징</u>
② 등장인물의 대화와 행동이 중심이 되고 있다.
<u>극 문학의 특징</u>
❸ 서술자가 등장하여 이야기를 이끌어 가고 있다.
<u>소설의 특징</u>
④ 지시문을 통해 인물의 행동과 상황을 설명하고 있다.
<u>극 문학의 특징</u>
⑤ 인물의 내면 심리가 인물의 행동을 통해 드러나고 있다.
<u>극 문학의 특징</u>

서술자가 이야기를 이끌어 가는 문학 갈래는 소설이다. 이와 같은 극 문학은 소설과 달리 인물의 대사와 행동이 중심이 된다. 인물의 행동은 지시문을 통해 자세히 묘사되고 있다.

02
답 ⑤

수하가 은희를 좋아하여 먼저 엘피 음반을 주었고, 그에 대한 보답으로 은희가 수하에게 엘피 음반을 준 것인데, 수하는 그것이 은희가 자신에 대해 관심이 있기 때문이라고 생각하고 있다. 수하가 홍연의 팔을 꼬집는 장난을 친 것도 엘피 음반을 받고 기분이 좋아서 우연히 한 행동이다. 그러나 은희가 수하의 고백을 받아들였는지는 작품 속에 드러나 있지 않다.

03
답 ①

수하는 자신이 좋아하는 은희가 엘피판을 선물하자 무척 기쁘고 들뜬 상태에서 장난을 친 것이지 수하가 홍연의 관심에 반응을 보인 것은 아니다. 그런데 홍연은 수하가 자신에게 관심이 있기 때문에 의도적으로 한 행동이라고 오해하고 있다.

04
답 홍연의 일기장

아이들의 일기를 읽던 수하는 심상치 않은 내용이 담긴 홍연의 일기장을 보게 되면서 자신에 대한 홍연의 마음을 알게 된다. 홍연은 수하에 대한 자신의 마음을 일기장에 쓰면서 수하의 반응을 재촉한다.

05
답 ④

윗글에 대한 설명으로 적절하지 <u>않은</u> 것은?

① 대사와 행동을 통해 인물의 심리를 섬세하게 표현하고 있다.
<u>극 문학의 특징</u>
② 인간적인 정서와 운명론적인 가치관의 대립을 그리고 있다.
<u>어머니에 대한 그리움과 부모의 죄를 씻어야 하는 운명</u>
③ 대사를 통해 인물의 과거 삶에 대한 정보를 전달하고 있다.
<u>미망인의 상황 → 남편과 자식을 잃음.</u>
❹ 상징적인 소재를 활용하여 시간의 흐름을 나타내고 있다.
×
⑤ 일상적인 대화체로 내용을 현실감 있게 전개하고 있다.
<u>현실감 있는 일상어를 사용한 대사</u>

이 작품에는 시간의 흐름을 나타내는 상징적인 소재는 나타나지 않는다. 절에서 치는 범종이 절에서 시각을 알리기 위해 치는 것으로 볼 수 있지만 '범종'을 상징적인 소재라고 볼 수 없다.

> **오답 해설**

① 이 작품은 희곡이므로 대사와 행동을 통해 인물의 심리가 드러난다.
② 도념이 어머니에 대한 그리움으로 속세로 가려는 마음과, 도념이 타고난 부모의 죄 때문에 절에서 불도를 닦아야 한다는 주지의 운명론적인 가치관의 대립이 드러나 있다.
③ 주지의 대사를 통해 남편과 자식을 잃은 미망인의 과거 삶에 대한 정보가 드러나 있다.
⑤ 극의 상황이 현실감이 느껴지도록 인물들이 일상적인 대화체를 사용하고 있다.

06
답 ⑤

윗글의 등장인물에 대한 설명으로 적절하지 <u>않은</u> 것은?

① 도념은 절을 떠나려는 마음을 버리지 않고 있었다.
② 초부는 속세로 가려는 도념의 뜻을 존중하고 보내 준다.
③ 친정 모는 도념의 인간 됨됨이를 문제 삼아 주지와 같은 입장을 보이고 있다.
④ 주지는 도념을 절에 두는 것이 도념을 위한 것이라며 미망인을 설득하고 있다.
❺ 미망인은 도념을 자신의 사랑 속에서 키워야 한다는 생각을 끝내 바꾸지 않고 있다.
×

미망인은 도념을 양자로 삼기 위해 노력하지만 주지의 말에 설득당하여 도념을 데려가는 것을 포기하고 있다.

> **오답 해설**

① '언제부터 나가려구 별렀는데요?'를 통해 도념이 절을 떠나려는 마음을 버리지 않고 있었음을 알 수 있다.
② '가려거든 빨리 가자.'를 통해 초부는 도념의 뜻을 존중하고 있음을 알 수 있다.
③ 친정 모는 도념이 살생을 하고 그에 대해 거짓말을 한 것을 문

제 삼아 미망인이 도념을 양자로 삼으려는 것을 반대하고 있다. ④ 주지는 도념이 타고난 죄를 씻고 영혼을 구하기 위해서는 절에 있어야 한다고 미망인을 설득하고 있다. 즉 도념을 절에 두는 것이 도념을 위한 것이라는 입장이다.

07 답 ④

도념이 어머니를 만나는 꿈을 꾸었다는 것은 그만큼 어머니를 만나고 싶은 도념의 바람이 간절하다는 것을 의미한다.

08 답 잣

어머니에게 드리려고 주운 잣을 두고 나오면서 '동지섣달 긴 밤 잠이 안 오시어 심심하실 때 깨무십시오.'라고 하는 것으로 보아 '잣'은 자신을 돌보아 준 주지에 대한 도념의 인간적 사랑을 드러낸다고 볼 수 있다.

09 답 ⑤

도념은 아무 대책도 없이 무작정 절을 떠나고 있다. 따라서 ⓔ의 눈이 펑펑 내리는 장면은 도념의 앞날이 순탄하지 않을 것임을 암시한다고 볼 수 있다.

오답 해설

① ⓐ에서는 조명을 점점 어둡게 표현하여 저녁 시간이 되었음을 나타내고 있다.
② ⓑ에서는 음향 효과를 통해 '범종 소리'와 '산울림'을 표현하여 사찰이라는 공간적 배경의 특성을 드러내고 있다.
③ ⓒ에서는 도념의 고깔과 바랑, 깽매기 등의 소품을 통해 도념이 먼 길을 떠나려 한다는 것을 드러내고 있다.
④ ⓓ에서는 주지의 독경 소리를 듣고 도념이 발을 멈추고 잣을 한 웅큼 담아서 산문 앞에 놓는 행동을 하게 되므로 인물의 행동에 변화를 일으키게 한다고 볼 수 있다.

10 답 ④

이와 같은 전통극에서는 탈이나 간단한 소품을 통해 등장인물의 특성을 드러내고 있지만 인물의 모습을 사실적으로 나타내지는 않고 있다. 오히려 과장된 탈의 모습을 통해 양반층에 대한 풍자 의도를 드러내고 있다.

오답 해설

① '말뚝이의 조롱 – 양반의 호통 – 말뚝이의 변명 – 양반의 안심'이라는 재담 구조가 반복되고 있다.
② 말뚝이가 관객들에게 직접 말을 건네고 있는 것으로 보아 둘 사이의 거리가 가깝다고 볼 수 있다.
③ '여보, 악공들 말씀 들으시오. ~ 좀 쳐 주오.'에서 말뚝이가 악공들에게 직접 말을 건네고 있다.
⑤ '개잘량', '개다리소반'과 같은 서민적인 표현에서부터 한문 투의 양반 계층의 언어가 두루 나타나 있다.

11 답 ⑤

이 글에서 말뚝이는 겉으로는 양반들에게 복종하는 척하지만, 양반들을 조롱하고 비판하는 역할을 하고 있다. 즉 말뚝이는 양반들의 무능력과 비현실적인 세계관을 조롱하고 풍자하는 민중 의식의 대변자이다. 그러나 이러한 말뚝이를 통해 양반들의 권위에 정면으로 도전하는 서민층이 많았다고 해석하는 것은 적절하지 않다.

12 답 ④

윗글을 공연할 때 유의해야 할 사항으로 적절하지 않은 것은?

① 양반 삼 형제는 말뚝이의 뒤를 따라 점잔을 빼며 등장해야 한다. ○
② 말뚝이는 양반들 앞에서 당당하고 자신감 있는 태도로 연기해야 한다. ○
③ 도련님은 방정맞은 느낌이 들도록 가벼우면서도 까부는 듯이 연기해야 한다. ○
❹ 무대 장치 담당자는 극의 사실감이 잘 나타날 수 있도록 무대를 꾸며야 한다. ×
⑤ 소품 담당자는 인물의 신분과 성격이 잘 드러날 수 있게 탈과 복장을 준비해야 한다. ○

「봉산 탈춤」은 전통극으로 특별한 무대 장치를 필요로 하지 않는다. 따라서 극의 사실감이 잘 드러나도록 무대를 꾸밀 필요는 없다.

오답 해설

① 양반 삼 형제는 굿거리장단에 맞추어 점잔을 피우나, 어색하게 춤을 추며 등장한다고 제시하고 있다.
② 말뚝이는 공연을 이끌어 가며 양반을 조롱하는 역할을 하므로 당당하고 자신감 있는 태도로 연기하는 것이 적절하다.
③ 도련님은 형들의 면상을 부채로 때리며 방정맞게 군다고 하였으므로 가벼우면서도 까부는 듯이 연기하는 것이 적절하다.
⑤ 공연을 할 때는 등장인물에 맞는 탈과 복장을 준비해야 하는 것이 적절하다.

13 답 ②

ⓑ는 양반으로서의 체통을 지키지 못해 관객들의 조롱의 대상이 되는 도련님의 행동이다.

오답 해설

① ⓐ에서 채찍을 든 것으로 보아 말뚝이는 마부이다.
③ ⓒ '쉬이'는 새로운 재담의 시작을 알리며 관객의 시선을 집중시키는 역할을 한다.
④ ⓓ는 양반을 조롱하는 말뚝이의 말에 대해 양반이 호통을 치는 것이므로 양반의 권위와 위엄을 찾기 위한 대사로 볼 수 있다.
⑤ ⓔ에서 '춤'은 관객의 흥미를 유발하고 흥겨운 분위기를 조성하는 역할을 한다.